Mutter- und Vaterbilder im Familienrecht des BGB 1900–2010

Europäische Hochschulschriften

European University Studies
Publications Universitaires Européennes

Reihe II **Rechtswissenschaft**

Series II Law

Série II Droit

Band/Volume **5624**

Moritz Hinz

Mutter- und Vaterbilder im Familienrecht des BGB 1900–2010

PL ACADEMIC RESEARCH

Bibliografische Information der Deutschen Nationalbibliothek
Die Deutsche Nationalbibliothek verzeichnet diese Publikation in der Deutschen Nationalbibliografie; detaillierte bibliografische Daten sind im Internet über http://dnb.d-nb.de abrufbar.

Zugl.: Göttingen, Univ., Diss., 2014

D 7
ISSN 0531-7312
ISBN 978-3-631-65255-8 (Print)
E-ISBN 978-3-653-04416-4 (E-Book)
DOI 10.3726/ 978-3-653-04416-4

PL Academic Research ist ein Imprint der Peter Lang GmbH.
Peter Lang – Frankfurt am Main · Bern · Bruxelles · New York · Oxford · Warszawa · Wien

Dieses Buch wurde vor Erscheinen peer reviewed.

www.peterlang.com

Inhaltsverzeichnis

Erster Teil – Einführung

A. Aufgabenstellung

Das Familienrecht stellt innerhalb des deutschen Zivilrechts mittlerweile eines der am häufigsten und grundlegendsten reformierten Teilrechtsgebiete dar. Von der relativen Beständigkeit etwa des Allgemeinen Teils oder des Sachenrechts ist das Familienrecht des BGB weit entfernt. Deutlich stärker als andere Teilrechtsordnungen des BGB war und ist das Familienrecht seit jeher vom jeweiligen Sozialbild des Gesetzgebers, von dessen Familienbild und dem der Gesamtgesellschaft, von allgemeingesellschaftlichen Auffassungen von Sitte, Anstand und Moral, aber auch von wechselnden gesellschaftspolitischen, kulturellen und gesellschaftstheoretischen Tendenzen beeinflusst und geprägt. Das Recht, und hier insbesondere das Familienrecht, war und ist somit Indikator gesellschaftlicher Verhältnisse.

Das Familienrecht des BGB folgte so im Laufe der Zeit seit seinem Inkrafttreten am Übergang des 19. zum 20. Jahrhunderts zunächst dem Funktions- und Gestaltwandel der Familie. Die Auflösung des patriarchalen Familienverbandes infolge eines radikalen Wandels der agrarisch-ländlichen zur industriell-urbanen Wirtschaftsstruktur brachte soziale, gesellschaftliche und insbesondere ökonomische Veränderungen, denen das Recht früher oder später folgte. Begleitet wurde dies durch einen verstärkt nach 1945 einsetzenden gesamtgesellschaftlichen Liberalisierungsprozess, an dessen vorläufigem Ende weniger die Familie im Zentrum des nach ihr benannten Rechtsgebietes steht als vielmehr die höchstindividualisierten Rechtsbeziehungen personenrechtlich miteinander verbundener Einzelpersonen.

Die Entwicklung des Familienrechts war neben der sozioökonomischen Entwicklung vor allem auch durch Vorgaben der Verfassungsnormen vorangetrieben worden. Dies gilt in geringerem Maße für die Weimarer Reichsverfassung, aber umso stärker für das Bonner Grundgesetz, das sich explizit sowohl als direkt anzuwendendes Recht als auch als bindende Wertordnung verstand. Insbesondere hiervon betroffen war die Gleichberechtigung der Frau und Mutter in Ehe und Familie.

Im Zentrum des einem ständigen Wandlungsprozess unterworfenen Familienrechts und der begleitenden rechtspolitischen Auseinandersetzung stand das Kindschaftsrecht, also die Regelung der gegenseitigen Rechtsbeziehungen von Mutter, Vater und Kind. Die Gemengelage zwischen in höchstem Maße persönlichen Beziehungen der Beteiligten und einer besonders starken Abhängigkeit von historisch-kulturell bedingten Traditionen und Anschauungen ließ das Kindschaftsrecht seit jeher in erheblichem Umfang auf überlieferten Rollenzuschreibungen und zeitgenössischen Ideologemen basieren. So lagen dem autoritätsbasierten Konzept des einheitlichen und nach außen hin abgeschlossenen Familienmodells des BGB von 1900 gänzlich andere Vorstellungen von der Rolle von Mutter und Vater zugrunde als dem modernen Konzept einer offenen und partnerschaftlichen, dabei aber vollständig auf das Kindeswohl ausgerichteten Kleinfamilie. Unterschiede ergeben sich nicht nur in Hinblick auf die jeweilige Bedeutung von Mutter oder Vater für die Institution Familie, sondern auch und gerade bei der Betrachtung der jeweiligen Rechtspositionen von Mutter und Vater zueinander sowie zum Kind. Die rechtliche Ungleichheit der Eltern, also deren unterschiedliche Ausstattung mit Rechten und Pflichten im Gesetz, aber auch die in Rechtsprechung und Literatur übermittelten Auffassungen darüber zeigen sich über ein Jahrhundert hinweg als in hohem Maße abhängig von den jeweiligen Mutter- und Vaterbildern der Zeit.

Die Wechselwirkung von Familienrecht und den Anschauungen der Zeit ergibt sich auch aus dem Umstand, dass das Familienrecht in besonderem Maße ein „volkstümliches“ Rechtsgebiet ist: Nicht nur stützt sich seine normative Ausrichtung stärker als andere Rechtsgebiete auf gesellschaftlich verankerte Überzeugungen, es hat auch aufgrund seiner speziellen Regelungsmaterie für jeden Bürger, der gewollt oder ungewollt in familiäre Verhältnisse eingebunden ist, eine erhebliche rechtliche wie tatsächliche Relevanz. So sind an speziell familienrechtliche Regelungsbereiche angelehnte Begriffe wie der „Zahlvater“ oder auch der „Vater Staat“ längst in die Umgangssprache eingegangen.

In besonderem Maße gilt die Bedeutung wechselnder Anschauungen für das sich beständig wandelnde Bild lediger Mütter und Väter. Die Erscheinung nichtehelicher[1] Eltern- wie Kindschaft war noch in stärkerem Ausmaß als die Institution Familie geprägt von kulturellen, moralisch-sittlichen und insbesondere auch religiösen Anschauungen. Hinzu kam der soziale, zeitweilig auch ein bevölkerungspolitischer Blickwinkel. Angesichts des heute rasant steigenden Anteils nichtehelicher

1 In der derzeitigen Rechtssprache ist der Begriff „nichtehelich“ nach wie vor üblich. Der Begriff der „Unehelichkeit“ war gebräuchlicher Terminus bis zum „Gesetz über die rechtliche Stellung der nichtehelichen Kinder“ vom 19.08.1969, das dann von „nichtehelichen“ Kindern sprach. Erst das Kindschaftsrechtsreformgesetz von 1998 tilgte auch diesen Begriff aus dem BGB. Der Verfasser folgt in der Zeitabfolge aus Gründen der historischen Kongruenz der jeweiligen zeittypischen Terminologie.

Geburten insbesondere in Ostdeutschland erneuert sich der Blick auf diese Gruppe ständig und gewinnt daraus eine besondere Aktualität. Für die Entwicklung der stereotypen Vorstellungen von ledigen Müttern und Vätern seit Bestehen des BGB gilt insofern das, was Julius von Staudinger bereits um 1900 formuliert hat:

> „In wenigen Parthien des bürgerlichen Rechts haben die grundlegenden rechtlichen Anschauungen im Laufe der Jahrhunderte so sehr gewechselt, wie in Ansehung der rechtlichen Stellung der unehelichen Kinder. Die rechtsgeschichtliche Entwicklung dieser Verhältnisse stellt zugleich ein lehrreiches Stück von Kulturgeschichte dar. Die wechselnden Anschauungen darüber, wie uneheliche Kinder zu betrachten und rechtlich zu behandeln seien, entsprechen in der Regel dem Charakter der Zeit, den jeweiligen sozialen Anschauungen, dem mehr oder minder großen Einfluß humaner Tendenzen.“[2]

Gegenstand der vorliegenden Arbeit sind damit die im obigen Sinne in Gesetzgebung, Rechtsprechung und Rechtswissenschaft enthaltenen, tradierten und so der juristischen wie der fachfremden Öffentlichkeit vermittelten Mutter- und Vaterbilder im deutschen Familienrecht seit Inkrafttreten des BGB am 1. Januar 1900.

Ausgehend von den tiefgehenden Traditionslinien eines althergebrachten Familienmodells am Ende des 19. Jahrhunderts über den Versuch, dessen Rollenverteilung im Bürgerlichen Gesetzbuch einer neuen Zeit anzupassen, bis hin zu den Diskussionen am Anfang des 21. Jahrhunderts über ein völlig neues Verständnis von Ehe und Familie soll sowohl ein Überblick als auch eine Analyse der Kontinuitäten und Brüche des Mutter- und Vaterbildes im deutschen Recht geleistet werden.

2 *Staudinger*, Vorträge aus dem Gebiete des Bürgerlichen Gesetzbuchs für Verwaltungsbeamte, 267.

B. Forschungsstand

Die rechtswissenschaftliche Literatur zur Historie des Familienrechts im Allgemeinen und zum Kindschaftsrecht im Besonderen hat inzwischen einen bemerkenswerten Umfang erreicht. Die Entstehungsgeschichte des Familienrechts des BGB findet dabei vergleichsweise wenig Beachtung in der rechtshistorischen Forschung.[3] Gleiches gilt (noch) für Veröffentlichungen zum Familienrecht im Nationalsozialismus.[4] Deutlich umfangreicher wird die Anzahl der Beiträge zur Entwicklung verschiedener Teilaspekte des Familienrechts in der BRD nach 1945.[5]

---

3 So noch der Befund von Meder, Rechtsgeschichte, 3. Auflage, 322. Dennoch können hier inzwischen als grundlegende Arbeiten zur Entstehungsgeschichte des BGB-Familienrechts genannt werden: Duncker, Gleichheit und Ungleichheit in der Ehe. Persönliche Stellung von Frau und Mann im Recht der ehelichen Lebensgemeinschaft 1700–1914, 2003; Berneike, Die Frauenfrage ist Rechtsfrage. Die Juristinnen der deutschen Frauenbewegung und das Bürgerliche Gesetzbuch, 1995; Baumgarten, Die Entstehung des Unehelichenrechts im Bürgerlichen Gesetzbuch, 2007; Grimme, Die Entwicklung der Emanzipation der Frau in der Familienrechtsgeschichte bis zum Gleichberechtigungsgesetz 1957. Unter besonderer Berücksichtigung der Entstehungsgeschichte des Bürgerlichen Gesetzbuches, 2003; Lehmann, Die Ehefrau und ihr Vermögen. Reformforderungen der bürgerlichen Frauenbewegung zum Ehegüterrecht um 1900, 2006.

4 Hier wären etwa zu nennen *Mammeri-Latzel*, Justizpraxis in Ehesachen im Dritten Reich, 2002; *Kannappel*, Die Behandlung von Frauen im nationalsozialistischen Familienrecht, 1999; *Liebler-Fechner*, Der ideologisch motivierte Entzug des elterlichen Sorgerechts in der Zeit des Nationalsozialismus, 2001; *Unwerth*, Die Rassenmischehe in den Entscheidungen des Reichsgerichts und der Landgerichte Hamburg und Altona (1933–1944), 2005.

5 Für das vorliegende Thema relevant etwa *Grimme*, Die Entwicklung der Emanzipation der Frau in der Familienrechtsgeschichte bis zum Gleichberechtigungsgesetz 1957; *Franzius*, Bonner Grundgesetz und Familienrecht. Die Diskussion um die Gleichberechtigung von Mann und Frau in der westdeutschen Zivilrechtslehre der Nachkriegszeit (1945–1957), 2005; *Fischer*, Die Novellierung des Familienrechts unter besonderer Berücksichtigung der Rechtsstellung der Ehefrau und Mutter in der Zeit von 1945 bis 1983, 1989; *Vaupel*, Die Familienrechtsreform in den fünfziger Jahren im Zeichen widerstreitender Weltanschauungen, 1999; *Wendrich*, Die Entwicklung der familienrechtlichen Entscheidungsbefugnisse der Ehefrau. Vom BGB

Eine eingehende Berücksichtigung des Einflusses stereotyper Vorstellungen hinsichtlich der Rechtssubjekte „Mutter" und „Vater" bei Gesetzgeber wie Rechtsanwender blieb zumeist aus oder beschränkte sich auf Teilaspekte. Eine gewisse Ausnahme bildet dabei zunächst die Geschichte des Nichtehelichenrechts. Obgleich hier eine Vielzahl der Beiträge die Motive des Gesetzgebers in Hinblick auf die Ausgestaltung des jeweiligen Untersuchungsgegenstandes in unterschiedlichem Umfang darstellen und bewerten,[6] fehlt aber bisher eine umfassende Untersuchung der Familienrechtsgeschichte des letzten Jahrhunderts unter dem zentralen Aspekt der zugrunde liegenden Rollenbilder und Stereotypen in den Rechtsverhältnissen von Müttern und Vätern. Dabei erscheint es am Beginn des 21. Jahrhunderts nach einer weitgehenden Gleichstellung von nichtehelichen Kindern wie Eltern und einer zunehmenden Erosion der rechtlichen Vorrangstellung der Institution Ehe angezeigt, beide Formen rechtlich geregelter Mutter- und Vaterschaft gemeinsam zu untersuchen.

Die bisher verfügbaren Beiträge speziell zu stereotypen Rollenbildern im Familienrecht von Scheiwe[7], Limbach[8], Peschel-Gutzeit,[9] Coester-Waltjen[10], Lucke[11] sowie zuletzt speziell zum Vaterbild Kroppenberg[12] waren verdienstvoll, blieben

---

bis zum Gleichberechtigungsgesetz vom 18.06.1957, 2002; *Köhler*, Die Sorgerechtsregelung bei Ehescheidungen seit 1945. Scheidungsstrafe und verordnete Gemeinsamkeit, 2006.

6 Insbesondere für das Nichtehelichenrecht tun dies *Wagner*, Die Reformbestrebungen zur Neugestaltung des Nichtehelichenrechts, 1971; *Baumgarten*, Die Entstehung des Unehelichenrechts im Bürgerlichen Gesetzbuch, 2007; *Schumann*, Die nichteheliche Familie. Reformvorschläge, 1998; *Hochleitner*, Die rechtliche Stellung nichtehelicher Kinder vor und nach 1970. Ein Vergleich der Zielsetzungen 1900 und 1970 anhand von vier Teilkomplexen, 1982.

7 *Scheiwe*, Vaterbilder im Recht seit 1900, in: Bereswill/Scheiwe/Wolde (Hrsg.), Vaterschaft im Wandel – Multidisziplinäre Analysen und Perspektiven aus geschlechtertheoretischer Sicht, 2006, 37 ff.

8 *Limbach*, Väter im Wandel des Rechts, Zeitschrift für Sozialisationsforschung und Erziehungssoziologie, 8. Jahrgang, Heft 4, 1988, 298 ff.

9 *Peschel-Gutzeit*, Die geschichtliche Entwicklung der Vaterstellung im deutschen Recht seit 1900, FPR 2005, 167, 172.

10 *Coester-Waltjen*, Die Rollen der Geschlechter im deutschen Familienrecht seit 1900, StAZ, Nr. 2, 1992, 34 ff.

11 *Lucke*, Mutterbilder im Recht. Von Rechtsschöpfern und Müttermachern, in: Schuchard/Speck (Hrsg.), Mutterbilder – Ansichtssache, 1997, 133 ff.

12 Kroppenberg, Vaterbilder des modernen Zivilrechts, in: Kroppenberg/Löhnig, (Hrsg.), Fragmentierte Familien. Brechungen einer sozialen Form in der Moderne, Bielefeld 2010, 89 ff.

aber insgesamt doch vereinzelt und aufgrund ihrer Veröffentlichungsform in der Betrachtung notwendig summarisch. Eine umfangreichere Untersuchung zur Rollenverteilung im Wandel des – in der vorliegenden Arbeit nicht behandelten – Unterhaltsrechts findet sich bei Scheiwe/Wersig.[13]

Die verbleibende Lücke einer umfassenderen Darstellung mit dem Schwerpunkt auf der Entwicklung des Rechts der elterlichen Sorge versucht die vorliegende Arbeit zu schließen.

---

13 *Schweiwe/Wersig* (Hrsg.), Einer zahlt und eine betreut? Kindesunterhaltsrecht im Wandel, 2010.

C. Methode

Die Methode bei der Bearbeitung der Aufgabenstellung folgt zunächst weitgehend einer chronologischen Darstellung der Entwicklungsschritte im Familienrecht des BGB. Fixpunkt der Darstellung ist zum einen das Rechtsverhältnis von Mutter und Vater zum Kind sowie dessen Begründung im Hinblick auf jeweilige stereotype (Rollen-)Bilder. Zum anderen wird das sich ergebende Ausmaß der unterschiedlichen Ausstattung mit Rechten und Pflichten im Rechtsverhältnis zum Kind und zueinander ausgeleuchtet und wiederum unter den Aspekten der Gleichberechtigung und des stereotypen Rollen- und Geschlechterbildes diskutiert. Begleitend sollen die sich ergebenden Kontinuitäten oder Abbrüche dieser Bilder betont und herausgearbeitet werden.

Obgleich sich die Aufgabenstellung der Arbeit thematisch auf das Familienrecht des BGB konzentriert, werden im ersten Teil der Arbeit zunächst die Grundlagen familienrechtlicher Mutter- und Vaterbilder im deutschen Recht untersucht. Die Arbeit beginnt daher mit der Darstellung des Rechtsverhältnisses von Frau und Mann in der Ehe im Allgemeinen und von Mutter und Vater im Besonderen im Vernunftrecht des 18. Jahrhunderts. Ich gehe dabei von dem Gedanken aus, dass mit den Idealen der Aufklärung, der rechtlichen Gleichheit bei gleichzeitigem Begründungszwang für dennoch bestehende rechtliche Ungleichheiten, das gedankliche Fundament für jegliche nachfolgende Gleichheitsdebatte im deutschen Familienrecht bis ins beginnende 21. Jahrhundert gelegt wurde. Zusammen mit der nachfolgenden Darstellung des Ausgreifens des modernen Wohlfahrtsstaates auf familiäre Verhältnisse am Beispiel Preußens sind damit nach meiner Auffassung die Grundlagen der künftigen Tendenzen des deutschen Familienrechts nach 1900 aufgezeigt. Als letzten Aspekt der Grundlagen des BGB wird ein spezifizierter Überblick gegeben über die historische Situation der deutschen Familie zum fraglichen Zeitpunkt des Übergangs der vorindustriell-agrarischen zur industrialisierten Massengesellschaft. Dargelegt wird ebenfalls die Etablierung zeitgenössischer Geschlechtercharaktere.

Der zweite Abschnitt setzt sich mit der ursprünglichen Fassung des BGB zu Beginn des 20. Jahrhunderts auseinander. Analysiert werden neben den Materialien zum BGB und der zeitgenössischen familienrechtlichen Literatur auch bedeutende Kritiker des neuen Familienrechts. Die Betrachtung der jeweiligen Mutter- und

Vaterbilder orientiert sich dabei parallel zur strengen Statustrennung der Zeit an der Unterteilung in eheliches und nichteheliches Kindschaftsrecht. Diese gesonderte Darstellung von ehelichem und nichtehelichem Kindschaftsrecht wird dabei bis zum Ende der Arbeit beibehalten. Sie wird nur dort durchbrochen, wo eine vergleichende Darstellung erforderlich ist.

An das Ende des deutschen Kaiserreiches anschließend wird unter Zugrundelegung der für das Thema wesentlichen Punkte der Weimarer Reichsverfassung die Reformdebatte in der ersten deutschen Demokratie dargestellt. Breiten Raum gibt der Autor der sich anschließenden äußerst dynamischen Reformgesetzgebung und ihrem letztendlichen Scheitern. Bei der umfangreichen Darstellung und Bewertung dieser und aller nachfolgenden Gesetzgebungsprojekte legt der Verfasser die Ansicht zugrunde, daß der moderne Staat seit Mitte des 19. Jahrhundert zunehmend zum Hauptakteur der Einflussnahme auf familiäre Verhältnisse geworden ist. Als neu hinzugetretene Akteure im familienrechtlichen Raum dagegen werden nun auch die Berufsvormundschaft sowie die Fürsorgeverbände in die Darstellung aufgenommen.

Für die nationalsozialistische Dekade war wiederum eine verstärkte (Neu-)Einordnung der familienrechtlichen Thematik in den politischen und ideologischen Kontext der Zeit erforderlich.

Der nachfolgende Abschnitt über Restauration und Fortentwicklung des familienrechtlichen Vater- und Mutterbildes in der jungen Bundesrepublik folgt wiederum chronologisch der Entwicklung im ehelichen wie nichtehelichen Kindschaftsrecht und seiner grundlegenden gesellschaftlichen Begleitentwicklungen. Die Wechselwirkung zwischen sozialen Trends und rechtlicher Modernisierung wird nun verstärkt diskutiert. Eine besondere Berücksichtigung erfährt dabei die gesellschaftliche wie auch nachfolgend rechtliche Etablierung nichtehelicher Lebensgemeinschaften in den 1980er Jahren. Als Kulminationspunkt dieser Entwicklung wird ebenfalls ein besonderes Augenmerk auf die Entscheidungen des EGMR und des BVerfG am Ende des ersten Jahrzehnts des 21. Jahrhunderts gerichtet.

Die Arbeit schließt mit einem Resümee, in dem die wichtigsten Ergebnisse der jeweiligen Untersuchungsebenen zusammengefasst werden.

Zweiter Teil – Untersuchung des Familienrechts des BGB und seiner Grundlagen

A. Grundlagen der Vater- und Mutterbilder im modernen deutschen Familienrecht

I. Gleichheitspostulat in Aufklärung und Vernunftrecht

Soweit die Entwicklung des modernen deutschen Familienrechts von der Debatte um die rechtliche Ungleichheit von Mutter und Vater innerhalb und außerhalb der Ehe sowie über deren Begründung geprägt ist, findet diese ihren Ursprung in den Idealen und Begriffen der Aufklärung.

Das Zeitalter der Aufklärung in Europa umfasste einen Zeitraum vom 17. bis zum 18. Jahrhundert und war von dem Bestreben gekennzeichnet, die aus dem Mittelalter überkommene Vorstellung einer die Welt beherrschenden übernatürlichen Ordnung zugunsten einer Weltanschauung zu überwinden, die einzig an der menschlichen Vernunft orientiert sein sollte.[14] Fundiert wurde dieser neue Vernunftglaube durch die mathematisch-naturwissenschaftliche Methode des Rationalismus, den die Denker der Frühaufklärung wie Galilei, Newton, Leibniz und Descartes am Anfang des 17. Jahrhunderts begründet hatten.[15] Die seit der Antike das abendländische Denken beeinflussende Lehre vom Naturrecht entwickelte unter dem Einfluss aufklärerischen Denkens seine an diesem Rationalismus orientierte Ausprägung: das Vernunftrecht.[16]

Grundlage dieses Rechtssystems ist das Erbe des hergebrachten Naturrechts. Hierzu gehören zunächst der universale Geltungsanspruch, die Sicht auf den Menschen als vernunftbegabtes, soziales und hilfsbedürftiges Wesen und ein formaler Rationalismus der Rechtsfindung und Beweisführung.[17] Weiter kennzeichnet das Vernunftrecht ein weitgehend säkularer Zug durch eine Ablösung von der Moraltheologie und Entwicklung einer eigenen Sozialethik.[18] Seine

14 *Eisenhardt*, Deutsche Rechtsgeschichte, 194.

15 *Wieacker*, Privatrechtsgeschichte der Neuzeit, 253 f.; *Wesel*, Geschichte des Rechts, 374.

16 *Conrad*, Deutsche Rechtsgeschichte, Band II., 375; *Wieacker*, Privatrechtsgeschichte der Neuzeit, 250. Zur Unterscheidung von Natur- und Vernunftrecht vgl. ebd., 312.

17 *Wieacker*, Privatrechtsgeschichte der Neuzeit, 265.

18 *Wieacker*, Privatrechtsgeschichte der Neuzeit, 267.

Beweisführung basierte auf dem gedanklichen Modell des Naturzustands und eines daran anknüpfenden Gesellschaftsvertrags.

Ausgangspunkt war ein gedachter Naturzustand, in dem alle Menschen frei und gleich an Rechten seien.[19] Insbesondere nach Pufendorf korrespondiert dabei die natürliche Freiheit des Menschen mit einer natürlichen Gleichheit untereinander.[20] In diesem Naturzustand herrschten das Naturrecht und das gänzlich freie Individuum. Zugleich könne aber die Sicherheit und das allgemeine Wohl der Menschen nicht gewährleistet werden, weshalb sich die Menschen durch Vertrag zur Gesellschaft bzw. zum Staat zusammengeschlossen hätten. In diesem Gesellschaftsvertrag unterwürfen sich die Menschen einer staatlichen Obrigkeit und träten dieser einen Teil ihrer natürlichen Rechte ab, um im Gegenzug Schutz und Sicherheit zu erlangen. Der Umfang der abgetretenen Rechte blieb dabei aber unter den Theoretikern des Gesellschaftsvertrages strittig.[21]

Grundlage aller Vernunftrechtstheorien unterschiedlicher Ausprägung war aber die Annahme einer natürlichen Freiheit, Gleichheit und grundsätzlichen Vernunftfähigkeit der Menschen. Diese Basis im Grundsätzlichen setzte alle Denker vernunftrechtlicher Privatrechtstheorien unter einen Begründungszwang hinsichtlich rechtlicher Sachverhalte, die diesen Grundsätzen zunächst widersprachen. Ein solchermaßen begründungsbedürftiger Status der Ungleichheit fand sich in der Ehe und in der dort regelmäßig bestehenden untergeordneten Stellung der Frau gegenüber dem Mann.

II. Gleichheit in der Ehe im Vernunftrecht

Zunächst bestand ein Wesenszug des Vernunftrechts darin, zur Begründung seiner Rechtssätze nach neuen Begründungen abseits alter Autoritäten einschließlich biblischer Überlieferungen zu suchen.[22] Dies war aufgrund der christlichen und kanonistischen Grundlagen des positiven Eherechts der Zeit eine besondere Herausforderung für eine vernunftrechtliche Argumentation. Die Vertreter des modernen Natur- bzw. Vernunftrechts stellten sich dieser Aufgabe, indem sie versuchten,

19 *Eisenhardt*, Deutsche Rechtsgeschichte, 199; *Wesel*, Geschichte des Rechts, 380.
20 Conrad, Deutsche Rechtsgeschichte, Band II., 376.
21 *Eisenhardt*, Deutsche Rechtsgeschichte, 199.
22 *Duncker*, Gleichheit und Ungleichheit in der Ehe, 420.

die grundlegenden Rechtszusammenhänge aus dem Modell der Logik und vernunftgeleiteter vertraglicher Vereinbarungen zu erklären.[23]

Einigkeit herrschte zunächst über die grundsätzliche Gleichheit der Frau gegenüber dem Mann als Faktum.[24]

„Von Natur ist also niemand dem andern untertänig."[25]

Ebenso grundlegend war die Einordnung der Ehe als ein rein bürgerlicher Vertrag[26] mit dem vorrangigen Zwecke der „Erzeugung und Erziehung der Kinder".[27] Insofern galten Frauen und Männer in der Naturrechtslehre im Grundsatz als gleich und daher auch als gleichermaßen vertragsfähig.[28] Zumindest hinsichtlich der Hierarchie in der Ehe galt dies aber nur bis zum Abschluss des Ehevertrages. Denn als dem Ehevertrag immanent angesehen wurde ein freiwilliger Unterwerfungsvertrag der Frau unter die Hausherrschaft des Mannes.[29]

Eine Ausnahme bildete insofern der Philosoph und Rechtsgelehrte Hugo Grotius[30], der noch von einer angeborenen und naturgemäßen Überordnung des männlichen Geschlechts über die Frauen sprach.[31] Bereits seine korporatistische Eheauffassung ging von einem Herrschaftsrecht des Mannes über seine Frau aus.[32] Begründet wurde dies mit der geistigen Unterlegenheit und einer daraus folgenden Schutzbedürftigkeit und Gehorsamspflicht der Frau gegenüber dem Mann.[33] Nach

23 Vgl. *Wieacker*, Privatrechtsgeschichte der Neuzeit, 249–322; *Eisenhardt*, Deutsche Rechtsgeschichte, 194 ff.

24 *Gerhard*, Gleichheit ohne Angleichung – Frauen im Recht, 30 ff.

25 *Wolff*, Grundsätze des Natur- und Völkerrechts, III.I.2, § 835.

26 *Schwab*, in: Schwab, Geschichtliches Recht und moderne Zeiten, 179 ff.

27 *Wolff*, Grundsätze des Natur- und Völkerrechts, III.I.2, § 856.

28 *Vogel*, in: Gerhard, Frauen in der Geschichte des Rechts, 268 ff.

29 *Gerhard*, Gleichheit ohne Angleichung – Frauen im Recht, 30 f.

30 Grotius (de Groot), Hugo, 1583–1645, nach Stolleis, Juristen – Ein biographisches Lexikon, 257 ff: Geboren in Delft, Studium der Philologie, Geschichte und Rechtswissenschaft in Leiden, als 15-Jähriger in Orleáns promoviert. Nach verschiedenen juristischen Verwendungen und Verwicklungen in den politisch-religiösen Auseinandersetzungen der Zeit diverse Werke zum holländischen Recht. Sein Hauptwerk *De jure belli ac pacis*, erschienen erstmals 1625 in Paris, wurde zum Grundlagenwerk des europäischen Natur- und Völkerrechts und Grotius zum Begründer dieser Disziplinen,

31 *Duncker*, Gleichheit und Ungleichheit, 442; *Wieacker*, Privatrechtsgeschichte der Neuzeit, 297.

32 *Grotius*, De jure belli ac pacis libri tres, II. V.8.

33 *Duncker*, Gleichheit und Ungleichheit, 442 f.

Grotius ist der Mann das „Haupt“ der Frau sowie der Familie, eine Wortwahl, die im Allgemeinen als Rückgriff auf biblische Überlieferung[34] gedeutet wird.[35]

Gegen eine „natürliche“ Untertänigkeit der Frau unabhängig von einem Unterwerfungsvertrag und für ihre ursprüngliche Gleichheit wandte sich hingegen Samuel von Pufendorf[36]. Er wollte zunächst

> „untersuchen, ob nach dem bloßen Gesetz der Natur, aus dem Hauptverbindnis einer vollkommenen Ehe, notwendiger Weise eine eigentlich genannte Herrschaft des Mannes über die Frau entspringe?“[37]

Pufendorf verneinte diese Frage unter Ablehnung biblischer Herleitungen[38] und mit einem Hinweis auf die grundsätzliche Gleichheit der Menschen als dem zentralen Argument der Naturrechtstheorien. Die Ansicht sei abzulehnen,

> „daß selbst, vermöge der Natur, ohne die Zwischenkommung eines Vergleiches, und einer freiwilligen Unterwerfung der Weiber, dem Manne die Herrschaft zukomme. Denn dieses streitet wider die natürliche Gleichheit derer Menschen.“[39]

Die freiwillige Unterwerfung der Frau durch den Ehevertrag ging jedoch nach Pufendorf nicht so weit, dass diese alle ihre Rechte an den Mann abtrete. Vielmehr solle die Gehorsamspflicht der Frau sich auf den ehelichen Bereich beschränken:

> „Obgleich nun also in den besondern Handeln der Ehe, die Frau schuldig ist, sich nach dem Willen des Mannes zu richten; so hat er doch nicht gleich deswegen über anderes Thun derselben nothwendig die Herrschaft.“[40]

---

34 Epheser 5, 23.

35 *Gerhard*, Gleichheit ohne Angleichung – Frauen im Recht, 31; *Duncker*, Gleichheit und Ungleichheit in der Ehe, 423; *Erle*, Die Ehe im Naturrecht des 17. Jahrhunderts, 49.

36 Pufendorf, Samuel, 1632–1694, nach Stolleis, Juristen, 506 ff: Studium der Theologie, Philosophie und Jurisprudenz in Leipzig und Jena. Geprägt durch Grotius und Hobbes, war Pufendorf der Inhaber des überhaupt ersten Lehrstuhls für Natur- und Völkerrecht an der philosophischen Fakultät der Universität Heidelberg. Als Jurist bekannt geworden mit einer Kritik der Reichsverfassung sowie seinem System des Naturrechts.

37 *Pufendorf*, Acht Bücher vom Natur- und Völkerrecht, VI. Buch, I. Cap., § II.

38 *Wieacker*, Privatrechtsgeschichte der Neuzeit, 307.

39 *Pufendorf*, Acht Bücher vom Natur- und Völkerrecht, VI. Buch, I. Cap., § XII.

40 *Pufendorf*, Acht Bücher vom Natur- und Völkerrecht, VI. Buch, I. Cap., § II.

Auch für den Hallenser Lehrstuhlinhaber für Natur- und Völkerrecht sowie für Mathematik Christian Wolff[41] war die Ehe zunächst ein Vertrag. Er nannte sie ausdrücklich eine „freie Gesellschaft“, deren Inhalt „durch gemeinschaftliche Einwilligung ausgemacht“ werden müsse. Neben dem ausdrücklichen Vertragsschluss nahm Wolff noch eine stillschweigende Einwilligung in die Herrschaft des Mannes an. Bei der Begründung dieser stillschweigenden Einigung entfernte sich Wolff allerdings von der Behauptung der reinen Freiwilligkeit, indem er sich auf die „Gewohnheit“ bezog, in die sich die Frau still einfüge.[42]

> „Folglich ist die Herrschaft im Ehestande [...] eine beyderseitige Herrschaft der Eheleute über einander: Da aber die Frau sich ihres Rechtes begeben kann; so kann der Mann dieselbe allein erwerben durch einen ausdrücklichen Vertrag, oder durch einen stillschweigenden erlangen; indem sie in dasjenige, was die Gewohnheit mitbringt, stillschweigend einwilliget; und alsdann ist die Frau dem Manne unterthan.“[43]

Am weitesten auf die Gleichberechtigung der Ehefrau ausgerichtet waren die Werke von Thomasius[44] und Martini.[45] Diese Feststellung gilt in erster Linie für das frühe Werk des Philosophen, Juristen und Vaters der deutschen Frühaufklärung Christian Thomasius.[46] Er war der Ansicht, von Natur aus gebe es keine Ungleichheit zwischen den Eheleuten. In der Ehe entspringe sie nur aus der Willkür der Vertragsparteien.[47] Von einem natürlichen Vorzug des männlichen Geschlechts

41 Wolff, Christian, 1679–1754, nach Stolleis, Juristen, 656 f: Studium der Theologie, Mathematik und Philosophie in Leipzig. Professor in Leipzig, Marburg und auf Wunsch Friedrichs II. in Halle auf dem Lehrstuhl für Natur-, Völkerrecht und Mathematik. Begründer der „demonstrativen“ Naturrechtslehre mit Anspruch auf ein moralisches Recht.

42 *Wolff*, Grundsätze des Natur- und Völkerrechts, III.I.2, § 870.

43 *Wolff*, Grundsätze des Natur- und Völkerrechts, III.I.2, § 870.

44 Thomasius, Christian, 1655–1728, nach Stolleis, Juristen, 613 f: Studium der Philosophie und Rechtswissenschaft. Begründer der aufklärerisch orientierten preußischen Staatsuniversität in Halle. Vertreter eines empirisch hergeleiteten Naturrechts. Parteigänger des aufgeklärten Absolutismus mit liberalem Einschlag.

45 Martini, Karl Anton von, 1726–1800, nach Stolleis, Juristen, 409 ff: Studium der Rechts- und Staatswissenschaften in Innsbruck und Wien. Lehramt für Naturrecht und römische Rechtsgeschichte in Wien und dort umfangreiche schriftstellerische Tätigkeit in den Bereichen Naturrecht und Rechtsgeschichte. Später Ausbilder von Kindern des Kaiserhauses und politische Tätigkeit im Staatsdienst. Dort umfangreiche Arbeiten an gesetzgeberischen Reformen mit progressiver Tendenz.

46 *Erle*, Die Ehe im Naturrecht des 17. Jahrhunderts, 271.

47 *Thomasius*, Institutiones, III. Buch, Cap. II, § 109.

zu sprechen, sei verfehlt.[48] Vielmehr würden nach Thomasius diejenigen Denker, die von einer natürlichen Vorrangstellung der Männer gegenüber den Frauen ausgingen, die bei den Völkern eingeübte Erziehung zu dieser Unterordnung mit der wirklichen Natur der Geschlechter – also Ursache und Wirkung – verwechseln.[49] Thomasius ging insofern von einer ursprünglich gleichen Befähigung der Geschlechter aus, die sich durch hergebrachte Erziehung und Sitte zu Lasten der Frauen verschoben habe. In seinem Spätwerk allerdings fiel Thomasius deutlich hinter diese Positionen zurück und wurde zum Verfechter des Patriarchats und der Unterlegenheit der Frau, wobei bislang ungeklärt blieb, was diesen Sinneswandel ausgelöst hatte.[50]

Der führende österreichische Naturrechtler Karl Anton von Martini betonte in seinem 1799 auch auf Deutsch erschienenen Lehrbuch *Der Lehrbegriff des Natur-, Staats- und Völkerrechts* den Charakter der Ehe als den einer „gleichen“ Gesellschaft.[51] Eine Vorherrschaft des Mannes über die Frau lehnte Martini ab:

> „Aus der Natur und dem Endzweck der ehelichen Gesellschaft fliessen beyden Ehegatten die nämlichen gesellschaftlichen Rechte zu. Keiner kann also die Handlungen des Andern willkührlich bestimmen.“[52]

Eine Oberherrschaft des Mannes ließ Martini daher nur auf vertraglicher Basis zwischen den Eheleuten gelten.[53] Martini trat dabei ausdrücklich der Vorstellung einer grundsätzlichen männlichen Überlegenheit gegenüber der Frau entgegen:

> „Es ist nicht immer wahr, was einige behaupten, dass der Mann der geschicktere und klügere Theil sey; und wenn auch dieser Fall eintrifft, so hat er deßwegen noch kein Recht auf die Oberherrschaft, weil er die dazu nöthigen Eigenschaften besitzt.“[54]

Festzustellen bleibt, dass von den Rechtsdenkern des Vernunftrechts die Mehrheit eine „natürliche“ Untertänigkeit der Frau gegenüber dem Mann unter Ablehnung theologischer oder an einer allgemeinen Überlegenheit des Mannes orientierter Herleitungen klar verneinte. Lediglich Grotius und der späte Thomasius leiteten aus einer natürlichen Unterlegenheit der Frau das Herrschaftsrecht des Ehemannes ab. Alle anderen erklärten die dennoch in der Ehe stattfindende Unterstellung

---

48 *Thomasius*, Institutiones, III. Buch, Cap. II, § 110.
49 *Thomasius*, Institutiones, III. Buch, Cap. II, §§ 110, 111.
50 Vgl. hierzu *Duncker*, Gleichheit und Ungleichheit, 444 ff.
51 *Martini*, Der Lehrbegriff des Natur-, Staats- und Völkerrechts, § 700, 275.
52 *Martini*, Der Lehrbegriff des Natur-, Staats- und Völkerrechts, § 700, 275.
53 *Martini*, Der Lehrbegriff des Natur-, Staats- und Völkerrechts, § 424, 201; § 776, 303.
54 *Martini*, Der Lehrbegriff des Natur-, Staats- und Völkerrechts, § 700, 275.

der Frau unter den Willen des Mannes aus dem ehelichen Unterwerfungsvertrag, dessen Reichweite allerdings insbesondere von Pufendorf als begrenzt angesehen wurde. Auch wiesen etwa Wolff, Martini und Thomasius bereits auf den Umstand hin, dass die hergebrachte Unterordnung der Ehefrau weniger auf der Natur der Geschlechter als vielmehr auf Tradition und Erziehung zurückzuführen ist. Eine Grundierung des Verhältnisses von Mann und Frau in der Ehe aufgrund einer natürlichen oder göttlichen Ordnung schien damit zumindest auf vernunftrechtlicher Basis überwunden.

III. Verhältnis von Vater und Mutter im Vernunftrecht

Die Rechtsverhältnisse der Eltern zu ihren Kindern sowie von Mutter und Vater zueinander war für die Vernunftrechtstheoretiker schwerer zu ergründen. Gerade im Hinblick auf die verheiratete Mutter und das Rechtsverhältnis zu ihren Kindern waren der Naturzustand und derjenige nach Abschluss des ehelichen Unterwerfungsvertrags nicht mehr eindeutig zu trennen.

Für den Naturzustand nahm man im Allgemeinen das „Eigentum" oder zumindest eine alleinige Zuständigkeit der Mutter an dem bzw. für das Kind an. So ging etwa Pufendorf unter der Überschrift „Von der Väterlichen Gewalt" der Frage nach, welchem Elternteil mehr Rechte an bzw. über die Kinder zukomme. Bei der Beantwortung dieser Frage kam Pufendorf zu unterschiedlichen Ergebnissen, je nachdem, ob die Eltern „eine Bürgerliche Gesellschaft aufgerichtet" oder „ein Bündnis" geschlossen hätten. Für den Fall der Zeugung „in natürlicher Freyheit", also im Naturzustand, so Pufendorf,

> „stehet die Leibesfrucht der Mutter eigentlich zu."[55]

In „richtiger Ordnung einer rechtmäßigen Ehe" gehe aber nach Pufendorf der Kinderzeugung auch der Unterwerfungsvertrag der Frau unter den Mann voraus. Daher habe

> „ohne Zweiffel der Vatter Gewalt der Herrschaft über die Kinder [...]."[56]

Wolff leitete das Herrschaftsrecht über die Kinder aus der Verbindlichkeit her, die Kinder zu erziehen. Da diese aber beiden Elternteilen obliege, komme es

---

55 *Pufendorf*, Acht Bücher vom Natur- und Völkerrecht, VI. Buch, II. Cap., § V.

56 *Pufendorf*, Acht Bücher vom Natur- und Völkerrecht, VI. Buch, II. Cap., § V

sowohl dem Vater als auch der Mutter gemeinschaftlich zu. Dennoch werde es gewohnheitsmäßig als väterliche Gewalt bezeichnet.[57] Wolff gestand der Mutter dabei allerdings zu, dass „dieselbe auch zu der Erziehung der Kinder am geschicktesten" sei.[58] Die Erziehungspflicht bezog Wolff dabei auch auf unverheiratete Eltern:

> „[...] so müssen die, welche ein Kind zeugen, dasselbe auch erziehen. Daher folgt, daß wer ein Kind durch einen unerlaubten Beyschlaf erzeugt hat, z. B. durch einen unehelichen, dasselbe auch zu erziehen verbunden ist. Da zur Erziehung so wohl der Mutter, als des Vaters Sorge und Fleiß erfordert wird; so muß ein jeder zur Erziehung des Kindes so viel beytragen, als er kann."[59]

Die Konsequenz einer gemeinsamen elterlichen Gewalt als gemeinsames Herrschaftsrecht zog Wolff dabei allerdings nicht. Die im unehelichen Beischlaf liegende Unsicherheit der Vaterschaft zog Wolff aber zur Begründung der Notwendigkeit der Ehe bei der Erzeugung und Erziehung von Kindern heran, da sonst nicht feststehe, wen als Vater die Erziehungspflicht treffe.[60]

Der englische Philosoph und Staatstheoretiker Thomas Hobbes[61] sprach im Naturzustand der Mutter sogar das „Eigentum" am Kind zu, ohne dabei aber eine Pflicht zur Aufzucht oder Erziehung anzuerkennen:

> „Daher gehört nach dem Naturrecht das Eigentum an dem Kinde zunächst dem, der es zuerst in seiner Gewalt hat. Offenbar ist aber das neugeborene Kind eher in der Gewalt der Mutter als eines anderen; da sie es mit Recht entweder aufziehen oder aussetzen kann, wie es ihr beliebt.[62]
>
> Im Naturzustand jedoch gehören, wenn Mann und Frau sich so verbinden, dass keiner der Herrschaft des anderen unterstehen solle, die Kinder der Mutter [...], wenn nicht durch Verträge etwas anderes ausgemacht ist."[63]

Dies ändere sich jedoch – wie bei Pufendorf – mit dem Eheschluss, in dem das Verhältnis analog zum Herrschaftsrecht des Mannes über die Frau umgekehrt

57 *Wolff*, Grundsätze des Natur- und Völkerrechts, III.I.4, § 888.
58 *Wolff*, Grundsätze des Natur- und Völkerrechts, III.I.4, § 857.
59 *Wolff*, Grundsätze des Natur- und Völkerrechts, III.I.4, § 855.
60 *Wolff*, Grundsätze des Natur- und Völkerrechts, III.I.4, § 855.
61 Hobbes, Thomas, 1588–1679, nach Stolleis, Juristen, 284 ff: Studium der Philosophie in Oxford mit anschließender Tätigkeit als Hauslehrer und Gelehrter. Bekannt vor allem durch den *Leviathan* von 1651 als Staatstheoretiker.
62 *Hobbes*, Vom Bürger, 166.
63 *Hobbes*, Vom Bürger, 168.

wurde. Hobbes zog dabei eine Parallele zwischen staatlicher Ordnung und väterlicher Herrschaft:

> „Dagegen gehören im Staate, wenn ein Übereinkommen zwischen Mann und Frau in Bezug auf das Zusammenleben besteht, die Kinder dem Vater; weil in allen Staaten, die ja von den Vätern, nicht von den Müttern begründet worden sind, das häusliche Regiment dem Manne gebührt; ein solches Übereinkommen heißt, wenn es nach den bürgerlichen Gesetzen vollzogen wird, die Ehe."[64]

Die weitgehend auf Gleichberechtigung der Geschlechter ausgerichtete Schrift Martinis ging von einem partnerschaftlich orientierten Familien- und Ehemodell aus. Er beschränkte sich dabei weitestgehend auf das Rechtsverhältnis ehelicher Eltern. Martini selbst ging von den „Eltern" als einem einheitlichen Träger der „älterlichen Gewalt (parentalis potestas)" aus.[65] Sowohl Vater als auch Mutter seien die „Häupter" der Familie:

> „Der Hausvater und die Hausmutter sind die Häupter und Beherrscher der Familie. Sie haben die Gewalt sowohl über die Kinder als auch über die Dienstpersonen, welche sie mit beyderseitiger Einwilligung aufnehmen, unter sich gemein. Sie sind nach dem Naturrechte einander gleich, und machen zusammen Eine sittliche Person aus."[66]

Durch den Ehevertrag entstehe den Ehegatten ein jeweiliges Recht auf wechselseitige Beihilfe zur Erziehung, welche Martini eindeutig als Pflicht beiden Eltern gleichermaßen zuwies.[67] Martini aber leitete die „älterliche Gewalt" insbesondere des Vaters nicht nur aus dem Ehevertrag ab, sondern ließ sie – ähnlich wie bei Wolff – direkt aus der Erzeugung folgen. An dieser seien sowohl Mutter als auch Vater beteiligt, weshalb beiden das Erziehungsrecht als gemeinschaftliches Recht zukomme.[68] Alle weiteren Fragen zur Ausübung der elterlichen Gewalt, also auch, ob es ein alleiniges Entscheidungsrecht gibt und welchem Elternteil dies zustehen soll, verwies allerdings auch Martini in den Bereich vertraglicher Abreden zwischen den Eltern:

> „Weil die älterliche Gewalt in der Erzeugung, und in der Pflicht zu erziehen, ihren Grund hat, und diese zwo Ursachen eben sowohl für den Vater, als die Mutter sind, so folget klar, dass nach dem Natur Rechte beide Aeltern die Gewalt über ihre Kinder

64 *Hobbes*, Vom Bürger, 168.
65 *Martini*, Der Lehrbegriff des Natur-, Staats- und Völkerrechts, § 424, 193 f.
66 *Martini*, Der Lehrbegriff des Natur-, Staats- und Völkerrechts, § 776, 303.
67 *Martini*, Der Lehrbegriff des Natur-, Staats- und Völkerrechts, § 424, 196.
68 *Martini*, Der Lehrbegriff des Natur-, Staats- und Völkerrechts, § 424, 200 f.

> gemeinschäftlich haben, […]; aber die Art, wie ein oder der andere Theil diese Gewalt ausüben solle, kann auch durch einen stillschweigenden Vertrag bestimmet werden."[69]

Hier nahm er den Gedanken von Wolff auf, nach dem der Vertrag auch ein „stillschweigender" sein könne, und akzeptierte damit implizit die Vorstellung einer freiwilligen Unterordnung der Ehefrau bzw. der Mutter unter die Vorherrschaft des Mannes bzw. des Vaters als tradierte Gewohnheit im Rahmen eines freien Vertrages.[70]

Für außerhalb der Ehe gezeugte Kinder begnügte sich Martini mit der kurzen Feststellung, dass – aufgrund der im Gegensatz zum Vater immer gewissen Mutter – das Kind der Mutter gehöre.[71] Obgleich Martini die elterliche Erziehungspflicht zuvor noch mit der Erzeugung, welche gleichermaßen durch die Mutter wie durch den Vater geschehe, begründet hatte, ging er auf den daraus entstehenden – in der völligen Außerachtlassung des Vaters liegenden – Widerspruch nicht ein.

Die angesprochene Problematik zwischen dem Naturzustand – in dem nach allen Ansichten am Kind zuvörderst die Mutter berechtigt und verpflichtet sein sollte – und der untergeordneten Stellung in der Ehe lösten die Vernunftrechtler mit der Einordnung des Eltern-Kind-Verhältnisses in das Konzept des Unterwerfungsvertrages. Innerhalb dieses Konzeptes konzedierten zwar etwa Wolff und Martini eine zeugungsbedingt grundsätzliche Gleichheit von Rechten und Pflichten in Hinblick auf das Kind, unterstellten aber deren konkrete Ausübung wieder der Herrschaft des Vaters als des Begünstigten des ehelichen Unterwerfungsvertrages. Eine rigide Übertragung des Unterwerfungsvertrages auf das Eltern-Kind-Verhältnis im Rahmen einer väterlichen Gewalt vertraten dagegen Pufendorf und Hobbes, indem sie den Naturzustand durch den Unterwerfungsvertrag radikal umkehrten.

Hiermit begründeten die Vernunftrechtler neben der Vorrangstellung des Vaters in der Ehe auch die Kopplung väterlicher Verantwortlichkeit an die Ehe: Zwar leiteten etwa Wolff und Martini die Erziehungspflichten auch aus der Erzeugung ab, entließen den Vater aber mit knapper Argumentation zur Unsicherheit der Zeugung bereits wieder aus der Pflicht und sprachen der Mutter Eigentum und Verantwortung für das uneheliche Kind zu.

---

69 *Martini*, Der Lehrbegriff des Natur-, Staats- und Völkerrechts, § 424, 201.
70 *Martini*, Der Lehrbegriff des Natur-, Staats- und Völkerrechts, § 424, 201.
71 *Martini*, Der Lehrbegriff des Natur-, Staats- und Völkerrechts, § 424, 201.

IV. Die Konzeption des Vater-Mutter-Kind-Verhältnisses bei Fichte

Der Philosoph und neben Hegel, Kant und Schelling wichtigste Vertreter des deutschen Idealismus, Johann Gottlieb Fichte,[72] entwickelte in seiner *Grundlage des Naturrechts* ein Konzept der Ehe sowie mütterlicher und väterlicher Beziehungen zum Kind, das sich über mehr als zwei Jahrhunderte im deutschen Familienrecht nachweisen lässt.

Fichte betrachtete das Rechtsverhältnis zwischen Eltern und Kindern in seiner Schrift zum Naturrecht zunächst weniger als abstrakten Rechtsbegriff, sondern vielmehr als durch Natur und Sittlichkeit bestimmt. Dies entsprach auch seinen Betrachtungen zum Charakter der Ehe. Demzufolge ging Fichte bei der Entwicklung seiner Thesen zum Eltern-Kind-Verhältnis von festgefügten Naturgesetzen aus. Nach der menschlichen Natur folgten nun Mutter und Vater unterschiedlichen Trieben.[73] So werde die Mutter durch das in ihrer Natur liegende Mitleid getrieben, für die Erhaltung des Kindes zu sorgen.[74] Bei dem Vater ist es nach Fichte dagegen anders. Zwar liege der menschlichen Natur allgemein ein altruistischer Trieb zugrunde, sich des Schwächeren und Hilflosen anzunehmen. Allerdings wirke dieser Trieb beim Vater lediglich im Allgemeinen und beziehe sich – im Gegensatz zur Mutter – eben nicht auf *sein* Kind im Konkreten:

> „Dieser allgemeine Trieb wird nun im Vater ohne Zweifel auch für sein Kind sprechen; aber eben darum, weil er ein allgemeiner Trieb ist, der sich auf den Anblick der Hilflosigkeit als solcher gründet, so spricht er für jedes Kind, und es ist kein Grund zu einer besonderen Vorliebe für s e i n Kind bei dem Vater da."[75]

Da eine solche Vorliebe auf einem physischen Verhältnis basiere, müsse der Grund für eine individualisierte Vaterliebe auch ein ebenso physischer Grund sein. Dieser existiere bei dem Verhältnis des Vaters zum Kind jedoch nicht,

> „denn es ist zwischen dem Vater und seinem Kinde gar kein physisches Band; sonach ist zu urteilen, daß der Vater unmittelbar keine besondere Liebe zu seinem Kinde habe. Aus dem einzigen natürlichen Verhältnisse, dem Akte der Zeugung, läßt

---

72 Fichte, Johann Gottlieb, 1792–1814. Nach verschiedenen Tätigkeiten Inhaber eines Lehrstuhls für Philosophie an der Universität Jena. Später Lehrtätigkeiten in Erlangen und Berlin.

73 *Fichte*, Grundlage des Naturrechts, § 41, 359 f.

74 *Fichte*, Grundlage des Naturrechts, § 42, 360.

75 *Fichte*, Grundlage des Naturrechts, § 42, 360.

> sich nichts folgern; denn dieser kommt, als solcher, als Zeugung dieses bestimmten Individuums, nicht zum Bewusstsein."[76]

Wenn der Vater dennoch eine besondere Liebe zu seinem Kind empfinde, so werde diese nur über seine Liebe zur Mutter gleichsam vermittelt. Der natürliche Trieb zur Erhaltung des Kindes – wie er bei der Mutter wirksam sei – wirke beim Vater selbst nicht originär, sondern nur als Folge der Zuneigung zur Mutter:

> „Die besondere Liebe des Vaters zu seinem Kinde geht ursprünglich [...] aus seiner Zärtlichkeit zur Mutter hervor. Diese Zärtlichkeit macht alle Wünsche und alle Zwecke der Mutter zu den seinigen; sonach auch den, für die Erhaltung des Kindes Sorge zu tragen."[77]

Zwar würden diese „natürlichen Angelegenheiten" der Mutter im Rahmen der Ehe nach den obigen Grundsätzen auch zu Pflichten des Vaters. Aber sie sind nach Fichte wiederum keine originären Vaterpflichten, sondern entstünden über die Ehe mit der Mutter. Eine naturrechtlich begründete originäre Verpflichtung des Vaters zur Versorgung des von ihm gezeugten Kindes gebe es nicht. Nach Fichte lasse sich so „keineswegs von einem natürlichen Zwangsrechte der Mutter auf den Vater zur Ernährung des Kindes reden." Die reine Kausalität der Zeugung reiche für eine solche Verpflichtung nicht aus. Schließlich habe der Vater nicht die Zeugung beabsichtigt und die Natur das Kind der Mutter gegeben.[78]

Etwas anderes würde nach Fichte nur gelten, wenn sich die Eltern durch Vertrag zur Erziehung und Aufzucht des Kindes verpflichtet hätten. Damit ein solcher Vertrag aber überhaupt Rechtswirkungen jenseits der moralischen Pflicht begründen könne, müsse er auf staatlichem Recht basieren.[79] Dieses staatliche Recht solle sich am zweckmäßigsten an der „Disposition der Natur und Vernunft" orientieren. Dies hätte für Fichte die folgende Konsequenz:

> „Sind sie außer der Ehe erzeugt [...] oder im Konkubinate: so bleibt die Sorge für das Kind derjenigen, der die Natur dieselbe unmittelbar aufgetragen hat, der Mutter. [...] Da der Vater aber zufolge seiner Bürgerpflicht gleichfalls verbunden ist, zur Erhaltung beizutragen, so ist er anzuhalten, seinen Beitrag in Geld und Geldeswert zu entrichten. Der Vater bezahlt Ziehgeld, und die Mutter übernimmt die persönliche Sorgfalt."[80]

---

76 *Fichte*, Grundlage des Naturrechts, § 42, 361.
77 *Fichte*, Grundlage des Naturrechts, § 42, 361.
78 *Fichte*, Grundlage des Naturrechts, § 42, 361.
79 *Fichte*, Grundlage des Naturrechts, § 42, 361.
80 *Fichte*, Grundlage des Naturrechts, § 47, 365.

Fichte widmete sich in seinem Familienrecht auch der Frage, was seine bisherigen Thesen zum unterschiedlichen Verhältnis von Mutter und Vater für die Verteilung der Kinder nach Scheidung der Eltern bedeuten.[81] Im Grundsatz sollte sich nach Fichte staatliches Recht hier heraushalten und die Entscheidung über den Verbleib der Kinder – dem Vertragsgrundsatz entsprechend – von den Eltern in einer „gütlichen Abkunft untereinander" geregelt werden.[82]

Für den Konfliktfall jedoch, in dem keiner der Elternteile die Sorge für die Kinder übernehmen will, entwickelte Fichte eine Lösung, die sich an seinen Thesen zu der – bei Mutter und Vater verschiedenen – Intensität der Bindung zum Kind orientiert. Da nach Fichte die Liebe des Vaters zu seinem Kind keine unmittelbare, sondern nur eine von seiner Liebe zur Mutter abgeleitete, diejenige der Mutter aber eine aus dem mütterlichen Naturtrieb hervorgehende, unmittelbare sei, habe nach dem Wegfall der väterlichen Liebe zur Mutter die väterliche Liebe zum Kind keine Basis mehr und müsse demnach entfallen. Deshalb habe in erster Linie die Mutter die Pflicht, für die Kinder zu sorgen. Dem Vater oblägen durch staatlichen Zwang lediglich die Unterhaltskosten des Kindes. Fichte formulierte:

> „Die Pflicht für die Kinder zu sorgen ist, nach obigem, nur für die Mutter unmittelbare, für den Vater nur mittelbare Pflicht, abgeleitet aus seiner Liebe zur Mutter. Da diese letztere, mithin auch der natürliche Grund der väterlichen Zärtlichkeit hier wegfällt, so sind die Kinder der persönlichen Sorgfalt und Pflege der Mutter zu übergeben; aber der Vater hat, unter Aufsicht und Garantie des Staates, die Kosten der Erhaltung herzugeben, worüber nach den Vermögensumständen der Eltern etwas bestimmtes festzusetzen ist."[83]

Für den anderen Fall, dass beide Eltern um die Sorge für die Kinder streiten, empfahl Fichte eine Aufteilung nach dem Geschlecht der Kinder. Der jeweils geschlechtsgleiche Elternteil sei dabei eben qua Geschlecht für die Erziehung des entsprechenden Kindes der geeignetere.

> „Nun ist der Regel nach […] die Mutter die zweckmäßigste Erzieherin der Töchter, der Vater der zweckmäßigste Erzieher der Söhne. Die Töchter sonach sind der ersteren, die Söhne dem letzteren, zu übergeben."[84]

Mit dieser umfassenden Konzeption des Mutter-Kind- sowie Vater-Kind-Verhältnisses und der daraus zu ziehenden familienrechtlichen Folgerungen legte neben anderen Naturrechtlern insbesondere Fichte die Basis für die Vorstellungen

---

81 *Fichte*, Grundlage des Naturrechts, § 61, 371 f.

82 *Fichte*, Grundlage des Naturrechts, § 61, 372.

83 *Fichte*, Grundlage des Naturrechts, § 61, 372.

84 *Fichte*, Grundlage des Naturrechts, § 61, 372.

nachfolgender Gesetzgeber und Rechtsanwender von der Rolle des jeweiligen Elternteils gegenüber den eigenen Kindern. Kern von Fichtes Konzeption war die strikte Zuordnung des Kindes zur Mutter, basierend auf einer biologistischen Annahme von einem besonderen und exklusiven physischen Band zwischen Mutter und Kind, welches die Mutterliebe begründe. Das Verhältnis zwischen Mutter und Kind wurde dadurch unabhängig vom Bestehen einer Ehe zu einem unmittelbaren Näheverhältnis. Fichtes Vorstellung von der väterlichen Liebe zu seinem Kind lag dagegen kein physisches Band zugrunde, vielmehr sei die väterliche Liebe nur von der Liebe zur Mutter abgeleitet. Diese Konzeption knüpft die väterliche Liebe zum Kind ausschließlich an das Bestehen der Ehe mit der Mutter. Fällt diese weg, verliert auch die väterliche Zuneigung zu seinem Kind ihren tragenden Grund. In der Konsequenz ist bei einer Scheidung die persönliche Sorge auf die nach Fichte unmittelbar liebende Mutter zu übertragen. In der gleichen Konsequenz ist der Vater bei außerehelicher Zeugung nicht aus einem persönlichen Verhältnis zum Kind verpflichtet, sondern nur aus staatlichem Recht. Hingegen wäre die Mutter schon aus natürlichem Recht zur Kindessorge verpflichtet. Der uneheliche Vater wiederum müsste durch positives Recht gezwungen werden.

Nach Ansicht Dunckers hat kein anderes Buch außer der Bibel und dem *Corpus Iuris Civilis* die rechtliche Sicht auf die sogenannten Geschlechtercharaktere mehr beeinflusst als Fichtes *Grundlagen des Naturrechts*.[85] Zumindest was die Rollenverteilung im künftigen deutschen Nichtehelichenrecht sowie im Scheidungsfolgenrecht des 19. und 20. Jahrhunderts angeht, ist eine Orientierung an Fichtes Gedanken, insbesondere an seiner These von der mangelnden Verbundenheit des Vaters zum Kind, durchweg nachweisbar. Mit seinen Vorstellungen nahm Fichte die Motive des späteren Rechtszustands des 20. Jahrhunderts vorweg.

V. Vaterschaft und moderner Staat am Beispiel Preußens

In der Privatrechtsgeschichte war die Rolle des Vaters nie als lediglich auf seine emotional-fürsorgliche Beziehung zum Kind beschränkt angesehen worden. Vielmehr standen seine innerfamiliäre Leitungs- und Autoritätsfunktion immer in enger Beziehung zur Gesamtgesellschaft und zum jeweiligen Staatswesen. Die vorstaatlich ausgeprägte Herrschaftsfunktion des Vaters innerhalb des Familienverbandes korrespondierte später durchweg mit der Verfasstheit und Stärke

85 *Duncker*, Gleichheit und Ungleichheit, 461.

staatlicher Ordnungen, die sich auch daran zeigte, wie stark diese in das innere Gefüge der Familie eingriffen. Die Rolle des Vaters wurde dabei umso schwächer, je mehr der Staat als Ordnungsfaktor in den Familienbereich einrückte.

Das altrömische Recht etwa basierte auf einer archaisch bäuerlichen Gesellschaftsstruktur, in deren Mitte die römische *familia* als patriarchalisch-autokratischer Herrschaftsverband stand.[86] Aus der bäuerlichen Lebens- und Wirtschaftsform der römischen Frühzeit entstammte die alleinige Leitungsfunktion des *pater familias* über das Hauswesen. Der Hausvater war das Haupt der Familie und übte eine nahezu unbeschränkte Machtfülle, die *patria potestas*, über alle Angehörigen der *familia* aus und bildete daher das Haupt eines autoritär verfassten Personenverbandes. Herrschaft und autoritäre Ordnungsfunktion des Vaters entsprachen den Prinzipien eines monarchischen Staats im Kleinen.

Im deutschen Rechtsraum war das Verhältnis von Vater und Mutter zueinander sowie gegenüber dem Kind vom hergebrachten Institut der *Munt* (althochdeutsch: „Schutz", mittelhochdeutsch: „Hand, Schutz") bestimmt. Die *Munt* war nach germanischem Recht ursprünglich ein der römischen *patria potestas* vergleichbares umfassendes Herrschaftsrecht über alle Angehörigen der Hausgemeinschaft wie die Ehefrau, die Kinder sowie in die Hausgemeinschaft aufgenommene Personen (z. B. Gesinde und Lehrlinge).[87] Ihr Herrschaftscharakter schwächte sich aber im Laufe des Mittelalters sowohl unter christlichem Einfluss wie auch durch einen Wandel der Familienverfassung (Übergang von der Sippe zur Kleinfamilie, Individualisierungstendenzen) immer mehr ab.[88] Stattdessen nahm die *Munt* die Gestalt eines überwiegend im Interesse des Kindes bestehenden, also fremdnützigen Schutzverhältnisses an, ohne ihren grundsätzlich autoritären Charakter zu verlieren.[89]

Die gesetzliche Bestimmung und – damit einhergehend – Einschränkung väterlicher Herrschaft begann mit der Kodifikationsidee und damit mit den Anfängen des modernen Staates. Im Zuge einer Verbindung von Aufklärung, Naturrechtslehre und aufgeklärtem Absolutismus[90] entstand in Preußen und anderen deutschen

86 *Kaser*, Römisches Privatrecht, 17. Auflage, § 12, I, 1, 2.

87 Handwörterbuch zur deutschen Rechtsgeschichte (HRG), Stichwort: Munt, Sp. 755; *Schwab*, Familienrecht, 14. Auflage, Rn. 430.

88 *Schumacher*, Das Rechtsverhältnis zwischen Eltern und Kindern in der Privatrechtsgeschichte, 57, 460 f; *Conrad*, DRG I, 399; *Eisenhardt*, Deutsche Rechtsgeschichte, 69.

89 HRG, Stichwort: Munt, S. 757; *Schumacher*, Das Rechtsverhältnis zwischen Eltern und Kindern in der Privatrechtsgeschichte, 58 m. w. N.

90 Vgl. hierzu *Harms-Ziegler*, in: Gerhard, Frauen in der Geschichte des Rechts, 325, 331. Sie sieht in dieser Konstellation das „Bündnis der deutschen Naturrechtslehrer

Staaten der Wunsch nach einer umfassenden Kodifikation, d. h. einer systematischen, möglichst umfassenden und abschließenden Regelung ganzer Lebensbereiche und Rechtsbeziehungen.[91] Das bedeutendste Produkt dieser Kodifikationsidee ist das *Allgemeine Landrecht für die Preußischen Staaten* (ALR) von 1794.

Das Bündnis von Aufklärung, Naturrechtslehre und Absolutismus fand insbesondere in Preußen seine Verwirklichungsmöglichkeit, da sich dort nach Ansicht Wieackers „aktive Verantwortungsethik des calvinistischen Regenten mit der passiven Untertanenethik eines lutherischen Landes" trafen sowie konservative Beharrungskräfte schwächer waren.[92] Das ALR war einerseits schon geprägt von der aufklärerischen Haltung seiner Schöpfer, des preußischen Großkanzlers v. Carmer[93] und insbesondere der federführenden Juristen Svarez[94] und Klein[95], andererseits noch von einer fest gefügten ständischen Gesellschaftsordnung beherrscht.[96]

Das ALR macht neben der Rollenverteilung von Vater und Mutter erstmals auch deutlich, welche Stellung und Rolle der Familie als Ganzem sowie den einzelnen Elternteilen im Staatsganzen [97]vom modernen Staat als Gesetzgeber zugedacht waren. So schuf der Gesetzgeber für das Eltern-Kind-Verhältnis nicht einen eigenständigen Teil als „Familienrecht", sondern ordnete die Rechtsbeziehungen von Mann und Frau, Eltern und Kindern sowie Angehörigen ohne gemeinsamen Oberbegriff in den Teil über das Recht der Gesellschaften und Verbände (II. Teil, Titel 1–6) ein. Die Familie wurde somit als kleinste Einheit eines organischen Staatsaufbaus[98] und somit als sozial-rechtlicher Verband angesehen und entsprechend in das ALR eingeordnet.[99]

---

mit dem aufgeklärten Absolutismus, den Preußen verkörperte". Vgl. auch *Wieacker*, Privatrechtsgeschichte der Neuzeit, 271, 312 ff.

91 *Wehler*, Deutsche Gesellschaftsgeschichte I, 242; *Eisenhardt*, Deutsche Rechtsgeschichte, Rn. 281 f.

92 *Wieacker*, Privatrechtsgeschichte der Neuzeit, 277.

93 von Carmer, Johan Heinrich Casimir, 1720–1801.

94 Svarez, Carl Gottlieb, 1746–1798.

95 Klein, Ernst Ferdinand, 1744–1810.

96 Vgl. hierzu *Koselleck*, Preußen zwischen Reform und Revolution; so auch *Hattenhauer*, Allgemeines Landrecht für die Preußischen Staaten von 1794, Einführung, 37 f.

97 Nach *Wieacker*, Privatrechtsgeschichte der Neuzeit, 333, führte das ALR „fast einzigartig in der europäischen Gesetzgebungsgeschichte [...] von einem prinzipiellen Grundriss der menschlichen Gesellschaft her einen umfassenden Plan des Staatsaufbaus durch".

98 *Ramm*, Familienrecht, 155.

99 *Dörner*, Industrialisierung und Familienrecht, 31, 32; *Hubbard*, Familiengeschichte, 40.

Der Familientyp, auf den das ALR ausgerichtet war, war der des „Hauses", der Einheit von Beruf und Produktion, Familienleben, Versorgung und Haushalt in vorindustrieller Zeit. Die patriarchalische Stellung des (Haus-)Vaters war aufgrund seiner umfassenden Leitungsfunktion in der Wirtschaftseinheit Haus autoritär verfasst und erstreckte sich neben dem wirtschaftlichen auch auf den persönlich-familiären Bereich.[100] Die Einschränkungen, die das ALR und damit der moderne Staat der grundsätzlich patriarchalischen Familienordnung auferlegte, deutete sich aber bereits in der Überschrift des einschlägigen „Zweiten Titels" an, in dem von den „wechselseitigen Rechten und Pflichten der Aeltern und Kinder" die Rede ist. Auch waren nach ALR II 2 § 61 die Kinder zunächst „beyden Eltern Ehrfurcht und Gehorsam schuldig". Dennoch stellte der ALR II 2 § 62 grundsätzlich fest, dass eheliche Kinder „vorzüglich […] unter väterlicher Gewalt" stehen. Diese endete erst, wenn das Kind eine eigene wirtschaftliche Existenz gegründet hatte (ALR II 2 § 210 ff.). Für standesgemäßen Unterhalt und Erziehung mussten zunächst beide Elternteile sorgen (ALR II 2 § 64). Die nachfolgende Rollenverteilung sah (entsprechend der in der Ehe) aber vor, dass zuvörderst der Vater die finanzielle Verantwortung zu tragen (ALR II 2 § 65), die Mutter die körperliche Pflege und Wartung zu besorgen hatte (ALR II 2 § 66). Eine exklusive Kompetenzzuweisung zugunsten der Mutter enthielt auch der ALR II 2 § 70, der anordnete, dass der Vater ein Kind unter vier Jahren nicht gegen den Willen der Mutter ihrer Aufsicht und Pflege entziehen durfte.

In Sachen der Erziehung war grundsätzlich zunächst der Vater bestimmend. Insbesondere hatte er dafür zu sorgen, „daß das Kind in der Religion und nützlichen Kenntnissen den nöthigen Unterricht, nach seinem Stande und Umständen, erhalte" (ALR II 2 § 74). Zur Durchsetzung seiner väterlichen Autorität war er befugt, „alle der Gesundheit […] unschädlichen Zwangsmittel" anzuwenden (ALR II 2 § 86). Diese Befugnis fand allerdings ihre Grenze bei grausamen Misshandlungen, bei denen das Vormundschaftsgericht von Amts wegen einschreiten sollte (ALR II 2 § 90). Um eine Ehe eingehen zu können, bedurfte das Kind in jedem Alter der Einwilligung des Vaters (ALR II 1 §§ 45, 46). Allerdings konnte diese durch eine gerichtliche ersetzt werden, wenn sie nach Auffassung des Gerichts unrechtmäßig verweigert wurde (ALR II 1 §§ 68, 69). Bei der Berufswahl hatte sich der Sohn zunächst dem Wunsch des Vaters zu unterwerfen, ab seinem 14. Lebensjahr bestand die Möglichkeit, unter „Zuziehung eines oder zweier am Orte befindlichen nächsten Verwandten und der Lehrer des Sohnes" die väterliche

100 *Dörner*, Industrialisierung und Familienrecht, 22; *Willekens*, in: Meder/Duncker/Czelk, Frauenrecht und Rechtsgeschichte, 137, 140.

Bestimmung vor dem Vormundschaftsgericht prüfen zu lassen. Im Zweifel ging allerdings die Entscheidung des Vaters vor (ALR II 2 §§ 110–114). Sinn der väterlichen Befugnis zur Berufsbestimmung war die Sicherung der Kinder für die familiäre Wirtschaftsgemeinschaft, was wiederum die Rolleneinheit des Vaters im persönlichen Vater-Kind-Verhältnis und im Rahmen der Wirtschaftseinheit des Hauses anschaulich demonstriert.

Innerhalb dieser Vaterrolle dominierte noch das Element der (auch physisch durchsetzbaren) Autorität über das Kind und korrespondierte insofern mit der hierarchischen Verfasstheit des „Hauses“, was wiederum im Interesse des absolutistischen Obrigkeitsstaates lag.[101] Mit der Sicherung der stabilen hierarchischen Struktur in der Familie durch eine starke Herrschaft des Vaters wollte der Staat den Zusammenhalt seiner kleinsten Einheit und damit seine eigenen Grundlagen sichern. Der autoritäre, starke Vater als Verkörperung dieser Stabilisierungs- und Ordnungsfunktion wurde so zum Symbol und Mit-Garanten für den starken Staat.

Allerdings zeigt sich in Preußen an der Eingriffsmöglichkeit des Staates über die Vormundschaftsgerichte, wie Staat und Familie wechselseitig aufeinander bezogen waren.[102] So lag in der rechtlichen Vorgabe von Erziehungszielen, in den

---

101 *Schwab*, Familienrecht, 14. Auflage, Rn. 431; *Dörner*, Industrialisierung und Familienrecht, 32, 65 f.

102 Dass zur gleichen Zeit das Aufeinanderbezogensein von Familie und staatlicher Sphäre auch bei anderen Rechtsordnungen Auslegungspraxis war, illustriert der 1825 veröffentlichte, später häufig zitierte (etwa bei *Windscheid*, Lehrbuch des Pandektenrechts, Band 3, 64, Fn. 7, 65, Fn. 9; *Mittermaier*, Gemeines Deutsches Privatrecht, Band 2, 284, Fn. 20; *v. Brinz*, Lehrbuch der Pandekten, Band 3,2,2, 612, Fn. 41) Aufsatz des Kieler Professors Burchardi über das gemeinrechtliche Erziehungsrecht (Das gemeinrechtliche Erziehungsrecht, AcP 8, 161 ff.). Der Autor ging darin zunächst grundsätzlich von einem Prinzip des Vorrangs des Vaters gegenüber der Mutter in Fragen des Erziehungsrechts aus. Er demonstrierte dies am Fall eines verstorbenen Adoptivvaters, nach dessen Tod das Erziehungsrecht weder an die Adoptivmutter noch an die leibliche Mutter überging, sondern an den leiblichen Vater. Dieser stehe dem Kind vom Verwandtschaftsgrad her zwar genauso nahe wie die Mutter, aber „unter gleichen Umständen geht bekanntlich in der Regel das männliche Geschlecht dem weiblichen vor, sofern nicht von bloßen Privatangelegenheiten, wohin die Erziehung keineswegs gehört, die Rede ist“. Aus diesem Grundsatz sprach zunächst das alte patriarchalische Verständnis des Vaterrechts als Recht am Kind, das selbst dann noch gilt, wenn das Kind bereits dem leiblichen Vater entzogen wurde, und insofern gegenüber beiden denkbaren Müttern auf ein reines Geschlechtsprivileg zugunsten des Vaters hinausläuft. Weiterhin sah Burchardi das Erziehungsrecht offensichtlich nicht als private, sondern vermittels des Rechts unter staatlicher Aufsicht stehende Angelegenheit an, in der selbstverständlich das männliche Geschlecht den Vorrang habe.

Ermessensvorgaben sowie in der Möglichkeit vormundschaftlicher Kontrolle der väterlichen Entscheidungen bereits eine erste, im Verhältnis zu den vorangegangenen Rechtsordnungen auch starke staatliche Einschränkung väterlicher Gewalt. Dies war direkter Ausfluss der aufklärerischen Ideale des Volkserziehungsgedankens[103] und des Postulats von der freien menschlichen Selbstentfaltung, welche mit der Aufrechterhaltung des väterlichen Ansehens bzw. der hergebrachten väterlichen Autorität in Einklang gebracht werden musste.[104] Auch und gerade im Vergleich mit anderen zeitgenössischen europäischen Rechtsordnungen war diese staatliche Einmischung ein preußisches Spezifikum.[105] Es entsprach aber insofern dem Selbstverständnis Preußens als fürsorglichem Obrigkeitsstaat.[106]

Mit dem Anspruch des Staates, das aufklärerische Ideal vom Glücksstreben des Einzelnen zu ermöglichen, gleichzeitig aber durch Sicherung der Autoritätsfunktion des Vaters die Einheit der Familie sichern zu wollen, war aber ein Konflikt angestoßen worden, der das nachfolgende Familienrecht maßgeblich bestimmen sollte.

Im Unehelichenrecht folgte das ALR in der Mutter-Kind-Beziehung der alten deutschrechtlichen[107] wie naturrechtlichen Auffassung, wonach das uneheliche Kind der Mutter zugeordnet wurde. Ziel des preußischen Gesetzgebers war es, durch Verbesserung der Rechtsstellung der unehelichen Mutter und ihres Kindes sozialpolitische Ziele zu erreichen, namentlich Fälle von Kindsmord sowie die Verwahrlosung unehelicher Kinder zu verhindern.[108] Zwar trat das uneheliche Kind nicht in die weitere Familie der Mutter ein (ALR II 2 § 639), erhielt aber ihren Namen und Stand (ALR II 2 § 640) mit Ausnahme von Adelsnamen und Wappen (ALR II 2 § 641) sowie das gleiche Erbrecht im Verhältnis zur Mutter wie eheliche Kinder (ALR II 2 § 656). Eine elterliche Gewalt der Mutter kannte das ALR nicht. Für die ersten vier

---

Burchardi verband hier bereits den althergebrachten Vorrang des Vaters mit dessen Stellung innerhalb der staatlichen Sphäre.

103 *Wieacker*, Privatrechtsgeschichte der Neuzeit, 330 f.

104 *Dörner*, Industrialisierung und Familienrecht, 62.

105 *Willekens*, in: Meder/Duncker/Czelk, Frauenrecht und Rechtsgeschichte, 137, 142 f.

106 *Ramm*, Familienrecht, 158.

107 „Kein Kind ist seiner Mutter Kebskind“. Als Kebskind oder Kegel wurden illegitime Kinder von einer Nebenfrau/Konkubine (Kebse) bezeichnet.

108 Vgl. zu den Motiven des preußischen Gesetzgebers *Leineweber*, Die rechtliche Beziehung des nichtehelichen Kindes zu seinem Erzeuger in der Geschichte des Privatrechts, 236; *Harms-Ziegler*, in: Gerhard, Frauen in der Geschichte des Rechts, 325, 338 f.; *Weber-Will*, Die rechtliche Stellung der Frau im Privatrecht des ALR von 1794, 266.

Lebensjahre hingegen ordnete das ALR gemäß vernunftrechtlicher Vorstellungen von einer exklusiven natürlichen Bindung der Mutter zum Kind ein Sorgeprimat der Mutter an (ALR II 2 § 621). Im Verhältnis zum Vater bestanden neben dem Recht des unehelichen Kindes, Unterhalt und Erziehung von diesem fordern zu können (ALR II 2 § 612), nach dem ALR keine familienrechtlichen Verbindungen, was ebenfalls den vernunftrechtlichen Konzeptionen des Vater-Kind-Verhältnisses entsprach. Das uneheliche Kind stand auch unter keiner Form väterlicher bzw. elterlicher Gewalt eines Elternteils. Vielmehr etablierte der preußische Gesetzgeber eine Aufsicht über Kind und Mutter in Form einer staatlich angeordneten Vormundschaft über das Kind (ALR II 2 §§ 644 f., 614, 646).

Während der preußische Gesetzgeber innerhalb der ehelichen Familie die starke Stellung des Vaters absicherte, rückte er so bei unehelichen Kindern in dessen Stellung ein. Der staatliche Anspruch, zumindest teilweise an die Stelle des Vaters zu treten, wird bereits aus der Abfassung der einschlägigen Normen deutlich:

> ALR II 2 § 644.
> Uneheliche Kinder stehen nicht unter der Gewalt des Vaters, sondern nur unter der vom Staate für sie verordneten Vormundschaft.

> ALR II 18 § 2.
> Diese Vorsorge erstreckt sich jedoch auf dergleichen Personen nur insofern, als dieselben außer väterlicher Gewalt und Aufsicht sind, oder die väterliche Vorsorge ihnen nicht zu statten kommen kann.

Die planmäßige Ersetzung väterlicher Funktionen und Kompetenzen durch eine staatlich überwachte und geleitete Vormundschaft als legislatives Ziel des ALR-Gesetzgebers beschrieb am deutlichsten der preußische Zivilrechtler Christian Friedrich Koch[109] in seinem *Lehrbuch des preußischen gemeinen Privatrechts*:

> „Der Schutz, welchen das Oberhaupt einer Familie, der paterfamilias, den hilfsbedürftigen Gliedern derselben gewähren muß, ist die lästige Seite eines Familienverhältnisses, welches auf der anderen Seite wieder gewisse, davon unzertrennliche Vortheile mit sich bringt. Wie die Gewährung dieses Schutzes dem Schutzbedürftigen gegenüber eine Pflicht ist, so ist sie auf der anderen Seite auch ein Recht, vermöge dessen der Berechtigte jeden anderen davon ausschließen kann. Dieses alles ist in der Natur der Familie begründet. Fällt das zum Schutz verpflichtete und berechtigte Subject in der Familie weg, während sich darin noch Schutzbedürftige befinden, so entsteht die Frage: wie dieses bisher bestandene natürliche Schutzverhältnis zu ersetzen und wer diesen Schutz von nun an leisten solle und dürfe.[110]

109 Koch, Christian Friedrich, 1798–1872.
110 *Koch*, Lehrbuch des preußischen gemeinen Privatrechts, 2. Band, 658.

> […] [So] ist die Vormundschaft nicht nur eine Nachbildung und ein Ersatzmittel der väterlichen Gewalt, vielmehr sind beide […] nebeneinander stehende Arten einer und derselben Gattung von Rechtsverhältnis […]. Die väterliche Gewalt und die Vormundschaft sind danach wesentlich gleichartige Rechte oder vielmehr: an die Stelle des ausscheidenden Vaters tritt in das nemliche Rechtsverhältnis eine andere Person, Vormund genannt."[111]

Die Vormundschaft war vom Vormundschaftsgericht von Amts wegen zu bestellen (ALR II 2 § 614) und diente bei Unehelichen in erster Linie dazu, die Ansprüche des Kindes gegen den Vater durchzusetzen (ALR II 2 §§ 614–617). Eine weitere in der ehelichen Familie dem Vater zukommende Befugnis gegenüber dem Kind, das Recht zur Berufswahl, wurde auf den Vormund verlagert (ALR II 2 § 646).

Zugleich war ein wesentlicher Aspekt des preußischen Vormundschaftsrechts die Sicherstellung der weitestgehenden Kontrolle des Staates über das uneheliche Kind und seine Eltern.[112] Hierzu ordnete das ALR an, dass „in der Regel Fremde, welche zur Familie der Aeltern nicht gehören", zu Vormündern bestellt werden (ALR II 18 § 197). Der Vormund war dabei Bevollmächtigter des Staates (ALR II 18 § 235). Konsequenterweise war das Vormundschaftsrecht des ALR daher kein Teil des Familienrechts, sondern im Zusammenhang mit den staatlichen Befugnissen seinen Bürgern gegenüber eingeordnet. Zeitgenössische Kommentatoren zählten dementsprechend das Vormundschaftsrecht zum öffentlichen Recht.[113] So resümierte Dernburg[114] als einer der bedeutendsten Gelehrten zum preußischen Privatrecht im Rückblick auf das Vormundschaftsrecht des frühen ALR:

> „Die Verfasser gingen von dem an sich richtigen und schönen Gedanken aus, dass es Sache des Staates sei, für seine Bürger, die sich nicht selbst vorstehen können, für ihre Erziehung und ihren Unterhalt, für die Konservation ihres Vermögens und für eine nutzbare Verwaltung zu sorgen. Dies gedachte man konsequent durchzuführen. […] In Folge dessen betrachtete man den Vormund nicht als den Privatadministrator eines fremden Vermögens, sondern als einen Bevollmächtigten und Beamten des Staates, welcher der Obrigkeit in Ansehung seiner ganzen Verwaltung subordinirt und ihr davon die genaueste Rechenschaft zu geben schuldig war."[115]

---

111 *Koch*, Lehrbuch des preußischen gemeinen Privatrechts, 2. Band 660.

112 *Harms-Ziegler*, in: Gerhard, Frauen in der Geschichte des Rechts, 325, 336.

113 *Förster*, Preußisches Privatrecht, Band IV, § 229, 180; *Dernburg*, Das Vormundschaftsrecht der preußischen Monarchie, nach der Vormundschaftsordnung vom 5. Juli 1875, § 5, 12.

114 Dernburg, Heinrich, 1829–1907, nach Stolleis, Juristen, 168: Mitglied des preußischen Herrenhauses und Verfasser mehrerer Werke zum preußischen Privatrecht.

115 *Dernburg*, Das Vormundschaftsrecht der preußischen Monarchie, nach der Vormundschaftsordnung vom 5. Juli 1875, § 5, 12.

Das ALR als Kind des aufgeklärten Absolutismus steht mit seinem Familienrecht damit für zweierlei Grundrichtungen im künftigen Familienrecht. Zum einen weist die Eingliederung der Teilordnung Familie in das organische Staatsganze in Verbindung mit einem ALR-spezifischen Ineinanderübergehen von Familienrecht und öffentlichem Recht die Familie als kleinste Einheit und Grundlage des Staates aus, aus der dieser seine Stabilität gewinnt. Der Vater als Garant innerer Stabilität der Familie gewinnt so Bedeutung für den Staat als Ganzes. Im Unehelichenrecht vermischte sich zum anderen sozialpolitische Absicht, absolutistischer Dirigismus und wohlfahrtsstaatlicher Impetus zur Tendenz, die Funktion des fehlenden Vaters durch einen fürsorgenden Staat ersetzen zu lassen. Das preußische Vormundschaftsrecht ging dabei im Hinblick auf die starke Stellung des Staates als Oberaufsicht über die Vormünder, die erklärtermaßen zu Bevollmächtigten des Staates degradiert wurden, erheblich über die Eingriffsintensität vergleichbarer zeitgenössischer Kodifikationen hinaus.[116] Das preußische Modell der Vormundschaft als Organ staatlichen Schutzes bildet damit den Ausgangspunkt für nachfolgende gesetzgeberische Tendenzen, ursprünglich väterliche bzw. familiäre Funktionen auf den Staat und seine Institutionen zu übertragen.

116 *Schlüter*, Das Vormundschaftsrecht in den Kodifikationen der Aufklärungszeit, 65, 102 ff., 208 ff.

B. Vater und Mutter im Bürgerlichen Gesetzbuch von 1900

I. Die Entstehung des BGB

1. Die historische Situation der deutschen Familie vor Inkrafttreten des BGB

Vom ausgehenden 18. bis etwa zur Mitte des 19. Jahrhunderts vollzog sich in Deutschland ein tief greifender Wandel der Familientypen und damit einhergehend der Familienstruktur sowie der Elternrollen.[117] Diesen Zeitraum kennzeichnet der Übergang von einer vorwiegend bäuerlichen, aber auch von kleinen Handwerksbetrieben geprägten Haus- und Naturalwirtschaft hin zur modernen industrialisierten Produktions- und Wirtschaftsweise.

Bis zur Mitte des 19. Jahrhunderts war der in Deutschland vorherrschende Familientypus der des „Hauses". Die Familie war als Haus-, Lebens- und Wirtschaftseinheit kleinster institutionalisierter Teil der Gesellschaft. Zum „Haus" gehörten nicht nur das Elternpaar und deren Kinder, sondern auch weitere Verwandte sowie mitarbeitende Familienfremde wie Gesinde oder Lehrlinge. Charakteristisch für diese Art familiärer Organisation war die Einheit von Haus und gewerblichem Betrieb.[118] Auf dieses Familienbild war noch das Recht des ALR ausgerichtet gewesen.

Das Oberhaupt dieser Lebens- und Wirtschaftseinheit war der Mann als „Hausvater", dessen Rollen durchaus verschieden waren: Ehemann, Vater und ordnende Autorität nach innen sowie Produzent, Bürger und Schirmherr seiner Hausmitglieder nach außen. Die Rolle des Mannes als Vater seiner Kinder war also nur eine unter mehreren gleichrangigen Rollen. Das Kollektiv des Hauses ließ die Privatisierung und Reduzierung der originären Vaterrolle auf das Eltern-Kind-Verhältnis noch nicht zu. Das patriarchale Rollenverständnis des Hausvaters war insofern dem des römischen *pater familias* ähnlich und damit Ausdruck eines erweiterten Familienbegriffs. Dennoch korrespondierten die Rollen miteinander,

117 Vgl. zum Folgenden *Nipperdey*, Deutsche Geschichte 1800–1866, 115 f.

118 *Hubbard*, Familiengeschichte, 33; *Nipperdey*, Deutsche Geschichte 1800–1866, 116; *Dörner*, Industrialisierung und Familienrecht.

und die unbedingte Autorität des Hausvaters gegenüber dem Gesinde fand ihre Entsprechung im Verhältnis der Eheleute untereinander sowie gegenüber den Kindern. Die männlich-väterliche Autorität wird für diese Zeit als noch „ungetrübt und ursprünglich“, das Verhältnis der Eltern zu den vornehmlich als Arbeitskräfte im Haushalt angesehenen Kindern als „unsentimental“ beschrieben.[119] Dennoch wurde die Allmacht des Vaters bereits durch das staatliche Wächteramt, wie es in einigen Vorschriften etwa des ALR zum Ausdruck kommt, eingeschränkt.[120]

Der Prozess der Industrialisierung führte nun mit seiner Ausgliederung des Arbeitsplatzes aus dem heimischen Betrieb, dem „Haus“, zur Trennung von Familie und Arbeitsplatz und somit zur „Zerstörung des Hauses“.[121] Diese Trennung hatte viele familiensoziologische Konsequenzen: Mit dem Wegbrechen der herkömmlichen Familienstruktur mussten die bisher durch die Großfamilie ausgeübten Funktionen neu organisiert werden – mit der Folge der Desintegration bzw. Übertragung dieser Funktionen aus der Familie an die Außengesellschaft.[122] Wiederum als Folge der Auslagerung der Funktionen verließen natürlich auch die Träger dieser Funktionen den Familienverband, was als Konsequenz das Übrigbleiben der auf die Blutsverwandten reduzierten Kernfamilie, also meist der Vater-Mutter-Kind(er)-Familie, bedeutete. Aus der relativ offenen und nach außen ausgreifenden Hausgemeinschaft wurde die private, auf den eigenen Innenraum bezogene Kernfamilie. Von hier an bildete die Familie einen nach außen abgeschlossenen, intimisierten Gegenentwurf zum öffentlichen, gesellschaftlichen und wirtschaftlichen Bereich.

Dieses neue Familienbild fiel zusammen mit dem aufgekommenen Ideal der auf romantischer Liebe begründeten Ehe und der Folgerung einer individualisierten Gefährtenschaft der Ehegatten. Männer und Frauen wurden in ihrer Verschiedenheit als komplementär betrachtet. Die Frau wurde stärker als Partnerin des Mannes wahrgenommen, dadurch individualisiert und aufgrund ihrer spezifischen Weiblichkeit als fehlende Ergänzung des Mannes und als dessen Komplettierung gesehen. Ausdruck dieses Prozesses war die „Feminisierung der Frau“, so etwa ihre geschlechtsbezogene Charakterisierung als von „Innigkeit und Gemüt“ gelenkt, im Gegensatz zu einer kalten Rationalität des Mannes.[123] Das seinerzeit populäre

119 Vgl. *Nipperdey*, Deutsche Geschichte 1800–1866, 117.
120 *Schwab*, Familienrecht, 14. Auflage, Rn. 431.
121 *Dörner*, Industrialisierung und Familienrecht, 67 f.
122 *König*, Materialien zur Soziologie der Familie, 75 ff.
123 *Nipperdey*, Deutsche Geschichte 1800–1866, 120.

Staatslexikon[124] von 1838 lieferte unter dem Stichwort „Geschlechterverhältnisse“ eine anschauliche Charakterisierung der zeitgenössischen Geschlechterrollen:

> „So weiset also wirklich schon die ganze physische Natur die beiden Geschlechter darauf hin, sich übereinstimmend mit der bestehenden Einrichtung gegenseitig zu ergänzen. Sie bezeichnet den stärkeren, kühneren, freieren Mann als schaffenden Gründer, Lenker, Ernährer und Schützer der Familie und treibt ihn hinaus in's äußere Leben zum äußeren Wirken und Schaffen, in den Rechts- und Waffenkampf, zu schöpferischen neuen Erzeugungen, zur Erwerbung und Vertheidigung. Sie bezeichnete die schwächere, abhängigere, schüchternere Frau zum Schützling des Mannes, wies sie an auf das stillere Haus, auf das Tragen, Gebären, Ernähren und Warten, auf die leibliche und humane Entwicklung und Ausbildung der Kinder, auf die häusliche Bewirthung und Pflege des Mannes und der häuslichen Familie, auf Erhaltung des vom Manne Erworbenen, auf die Führung des Haushaltes, auf die Bewahrung der heiligen Flammen des häuslichen Herdes.“[125]

So waren das Wesen der Familie (insbesondere der bürgerlichen) sowie das Verhältnis der Familienmitglieder untereinander zunehmend „durch emotionale Intensität und Intimität gekennzeichnet“.[126]

Diese Entwicklung hatte insbesondere Auswirkungen auf die Stellung der Mutter in der Familie. Besonders in den bürgerlichen Schichten trat mit der Trennung der Erwerbssphäre (die dem Mann zugeordnet blieb) von der Familiensphäre eine Situation für die Frau ein, die sie einerseits von der Erwerbsarbeit entlastete, andererseits ihre Tätigkeit vollständig auf Heim und Kindererziehung reduzierte. Aus dieser Beschränkung der Frau und einer sich daraus ergebenden Unzufriedenheit wird häufig das Entstehen der bürgerlichen Frauenbewegung hergeleitet.[127]

Aus dieser bürgerlichen Lebenswelt ergab sich die Auffassung von einer strikten Trennung der Geschlechterrollen insbesondere im Verhältnis zu den Kindern, deren Vorhandensein damals noch eine familiäre Selbstverständlichkeit war. Zunächst einmal entwickelte sich aus der stärkeren Betonung des emotionalen Innenraums der Familie auch ein gewandeltes Verhältnis zum Kind. Die Eltern-Kind-Beziehung wurde jetzt primär psychisch-emotional gedeutet, war stärker geprägt von Wärme, Zuwendung und Kinderorientierung. Besonders bei der Mutter wurde eine „Intensivierung des Gefühlsverhältnisses zum Kind“

---

124 *Rotteck/Welcker*, Staats-Lexikon oder Encyklopädie der Staatswissenschaften, Stichwort Geschlechterverhältnisse, 629 ff.

125 *Rotteck/Welcker*, Staats-Lexikon, 638 f.

126 *Hubbard*, Familiengeschichte, 39.

127 Vgl. hierzu etwa die Nachweise bei *Dörner*, Industrialisierung und Familienrecht, 68; *Sieder*, Sozialgeschichte der Familie, 144.

beobachtet.[128] Der Wandel der Ansprache der Eltern vom förmlichen „Ihr“ zum intimeren „Du“ fiel in diese Zeit.[129] Der Aufgabe einer eigenständigen „Kindererziehung“ wurde starke Bedeutung zugemessen. Im Rahmen dieser Kindererziehung äußerte sich die Teilung der Geschlechterrollen sehr deutlich. Diese ist zunächst von einem gegensätzlichen Dualismus geprägt: dem Gegensatz zwischen dem betont „männlich-väterlichen“ Erziehungsideal der unbedingten und unhinterfragbaren Autorität der Erwachsenen, dem Gehorsam, der Ordnung und der Disziplin der Kinder einerseits und der Tatsache, dass die tatsächliche Erziehung fast ausschließlich von den Müttern (oder weiblichem Erziehungspersonal) geleistet wurde, also überwiegend weiblich geprägt war, andererseits.[130] Der Historiker Thomas Nipperdey beschreibt die Rollenverteilung in diesem Bereich folgendermaßen:

> „Soweit es eine Rollenteilung der Eltern gab, so war es die, daß die Strenge der Autorität, das Strafen und die letzten Entscheidungen dem Vater zugewiesen (und manchmal auch zugeschoben) waren. Er vertrat eher die objektiven Normen, die Mutter Verständnis und Einfühlung in die Individualität der Kinder.“[131]

Diese Einschätzung korrespondiert mit den Zuschreibungen zeitgenössischer Geschlechtscharakterisierungen. Man schied „männliche Härte oder Strenge“ von der „größeren Schwäche und Weichheit“ der Frau, bei der man ein „Überwiegen des Gemüths und Gefühls“, eine „Weichheit und Sanftmut“ sah.[132]

Bei dieser Charakterisierung handelt es sich wiederum zunächst um das Familien- und Erziehungsmodell der bürgerlichen Schichten. Dieses strahlte zwar als kulturelles Leitbild auf bäuerliche Kreise oder die Arbeiterschicht in einem gewissen Maße aus, konnte dort aber keinesfalls als vorherrschend angesehen werden. Die kulturellen und insbesondere die wirtschaftlichen Voraussetzungen waren dafür zu verschieden. So beschrieb August Bebel[133] die Situation im Arbeitermilieu am Ende des 19. Jahrhunderts:

> „Die immer mehr zunehmende Beschäftigung auch der verheirateten Frauen ist namentlich bei Schwangerschaften und Geburten, und während der ersten Lebenszeit

128 *Hausen*, in: Conze, Sozialgeschichte der Familie in der Neuzeit, 363–393.

129 *Schwab*, Familienrecht, 14. Auflage, Rn. 433; *Nipperdey*, Deutsche Geschichte 1800–1866, 121.

130 Vgl. *Nipperdey*, Deutsche Geschichte 1866–1918, Band I, 55 ff.

131 *Nipperdey*, Deutsche Geschichte 1866–1918, Band I, 57.

132 *Rotteck/Welcker*, Staats-Lexikon, 640 f.

133 Bebel, Ferdinand August, 1840–1913. Begründer der sozialdemokratischen Arbeiterbewegung und später Vorsitzender der SPD. Reichstagsabgeordneter der SPD und Autor.

der Kinder [...] von verhängnisvollsten Folgen. [...] Ist das Kind zu Welt, so ist die Mutter gezwungen, so rasch wie möglich wieder zur Fabrik zurückzukehren [...]. Die Kinder wachsen vielfach auf, ohne je mütterliche oder väterliche Liebe genossen und ihrerseits wahre Elternliebe empfunden zu haben. So gebiert, lebt und stirbt das Proletariat."[134]

Gleichwohl war es das dargestellte Modell der „bürgerlichen Eheidylle"[135], welches die bürgerlich geprägte Juristenschaft dem Entwurf des BGB sowie die bürgerlich-konservativ geprägte Reichstagsmehrheit[136] ihrer Entscheidung über dessen Familienrecht zugrunde legte. Denn die bürgerliche Herkunft sowie die entsprechend bürgerliche kulturelle Prägung der deutschen Juristenschaft und damit die der Redaktoren des BGB steht außer Frage. Die finanziellen Belastungen eines Studiums sowie insbesondere des unbezahlten Referendariats machten die juristische Ausbildung praktisch nur für die Söhne des höheren Bürgertums und des Adels möglich.[137] Das Bestehen einer bürgerlichen Juristenschaft, deren Denken von dem dargestellten bürgerlichen Familienmodell durchdrungen war, verdeutlicht, wie sehr eine Analyse der Konzeption sowie der Anwendung des Familienrechts des frühen BGB von diesen Geschlechterbildern her zu betrachten ist.[138] Hubbard kam so zu dem zutreffenden Schluss, die ursprüngliche Formulierung des BGB gebe „ein gutes Beispiel davon, wie die Vorstellungen und Lebenssituationen einzelner Schichten die gesetzlichen Normen einer Gesellschaft beeinflussen können".[139]

2. Anknüpfen an naturrechtliche Vorbilder im Vorlauf zum BGB – Die Verhandlungen des 19. Deutschen Juristentages

Die Frage der Ausgestaltung eines reichseinheitlichen Familienrechts durch das BGB wurde auch auf dem 19. Deutschen Juristentag 1888 in Stettin verhandelt.

---

134 *Bebel*, Die Frau und der Sozialismus, 99 ff.

135 *Schwab*, in: FS für Bosch, 893, 901.

136 Vgl. dazu *Borell*, Die soziologische Gliederung des Reichsparlaments als Spiegelung der politischen und ökonomischen Konstellation.

137 Vgl. *Nipperdey*, Deutsche Geschichte 1866–1918, Band II, 131 f., 192 f.

138 Anton Menger etwa sprach im Hinblick auf die patriarchalischen Leitmotive kritisch von „einem Familienrecht der Geheimräte", *Menger*, in: Das bürgerliche Recht und die besitzlosen Volksklassen, 50.

139 *Hubbard*, Familiengeschichte, 43.

Zuvor war bereits auf dem 3. (1862) sowie auf dem 4. Juristentag (1863) kontrovers über die Konzeption und Richtung eines künftigen gesamtdeutschen Unehelichenrechts debattiert worden. Insbesondere beschäftigte die Teilnehmer 1888 die Frage, ob dem zu diesem Zeitpunkt vorliegenden Entwurf in der Ersetzung der väterlichen durch eine elterliche Gewalt gefolgt werden solle. Die hierzu berufenen Gutachter sprachen sich dafür aus und knüpften dabei explizit an die zentralen Denker der Natur- und Vernunftrechtslehre an.

Der erste Gutachter hierzu, der Wiener Professor Leopold Pfaff, sprach sich klar für die gesetzliche Anerkennung der elterlichen Gewalt aus.[140] Er leitete diese aus der Tradition des Naturrechts ab.[141] So sprächen bereits Grotius, Hobbes, Martini und Kant von den Erziehungsrechten und -pflichten der Eltern und bezögen dabei die Mutter ausdrücklich mit ein. Insbesondere bezog er sich auf Hobbes, der der Mutter im Naturzustand bzw. im vorstaatlichen Bereich sogar das „Eigentum" am Kind zuspreche.[142]

Dennoch stellte sich Pfaff zunächst die Frage, ob die Mutter den Aufgaben gewachsen sei, die eine elterliche Gewalt ihr zuweise. Er bejahte dies grundsätzlich unter Hinweis auf ein Zitat Fichtes, in welchem eine natürliche Befähigung der Frau aus dem Wesen ihrer Weiblichkeit heraus angenommen wird:

> „Das Weib hat ein natürliches Unterscheidungsgefühl für das Wahre, Schickliche, Gute […] ohne deutliche Einsicht in die Gründe ihres Urtheils […]. Man kann sagen, der Mann muß sich erst vernünftig machen: aber das Weib ist schon von Natur vernünftig. Das Weib ist sonach schon durch ihre Weiblichkeit vorzüglich praktisch, keineswegs aber speculativ."[143]

Pfaff selber ging ohnehin davon aus, dass der Einfluss der Mutter in der Erziehung des Kindes – unabhängig von wie auch immer gearteten gesetzlichen Bestimmungen – den des Vaters bei weitem übersteige. Dies führte er zum einen auf den Umstand zurück, dass die Mutter infolge der beruflichen Abwesenheit des Vaters in der Praxis die zeitliche Hauptlast der Erziehung trage, sowie zum anderen auf speziell mütterliche Eigenschaften wie Geduld und Opferbereitschaft. Das mütterliche Wesen an sich leiste hierdurch einen eigenständigen Erziehungsbeitrag:

140 *Pfaff/Kohler*, Verhandlungen des Neunzehnten Deutschen Juristentages, Gutachten Pfaff, 206.

141 *Pfaff/Kohler*, Verhandlungen des Neunzehnten Juristentages, 157 ff.

142 *Pfaff/Kohler*, Verhandlungen des Neunzehnten Juristentages, 157 f. mit Nachweisen.

143 Fichte, *Grundlagen des Naturrechts*, zitiert nach *Pfaff/Kohler*, Verhandlungen des Neunzehnten Juristentages, 207.

„[…] und daß thatsächlich – mögen nun die Gesetzbücher Bestimmungen darüber, wie sich die Eltern die Erziehung zu theilen haben, enthalten oder nicht – die ausführende, erziehende Thätigkeit in den breitesten Schichten des Volkes nicht nur darum zum größten Theile von der Mutter besorgt wird, weil der Vater die erforderliche Zeit nicht zu finden vermöchte, sondern auch darum, weil nur sie über jene nie ermüdende Geduld und Opferfreudigkeit verfügt, weil nur sie den Kindern jenes unbegrenzte Vertrauen einflößt, die der Erziehung förderlicher sind, als alle pädagogische Weisheit."[144]

Pfaff hielt nicht nur den persönlichen Einfluss der Mutter auf die Erziehung der Kinder für weit überwiegend, dieser sei ebenfalls bestimmend für den späteren Charakter des Kindes als Erwachsener:

„So überwiegt der Regel nach der persönliche Einfluß der Mutter den des Vaters weitaus, und – mag immerhin der Vater den Beruf bestimmen – für die Art, wie der Knabe in seinem Mannesalter seine Schuldigkeit tun wird, wird die Mutter entscheidend."[145]

Dieses besondere Verhältnis der Mutter zu ihren Kindern stellte darüber hinaus für Pfaff eine in der menschlichen Natur begründete, insofern anthropologische Konstante dar:

„Dieses „Mutterrecht" wird wohl solange dauern, als die Menschheit!"[146]

Pfaff sah aber auch Gefahren aufgrund des von ihm festgestellten überragenden Einflusses der Mutter auf die Entwicklung der Kinder. So beklagte er von „mütterlicher Schwäche" verdorbene „Muttersöhnchen", die trotz des Entgegenarbeitens des Vaters verweichlichten. Dies zu vermeiden, empfahl er dem Vater eine „weise Strenge" und warnte vor „nachgiebiger Schwäche" des Vaters.[147] Nach Pfaffs Vorstellung fungiere der Vater insofern als Korrektiv der Strenge in einem vorwiegend von weiblicher Sanftmut geprägten Bereich der Erziehung. Dies entsprach wiederum der hergebrachten Stellung des Vaters als ordnungsgebender Autorität, welche ihm auch die Redaktoren des wenige Jahre später erlassenen BGB einräumten. Die zugrunde liegenden Geschlechterbilder von Vater und Mutter – liebevolle Zuwendung auf mütterlicher, führende Strenge auf väterlicher Seite – entsprachen in vollem Umfang den oben geschilderten Anschauungen der Zeit.

144 *Pfaff/Kohler*, Verhandlungen des Neunzehnten Juristentages, 208.
145 *Pfaff/Kohler*, Verhandlungen des Neunzehnten Juristentages, 208.
146 *Pfaff/Kohler*, Verhandlungen des Neunzehnten Juristentages, 208.
147 *Pfaff/Kohler*, Verhandlungen des Neunzehnten Juristentages, 208.

Der zweite Gutachter des Juristentages, der Berliner Professor Kohler[148], schickte seinen Ausführungen voraus, dass die Festigkeit der väterlichen Gewalt u. a. eine Sicherung des Zusammenhalts der Familie sowie „Zucht, Ehrsamkeit und kerniges Wesen" garantiere.[149] Er ging hier offenbar von einer strukturgebenden, ordnenden Funktion des Vaters in der Familie in Form der väterlichen Gewalt aus.

Dennoch sprach sich auch Kohler klar für einen Anteil der Mutter an einer elterlichen Gewalt aus. Während der Vater lebe, solle diese eingeschränkt sein, nach dem Tod des Vaters jedoch voll und unter Einschluss der Vermögenssorge an die Witwe fallen.[150] Den Ausschluss der Mutter von den Elternrechten sah er als geschichtlich überholt an, vielmehr liege in der Einbeziehung der Mutter ein kultureller Fortschritt. Dieser sei im positiven Einfluss der Mutter auf den Charakter des Kindes begründet, welchen auch Kohler im Bereich des Sittlichen erkannte:

> „[…] umsomehr, als eine Einwirkung der Mutter und der mütterliche Zucht in unseren Kulturverhältnissen bedeutend zur Veredlung und sittlichen Verfeinerung beitragen muß."[151]

Deutlicher ausgedrückt:

> „Die Mutter bei Seite setzen, heißt auf ein Hauptelement und ein Hauptferment der Sittenkultur verzichten […]."[152]

Beide Beiträge zum Juristentag unterschieden sich in Ton und Inhalt deutlich von den Motiven zum BGB. Während Planck – wie nachfolgend gezeigt werde wird – überwiegend die möglichen Gefahren einer elterlichen Gewalt der Mutter thematisierte, so dass bei ihm jede sich daraus ergebende Fragestellung von der prinzipiellen Vorrangstellung des Mannes bzw. Vaters überlagert wurde, rückten die Gutachter eine eher optimistische bzw. positive Betrachtungsweise vor allem der Mutter in den Mittelpunkt. Ihre Sicht entsprach zwar ebenfalls den Leitlinien Plancks von der prinzipiellen Zuordnung der Mutter zum Bereich der Personensorge sowie der Funktion des Vaters als Ordnungs- und Strukturfaktor der Familie, darüber hinaus zeichneten die Autoren ein zeittypisch idealisiertes Mutterbild,

148 Kohler, Josef, 1849–1919. Bedeutender Patent- und Urheberrechtler, dabei Prägung des Begriffs vom Immaterialgüterrecht. Daneben Rechtshistoriker und Begründer der juristischen Ethnologie.

149 *Pfaff/Kohler*, Verhandlungen des Neunzehnten Juristentages, 220 ff.

150 *Pfaff/Kohler*, Verhandlungen des Neunzehnten Juristentages, 226 f.

151 *Pfaff/Kohler*, Verhandlungen des Neunzehnten Juristentages, 226 f.

152 *Pfaff/Kohler*, Verhandlungen des Neunzehnten Juristentages, 227.

welches die Mutter als den einzig wirklich relevanten Faktor der Kindeserziehung erscheinen lässt. Der Vater kam bei Pfaff lediglich als häufig erfolgloses Korrektiv der Muttererziehung, bei Kohler nur als abstrakt-funktionale „väterliche Gewalt“ im Dienste speziell männlich-väterlicher Erziehungsziele vor. Pfaff beschrieb hierbei eine geschlechtsdeterminierte Rollenaufteilung zwischen Vater und Mutter, die später noch häufiger auftauchen wird: Hier der abwesende Vater, der aufgrund seiner beruflichen Belastung sowie seelisch-emotionaler Inkompetenz zur richtigen Kindererziehung naturgemäß nicht recht fähig, allenfalls als Vermittler einer gewissen männlichen Härte nötig sei, dort die Mutter, welche aus ihrer weiblichen Natur heraus besser in der Lage sei, sich mit Empathie und Opferbereitschaft um ihre Kinder zu sorgen. Daneben weist die ausdrückliche und umfangreiche Bezugnahme auf die Vertreter des Vernunftrechts einschließlich Fichtes auf eine breite Rezeption von deren Entwürfen über die Eltern-Kind-Beziehungen hin, welche sich vorliegend mit den Mutter- und Vaterbildern des 19. Jahrhunderts verbunden haben.

3. Entwurf, Verabschiedung und Inkrafttreten des BGB

Im jungen Deutschen Reich herrschte im Zivilrecht, insbesondere im Familienrecht, zunächst noch keine Rechtseinheit. Die zivilrechtliche Gesetzgebungskompetenz des Reiches betraf nach der Reichsverfassung lediglich Teile des Handels-, Wechsel- und Obligationenrechts, nicht aber das übrige Zivilrecht (Art. 4 Nr. 13 RV). Erst durch den Antrag der nationalliberalen Abgeordneten Miquel und Lasker wurde im Dezember 1873 dem Reich die Kompetenz für das gesamte bürgerliche Recht übertragen.[153] Infolgedessen setzte man 1874 die Erste Kommission zur Erstellung eines Entwurfs für das deutsche Privatrecht unter Vorsitz Heinrich Eduard von Papes ein. Diese legte 1888 den ersten Entwurf zu einem Bürgerlichen Gesetzbuch für das Deutsche Reich vor. Verantwortlich für das Familienrecht war der Celler Appellationsgerichtsrat Gottlieb Planck,[154] einer der einflussreichsten Redaktoren der ersten beiden Entwürfe.[155] Nach Vorlage eines dritten Entwurfs

153 *Eisenhardt*, Deutsche Rechtsgeschichte, Rn. 568.

154 Planck, Gottlieb, 1824–1910. Richter und nationalliberaler Reichstagabgeordneter. 1874 in die erste BGB-Kommission berufen. Nach Abschluss der Gesetzgebungsarbeiten umfangreiche Lehr- und Vortragstätigkeit sowie Herausgeber und Bearbeiter eines BGB-Kommentars. Zur Person Plancks siehe auch *Schroeder*, JuS 2000, 1046–1051 sowie älter *Frensdorff*, Gottlieb Planck.

155 *Kroeschel*, Deutsche Rechtsgeschichte, 191.

1896 stimmte sowohl der Reichstag als auch der Bundesrat zu, das Gesetz wurde am 18. August 1896 verkündet und trat am 1. Januar 1900 in Kraft.

II. Die rechtliche Ausgestaltung der Vater- und Mutterrolle im BGB von 1900

1. Vater und Mutter in der Ehe

Die kindschaftsrechtlichen Regelungen, die schließlich Eingang in die erste Fassung des BGB fanden, entsprachen inhaltlich weit überwiegend denen des ersten Entwurfes. Das minderjährige eheliche Kind wurde unter elterliche Gewalt gestellt (§ 1626 BGB 1900). Diese stand nach dem Wortlaut und dem Grundsatze nach beiden Elternteilen zu[156], wurde aber weitestgehend vom Vater ausgeübt. Die Mutter war lediglich auf einen Teil der elterlichen Gewalt beschränkt.

Der Vater hatte gem. § 1627 BGB 1900 das Recht und die Pflicht, für Person und Vermögen des Kindes zu sorgen. Dies beinhaltete das Erziehungsrecht sowie das Recht, das Vermögen des Kindes zu verwalten sowie dessen Nutzungen im Rahmen eines nießbrauchsähnlichen Rechts zu ziehen. Darüber hinaus kam dem Vater nach § 1631 Abs. 2 BGB 1900 ein Züchtigungsrecht gegenüber dem Kind sowie das Aufenthaltsbestimmungsrecht mit dem sich daraus ergebenden Herausgabeanspruch gegenüber jedermann zu, der ihm das Kind widerrechtlich vorenthielt.

Die Mutter hatte während einer bestehenden Ehe lediglich das Recht und die Pflicht, neben dem Vater für die Person des Kindes zu sorgen (§ 1634 BGB 1900); zur Vertretung war sie nicht berechtigt. Den ihr überlassenen Anteil an der Personensorge übte die Mutter nicht gleichberechtigt mit dem Vater aus, da bei Meinungsverschiedenheiten zwischen den Eltern die Meinung des Vaters vorging (§ 1634 Abs. 2 BGB 1900).[157] Die volle elterliche Gewalt konnte die Mutter nur im Ausnahmefall erlangen, nämlich für den Fall, dass der Vater starb oder dessen elterliche Gewalt zeitweilig ruhte. Selbst wenn der Vater seine elterliche Gewalt

156 *Planck*, Motive zu dem Entwurfe eines Bürgerlichen Gesetzbuches für das Deutsche Reich, Band 4, 1413; *Mugdan*, Die gesamten Materialien zum Bürgerlichen Gesetzbuch für das Deutsche Reich, 391.

157 Diese Vorrangstellung des Vaters korrespondiert mit der Regelung des § 1354 Abs. 1 BGB 1900, wonach dem Ehemann auch die Entscheidung in allen das gemeinschaftliche eheliche Leben betreffenden Angelegenheiten zukam.

verwirkt hatte, erlangte die Mutter nur dann die Vollgewalt, wenn die Ehe auch gleichzeitig aufgelöst wurde (§ 1684 Abs. 1 Nr. 2 BGB 1900).

Die vom frühen BGB zögerlich vorgenommene prinzipielle Anerkennung von eigenen Mutterrechten stellte einen Fortschritt des BGB gegenüber dem ALR, dem gemeinen Recht und den meisten Partikularrechten dar, die alle keine mütterliche Gewalt kannten. Allerdings waren sämtliche Rechte im Verhältnis zum ehelichen Kind dem Vater zugewiesen, und die prinzipiell der Mutter zugestandene Nebengewalt im Bereich der Personensorge war durch das väterliche Entscheidungsrecht zumindest rechtlich zweitrangig.

Die Verteilung der elterlichen Gewalt war ersichtlich nicht gleichberechtigt. Die rechtsgeschichtlich tradierte und vom BGB fortgesetzte rechtliche Vorrangstellung des Vaters korrespondierte mit der des Ehemannes gegenüber seiner Ehefrau und ließ weiterhin den Schluss auf eine vom Gesetzgeber gewollte patriarchalische Stellung des Mannes als Vater und Ehemann innerhalb der Familie zu. Das dem Vater vom frühen BGB eingeräumte Züchtigungsrecht gegenüber seinem Kind sowie die Entscheidungsbefugnis in ehelichen wie erzieherischen Fragen verdeutlichen die nachwirkende herrschaftsrechtliche Prägung der elterlichen Gewalt gegenüber dem Kind sowie im Verhältnisse der Eltern untereinander. Die Bezeichnung „Patriarchat“ trifft für die sich in den Normen des BGB manifestierende damalige Familienstruktur insofern grundsätzlich zu.[158]

2. Vater und Mutter des unehelichen Kindes

Die rechtliche Ausgestaltung des Eltern-Kind-Verhältnisses im Recht des unehelichen Kindes unterschied sich im BGB von 1900 fundamental von der des ehelichen Kindschaftsrechts. Der § 1589 Abs. 2 BGB 1900 bestimmte, dass ein uneheliches Kind und sein Vater als nicht verwandt galten. Durch diese rechtliche Fiktion wurde zum einem bestimmt, dass einem unehelichen Kind nicht dieselben Unterhaltsansprüche gegen seinen Vater zustanden wie einem in der Ehe geborenen Kind. Zum anderen blieb dadurch dem unehelichen Kind ein erbrechtlicher Anspruch zur Erzeugerseite hin versagt. Die einzige familienrechtliche Verbindung zwischen beiden bestand in einem gesetzlichen Unterhaltsanspruch des Kindes gegen den Erzeuger, der zeitlich

158 So auch *Peschel-Gutzeit*, FPR 2005, 167 ff.; *Limbach*, ZSE 1988, 298, 304;

bis zur Vollendung des 16. Lebensjahres[159] und vom Umfang her nach der Lebensstellung der Mutter geschuldet war (§ 1708 Abs. 1 BGB 1900). In terminologischer Hinsicht ist anzumerken, dass der Gesetzestext trotz der Verneinung familienrechtlicher Beziehungen an der dem natürlichen Sprachgebrauch entsprechenden Bezeichnung „Vater“ festhielt. Die Bezeichnung „Erzeuger“ hätte den realen Rechtsverhältnissen des unehelichen Vaters allerdings konsequenter entsprochen.

Gesetzlich war das uneheliche Kind allein der Mutter zugeordnet. Dieser und ihrer Familie gegenüber hatte das Kind gem. § 1705 BGB 1900 die rechtliche Stellung eines ehelichen Kindes und erhielt insofern auch den Familiennamen der Mutter (§ 1706 BGB 1900). Daraus folgend bestand zur mütterlichen Familie hin gegenseitiges Erbrecht sowie gegenüber den Verpflichtungen des unehelichen Vaters subsidiäre Unterhaltsverpflichtungen nach Maßgabe der §§ 1601 ff., 1709 BGB 1900. Weiterhin stand der Mutter nach § 1715 Abs. 1 BGB 1900 ein allgemeiner Ersatzanspruch gegen den Vater für die Kosten der Entbindung und Schwangerschaft zu.

Allerdings hatte die Mutter nicht die elterliche Gewalt über ihr Kind. Sie war wie in einer Ehe auf die Personensorge beschränkt und nicht zur Vertretung berechtigt (§ 1707 BGB 1900). Sie erhielt in Anlehnung an Preußen einen von Amts wegen bestellten Vormund in der rechtlichen Stellung eines Beistandes (§§ 1773, 1707 BGB 1900). Dabei konnte die Mutter selbst zum Vormund bestellt werden (§ 1778 Abs. 3 BGB 1900).

So konsequent das BGB dem Vater die klare rechtliche Vorrangstellung gegenüber seinem ehelichen Kind sowie seiner Ehefrau zuwies, so strikt trennte es den unehelichen Vater rechtlich von dem von ihm erzeugten Kind. Entscheidend für das Entstehen familienrechtlicher Beziehungen war nach dem System des frühen BGB also allein der eheliche oder eben uneheliche Status des Kindes bei dessen Geburt. Je nachdem, unter welchen Bedingungen das Kind geboren wurde, war es entweder rechtlich völlig an seinen Vater angebunden (unter dessen väterlicher Gewalt, durch ihn vertreten oder unter Vermögensverwaltung) oder unter völligem Vaterausschluss exklusiv der Mutter zugeordnet.

159 In den ersten Entwürfen des BGB sollte die Unterhaltspflicht sogar auf die Vollendung des 14. Lebensjahres beschränkt werden, siehe *Planck*, Bürgerliches Gesetzbuch nebst Einführungsgesetz, § 1708, S. 461; auch dazu *Mugdan*, Die gesamten Materialien zum Bürgerlichen Gesetzbuch für das Deutsche Reich, 475.

III. Die Motive zum BGB

1. Patriarch und Zahlvater – Vaterbilder der Motive

Zusammen mit dem Ersten Entwurf des BGB wurden 1888 fünf Bände „Motive“ veröffentlicht, in deren viertem Band Planck die Beweggründe für die familiengerichtlichen Regelungen erläuterte Das Vater- und Mutterbild der Redaktoren lässt sich zunächst der Ausgestaltung der jeweiligen Beziehung zum Kind sowie der elterlichen Beziehung zueinander entnehmen.

a. Eheliche und uneheliche Vaterschaft

Die Vorstellung Plancks von der Rolle des Vaters gegenüber seinem Kind war allein an der Ehe ausgerichtet. Für Planck ergaben sich generell familienrechtliche Beziehungen und speziell eine rechtliche Vaterschaft nur aus der Institution der Ehe heraus.[160] Dies führte zu einer starken Diskrepanz der Rechtsposition des verheirateten Vaters gegenüber dem Vater eines unehelichen Kindes. Planck folgte dabei der Vorstellung Fichtes, nach der eine familienrechtlich bedeutsame Vaterstellung erst durch die Ehe mit der Mutter entstand. So gründet sich nach Planck die familienrechtliche Vater-Kind-Beziehung „nicht auf die Tatsache der Erzeugung allein, sondern auf die durch die Ehe vermittelte natürliche Verbindung [...], weil regelmäßig allein die Erzeugung in der Ehe diejenige sittliche Grundlage gewährt, welche die Voraussetzung familienrechtlicher Pflichten und Rechte bildet“.[161] Deren zweckentsprechende Ausübung sichere „allein die durch das dauernde Band der Ehe vermittelte Liebe und Zuneigung zwischen Eltern und Kindern, sowie das mit der Ehe begründete Familienleben“.[162]

Vaterschaftliche Beziehungen erwuchsen für Planck also zunächst nicht aus der natürlichen Erzeugerschaft. Wenn er das familienrechtliche Verhältnis und damit auch das sich daraus ergebende rechtliche Gebot der Elternpflichten für den Vater verneinte, verneinte er damit auch eine über die Unterhaltszahlung hinausgehende natürliche Vaterverantwortung für das Kind. Dabei bestand für Planck der Grund für die Verleihung elterlicher Rechte und Pflichten gerade in der sittlichen Pflicht der Eltern, ihren hilflosen Kindern Schutz und Fürsorge zu gewähren.[163] Eine

160 *Planck*, Motive, 1597,
161 *Planck*, Motive, 1597.
162 *Planck*, Motive, 1597.
163 *Planck*, Motive, 1356.

solche „sittliche Pflicht“ auch des ledigen Vaters sah auch Planck, beschränkte sie aber strikt auf einen Unterhaltsanspruch gegenüber dem Kind.[164]

Auch wenn Planck sich vordergründig nur um einen Missbrauch familienrechtlicher Rechte durch den Vater sorgte (der ihm zufolge drohte, gäbe man dem unehelichen Vater solche Rechte), so reduzierte er doch das sich aus der natürlichen Vaterschaft ergebenden Verhältnis zum Kind auf ein rechtliches Minimum, welches sich auf die finanzielle Verantwortlichkeit beschränkte. An keiner Stelle der Motive ist von einer nicht monetären Bedeutung der Beziehung des Vaters zu seinem unehelichen Kind, etwa im Sinne einer im Interesse sowohl des Vaters als auch des Kindes liegenden persönlichen Beziehung, die Rede.

Konsequenz dieser Sicht war dann auch die Feststellung des Entwurfs, dass „zwischen dem unehelichen Kinde und dem Vater durch die Tatsache der Erzeugung familienrechtliche, insbesondere erbrechtliche Beziehung, nicht zur Entstehung kommen können“[165].

> „Die durch die Natur zwischen dem unehelichen Kinde und seinem Erzeuger geknüpften Bande führen in den wenigsten Fällen zu einer innigeren Verbindung zwischen beiden. Meistens steht der Vater dem unehelichen Kinde gleichgültig und fremd gegenüber. Er betrachtet dasselbe als Last und hat kein Interesse an dem Wohlergehen, der körperlichen und geistigen Ausbildung des Kindes. An dem Familienleben und dem Vermögen ihres Vaters nehmen die unehelichen Kinder in den seltensten Fällen unmittelbaren Antheil, und wenn der Vater die eigene Verpflegung und Erziehung des Kindes übernimmt, so geschieht dies nur zu oft in seinem eigenen finanziellen Interesse, um dann seinerseits dem Mindestfordernden wieder die Verpflegung des Kindes übertragen zu können.“[166]

Daher fehlten im Falle der unehelichen Vaterschaft „völlig die faktischen und sittlichen Voraussetzungen für die Begründung familien- und erbrechtlicher Beziehungen“.[167]

Wie bei den meisten der von Planck aufgeführten tatsächlichen Gründe für eine bestimmte Regelung ermangelte es auch beim obigen Zitat jeder empirischen Begründung für seine These. Auch schien sich Planck an diesem Zustand väterlicher Beziehungslosigkeit zu seinem unehelichen Kind wenig zu stören, stellte er ihn doch zum einen als unabänderliche Tatsache dar und trat er zum anderen

164 *Planck*, Motive, 1601.
165 *Planck*, Motive, 1598.
166 *Planck*, Motive, 1598.
167 *Planck*, Motive, 1598.

gerade mit seinem Entwurf entschieden für dessen gesetzliche Perpetuierung ein. Alternative Regelungen wurden nicht erörtert oder in wenigen Zeilen knapp verworfen. So lehnten die Motive die in einigen deutschen Partikularrechten möglich gewesene Übertragung des Erziehungsrechts für das uneheliche Kind auf den Vater anstelle der Unterhaltszahlung an die Mutter entschieden ab.[168] Die Übertragung an den Vater könne „vom Standpunkte des Interesses des Kindes [...] als angemessen nicht erachtet werden".[169] Als Begründung verwiesen die Motive wiederum auf die fehlende Beziehung des Vaters zum unehelichen Kind und sein fehlendes Interesse an diesem.

Der eigentliche Grund für diese Trennung des unehelichen Kindes von seinem Vater lag hingegen eher im Schutz der ehelichen Familie des Mannes vor dem Eindringen eines unehelichen Kindes. So schrieb Planck: „Die Rücksicht auf die Heiligkeit und die hohe Bedeutung der Ehe wird aber schon genügend dadurch gewahrt, daß die unehelichen Kinder von der Familie des Vaters ausgeschlossen sind".[170] Dass dieser Schutz der ehelichen Familie des Vaters damit erkauft wird, dass alle tatsächliche Verantwortung für das uneheliche Kind auf die Mutter und deren Familie abgeladen wird und der Erzeuger sich mittels Unterhalt „freikaufen" kann, erwähnt Planck mit keinem Wort.

b. Natürliches Übergewicht – die Rolle des Vaters in der ehelichen Familie

Die Redaktoren folgten hier dem hergebrachten Modell der väterlichen Schutzherrschaft zum Besten des Kindes, wagten aber eine Neuerung im Begrifflichen: statt väterlicher Gewalt hieß es nunmehr elterliche Gewalt. Allerdings sollte sie nicht, wie die Bezeichnung vermuten lassen könnte, gleichberechtigt beiden Elternteilen zustehen, sondern war primär dem Vater zugewiesen[171].

Diese Zuweisung erschien Planck so selbstverständlich, dass er innerhalb der „Allgemeinen Begründung" der Motive gar nicht mehr auf das „Warum" dieser Regelung einging. Die elterliche Gewalt übe „während der Ehe

168 *Mugdan*, Die gesamten Materialien zum Bürgerlichen Gesetzbuch für das Deutsche Reich, 457 f.

169 *Mugdan*, Die gesamten Materialien zum Bürgerlichen Gesetzbuch für das Deutsche Reich, 458.

170 *Planck*, Motive, 1602; *Mugdan*, Die gesamten Materialien zum Bürgerlichen Gesetzbuch für das Deutsche Reich, 453.

171 Vgl. *Planck*, Motive, 1356 f.

naturgemäß der Mann als Haupt der Familie“ aus.[172] Das elterliche Recht der Mutter müsse zurücktreten, da bei bestehender Ehe „das Übergewicht des Mannes“ in der „Natur der Dinge begründet“ sei.[173] Offenbar erschien Planck die allgemeine Akzeptanz dieser Regelung unter dem Fortdauern eines patriarchalischen Familienbildes so sicher, dass er auf eine argumentative, nähere Begründung der Zuweisung der elterlichen Gewalt an den Vater verzichten zu können glaubte.[174] Er verwies vielmehr auf die historische Entwicklung der väterlichen Gewalt, die „noch heutzutage im Wesentlichen die Grundlage des geltenden elterlichen Rechts“ bildet, sowie auf die Rechtslage im ALR und im sächsischen BGB[175]. Allenfalls lässt Planck einen Umkehrschluss auf seine Vorstellung von väterlich-männlichen Qualitäten in der Familie zu, wenn er mögliche Defizite einer verwitweten Mutter aufzählt: Vielfach fehle den Frauen „besonders in den höheren Ständen [...] Einsicht und Erfahrung [...] zur Uebernahme der oft schwierigen Geschäfte einer Vermögensverwaltung“ sowie „die männliche Kraft und Autorität [...] welche die Erziehung der Kinder erfordere“.[176]

Hier trat wieder die klassische Doppelrolle des Vaters in der Familie hervor, die zum einen in der Schutz- und Vertretungsfunktion nach außen und in der Ordnungsfunktion nach innen besteht. Interessant ist auch der Hinweis auf eine besondere Situation der Frauen in den „höheren Ständen“, auf den später noch eingegangen wird.

---

172 *Planck*, Motive, 1425; *Mugdan*, Die gesamten Materialien zum Bürgerlichen Gesetzbuch für das Deutsche Reich, 401.

173 *Planck*, Motive, 1413; *Mugdan*, Die gesamten Materialien zum Bürgerlichen Gesetzbuch für das Deutsche Reich, 391.

174 Wenig ausführlicher wird Planck in einer Erwiderung auf den Kritiker des Entwurfs Gierke (*Planck*, AcP 75, 327, 377): „Bei allen Bestimmungen des Entwurfes über die elterliche Gewalt ist, wie schon diese Bezeichnung andeutet, der Gedanke leitend gewesen, daß es sich hierbei im Principe um eine beiden Eltern gemeinschaftlich obliegende Pflicht und ein derselben entsprechendes Recht handelt und dem Vater dabei nur insoweit der Vorzug gebührt, als es im Interesse des Kindes nothwendig wird, Pflicht und Recht in eine Hand zu legen.“ Planck spricht im Weiteren von einem „Zweckmäßigkeitsgrunde“.

175 *Planck*, Motive, 1402.

176 *Planck*, Motive, 1414; *Mugdan*, Die gesamten Materialien zum Bürgerlichen Gesetzbuch für das Deutsche Reich, 391.

2. Die Natur der Dinge und das Ressentiment – Mutterbilder der Motive

a. Die Mutter in der Ehe

aa. Gleichberechtigte Unterordnung

Bei der Begründung der rechtlichen Stellung der Mutter in Bezug auf die elterliche Gewalt standen die Redaktoren vor dem Problem, einerseits mit dem BGB die volle privatrechtliche Handlungsfreiheit der Frau begründet zu haben und ihr andererseits die volle elterliche Gewalt weiter vorenthalten zu wollen. So erkannte Planck auch die „grundsätzlich gleiche Fähigkeit des weiblichen Geschlechts zum Handeln im Gebiete des Privatrechts“ an, denn „man wird die Mutter da, wo nach den Verhältnissen die natürliche elterliche Schutzpflicht an sie herantritt, auch rechtlich dem Vater grundsätzlich gleich behandeln können“.[177] Den offensichtlichen Widerspruch zwischen grundsätzlich zugestandener Gleichberechtigung und rechtlicher Zurücksetzung in der Ehe diskutierte Planck nicht. Er verwies in zweieinhalb Zeilen lapidar auf das „Übergewicht des Mannes“, das „in der Natur der Dinge“ begründet sei.[178]

Man kann davon ausgehen, dass Planck an dieser Stelle eine nähere Begründung vermeiden wollte, um nicht die rechtliche wie gesellschaftliche Vorrangstellung des Mannes grundsätzlich diskutieren und so das traditionelle Ehe- und Familienbild (und damit seinen darauf basierenden Entwurf) möglicherweise in Frage stellen zu müssen.[179] Die Frage der Fähigkeit der Mutter zur Übernahme der vollen elterlichen Gewalt diskutierte Planck in einer Konstellation, in der er nicht befürchten musste, mit der traditionellen Vorrangstellung des Vaters in Konflikt zu geraten, nämlich im Falle seines Todes und der folgenden Verwitwung der Mutter.

---

177 *Planck*, Motive, 1423; *Mugdan*, Die gesamten Materialien zum Bürgerlichen Gesetzbuch für das Deutsche Reich, 391.

178 *Planck*, Motive, 1413; *Mugdan*, Die gesamten Materialien zum Bürgerlichen Gesetzbuch für das Deutsche Reich, 391.

179 In der zeitgenössischen Dissertation *Rothes* (Die elterliche Gewalt der Mutter, 1905, 17, 18) findet sich hierzu folgende Stellungnahme: „Das ist die ‚Begründung‘, auf welche die sonst so gesprächigen Motive die Stellungnahme des Gesetzgebers in diesem überaus wichtigen Punkte stützen. Solche nackten Tatsachen sprechen deutlicher als jede kritische Beleuchtung. Es ist ein wunder Punkt in der Stellungnahme des Gesetzgebers, ein wunder Punkt, der nicht gerne berührt sein will. Er nennt sich ‚die Natur der Dinge‘. In Wirklichkeit aber bedeutet er eine abgelegte Anschauungsweise, eine Überlieferung. Die Überlieferung, daß das Weib dem Manne Untertan sein soll.“

Zunächst äußerte Planck, wie wir schon sahen, die Befürchtung, dass „besonders in den höheren Ständen den Frauen Einsicht und Erfahrung fehle zur Uebernahme der oft schwierigen Geschäfte einer Vermögensverwaltung“, dass ihnen „männliche Kraft und die Autorität mangele, welche die Erziehung der Kinder erfordere“, dass es also schlicht „praktischen Bedenken unterliege, der Mutter nach dem Tode des Vaters die volle elterliche Stellung einzuräumen“.[180]

Wenn Planck auch voranstellte, „dem Entwurfe liegt nichts ferner, als der Gedanke an die sogenannte Emanzipation der Frauen“, so setzte er sich doch vergleichsweise engagiert für die Entkräftung dieser Bedenken und für eine volle elterliche Gewalt der verwitweten Mutter ein:

> „Er [der Entwurf, M. H.] geht vielmehr lediglich von der Erwägung aus, daß das Misstrauen, welches frühere Jahrhunderte in die Fähigkeit der Frau zu einer so vollen Erfüllung ihres elterlichen Berufs setzten [...] nach den Verhältnissen der Gegenwart nicht mehr berechtigt sein dürfte. Den vom praktischen Standpunkte erhobenen Bedenken dürfte ein entscheidendes Gewicht doch wohl nicht beizumessen sein; denn man darf gewiß behaupten, daß die Fähigkeit der Mutter zur Übernahme dieser volleren Elternpflicht in weitaus den meisten Fällen vorhanden ist.“[181]

Hier gestand Planck der verwitweten Mutter all diejenigen Rechte und Fähigkeiten ohne große Diskussion zu, welche er der verheirateten Mutter unter dem floskelhaften Hinweis auf die „Natur der Dinge“ vorenthielt. Wenn es aber keine praktischen Gründe für ein grundsätzliches Vorenthalten der vollen Elternpflichten gegenüber der Mutter gab, muss das Bedürfnis der Redaktoren, die Vorrangstellung des Vaters dennoch rechtlich aufrechtzuerhalten, umso größer gewesen sein. Wie ausgeführt, ist aber zu diesem Missverhältnis in Plancks Motiven nichts zu finden.

---

180 *Planck*, Motive, 1413, 1414; *Mugdan*, Die gesamten Materialien zum Bürgerlichen Gesetzbuch für das Deutsche Reich, 391. An anderer Stelle (*Planck*, AcP 75, 327, 382) schrieb Planck von den Gefahren, welche das Kind „in Folge der bei der Mutter immerhin häufiger wie bei dem Vater zu besorgenden Unerfahrenheit und Unachtsamkeit laufen würde“.

181 *Planck*, Motive, 1414; ähnlich *Mugdan*, Die gesamten Materialien zum Bürgerlichen Gesetzbuch für das Deutsche Reich, 391. Plancks früher Biograph Frensdorff schrieb später über dessen Verhältnis zu den Frauenrechten: „Es war Plancks besonderes Interesse, den Frauen eine ihren natürlichen Anlagen und Fähigkeiten entsprechende würdige Rechtsstellung zu verschaffen. Einer völligen Gleichstellung von Mann und Frau, wie sie moderne Stimmführer und Stimmführerinnen fordern, versagte er sich; sie widersprach der Natur und der Entwicklung des Rechts in Deutschland.“ Vgl. *Frensdorff*, Gottlieb Planck, 342.

Interessant ist die in diesem Zusammenhang mehrmals zu findende Erwähnung einer besonderen Situation der Mutter in den „höheren Ständen". Offensichtlich ging Planck davon aus, die von ihm angeführten allgemeinen „praktischen Bedenken" gegen die volle Elternpflicht seien in diesen Kreisen besonders begründet.[182] Er rechtfertigte hiermit sogar die eventuell vom verstorbenen Vater angeordnete Beiordnung eines Beistandes für die Mutter:

> „Einzelnen Schwierigkeiten, wie sie vorzugsweise in den Verhältnissen der höheren Stände sich zeigen dürften, bezwecken die besonderen Bestimmungen über die Zuordnung eines Beistandes abzuhelfen." [183]

Aber grundsätzlich blieb er überzeugt:

> „In der Regel, so darf man erwarten, wird auch hier ohne diese Ausnahmebestimmungen auszukommen sein." [184]

Über die Gründe dieser mehrfach vorgebrachten Skepsis kann nur spekuliert werden. Wahrscheinlich wurzelt sie in der Tatsache, dass in den „höheren Schichten", namentlich des Adels und des Großbürgertums, die tatsächliche Fürsorge für die Kinder eher dem Personal überlassen wurde sowie die Mehrzahl der Mütter mangels Notwendigkeit deutlich weniger Kontakt mit wirtschaftlichen und finanziellen Dingen hatte als die gezwungenermaßen zumindest zeitweise im Erwerbsleben stehenden Arbeiter-Mütter.

bb. Die natürliche Aufgabe der Mutter – Zuweisung der Personensorge an die Mutter

Trotz aller Gleichberechtigung im Grundsätzlichen beschränkte sich die elterliche Gewalt der verheirateten wie der wiederverheirateten Mutter lediglich auf das Recht und die Pflicht zur Personensorge, die allerdings durch die fehlende Vertretungsmacht für das Kind sowie besonders durch das väterliche Entscheidungsrecht bei Verschiedenheit der Meinungen zwischen Mutter und Vater wiederum eingeschränkt war. In den Motiven wurde diese Regelung folgendermaßen begründet:

> „Diese Gestaltung, [...] unter Berücksichtigung des natürlichen Übergewichtes des Vaters als des Hauptes der Familie, [...] entspricht der natürlichen Stellung der

---

182 *Planck*, Motive, 1414.

183 *Planck*, Motive, 1415; vom Wortlaut ähnlich, *Mugdan*, Die gesamten Materialien zum Bürgerlichen Gesetzbuch für das Deutsche Reich, 392, 423; gleicher Gedanke bei *Planck*, Motive, 1417.

184 *Planck*, Motive, 1415.

Mutter und den faktischen Verhältnissen, und trägt dazu bei, die Stellung der Mutter den Kinder [...] gegenüber zu einer selbstständigeren zu machen und die Autorität der Mutter zu stärken."[185]

Die Personensorge umfasste nach Planck die „Fürsorge in allen persönlichen Verhältnissen des Kindes". Allgemein war die tatsächliche Sorge speziell der Mutter zugeordnet. Insbesondere war die Sorge um die Erziehung, die Pflege des Kindes in Krankheitsfällen oder wenn es „blödsinnig" sei, ausdrücklich auch der Mutter zugewiesen.[186] Planck ordnete folglich die Teile der Personensorge, welche eine intensive persönliche Beziehung beinhalten und auch erfordern, bevorzugt der Mutter zu, diskutierte diese Rollenverteilung aber nicht weiter.

Diese gesetzliche Zuweisung von Pflege und Erziehung des Kindes an die Mutter war, was ihren Inhalt anbelangte sowie angesichts der generellen rechtlichen Stellung der Mutter, konsequent und entsprach wohl auch den faktischen Gegebenheiten in der großen Mehrzahl der deutschen Familien. Darüber hinaus korrespondierte sie mit der von den Redaktoren als Leitbild ausgegebenen Hausfrauenehe, die den Platz der Frau und Mutter im Haus in der Nähe der Kinder sah.[187] Trotzdem wurde die Beschränkung der Mutter auf diesen Teil der Personensorge wieder nur knapp mit den bekannten Wendungen der „natürlichen Stellung der Mutter" und dem „Übergewicht des Vaters" begründet. Diese Knappheit fällt besonders deswegen auf, weil die Motive, wie gezeigt, vorher schon die prinzipielle Eignung der Mutter zur Übernahme der vollen elterlichen Gewalt nach dem Tode des Vaters festgestellt hatten. Man hätte an dieser Stelle zumindest wegen der gesellschaftlichen Bedeutung der Frage eine ausführlichere Begründung erwarten können.[188]

185 *Mugdan*, Die gesamten Materialien zum Bürgerlichen Gesetzbuch für das Deutsche Reich, 401; ähnlich bei *Planck*, Motive, 1440.

186 *Mugdan*, Die gesamten Materialien zum Bürgerlichen Gesetzbuch für das Deutsche Reich, 401.

187 Vgl. *Mugdan*, Die gesamten Materialien zum Bürgerlichen Gesetzbuch für das Deutsche Reich, 107: „Der Hauptberuf der Ehefrau bezieht sich auf das Innere des Hauses und wird in den wohlhabenden Klassen der Bevölkerung sich regelmäßig darauf beschränken."

188 Planck versuchte an anderer Stelle eine solche zu geben, allerdings auch hier wenig überzeugend, da lediglich auf die noch schlechtere Lage der Frau in früheren Rechten hingewiesen wird. Vgl. *Planck*, Die rechtliche Stellung der Frau nach dem bürgerlichen Gesetzbuche, 28.

b. Liederlich und leichtsinnig – die Mutter des unehelichen Kindes

Das BGB ordnete das uneheliche Kind familienrechtlich allein der Mutter zu, indem es seine Verwandtschaft zum Vater leugnete und ihm der Mutter gegenüber die Stellung eines ehelichen Kindes gab. Damit war eine Grundentscheidung des Gesetzgebers gefallen, ein uneheliches Kind „gehört zur Mutter". Diese Zuordnung war aus praktischen und tatsächlichen Erwägungen zunächst durchaus einleuchtend, denn seit jeher galt der Grundsatz: *mater semper certa est.* Von der Rechtsentwicklung her neu[189] sowie für die Motive erklärungsbedürftig war der vom BGB geregelte rechtlich vollwertige Eintritt des unehelichen Kindes in die Verwandtschaft der Mutter. Planck durchbrach hier im Verhältnis der Mutter zu ihrem unehelichen Kind das Prinzip, dass nur die Ehe der Eltern familien- und erbrechtliche Beziehungen zwischen Eltern und Kindern vermitteln könne. Er ging „umgekehrt von der Regel [aus] [...], daß das uneheliche Kind in die Familie der Mutter tritt, überhaupt, soweit das Gesetz keine Ausnahme macht, zwischen dem unehelichen Kinde, sowie seiner Mutter und den Verwandten von der mütterlichen Seite alle Rechte und Verbindlichkeiten bestehen, wie bei einem ehelichen Kinde". Für die Durchbrechung des auf der Ehe basierenden Prinzips, das Planck im Hinblick auf die Stellung des Vaters noch vehement verteidigte, nannte er zunächst als sozialpolitischen Grund, „das dringende Interesse, die Lage der unehelichen Kinder zu verbessern".

Für das unterschiedliche Vater- und Mutterbild der Motive bedeutender war die von Planck zugrunde gelegte Erwägung,

> „daß die durch die Ehe begründeten faktischen, sittlichen Voraussetzungen für familienrechtliche und erbrechtliche Beziehungen auch bei der zwischen dem unehelichen Kinde und seiner Mutter bezw. der mütterlichen Familie, wenn auch nicht im gleichen, so doch regelmäßig in einem solchen Grade vorhanden sind, daß unter Vorbehalt geeigneter, der Verschiedenheit der Sachlage entsprechender Modifikationen den unehelichen Kindern im Verhältnisse zur Mutter und der mütterlichen Familie die Stellung ehelicher Kinder gegeben werden kann."[190]

Während sich für den Vater die „sittlichen und faktischen Grundlagen" familien- und erbrechtlicher Beziehungen zum unehelichen Kind nicht aus der Zeugung und der Verwandtschaft, sondern nur aus der Ehe mit der Mutter und der dadurch

189 Nach altem deutschen Recht waren die unehelichen Kinder auch von der Familie der Mutter rechtlich getrennt und somit rechtlich „familienlos", vgl. etwa *Nagorski*, Das Rechtsverhältnis des unehelichen Kindes zu seinem Vater, 19.

190 *Planck*, Motive, 1602; *Mugdan*, Die gesamten Materialien zum Bürgerlichen Gesetzbuch für das Deutsche Reich, 453.

vermittelten „natürlichen Verbindung" ergeben sollte, bestanden für Planck diese Bedingungen im Verhältnis zwischen der Mutter und ihrem Kind offenbar auch ohne Ehe in ausreichendem Maße, um die eheliche Stellung des Kindes zu rechtfertigen. Warum dies so sei, begründete Planck mit der besonderen Bindung einer Mutter an ihr Kind:

> „Das uneheliche Kind steht der Mutter entschieden viel näher als dem Vater. Es ist schon von der Natur der Mutter anvertraut und zunächst ihrer Pflege und Erziehung überlassen. Dadurch wird das auf der natürlichen Verbindung zunächst beruhende Band der Liebe zwischen dem unehelichen Kinde und seiner Mutter fester geknüpft [...]."[191]

Im selben Maße, in dem Planck vorher ein Interesse des Vaters an seinem Kind abstritt, idealisierte er hier die persönliche Beziehung der Mutter zum Kind als sich selbst erklärenden Naturzustand. Die primäre rechtliche Zuordnung des Kindes zur Mutter, begründet auf die durch Geburt, „natürliche Verbindung" und Mutterliebe zurückgeführte besondere Beziehung und Verbundenheit der Mutter zu ihrem Kind, war insofern folgerichtig. Allerdings war auch der Gegensatz zum Vater auffällig, bei dem ja eine ebenfalls auf biologischer Erzeugung begründete „natürliche Verbindung" vorlag, aber eine darauf beruhende Beziehung zum unehelichen Kind radikal abgelehnt wurde. Das von Planck als unverzichtbare Grundlage und insofern als allgemeingültig dargestellte Prinzip der Abhängigkeit familienrechtlicher Beziehungen vom Bestehen der Ehe der Eltern galt so offensichtlich nur für den Vater des unehelichen Kindes, für das Mutter-Kind-Verhältnis blieb es, wenn auch sittlich-emotional unterfüttert und sozialpolitisch nicht unbegründet, bei der natürlichen biologischen Verbundenheit. Diese biologische Verbindung sollte sich dann aber in die mütterliche Familie unter Einschluss der Großeltern hinein fortsetzen, denn „durch diese nahen Beziehungen des unehelichen Kindes zu seiner Mutter [werden, M. H.] von selbst auch die durch die Einheit des Blutes begründeten Beziehungen desselben zur Familie der Mutter aufrecht erhalten und belebt [...]."[192]

Die auf der Annahme einer starken emotionalen Hinwendung der Mutter zum unehelichen Kind basierende Verleihung familienrechtlicher Beziehungen reichte dem Gesetzgeber allerdings nicht aus, der Mutter auch die volle elterliche Gewalt zuzugestehen. Die Mutter hatte lediglich das Recht zur Sorge um die Person des

---

191 *Planck*, Motive, 1602; *Mugdan*, Die gesamten Materialien zum Bürgerlichen Gesetzbuch für das Deutsche Reich, 453.

192 *Planck*, Motive, 1602; *Mugdan*, Die gesamten Materialien zum Bürgerlichen Gesetzbuch für das Deutsche Reich, 453.

Kindes, welches ansonsten unter Vormundschaft stand. Planck begründet diese Bedenken mit der Eignung der Mütter:

> „Die Voraussetzungen von denen der Entwurf ausgegangen ist, wenn er die Uebertragung der elterlichen Gewalt auf die eheliche Mutter für unbedenklich erachtet hat, treffen bei der unehelichen Mutter theils überhaupt nicht, theils wenigstens in einer großen Zahl von Fällen nicht zu. „[193]

Und weiter:

> „Die Erfahrung lehrt, daß uneheliche Kinder in körperlicher wie in geistiger Hinsicht nur zu oft verwahrlost werden."[194]

Planck forderte deshalb sichere Garantien für die Erziehung dieser Kinder, sah hierfür aber, im Hinblick auf die von ihm angenommene Situation der Mütter, keine ausreichende Grundlage:

> „Diese Garantien fehlen aber regelmäßig, wenn der unehelichen Mutter die Rechte und Pflichten der elterlichen Gewalt überlassen werden. Haben die unehelichen Mütter auch die Fähigkeit, die mit der elterlichen Gewalt verbundenen Rechte und Pflichten auszuüben bezw. zu erfüllen, so fehlt bei ihnen doch nur zu oft der gute Wille und der genügende Ernst. Oftmals haben sie für ihre unehelichen Kinder nicht das gleiche Interesse und die gleiche, hingebende, das Beste der Kinder im Auge habende Liebe, wie die eheliche Mutter für ihre ehelichen Kinder, sondern verhalten sich gleichgültig gegen sie oder betrachten sie wohl gar als eine drückende Last."[195]

Zunächst fällt auf, dass auch bei der Mutter offenbar nicht von einer einheitlichen Verbundenheit zwischen ihr und dem Kind ausgegangen wurde, sondern, wie auch beim Vater, die Intensität der persönlichen Beziehung zum Kind als vom Bestehen einer Ehe der Eltern abhängig angesehen wurde. Wie der Vater des unehelichen Kindes so habe auch dessenMutter nicht das gleiche Interesse am Kind wie eine Mutter am Kind aus einer Ehe.

Der Umstand, dass sich Planck hier in der Wertung der Mutter-Kind-Beziehung widersprach, wenn er bei der Zuordnung des unehelichen Kindes einerseits die Mutterliebe der Mutter pries, bei der Frage der elterlichen Gewalt aber eher Desinteresse und Verwahrlosung befürchtete, lässt allerdings die Tatsache unberührt,

193 *Planck*, Motive, 1611; *Mugdan*, Die gesamten Materialien zum Bürgerlichen Gesetzbuch für das Deutsche Reich, 456.

194 *Planck*, Motive, 1611; *Mugdan*, Die gesamten Materialien zum Bürgerlichen Gesetzbuch für das Deutsche Reich, 456.

195 *Planck*, Motive, 1611; *Mugdan*, Die gesamten Materialien zum Bürgerlichen Gesetzbuch für das Deutsche Reich, 456.

dass es offenbar Gründe für diese Annahme bzw. für diese Befürchtung gab. So lag in Preußen die Säuglingssterblichkeit auf 1 000 Lebendgeborene bei unehelichen Kindern in der Zeit kurz vor Inkrafttreten des BGB, 1896–1900, im Mehrjahresdurchschnitt bei 354, bei ehelichen Kindern bei 189.[196] Die Gründe hierfür lagen aber offensichtlich eher in der sozialen und wirtschaftlichen Situation der meisten Mütter, wie Planck auch später selber schrieb.[197]

Neben die soziale Problematik behaupten die Motive eine moralische Unzuverlässigkeit der Mütter unehelicher Kinder. Die Versagung der Vermögenssorge sowie der gesetzlichen Vertretung als Teil der elterlichen Gewalt wurde unter diesem Aspekt begründet:

> „Es würde zu befürchten sein, daß in vielen Fällen leichtsinnige Mütter das etwa vorhandene Vermögen des Kindes, namentlich die von dem Vater geleisteten Alimentenbeiträge oder eine von demselben geleistete Abfindungssumme, nicht im Interesse der Kinder, sondern im eigenen Interesse verwenden und auf diese Weise den Zweck des […] Alimentationsanspruchs völlig vereitelt werden würde. „[198]

Noch deutlicher ließ die folgende Bemerkung Plancks das moralische Misstrauen erkennen:

> „Aber auch nach einer anderen Richtung hin würde das Recht der unehelichen Mutter, ihr Kind zu vertreten, Gefahr mit sich bringen, nämlich die Gefahr, dass liederliche und leichtsinnige Mütter das Recht der Vertretung des Kindes in der Not zu Betrügereien missbrauchen, daß sie sich von verschiedenen Personen, die mit ihr in der Konzeptionszeit den Beischlaf vollzogen haben, Alimente bezw. Abfindungen auf den Namen des Kindes bezahlen lassen."[199]

Bei der Frage, ob der Mutter in der Ehe oder nach dem Tode des Vaters die volle elterliche Gewalt und damit auch das Recht der Sorge um das Vermögen des Kindes grundsätzlich einzuräumen sei, kamen die Motive zur Einsicht, dass „die Fähigkeit der Mutter zur Übernahme dieser volleren Elternpflicht in weitaus den

196 *Nipperdey*, Deutsche Geschichte 1866–1918, Band I, Tabelle S. 15; zum Reichsdurchschnitt ab dem Zeitraum 1901/05 vgl. *Hubbard*, Familiengeschichte, 109.

197 Vgl. *Planck*, Motive, 1611: „Dazu kommt, dass uneheliche Mütter selten einen eigenen Hausstand haben, daß sie, um ihrem Erwerbe nachzugehen, häufig von den Kindern getrennt sind und dieselben gegen eine möglichst billige Vergütung fremden Leuten ganz überlassen, die weniger das Wohl dieser Kinder, als ihr eigenes Interesse dabei berücksichtigen."

198 *Planck*, Motive, 1612; *Mugdan*, Die gesamten Materialien zum Bürgerlichen Gesetzbuch für das Deutsche Reich, 457.

199 *Planck*, Motive, 1612; *Mugdan*, Die gesamten Materialien zum Bürgerlichen Gesetzbuch für das Deutsche Reich, 457.

meisten Fällen vorhanden ist." Der Mutter eines unehelichen Kindes dagegen wurde nun nicht nur die Eignung zur Vermögenssorge und Vertretung des Kindes grundsätzlich abgesprochen, sie wurde in diesem Bereich sogar als Gefahr für ihr Kind dargestellt. Weiterhin gingen die Motive offensichtlich von der Unzuverlässigkeit der Mutter als Regelfall aus. Der Wortlaut der Motive sprach zwar nicht generalisierend von „der" Mutter, begründete die gesetzlichen Regelungen aber wie gezeigt mit den „liederlichen" und „verschwenderischen" Fällen und orientierte sich insofern quasi präventiv am problematischen Sonderfall. Dieses soziale Ressentiment wurde auch bemüht, um der unehelichen Mutter die elterliche Nutznießung aus etwaigem Vermögen des Kindes zu versagen:

> „Sie [die Überschüsse aus dem Kindesvermögen, M. H.] der Mutter zu überlassen, ist umso bedenklicher, als in vielen Fällen die unehelichen Mütter leichtsinnig und verschwenderisch sind. Zudem liegt es im Interesse der Sittlichkeit, wenn der Mutter jeder aus ihrer Unsittlichkeit hervorgehende, auch nur indirekte, Vermögensvorteil entzogen wird."[200]

An diesen Ausführungen zeigt sich erneut ein Dilemma der Redaktoren. Einerseits waren sie noch erkennbar durch die althergebrachten moralischen und sozialen Ressentiments ihrer Zeit und Gesellschaftsschicht geprägt, die die Mutter eines unehelichen Kindes als „gefallene Frau" und Produkt ihrer „Unsittlichkeit"[201] ansahen. Andererseits ist ihr Bemühen unübersehbar, das uneheliche Kind rechtlich besser zu stellen und dadurch seine soziale Situation zu verbessern.[202] Planck setzte sich daher durchaus mit der in einigen früheren deutschen Partikularrechten möglichen Übertragung der vollen elterlichen Gewalt an die Mutter oder auch deren Stellung als gesetzlich berufene Vormünderin auseinander,[203] kam aber nach Abwägung der „damit verbundenen Gefahren, insbesondere für das körperliche

200 *Mugdan*, Die gesamten Materialien zum Bürgerlichen Gesetzbuch für das Deutsche Reich, 457; ähnlich *Planck*, Motive, 1613.

201 Vgl. etwa die Motive zur damals heftig diskutierten Frage der Zulassung der Vaterschaftsklage, *Mugdan*, Die gesamten Materialien zum Bürgerlichen Gesetzbuch für das Deutsche Reich, 459 ff.

202 Vgl. etwa *Planck*, Motive, 1602, ähnlich *Mugdan*, Die gesamten Materialien zum Bürgerlichen Gesetzbuch für das Deutsche Reich, 453 zur Frage der Gleichstellung mit ehelichen Kindern im Verhältnis zur mütterlichen Familie: „Das Interesse der unehelichen Kinder, die sonst nur zu leicht dem Elende und der Verwahrlosung Preis gegeben sind und auf die Bahn des Lasters gerathen, [...] erheischt es dringend, daß die unehelichen Kinder rechtlich nicht auch von der Familie der Mutter ausgeschlossen werden [...]."

203 *Planck*, Motive, 1608ff.

und geistige Wohl der unehelichen Kinder"[204], zum Ergebnis, die elterlichen Rechte und Pflichten der Mutter wie oben beschrieben weitgehend einzuschränken.[205] Inwieweit die von Planck als Begründung für diese Einschränkungen angeführten Defizite der Mütter seiner eigenen Erfahrung als Richter entstammten, bleibt der Spekulation überlassen. Das bis auf wenige Andeutungen gänzliche Fehlen von einschlägigen Statistiken und sozialwissenschaftlichen Untersuchungen in den Materialien legt diese Annahme aber nahe.[206]

Ausdrücklich übertragen waren der Mutter eines unehelichen Kindes lediglich das Recht und die Pflicht zur Sorge für die Person des Kindes. Die Motive hatten dies „als unbedenklich erachtet", zumal man „die Grenzen für die Zulässigkeit des Einschreitens des Vormundschaftsgerichts weit genug gezogen hat, um jeder Gefahr eines Missbrauchs zum Nachtheile des Wohles des Kindes wirksam entgegentreten zu können".[207]

Erstaunlich ist noch, dass die Motive trotz ihres offenkundigen starken Misstrauens gegenüber der „Sittlichkeit" und der erzieherischen Eignung der Mütter unehelicher Kinder eine mögliche Übertragung der Pflege und Erziehung des

---

204 *Planck*, Motive, 1611.

205 In einer anderen Analyse der Planck'schen Argumentation zur Eingliederung des Kindes in die mütterliche Familie bei gleichzeitiger Versagung der elterlichen Gewalt kommt *Wagner*, Die Reformbestrebungen zur Neugestaltung des Nichtehelichenrechts – Eine analytische Dokumentation, 37 f., zu folgendem Resümee: „Mit dem Argument, mit dem man der Mutter das Kind gibt, nimmt man es ihr sogleich wieder weg. Dabei ist festzustellen, daß in dem einen Fall wohlwollend und positiv von dem ‚auf der natürlichen Verbindung beruhende Band der Liebe' gesprochen wird und im anderen Fall vom negativen Extrem der ‚liederlichen oder leichtsinnigen Mutter', die – dann generalisierend – als unfähig angesehen wird, der, sollte dies einmal nicht zutreffen, aber der erforderliche Ernst fehle, die sich an der Alimente bereichern wolle und so häufig gleichzeitig recht dumm, sexuell überaus offenherzig und kriminell sei, daß damit eine ernst zu nehmende Gefahr begründet werden. [...] Frauen, die all diese Prädikate auf sich vereinen, findet man regelmäßig allenfalls in Prostituiertenkreisen. Für die Argumentation gegen die elterliche Gewalt wird damit die Prostituierte zur Norm erhoben." Insgesamt bezeichnet Wagner die Argumentation als Aufbauen von „Begründungsphantomen". *Schmidt*, AcP 1927, 210, 217, bezeichnet später die Argumentation der Motive als Malen „mit schwarzen Farben".

206 Zur um 1900 herum verfügbaren Datenlage ausführlich *Baumgarten*, Die Entstehung des Unehelichenrechts im Bürgerlichen Gesetzbuch, 62 ff. Die dort angeführten Erhebungen, soweit sie über die reinen Sterblichkeitsraten hinausgehen, datieren fast ausschließlich nach 1900 und standen daher den Redaktoren nicht zur Verfügung.

207 *Mugdan*, Die gesamten Materialien zum Bürgerlichen Gesetzbuch für das Deutsche Reich, 457.

Kindes an den Vater „im Interesse des Kindes“ strikt ablehnten.[208] Verständlich ist dies lediglich vor dem Hintergrund des an Fichte angelehnten Planck’schen Bildes des Vaters eines nichtehelichen Kindes, dem mangels Ehe mit der Mutter und Zusammenleben mit dem Kind eine emotionale Verbindung mit diesem fehle.

IV. Vater- und Mutterbilder in der rechtswissenschaftlichen Literatur

1. Die Kritik am Familienrecht des frühen BGB

a. Undeutsch und individualistisch – die Kritik Otto von Gierkes

Einer der profiliertesten Kritiker des frühen BGB war der seit 1887 in Berlin tätige Rechtshistoriker Otto von Gierke.[209] Seine in mehreren Schriften erhobene Kritik entzündete sich an der wenig volkstümlichen Sprache und Technik, dem Vorherrschen römisch-rechtlicher Grundsätze und demzufolge dem Mangel an deutschen Rechtstraditionen im BGB.[210] Herzstück seiner Kritik war das dem BGB innewohnende Sozialmodell, welches er als zu individualistisch, zu kapitalistisch und letztlich gemeinschaftsfeindlich befand.[211] Dies betraf insbesondere das Familienrecht des BGB, welches undeutsch im Sinne mangelnder Gemeinschaftsorientierung sei und „nur von mechanisch konstruierten Rechtsbeziehungen zwischen isolierten Einzelpersonen“ wisse.[212] Aus dieser Haltung heraus verurteilte er insbesondere, dass „als letzte Konsequenzen des Individualismus“ Mann und Frau nicht mehr in einer Verbundenheit, sondern als zwei vollkommen getrennte und nur mit gewissen Rechten an fremder Person und an fremdem Vermögen gegeneinander ausgestattete Einzelpersonen in die Rechtswelt einträten. Gierke setzte

208 *Mugdan*, Die gesamten Materialien zum Bürgerlichen Gesetzbuch für das Deutsche Reich, 457 f.

209 Gierke, Otto von, 1841–1921, 1911 nobilitiert, nach Stolleis, Juristen, 232 ff: Gierke gilt als der letzte große Germanist in der Tradition der historischen Schule und Verfasser grundlegender Arbeiten zum Verbands- und Genossenschaftsrecht. Seine Kritik am BGB beurteilt etwa *Wieacker*, Privatrechtsgeschichte der Neuzeit, 470 als neben der Kritik von Menger aus der Masse der Stellungnahmen „heraus ragend“.

210 Stichwort Gierke in: *Stolleis*, Juristen, ein biographisches Lexikon, 232.

211 Vgl. *v. Gierke*, Der Entwurf eines bürgerlichen Gesetzbuchs und das deutsche Recht, 58 ff.; gleiche Tendenz in *v. Gierke*, Die soziale Aufgabe des Privatrechts.

212 *Gierke*, Der Entwurf eines bürgerlichen Gesetzbuchs und das deutsche Recht, 394.

sich stattdessen für eine rechtliche Personeneinheit der Ehegatten im Sinne einer ehemännlichen *Munt* ein.[213] Im Verhältnis der Eltern zum ehelichen Kind und der elterlichen Gewalt verlasse der Entwurf völlig den Boden des gemeinschaftlichen Elternrechts und der Hausgemeinschaft, wenn er entweder Vater oder Mutter in den jeweiligen Inhaber der elterlichen Gewalt verwandelt. Im Interesse seines Gemeinschaftsdenkens schwebte Gierke ein „gemeinschaftliches Elternrecht" mit Vater und Mutter als gemeinsamen Trägern vor.[214] Dass dieses „gemeinsame" Elternrecht trotzdem hauptsächlich vom Vater ausgeübt werden solle, entspricht nach Gierke der deutschen Auffassung von der Stellung des Vaters und der sittlichen Forderung einer starken väterlichen Autorität über das Hauskind.[215] Aus der Idee des gemeinschaftlichen Elternrechts heraus befürwortet Gierke eine neben der väterlichen Gewalt wirksame mütterliche Gewalt, die sich nach dem Tod des Vaters zur Vollgewalt konsolidieren würde.[216] Nach dem Tod des Vaters dürfe die Mutter allerdings weniger frei in der Vertretung des Kindes und in der Vermögensverwaltung gestellt werden als das Elternpaar oder ein Witwer. Die vom Entwurf vorgesehene Bestellung eines Beistandes der Mutter reiche nicht aus, denn mit dieser alleinigen Maßnahme „werde denn doch die geschäftliche Fähigkeit und Neigung der deutschen Frauen weit überschätzt". Darüber hinaus wäre die von Gierke favorisierte Bestellung eines Vormunds besonders für die Kinder von Vorteil, „die häufig genug ein reines Frauenregiment nicht in Zucht und Ordnung zu halten vermag".[217]

Gierkes Kritik am Familienrecht des BGB gründet auf seiner Vorstellung vom Konzept der altdeutschen Hausgemeinschaft unter einem starken Hausvater, letztlich also einem Familienmodell einer agrarisch-hauswirtschaftlich orientierten Gesellschaftsform, die durch industrielle Wirtschafts- und Sozialformen zunehmend verdrängt wurde.[218] Dass Gierke die tradierte Vorrangstellung des Vaters in der Familie nicht ansatzweise in Frage stellt, kann insofern nicht verwundern und korrespondiert mit seiner – damals durchaus verbreiteten – Ansicht von der begrenzten geschäftlichen Fähigkeit der Mutter. Das von Gierke aus den Grundsätzen der alten deutschrechtlichen *Munt* heraus entwickelte „gemeinschaftliche

213 *Gierke*, Der Entwurf eines bürgerlichen Gesetzbuchs und das deutsche Recht, 404.
214 *Gierke*, Der Entwurf eines bürgerlichen Gesetzbuchs und das deutsche Recht, 461.
215 *Gierke*, Der Entwurf eines bürgerlichen Gesetzbuchs und das deutsche Recht, 463. Es bleibt zu erwähnen, dass Gierke das väterliche Entscheidungsrecht des Entwurfs ausdrücklich gutheißt, 464.
216 *Gierke*, Der Entwurf eines bürgerlichen Gesetzbuchs und das deutsche Recht, 469.
217 *Gierke*, Der Entwurf eines bürgerlichen Gesetzbuchs und das deutsche Recht, 471.
218 Vgl. hierzu *Dörner*, Industrialisierung und Familienrecht, S. 67 ff.

Elternrecht", das beide Eltern als Träger desselben Rechts sieht, war allerdings zumindest begrifflich ein Anknüpfungspunkt für ein gleichberechtigtes Sorgerecht.

Im Recht des unehelichen Kindes billigte Gierke grundsätzlich Regelungen des Entwurfes, insbesondere die Beschränkung der Mutter auf die Personensorge und die Amtsvormundschaft für das Kind.[219] Das Nichtanerkenntnis eines Vater-Kind-Verhältnisses hielt er indes für bedenklich und unvereinbar mit dem natürlichen Verhältnis der Blutsverwandtschaft. Auch sei es unbillig, die „Folgen des Fehltritts" allein der Mutter und ihrer Familie aufzubürden, den Vater und die väterliche Familie aber völlig zu entlasten:

> „Im Grunde steckt hierin ein Stück „Mutterrecht", das für unsere Kulturstufe nicht passt, wenn es auch der Selbstsucht der Männer und den frivolen Anschauungen mancher Kreise zusagen mag."[220]

Die Unterhaltspflicht des Vaters des unehelichen Kindes bedurfte für Gierke daher auch „keiner besonderen Rechtfertigung", sie sei richtigerweise ein auf der Verwandtschaft beruhendes Recht. Er betonte hierbei allerdings das familienrechtliche Wesen der väterlichen Verbindlichkeit. Es ergebe sich grundsätzlich auch aus der unehelichen Elternschaft eine gemeinschaftliche Elternpflicht, die „nur mit Rücksicht auf die abnormen Verhältnisse" auf die Geldzahlung reduziert sei.[221]

Gierke trennte den Vater zumindest verbal nicht so strikt vom Kind ab, wie dies die Motive taten. Ob und wenn ja inwieweit sich aus der für ihn auch im Unehelichenrecht existierenden „gemeinschaftlichen Elternschaft" erweiterte Rechte oder Pflichten für den Vater ergeben, sagte Gierke allerdings auch nicht. Zumindest lässt sich eine von ihm gewünschte stärkere Beteiligung des Vaters vermuten, wenn er die ungleiche Lastenverteilung zwischen Vater und Mutter bemängelte.

b. Klassenkampf im Unehelichenrecht – die Kritik Anton Mengers

Der neben Gierke herausragende[222] Kritiker des BGB war der Wiener Professor für Zivilprozessrecht und bekennende Sozialist Anton Menger.[223] Menger gilt als einer der profiliertesten Vertreter des „Juristensozialismus", einer Denkrichtung, die im Wege einer „sozialen Rechtswissenschaft" die Anpassung der Rechtsordnung an die gesellschaftlichen Machtverschiebungen des ausgehenden 19. Jahrhunderts

---

219 *Gierke*, Der Entwurf eines bürgerlichen Gesetzbuchs und das deutsche Recht, 479.
220 *Gierke*, Der Entwurf eines bürgerlichen Gesetzbuchs und das deutsche Recht, 480.
221 *Gierke*, Der Entwurf eines bürgerlichen Gesetzbuchs und das deutsche Recht, 480 f.
222 Vgl. *Wieacker*, Privatrechtsgeschichte der Neuzeit, 470.
223 Menger (von Wolfensgrün), Anton, 1841–1906.

betreiben wollte.[224] In seiner mehrfach aufgelegten Schrift „Das bürgerliche Recht und die besitzlosen Volksklassen“ wandte er sich gegen die Benachteiligung der besitzlosen Klassen durch ein scheinbar neutrales Recht, das völlig ungleiche soziale Lagen gerechtigkeitswidrig formalistisch gleich behandle.

Am Familienrecht des Entwurfs kritisierte Menger vor allem die schlechte Stellung der Mutter und die allzu geringen Verpflichtungen des Vaters. Menger argumentierte dabei überwiegend von einem sozialen Standpunkt aus und stellte die aus seiner Sicht auffällige Kürze des Unehelichenrechts mit der Folge einer geringen Regelungsdichte als ein Schutzinstrument der besitzenden Klassen gegen die Armen dar. Das Problem der unehelichen Kinder und Mütter sei eine Folge des Treibens „reicher und vornehmer Wüstlinge“ [225], die das unbescholtene Mädchen aus den besitzlosen Klassen mit List verführten und sich danach aus der Verantwortung stahlen. Durch knappe und ungenaue Rechtssätze sollten die Armen nach Menger an einer wirksamen Rechtsverfolgung gegen die Reichen gehindert werden.[226]

Interessant ist bei Menger die auffällige Reduktion des Vaters auf scham- und verantwortungslose Verführer, welche die jungen Mütter ins Elend stürzten, wobei er unter Zuhilfenahme drastischer Beispiele die Grenze zum Sittlichkeitsverbrechen bewusst verwischte:

> „Man erwäge nun, in welche furchtbare Lage durch den Entwurf gerade die Besten unter den ärmeren Mädchen gegenüber reichen und vornehmen Wüstlingen gebracht werden, die zur Befriedigung ihrer Lüste selbst vor einer Notzucht oder einem anderen Sittlichkeitsverbrechen nicht zurückscheuen. Denn leider ist es nur allzu wahr, dass meistens die schönsten und tugendhaftesten Mädchen der besitzlosen Volksklassen, welche das Verbrechen lohnen und nur durch ein Verbrechen zu gewinnen sind, die Opfer dieser nichtswürdigen Attentate bilden, die der Natur der Sache nach viel häufiger begangen als in den Gerichten geahndet werden.“[227]

Menger vermittelte bei der Erörterung des Unehelichenrechts so den Eindruck, der Vater entstamme grundsätzlich der Oberschicht, die Mutter hingegen grundsätzlich den besitzlosen Volksklassen. Der in den allermeisten Fällen wohl einvernehmliche Geschlechtsverkehr wurde bei Menger als sexueller Übergriff des sozial Mächtigen dargestellt, wodurch Mengers Kritik am Unehelichenrecht auch

224 Stichwort Menger, in: *Stolleis*, Juristen, ein biographisches Lexikon, 422 f.
225 *Menger*, Das bürgerliche Recht und die besitzlosen Volksklassen, eine Kritik des Entwurfs des bürgerlichen Gesetzbuches für das Deutsche Reich, 90.
226 *Menger*, Das bürgerliche Recht und die besitzlosen Volksklassen, 57 ff.
227 *Menger*, Das bürgerliche Recht und die besitzlosen Volksklassen, 90.

im Vergleich zum zeitgenössischen Schrifttum überspannt klassenkämpferisch und ideologisch aufgeladen erscheint. Allerdings ist zu erwähnen, dass die vermeintliche Regel der Klassenunterschiedlichkeit zwischen Vater und Mutter auch bei anderen Autoren kritisch anklang und daher durchaus dem zeitgenössischen Klischee entsprochen hat.[228]

2. Vater- und Mutterbilder bei anderen Autoren

a. Marianne Weber

Die Frauenrechtlerin Marianne Weber[229] setzte sich in ihrem 1907 erschienenen Hauptwerk *Ehefrau und Mutter in der Rechtsentwicklung* ausführlich mit den Vorstellungen deutscher Juristenkreise über die Rollen von Vätern und besonders Müttern auseinander. Sie sah im Familienrecht des BGB einen Grundkonflikt zwischen patriarchalischem und individualistischem Eheideal.[230] Weiter konstatierte sie in Bezug auf die Rolle der Frau, dass Hausfrau und Mutter zu sein, in Deutschland noch immer als deren „ureigenster Beruf“ gelte. Aus dieser Feststellung heraus, welche – wie Weber anmerkte – ja auch die Motive trafen, kritisierte sie das Missverhältnis zwischen ebendieser besonderen Zuweisung der Mutter- und – daraus folgend – der Elternschaft als „Spezialfach“ der Frau und dem Misstrauen, welches ihr der Gesetzgeber hinsichtlich ihrer Fähigkeiten auf dem Gebiet der elterlichen Sorge entgegenbringe.[231] Im Einzelnen sah sie die Regelungen zur

---

228 Vgl. dazu u. a. *Gierke*, Der Entwurf eines bürgerlichen Gesetzbuchs und das deutsche Recht, 483, 484: „Hinter allen diesen schillernden Deduktionen birgt sich in leichter Verhüllung eine des deutschen Gesetzbuches unwürdige Konnivenz gegen den Egoismus des männlichen Geschlechts und die laxe Moral gewisser Gesellschaftsschichten.“ Gierke verweist hier in einer Fußnote direkt auf Mengers Schrift. Andeutend wiederum *Gierke*, Der Entwurf eines bürgerlichen Gesetzbuchs und das deutsche Recht, 480, wo er vieldeutig von „den frivolen Anschauungen mancher Kreise“ spricht. Ebenso der Reichstagsabgeordnete der SPD Frohme in einer Rede vor dem Reichstag: „Ja, weshalb ist das ‚alberne Weib‘ auch so ‚dumm‘ und ‚unsittlich‘, seinem Verführer, der gewöhnlich aus anderen Klassen kommt, sich zu fügen? Sie ist ja in der Regel eine Tochter des armen, arbeitenden Volkes [...]“; *Frohme*, Rede vor dem Deutschen Reichstag vom 6.2.1896, in: Mugdan, Die gesamten Materialien zum Bürgerlichen Gesetzbuch für das Deutsche Reich, 942.

229 Weber, geb. Schnitger, Marianne, 1870–1954. Ehefrau des Sozialwissenschaftlers Max Weber.

230 *Weber*, Ehefrau und Mutter in der Rechtsentwicklung, 413.

231 *Weber*, Ehefrau und Mutter in der Rechtsentwicklung, 443 f.

elterlichen Gewalt der Mutter in der Ehe sowie nach dem Tod des Vaters und die sich daran anschließende fakultative Beistandschaft des BGB durch einseitig frauenspezifische Vorbehalte des Gesetzgebers geprägt. Sie billigte hier zwar die Bestellung eines Beistandes für die Witwe, sah die Beweggründe für eine solche Regelung aber durchaus auch bei verwitweten Vätern vorliegen, denn „nur Weltunkenntnis und vor allem: traditionelle männliche Geschlechtseitelkeit können derartige Möglichkeiten bestreiten". Weber wandte sich hier insbesondere gegen die von ihr dem Gesetzgeber unterstellte Ansicht, die durch die genannten Normen zu verhütenden Umstände und Gefahren lägen einzig in der Person der Mutter und ihrer Natur bzw. ihrem Geschlecht begründet. Sie resümierte:

> „Bei uns aber waren die konservativen Gutachter des Entwurfs nur darauf bedacht, die Kinder vor der Unzulänglichkeit ihrer Mutter zu schützen."[232]

Auch mit den Vorstellungen Gierkes von einer zwar „gemeinsamen", für die Mutter aber „engeren" elterlichen Gewalt ging Weber hart ins Gericht:

> „Seine [Gierkes, M. H.] patriarchalen Ideale und sein unerschütterlicher Glaube an die männliche Überlegenheit in der Kinderstube lassen es ihm offenbar schließlich doch unleidlich erscheinen, daß der Mutter, wenn auch erst nach dem Tode des Vaters, eine ihm „gleich" rechtliche Stellung eingeräumt werden soll."[233]

Am Beispiel der Äußerung Gierkes, die Beistandschaft überschätze die geschäftliche Fähigkeit und Neigung der deutschen Frau bei weitem,[234] machte Weber auf den von ihr erkannten Widerspruch von öffentlich vorgetragener Wertschätzung der Frau und Mutter und dem im Schrifttum zu Tage tretenden Ressentiment aufmerksam:

> „Wer sich überhaupt über die Schätzung der so hoch gepriesenen deutschen Frau und Mutter von Seiten unserer konservativen Juristen ein Bild machen will, lese die gutachtlichen Äußerungen. Dieser Widerschein ihrer Wertung im Alltagsleben verscheucht alle romantischen Illusionen. Erst im Vergleich mit diesen Anschauungen erkennt man die relative Liberalität der Verfasser des Entwurfs und des Gesetzgebers." [235]

Im Banne von solch überlieferter „Herrenmoral" stehend, sah sie auch die Einschränkungen der elterlichen Gewalt der wiederverheirateten Mutter ihren Kindern aus erster Ehe gegenüber. Diese Einschränkung und Beaufsichtigung durch einen

232 *Weber*, Ehefrau und Mutter in der Rechtsentwicklung, 447.
233 *Weber*, Ehefrau und Mutter in der Rechtsentwicklung, 446.
234 *Gierke*, Der Entwurf eines bürgerlichen Gesetzbuchs und das deutsche Recht, 471.
235 *Weber*, Ehefrau und Mutter in der Rechtsentwicklung, 448.

Vormund wären unnötig, da aufgrund der natürlichen Blutsbande die Mütter „in allen Fällen mehr mit den Kindern leben, also interessierter an ihrem Gedeihen sind“ und dadurch ihr Einfluss auf die Kinder dominiere und eben nicht der des Stiefvaters.[236]

Eingehend setzte sich Weber mit der auf die Personensorge beschränkten elterlichen Gewalt der ehelichen Mutter auseinander.[237] Erneut prangerte sie hier die Widersprüchlichkeit des männlichen Gesetzgebers an, einerseits die „Heiligkeit des Mutterberufes“ zu beschwören, der Mutter aber innerhalb der Kinderstube, in die man sie verweist, rechtlich eine mindere Position zuzuweisen. Dies wäre den „Autoritätsprivilegien des Mannes“ und der „Befriedigung seines Herrschaftsbedürfnisses“ geschuldet.

Bis hierhin richtete sich die Kritik Webers am Familienrecht des BGB gegen die Bevormundung der Mutter durch den Vater. Die Schuld an dieser rechtlichen Situation trugen für sie die „konservativen Juristen“, der geschlechtsegoistische „männliche Gesetzgeber“ in seinem männlichen Herrschaftsbedürfnis. Für Weber hatte sich der von männlichen Vorstellungen beherrschte Zeitgeist sein Familienrecht gegeben. Sie vertrat insofern eine klassische Forderung nach Gleichberechtigung der Mutter gegenüber dem Vater. Allerdings leitete sie diese Forderung nicht lediglich aus einer abstrakten Gleichberechtigungsforderung ab, sondern aus den sozialen Realitäten sowie einer spezifisch weiblichen Geschlechtsdisposition der Mutter innerhalb der elterlichen Sorge:

So zog Weber als eine der ersten mit dem Thema befassten Autoren die logische Konsequenz aus der von ihr angesprochenen Beschwörung des Mutterberufs der Frau und der von ihr angenommenen Realität in der Ehe. Sie folgerte daraus die Möglichkeit, die Mutter zur Hauptträgerin der elterlichen Gewalt zu machen.[238] Diese war nach Weber besser für die Erziehung der Kinder und damit zur Ausübung der elterlichen Gewalt geeignet. Weber folgerte dies zum einen aus der verbreiteten gesellschaftlichen Ansicht, nach welcher der Mutter ja gerade Kinderpflege und Erziehung als primäre Pflicht zugeordnet wurde, zum anderen aus der berufsbedingt häufigen Abwesenheit des Vaters von der Familie. Weber erkannte die starke Beanspruchung des Vaters im außerhäuslichen Erwerbsleben zur Finanzierung des Haushalts an, folgerte aber daraus, dass der Vater notwendigerweise nicht in dem Umfang Kontakt mit den Kindern pflege wie die auf den Haushalt beschränkte Mutter. Der sich daraus ergebende erzieherische und pflegerische

236 *Weber*, Ehefrau und Mutter in der Rechtsentwicklung, 448, 449.
237 *Weber*, Ehefrau und Mutter in der Rechtsentwicklung, 451 ff.
238 *Weber*, Ehefrau und Mutter in der Rechtsentwicklung, 456 ff.

Erfahrungsvorsprung der Mutter versetze diese in die Lage, zumindest für kleine Kinder die sachgerechtere Entscheidung zu treffen. Allerdings mochte Weber nicht in Gegensatz zum bestehenden patriarchalen Entscheidungsrecht einer Wandlung zum alleinigen Entscheidungsecht der Mutter das Wort reden. Sie befürchtete für diesen Fall, dass das Interesse und das Verantwortungsgefühl des Vaters am Kind Schaden nehmen könnten. Vielmehr plädierte sie für eine gemeinschaftlich und gleichberechtigt getroffene Entscheidung beider Eltern, um die von ihr als wichtig erkannte Bindung auch des Vaters an sein Kind sicherzustellen und um beide Elternteile in den Erziehungsprozess einzubinden:

> „Der schon verschiedentlich zur Diskussion gestellte Gedanke, die Rollen zwischen Vater und Mutter zu tauschen und statt des Mannes die Frau zur Hauptträgerin der elterlichen Gewalt zu machen, liegt nahe, da ja die Kinderpflege und Erziehung als ihre ganze spezielle Pflicht betrachtet wird und heute, wo das außerhäusliche Berufsleben den Mann so stark absorbiert, auch faktisch fast ausschließlich in ihrer Hand liegt. Für den Fall der beiderseitigen Schuld an einer Scheidung läßt § 1635 der Frau das Erziehungsrecht für Kinder unter 6 Jahren überhaupt und darüber hinaus für Töchter. Es muß als angemessen erscheinen, daß auch in der Ehe die Entscheidung der Mutter für die noch nicht sechsjährigen Kinder, eventuelle Korrekturen durch das Vormundschaftsgericht vorbehalten, als maßgebend behandelt wird. Denn ihre Sachkunde ist hier im Durchschnitt weitaus größer. Gegen eine darüber hinausgehende generelle Verwandlung der patriarchalen Autorität in eine „matriarchale" sprechen dagegen ganz dieselben ethischen Gründe, die wir oben bei der Erörterung des ehemännlichen Entscheidungsrechts gegen das Autoritätsprinzip überhaupt geltend gemacht haben. Auch bei der Konstituierung einer allein ausschlaggebenden „Muttergewalt" würde, um der rein formellen Vereinfachung der elterlichen Beziehungen willen, das Gemeinschaftsleben verarmen, weil die Eltern dann nicht mehr genötigt wären, sich in seinen allerwichtigsten Fragen eingehend zu beraten und einander die Motive ihres Wollens klar zu machen. Ferner aber könnte dadurch nicht nur der berechtigte Einfluß des Vaters auf die Entwicklung seiner Kinder verkümmert, sondern auch sein Interesse, seine Opferwilligkeit und sein Verantwortungsgefühl für sie geschwächt werden. Jede prinzipielle Lockerung des Bandes zwischen Vater und Kindern bedeutet aber ein Rückschritt jahrtausendelanger Kulturentwicklung und brächte innerhalb unsrer heutigen Gesellschaftsordnung Müttern und Kindern Schaden."[239]

Weber wandte sich in ihrer Schrift als eine der wenigen sich mit Fragen der elterlichen Gewalt befassenden Autoren der tieferen familiären Rolle des ehelichen Vaters zu. Wurde der Vater bisher lediglich als Ordnungsfaktor der Eltern-Kind-Beziehung und gerade auch in Streitfragen der elterlichen Sorge als solcher gesehen, rückte Weber seinen persönlichen Beitrag zur Pflege und Erziehung des

239 *Weber*, Ehefrau und Mutter in der Rechtsentwicklung, 456, 457.

Kindes in den Blickpunkt. Sie sprach sich deutlich für die Einbindung des Vaters in die gemeinschaftliche Erziehung aus und erwartete, daraus resultierend, ein vermehrtes Interesse an und Verantwortungsgefühl gegenüber dem Kind. Diese Stärkung der Vater-Kind-Beziehung sah sie als Kulturfortschritt, hinter den zurückzufallen Mutter und Kind schaden würde.

Auch im Unehelichenrecht plädierte Weber im Interesse des Kindes für die Abschaffung des geltenden „Mutterrechts“ und eine stärkere Beteiligung des Vaters an der Erziehung und Versorgung des Kindes.[240] Wie schon Menger orientierte sich auch Weber bei ihrer Argumentation zunächst am Fall des sozial höhergestellten Vaters sowie einer sozial tiefer stehenden Mutter.[241] So kann nach Weber die teilweise Erziehung im Vaterhaus der geistigen Entwicklung des Kindes gut tun. Weber regte hier eine Differenzierung nach Geschlecht und Alter des Kindes an, wobei Kinder unter sechs Jahren der Mutter, Söhne über sechs Jahren der Sorge des Vaters unterstehen sollten. Allerdings könne es wegen der „faktische[n] Heimatlosigkeit der Kinder standesverschiedener Eltern“[242] zu seelischen Konflikten beim Kinde kommen. Die von der bestehenden Situation ausgehende Gefahr für das körperliche und geistige Wohl des unehelichen Kindes überwiege aber diese Befürchtung. Die Mutter sah auch Weber in einer sozial so hochproblematischen Lage, dass sie meist gezwungen sei, die Kinder in fremde Hände zu geben, und diese so „aus Mangel an genügender Körperpflege und Berufsschulung […] physisch oder sittlich“ untergingen.[243] Außerdem würde das Verantwortungsgefühl der Männer durch eine solche gesetzliche Gleichverantwortlichkeit von Mutter und Vater gestärkt.

Wie in der ehelichen, so vertrat Weber auch in der unehelichen Elternbeziehung die Forderung nach stärkerer Einbindung bzw. Indiepflichtnahme des Vaters. In beiden Fällen ging sie davon aus, dass der Vater in der Erziehung des ehelichen Kindes nicht genug und in der Verantwortung für sein uneheliches Kind gar nicht präsent sei. Beidem gelte es abzuhelfen. Während etwa die Motive die Rolle des Vaters in der Erziehung des Kindes überhaupt nicht erwähnten, erkannte Weber eine enge Vater-Kind-Bindung als sozialen Fortschritt zum Wohle des Kindes an.

---

240 *Weber*, Ehefrau und Mutter in der Rechtsentwicklung, 567 ff.

241 Weber betonte aber später (570), „die Frage der Behandlung der unehelichen Kinder ist allerdings nicht in dem Maße ‚Klassenfrage‘, wie zuweilen geglaubt wird: – die übergroße Mehrzahl der unehelichen Proletarierkinder haben proletarische oder kleinbürgerliche Väter“.

242 *Weber*, Ehefrau und Mutter in der Rechtsentwicklung, 568.

243 *Weber*, Ehefrau und Mutter in der Rechtsentwicklung, 569.

Weiterhin arbeitete sie heraus, warum der Mutter – neben der Begründung aus dem Gleichberechtigungspostulat heraus – zumindest der gleiche Anteil an der elterlichen Sorge zukommen sollte.

Webers Positionen deckten sich im Wesentlichen mit den Forderungen der bürgerlichen Frauenbewegung.[244] Sie bestanden im hier relevanten Bereich zuvörderst in der Gleichstellung der Mutter bei der Verteilung der elterlichen Gewalt. Diese sollte in gleichem Umfang an Vater und Mutter gegeben werden. In Streitfällen sollte ein Vormundschaftsgericht entscheiden. Webers Forderung nach einer Stärkung der elterlichen Rolle des Vaters des unehelichen Kindes und der Hinweis auf deren unter Umständen positive Auswirkungen auf das Kind hingegen waren – soweit ersichtlich – eine Einzelmeinung und sollten erst später wieder aufgegriffen werden.

b. Carl Bulling

Der Geheime Justizrat Carl Bulling[245] war einer der wenigen männlichen Juristen, die der deutschen Frauenbewegung nahe standen und sich aktiv für deren Ziele einsetzten.[246] Offenbar angetrieben vom Wunsch, seine Erfahrungen als Richter in Familiensachen einzubringen,[247] veröffentlichte er unter anderem im Publikationsorgan der bürgerlichen Frauenbewegung *Die Frauenbewegung*. Seine beiden Hauptschriften über die Rechte der unehelichen Kinder sowie über die Stellung der Frau im Bürgerlichen Gesetzbuch[248] fanden so vor allem in Kreisen der deutschen Frauenbewegung einige Beachtung.[249]

Bullings Hauptkritik am Familienrecht des BGB bestand in der fortdauernden Benachteiligung der Frau in Ehe und Familie. Diese sah er im nach wie vor

---

244 Vgl. etwa *Proelß/Raschke*, Die Frau im neuen bürgerlichen Gesetzbuch, 34 sowie *Munk*, Vorschläge zur Umgestaltung des Rechts der Ehescheidung und der elterlichen Gewalt, 37f. Zum ganzen *Berneike*, Die Frauenfrage ist Rechtsfrage.

245 Bulling, Carl, 1822–1909. Zur Person Bullings siehe *Meder/Duncker/Czelk*, Frauenrecht und Rechtsgeschichte, 193 ff.

246 Duncker nennt Bulling den „wahrscheinlich wichtigste[n] antipatriarchale[n] Kritiker des BGB“; *Duncker*, Gleichheit und Ungleichheit in der Ehe, 538; vgl. auch *Baumgarten*, Die Entstehung des Unehelichenrechts im Bürgerlichen Gesetzbuch, 85.

247 *Bulling*, Die deutsche Frau und das bürgerliche Gesetzbuch, 2.

248 *Bulling*, Die Rechte der unehelichen Kinder nach dem Entwurf eines bürgerlichen Gesetzbuches für das Deutsche Reich; *ders.*, Die deutsche Frau und das Bürgerliche Gesetzbuch (zuerst 1890, 2. Auflage 1896).

249 Vgl. die Belege bei *Berneike*, Die Frauenfrage ist Rechtsfrage, 42.

herrschenden Geist des männlichen *Mundiums* begründet.[250] Unter diesem Begriff verstand Bulling in erster Linie „das Recht des Mannes, die Frau zu bevormunden“.[251] In seinem Fortgelten sah Bulling auch den eigentlichen Grund für die eingeschränkte elterliche Gewalt der Mutter: Da der Gesetzgeber mehr auf Rechtskonsequenz als auf Zweckmäßigkeit bedacht gewesen sei, so erläuterte Bulling am Beispiel des entmündigten oder an der Sorge gehinderten Vaters, konnte er es sich hier nicht erlauben, die Rechtsstellung der Mutter dem Vater anzugleichen, denn: „macht man einmal ein Loch, so bricht sehr leicht das ganze Mundium zusammen.“[252]

Bulling dagegen plädierte entschieden dafür, der Mutter die volle elterliche Gewalt zu geben.[253] Allerdings forderte er ebenso entschieden eine eigenverantwortliche Aufteilung der Ausübung derselben. In diesem Punkt unterscheidet sich Bulling von den anderen kritischen Autoren zum frühen BGB, die unisono eine gleiche Verteilung der elterlichen Gewalt zwischen Mutter und Vater ohne Letztentscheidungsrecht eines Teils forderten. Er hingegen war der Ansicht, dass es im Interesse einer bestmöglichen Ausführung des übernommenen Teils der elterlichen Gewalt notwendig sei, den jeweiligen Träger des Teilbereichs in „voller Freiheit und Verantwortlichkeit“ handeln zu lassen, und forderte daher, jedem Elternteil in seinem Bereich das Entscheidungsrecht zu verleihen. Die Erziehung des Kindes erfordere Teilung und Entscheidungsrecht, denn „das vulgäre Sprichwort: viele Köche verderben den Brei, hat an manchen Kindern eine traurige Bewahrheitung gefunden.“[254]

Die Teilung der elterlichen Gewalt wollte Bulling vornehmen „nach Maßgabe der Pflichten in der Ehe und nach Maßgabe der Befähigung von Mann und Frau.“ Diese bestanden für Bulling in Folgendem:

> „Die ökonomische Pflicht in der Ehe liegt dem Manne ob. Demgemäß hat er überall zu entscheiden, wo es auf Kosten ankommt, die ihm zur Last fallen würden, vorbehältlich, wie in allen übrigen Fällen für den, der die Entscheidung nicht zu treffen

250 Diesem Gedanken stimmte 1925 auch die Sozialwissenschaftlerin Oekinghaus grundsätzlich zu. Sie sah das deutsche Eherecht aber vielmehr als Kompromiss zwischen altem Mundial- und modernem Gleichberechtigungsprinzip; *Oekinghaus*, Die gesellschaftliche und rechtliche Stellung der deutschen Frau, 130 ff.

251 *Bulling*, Die deutsche Frau und das bürgerliche Gesetzbuch, 2.

252 *Bulling*, Die deutsche Frau und das bürgerliche Gesetzbuch, 149, 150.

253 *Bulling*, Die deutsche Frau und das bürgerliche Gesetzbuch, 154.

254 *Bulling*, Die deutsche Frau und das bürgerliche Gesetzbuch, 155. Bei *Planck*, Die rechtliche Stellung der Frau nach dem bürgerlichen Gesetzbuche, 27, findet sich die gleiche Argumentation zur Begründung des Entscheidungsrechts des ehelichen Vaters: „Solange der Vater lebt, erfordert das Interesse des Kindes, daß die entscheidende Stimme dem Vater zusteht, weil eine einheitliche Leitung nothwendig ist.“

hat, das Recht der Berufung an das Gericht, wenn er behauptet, daß das Gesetz der Ehe verletzt sei.

Der Frau liegt als Ehelast die persönliche Mühewaltung ob und dementsprechend hat sie die Mühewaltung der Ernährung und der Erziehung des Kindes.“[255]

Folglich sollte, wie er weiter ausführt, der Mutter in Angelegenheiten der Ernährung und Erziehung des Kindes die Entscheidung zustehen. Für die Berufsausbildung des Knaben dagegen könne „die Entscheidung des Vaters nicht entbehrt werden“, weswegen dieser ab dem Ende des schulpflichtigen Alters die Entscheidung übernehmen solle. Entsprechend dieser Zuordnung der ökonomischen Sphäre zum Vater war es auch für Bulling klar, wer die Vermögensverwaltung für das Kind übernehmen sollte: „Ohne Frage der Vater“.[256]

Bulling erklärte auch, warum er glaubte, die Mutter sei von Natur aus besser zur Erziehung des Kindes geeignet. Er verwies hierbei sowohl auf sich aus der sozialen und familiären Situation heraus ergebende praktische als auch auf sich aus der menschlichen „Natur“ heraus ergebende Gründe:

„1. Soll der Mann eine richtige Direktive geben können, muß er das Kind kennen. Aber kennen kann nur der es, der es dauernd und geduldig beobachtet hat. Das zu thun, hat der Mann regelmäßig keine Zeit, denn er muß seinem Berufe nachgehen, sieht das Kind vielleicht nur Mittags und Abends u. s. w.; und hat er ausnahmsweise dazu Zeit, so fehlt es ihm an Lust, weil er kein praktisches Interesse hat, das ihn dazu auffordert; denn die Frau hat die Erziehung, an dieser aber auch ein praktisches Interesse, das Kind genau kennen zu lernen; wie sie auch, wenn sie unter dem Mundium steht in Folge eines solchen Interesses ihren Mann genau kennt, während er sie beinahe gar nicht kennt, weil, wer alles befehlen kann, seinen Untergebenen kaum zu kennen braucht.

2. Der Mann versteht sich nicht auf Erziehung, auf die Kunst, wie es gemacht werden muß, daß das Kind das, was ihm als Norm gelehrt wird, in seinem Pflichtempfinden aufnimmt. Die Natur hat in dieser Kunst die Frauen bevorzugt.

3. Im Zusammenhange mit dem verbreiteten Irrthum, daß, wenn irgend ein Mißstand zu verhüten sei, man nur ein Gesetz zu erlassen brauche, meint man, wenn dem Vater das Recht gegeben werde, zu befehlen, so werde das Kind nach seinem Befehl erzogen. Das ist aber sehr irrig. Die Mutter betrachtet es als ihre Pflicht und deshalb auch als ihr Recht, das Kind nach ihrem besten Wissen und Können zu erziehen und achtet deshalb den Befehl des Mannes nicht. Obgleich er die meiste Zeit nicht gegenwärtig ist, kann ihm solches doch nicht verborgen bleiben. Dann kommt es zum Streit, und wie das auf das Kind wirken muß, brauche ich nicht auseinanderzusetzen.“[257]

---

255 *Bulling*, Die deutsche Frau und das bürgerliche Gesetzbuch, 155.
256 *Bulling*, Die deutsche Frau und das bürgerliche Gesetzbuch, 158.
257 *Bulling*, Die deutsche Frau und das bürgerliche Gesetzbuch, 156.

Bulling sprach hier mehrere Punkte an, die in den vielen kritischen Ausführungen zur Verteilung der elterlichen Gewalt bisher nicht erörtert wurden. Dabei knüpfte er in seiner Konzeption an durchaus gängige Ansichten an: So war die tatsächliche Zuordnung der Personensorge zur Mutter und die Vermögenssorge zum Vater als sinnvolle Rollenteilung sowie die Notwendigkeit einer Letztentscheidung in familiären Angelegenheiten allgemein anerkannt, allerdings führte Bulling mit seiner Zuweisung an die Mutter beides zu einer provozierend logischen Schlussfolgerung zusammen. Bullings Modell genügte dabei nicht nur der Forderung Plancks,[258] Streitigkeiten nicht, wie es etwa Weber vorschwebte,[259] vor dem Familiengericht, sondern familienintern entscheiden zu lassen. Darüber hinaus hätte eine solchermaßen gesetzlich fest gefügte Aufgabenverteilung zwischen Vater und Mutter auch dem von den Vätern des BGB favorisierten Bild der bürgerlichen Hausfrauenehe entsprochen. Der fundamentale Widerspruch zum Geist des BGB lag vielmehr darin, dass Bulling das Entscheidungsrecht eines Elternteils nach Zweckmäßigkeitkriterien zuweisen wollte, während die Redaktoren des BGB nach wie vor von der grundsätzlichen Vorrangstellung des Mannes bzw. Vaters in Ehe und Familie, dem Patriarchat, ausgingen.[260]

Diese von ihm propagierte Aufgabenverteilung unterschied Bullings Vorstellungen auch klar von denen Marianne Webers. Während Bulling die von ihm erkannten geschlechtsspezifischen Befähigungen von Vater und Mutter als naturgegeben hinnahm und in seinem Modell als rechtlich verbindlich festschreiben wollte, strebte Weber mit ihrem Konzept von einer gleichberechtigten elterlichen Gewalt einen Wandel insbesondere des Vaterbildes an. Durch die verstärkte Einbindung des Vaters in Fragen der Erziehung – bedingt durch den Zwang zur einvernehmlichen Lösung in Streitfragen infolge eines angestrebten Wegfalls des väterlichen Entscheidungsrechts – sollte dessen als defizitär angesehenes Verantwortungsgefühl für das Kind gestärkt und gerade dadurch ein familienkultureller Fortschritt erreicht werden. Ein solcher Wandel war nach Bullings für seine Zeit charakteristischen Auffassungen von einer fest gefügten Arbeitswelt und der daraus resultierenden Abwesenheit des Vaters gar nicht möglich und aufgrund der besseren natürlichen Befähigung der Mutter für ihn wohl auch nicht nötig.

258 *Planck*, Die rechtliche Stellung der Frau nach dem bürgerlichen Gesetzbuche, 10, 11.

259 *Weber*, Ehefrau und Mutter in der Rechtsentwicklung, 457.

260 Vgl. hierzu etwa *Planck*, Motive, 1425; *Mugdan*, Die gesamten Materialien zum Bürgerlichen Gesetzbuch für das Deutsche Reich, 401; *Planck*, Motive, 1413; *Mugdan*, Die gesamten Materialien zum Bürgerlichen Gesetzbuch für das Deutsche Reich, 391.

Der dritte von Bulling angesprochene Punkt ist besonders interessant und zeigt noch einmal auf, mit welchem grundlegenden Problem jede Kodifikation des Familienrechts zu kämpfen hat: Im intimen, von Emotionen und persönlichen Beziehungen geprägten Bereich der Familie ist jedes durch staatliches Gesetz eingeräumte Recht praktisch nur unzureichend durchsetzbar. Nach Bulling lagen die Redaktoren des BGB mit ihrer Konzeption der elterlichen Gewalt einem Trugschluss auf, wenn sie glaubten, durch das Entscheidungsrecht des Vaters werde das Kind nach seinem „Befehl", also letztlich nach seinen Vorstellungen, erzogen.[261] Sie würden hierbei verkennen, dass die Mutter durch das tagtägliche Zusammensein mit ihren Kindern einen viel stärkeren Einfluss auf diese ausübe und die Kinder faktisch also eher nach ihren Vorstellungen erzogen würden. An dieser Situation könne ein dem Vater durch Gesetz eingeräumtes Entscheidungsrecht nicht viel ändern, seine Durchsetzung durch Zwang würde dem Familienfrieden eher schaden.

c. Hermann Jastrow

Einen konservativen und für diese Haltung exemplarischen Standpunkt nahm der Berliner Amtsrichter Hermann Jastrow in seiner 1897 erschienenen und speziell an Frauen gerichteten Schrift *Das Recht der Frau nach dem Bürgerlichen Gesetzbuch* ein. Trotz grundsätzlich geäußerter Sympathie für die Frauenbewegung hielt er das Streben nach Gleichberechtigung beider Ehegatten für ein „Irrlicht" und realitätsfern.[262] Die von ihm vertretene Ansicht von der Vorrangstellung des Mannes in der Ehe sei vielmehr Ausfluss „lebendiger Volksanschauung", und das Bestreben nach „mechanischer Gleichheit" innerhalb der Ehe widerspreche den kulturellen „Grundlagen der bestehenden Familie des Vaterrechts".[263] Dieses Vaterrecht löste nach Jastrow in „grauer Vorzeit" „zusammen mit dem Eintritt der Menschheit in die Kultur" das Mutterrecht, in dem nur Mütter Kinder besaßen, ab; es stelle insofern einen Zivilisationsfortschritt der Gesellschaft dar. Das Übergewicht des Mannes bzw. Vaters in Ehe und Familie sei daher sozialhistorisch gewachsen und

---

261 Vgl. hierzu auch *Oekinghaus*, Die gesellschaftliche und rechtliche Stellung der deutschen Frau, 150, die feststellte: „Die Regelung wird den faktischen Verhältnissen des Lebens nicht gerecht, denn die Entscheidung in vielen, die Person des Kindes betreffenden Fragen liegt in den meisten Fällen tatsächlich bei der Mutter. Der Mann wird in der Regel keine andere Direktive geben als die Frau, die ihr Kind genau kennt und dauernd geduldig beobachtet, wozu der Mann regelmäßig keine Zeit hat."

262 *Jastrow*, Das Recht der Frau nach dem Bürgerlichen Gesetzbuch, 17 f.

263 *Jastrow*, Das Recht der Frau nach dem Bürgerlichen Gesetzbuch, 18.

zu fest in der Kultur verwurzelt, als dass es durch einen „Federstrich des Gesetzgebers“ beseitigt werden könne. Er selbst war dagegen der Ansicht, „man hätte in der That wohl besser gethan, die Vorschrift [das Entscheidungsrecht des Ehemannes, M. H.] zu streichen und ihre Ausgestaltung der allgemeinen Volksanschauung und der Vernunft des Richters zu überlassen“. [264] Er zeigte sich aber sehr skeptisch, ob eine „positive Gesetzesformel“ über die „Gewalt der Tatsachen“ gesiegt hätte.

Im Abschnitt über die Rechtsstellung der Mutter vertrat Jastrow eine ähnlich gemäßigte Position. Grundsätzlich hielt er die Ersetzung der väterlichen durch eine elterliche Gewalt und die damit verbundene Mit-Gewalt der Mutter über die Kinder für „die wohl hervorragendste Neuerung auf dem Gebiete des Frauenrechts“.[265] Der Kritik der Frauenbewegung an der Beschränkung der elterlichen Gewalt der Mutter auf die Personensorge hielt er entgegen, dass eben diese den ganz überwiegenden Teil der gesamten elterlichen Sorge ausmache. Er sah den Fehler eher in der Ausdrucksweise des Gesetzgebers.

Wie schon beim Entscheidungsrecht des Ehemannes verteidigte Jastrow die grundsätzliche Unterordnung der Mutter unter den Vater in Fragen der Erziehung mit Hinweis auf die Natur der gegenwärtigen Familienstruktur:

> „Diese Bestimmung ergibt sich aus der Notwendigkeit: die Ehe besteht nur aus zwei Personen, man kann also durch Abstimmung unter den Eheleuten zu keinem Resultat kommen. Den Richter in den Fällen der täglichen Erziehung anzurufen, ist ein Unding. Es bleibt also nur die Möglichkeit, im äußersten Falle die Entscheidung in eine Hand zu legen. Daß diese Hand die des Mannes ist, folgt aus dem mehrfach dargelegten Bau unserer Familie als einer Familie des Vaterrechts.“[266]

Allerdings betonte Jastrow, dass es ihm hierbei zuallererst auf die Ordnungsfunktion eines solchen Entscheidungsrechts ankomme. Einer müsse eben entscheiden. Er argumentierte an keiner Stelle mit Hinweis auf vermeintlich bessere natürliche Fähigkeiten von Mutter oder Vater. Dies war noch der Leitgedanke von Bulling. Jastrow regte dagegen in Erziehungsfragen, welche wie die der Ausbildung eines Kindes keiner besonderen Eile der Entscheidung bedürften, an, auch der Mutter ein Entscheidungsrecht einzuräumen. Wie auch Weber sah er Bedarf für eine Mitentscheidung der Mutter insbesondere bei den Töchtern. Ob er in diesem Falle eine höhere Kompetenz der Mutter annahm oder es nur als eine Frage der Gerechtigkeit sah, bleibt unklar.

---

264 *Jastrow*, Das Recht der Frau nach dem Bürgerlichen Gesetzbuch, 19, 20.
265 *Jastrow*, Das Recht der Frau nach dem Bürgerlichen Gesetzbuch, 96 f.
266 *Jastrow*, Das Recht der Frau nach dem Bürgerlichen Gesetzbuch, 99.

Eingehend setzte sich Jastrow auch mit den Gegebenheiten im unehelichen Mutter/Vater-Kind-Verhältnis auseinander. Zu Beginn konstatierte er eine Sicht der rechtlichen und gesellschaftlichen Situation, die auch schon die Motive teilten:

> „Das Gesetz geht davon aus, das Kind gehöre zur Mutter und nicht zum Vater. Nach Lage der Verhältnisse kann ein anderer Ausgangspunkt gar nicht gewählt werden. Das Kind dem Vater überweisen, würde ja häufig heißen: es demjenigen zu überantworten, der nichts von ihm wissen will."[267]

Im Vater-Kind-Verhältnis folgte auch dieser Autor dem in der Zeit des frühen BGB vorherrschenden Bild des verantwortungslosen Vaters des unehelichen Kindes, der keinerlei Interesse an diesem habe. Dennoch empörte er sich über den Rechtssatz der § 1589 II BGB 1900, nach dem Vater und uneheliches Kind als nicht verwandt gelten. Dieser sei „hart und unwahr", womit Jastrow allerdings lediglich den harten Wortlaut und die offensichtliche biologische Unwahrheit zu meinen schien.[268] Ausführungen zu einer sich aus dieser von ihm erkannten Unwahrheit möglicherweise ergebenden, weiter gehenden Vater-Kind-Beziehung folgten nicht, das Verhältnis zwischen beiden erschöpfte sich für Jastrow im Unterhaltsanspruch des Kindes.[269] Besonders deutlich wird diese Verengung am scharfen, einzig von Jastrow erhobenen Vorwurf an die Frauenrechtlerinnen, sie würden den von ihnen propagierten Gleichheitsstandpunkt verkennen, wenn sie den unehelichen Vater allein für den Unterhalt verantwortlich machten. Die Akzeptanz der alleinigen Unterhaltspflicht des unehelichen Vaters gegenüber dem Kind stellt nach Jastrow „die bündige Anerkennung von der sozialen Führerschaft des Mannes" dar.[270]

Aus dem Desinteresse des Vaters am unehelichen Kind ergab sich für Jastrow zwingend dessen Zuordnung zur Mutter. Dabei unterstützte er die Kritik der Frauenbewegung, dass der Mutter die elterliche Gewalt vorenthalten wurde. Dies beinhalte eine scharfe „moralische Kränkung und Zurücksetzung der ohnehin bedauernswerten Mutter".[271] Er ging von einer grundsätzlichen Befähigung der Mutter zur Übernahme der elterlichen Gewalt aus und sah insofern die realistische

267 *Jastrow*, Das Recht der Frau nach dem Bürgerlichen Gesetzbuch, 169.
268 *Jastrow*, Das Recht der Frau nach dem Bürgerlichen Gesetzbuch, 174.
269 Vgl. *Jastrow*, Das Recht der Frau nach dem Bürgerlichen Gesetzbuch, 174 ff. Allerdings ist hier nochmals darauf hinzuweisen, dass es sich bei Jastrows Schrift um eine Darstellung speziell für die Frauen handelte, worin ein am Praktischen orientierter Grund für seine Konzentration auf den Kindesunterhalt liegen könnte.
270 *Jastrow*, Das Recht der Frau nach dem Bürgerlichen Gesetzbuch, 176 f.
271 *Jastrow*, Das Recht der Frau nach dem Bürgerlichen Gesetzbuch, 172.

Chance, dass jede Mutter mit gutem Willen auch zur Vormünderin berufen werden könne.

Der Ausschluss der Mutter von der elterlichen Gewalt resultierte auch für Jastrow aus dem Ressentiment und der Verachtung der Männer gegenüber den „gefallenen Frauen". Allerdings machte er für das negative moralische Werturteil des (männlichen) Gesetzgebers auch eine offen zur Schau getragene Verachtung und Herzlosigkeit seitens einflussreicher bürgerlicher Frauen verantwortlich.[272]

d. Georg Rothe

Aufschlussreich für die Ergründung eines beginnenden Wandels der vorherrschenden Geschlechterstereotypen sowie für das Vater- und Mutterbild im Familienrecht ist die Veröffentlichung des jungen Juristen Georg Rothe.[273] Grundtendenz seiner Arbeit ist eine kritische Betrachtung der Konzeption der elterlichen Gewalt durch das BGB als ein überwiegend dem Vater zustehendes Recht unter größtmöglichem Ausschluss der Mutter. Mit Gierke forderte Rothe ein beiden Eltern zustehendes gemeinschaftliches Elternecht, welches allerdings – hier gegen Gierke und mit Bulling – nicht unter dem alleinigen Entscheidungsrecht des Vaters stehen sollte.[274]

Rothes Publikation gibt als eine der wenigen zur Zeit der Jahrhundertwende eine uneingeschränkte und geradezu euphorische „Vertrauenserklärung" über die allgemeinen Fähigkeiten der Frauen ab. Er sah die geistigen und praktischen Fähigkeiten sowie die Lebensreife und Geschäftstüchtigkeit der Frauen seiner Zeit in einem Ausmaße gewachsen, welches sie den Männern ebenbürtig mache.[275] Deshalb sei die „einseitige Konzentration der Gewaltrechte in der Hand des Vaters ein Unding". Auch im Hinblick auf die Vermögensverwaltung habe „die Frau von heute im Durchschnitt soviel geschäftliche Kenntnisse und wirtschaftliche Befähigung", dass ihr diese auch im größeren Umfang unbedenklich anvertraut werden könne. Auch sah er die „Frau von heute [...] befähigt, die intellektuelle Erziehung der Kinder zu leiten", wohingegen die Mehrzahl bisheriger Autoren die Aufgabe der Mutter eher im Bereich der körperlichen und seelischen Fürsorge gesehen

272 *Jastrow*, Das Recht der Frau nach dem Bürgerlichen Gesetzbuch, 172, 173.

273 *Rothe*, Die elterliche Gewalt der Mutter nach dem Bürgerlichen Gesetzbuch; in dieser Tendenz auch *Proetzsch*, Die elterliche Gewalt der Mutter.

274 *Rothe*, Die elterliche Gewalt der Mutter nach dem Bürgerlichen Gesetzbuch, 9 ff.

275 *Rothe*, Die elterliche Gewalt der Mutter nach dem Bürgerlichen Gesetzbuch, 4.

hatte. Rothes Einschätzung der intellektuellen Entwicklung der Frauen seiner Zeit fand in dieser Forderung aber ihre logische Folgerung.[276]

Dennoch sah auch Rothe den Schwerpunkt des erzieherischen Einflusses der Mutter im Bereich der seelischen Entwicklung des Kindes. Der Autor idealisierte eine seiner Ansicht nach naturgegebene mütterliche Gefühlsbetontheit und aufopfernde mütterliche Sorge als Ausdruck des spezifisch Weiblichen und entsprach somit voll dem bürgerlichen Mutterideal seiner Zeit. Diese spezielle, gefühlsbetonte Mütterlichkeit wurde als Gegensatz zu einem kalten, vorgeblich speziell männlich-väterlichen Intellektualismus aufgebaut. Der Vater wurde so zumindest für das kleine Kind entbehrlich, während die Mutter dafür sorgte, dass das Kind seelisch nicht verkümmere:

> „Am bedeutsamsten und geradezu unersetzlich aber sind die seelisch-sittlichen Einflüsse, welche die Mutter von den ersten Lebensjahren des Kindes bis in die Zeit der reiferen Jugend auf das Kind ausübt, und welche eben aus der spezifisch weiblichen Natur fließen. Die Hingebung der eigenen Persönlichkeit an die fremde des Kindes, das Aufgehen in den kleinen Interessen, die aufopferungsfrohe Sorge für das Aufblühen der jungen Seele und des jungen Körpers sind Eigenschaften, welche beim Manne nur in den seltensten Fällen zu finden sind und welche doch für die Entwicklung des Kindes von unendlich größerer Bedeutung sind, als die vorwiegend intellektuellen Einflüsse, welche der Vater, meist erst in den späteren Lebensjahren des minderjährigen Kindes, auf dieses auszuüben versteht."[277]

Bei einer solchen geschlechtsdeterministischen Auffassung scheinbar naturgegebener Charaktereigenschaften von Mann und Frau erschien es für Rothe folgerichtig, auch die Berechtigung eines väterlichen Entscheidungsrechts in diesem Sinne zu hinterfragen. Er war hier wie auch schon Bulling der Ansicht, dass, wenn es ein solches überhaupt geben sollte, es der Mutter zu übertragen wäre:

> „Heute weniger als zu irgend einer anderen Zeit ist der Mann befähigt, für die Person des Kindes in einer Weise zu sorgen, wie es das Wohl des Kindes erfordert. Er ist es erstens nicht aus psychischen Gründen: seine Fähigkeit mit Kindern empfinden zu können, ist gemindert; er ist der Kindesseele oft ebenso fern, wie die Mutter ihr nahe und vertraut ist. Die Mutter weiß daher weit besser als der Vater, was dem Kinde nützlich und schädlich ist, welche Maßregeln es fördern und hemmen. Zweitens ist der Vater auch aus praktischen Gründen gar nicht imstande, für die Person des Kindes in geeigneter Weise zu sorgen. Geht er doch, meist außerhalb des Hauses, seiner beruflichen Arbeit nach, welche ihm oft nur freie Zeit zur nötigsten Erholung läßt und ihm jedenfalls nur in Ausnahmefällen gestattet, sich mit der Erziehung der Kinder genauer zu befassen. Nichtsdestoweniger hat er in allen die Person des

276 *Rothe*, Die elterliche Gewalt der Mutter nach dem Bürgerlichen Gesetzbuch, 4.
277 *Rothe*, Die elterliche Gewalt der Mutter nach dem Bürgerlichen Gesetzbuch, 4 f.

Kindes betreffenden Angelegenheiten die entscheidende Stimme. Eine natürliche, vorurteilsfreie Billigkeit aber hätte im Gegenteil dazu führen müssen, die Entscheidung der persönlichen Fürsorge, wenn sie überhaupt dem einen Teile beizulegen war, wenigstens hinsichtlich der Mädchen und jüngeren Knaben der Mutter zu geben."[278]

Wie schon Bulling ging auch Rothe von fest gefügten Geschlechterrollen in der Kindererziehung aus. Die Mutter sei aufgrund ihrer natürlichen Begabung im sozialen und emotionalen Bereich sowie ihres ständigen Beisammenseins mit dem Kind weit besser zur persönlichen Sorge geeignet als der gefühlskalte, abwesende Vater. Besonders scharf formulierte der Autor das angebliche „psychische" Unvermögen des Vaters, das Kind emotional verstehen zu können, während die Mutter gleichsam eins mit ihrem Kinde sei. Dieses Mutterbild hatte sich bereits in den Gutachten von Pfaff und Kohler zum 19. Juristentag 1888 gefunden, was die Kontinuität dieser Auffassung belegt.

Erstaunlich ist bei dieser Festlegung der Geschlechtercharaktere vor allem die Bestimmtheit, mit welcher der Autor die genannten Eigenschaften der Mutter oder dem Vater zuordnet. Zwar stellte auch Weber fest, dass die Väter in der Kindererziehung unterrepräsentiert seien, sie strebte aber durch deren verstärkte Einbindung eine Änderung dieser Situation an.[279] Eine solche Einbindung war allerdings Rothes Ausführungen zur Arbeitsbelastung des Vaters zufolge gar nicht möglich. Unberücksichtigt vom Autor blieb die für eine allgemeine Rechtssetzung wichtige Frage, ob oder inwieweit diese Rollenvorstellungen auch auf andere Gesellschaftsschichten zutrafen. Zumindest die Annahme einer das Kind allzeit umsorgenden Mutter traf beispielsweise in der Arbeiterklasse sicherlich nicht in dem Maße zu, wie es hier als allgemeingültig dargestellt wurde.[280]

Rothes geschlechterdeterministische Grundannahmen decken sich sicherlich mit den grundlegenden Vater- und Mutterbildern seiner Zeit. Er erweckt allerdings mit seinem sehr idealisierten Mutterbild den für jene Zeit nicht untypischen Eindruck, maßgeblich von den Idealvorstellungen einer großbürgerlichen Ideen- und Lebenswelt beeinflusst zu sein.

e. Sonstige Autoren

Trotz der teilweise erheblichen Unterschiede der Ansichten über die Rollenverteilung zwischen Vater und Mutter und der ihnen zugrunde liegenden Vater- und

278 *Rothe*, Die elterliche Gewalt der Mutter nach dem Bürgerlichen Gesetzbuch, 19.
279 Vgl. *Weber*, Ehefrau und Mutter in der Rechtsentwicklung, 456 f.
280 Vgl. hierzu *Dörner*, Industrialisierung und Familienrecht, 68 f.

Mutterbilder bei einzelnen der hier aufgeführten Autoren teilte doch die überwiegende Mehrheit der etablierten zeitgenössischen Juristen die Vorstellungen der Zeit, die dem Familienrecht des BGB zugrunde lagen. Kohler etwa, der bereits als familienrechtlicher Gutachter beim 19. Deutschen Juristentag aufgetreten war, begann den Familienrechtsteil seines *Lehrbuchs des Bürgerlichen Rechts* von 1915 mit der Feststellung: „Der Ehemann ist allein der Wächter des Familienherdes (§ 1593 BGB)".[281] Die scharfe Trennung zwischen ehelicher und unehelicher Geburt in Bezug auf den Vater und deren mitunter harte Konsequenzen verteidigte er strikt, denn „die Vaterschaft ist ein rechtliches, die physiologische Erzeugung ein tatsächliches Verhältnis", und eine Vermischung hätte „zerrüttende, familienauflösende und sittlich verwirrende Folgen".[282] Die „Zurücksetzung" der Mutter eines unehelichen Kindes durch Vorenthaltung der elterlichen Gewalt (§ 1707 BGB 1900) war für Kohler allerdings „eine Bestimmung, welche sich nicht halten lässt".[283] Auch seien die mit einer angeblichen Unsicherheit der Vaterschaft argumentierenden Begründungen für eine alleinige Zuordnung zur Mutter für das weibliche Geschlecht „geradezu entwürdigend" und beruhten auf „altväterlicher Gesinnung".[284] Kohler distanzierte sich in diesem Zusammenhang als einer der ersten in der bedeutenderen rechtswissenschaftlichen Literatur von einer pauschalen moralisch-sittlichen Stigmatisierung der Mutter. Die genannte „altväterliche" Anschauung, welche „auch noch in dem merkwürdigen Dogma des Reichsgerichts nachklingt, wonach jeder außereheliche Verkehr ein unzüchtiger sei", entehre die Frauen und stigmatisiere sie als „Dirne".[285] Daneben erkennt Kohler ausdrücklich „Verhältnisse freier Liebe" sowie Fälle an, „in denen die außerehelichen geschlechtlichen Beziehungen nicht sittlich verwerflich waren".[286]

Dagegen fand bei Crome die Beschränkung der elterlichen Gewalt der Mutter auf das ohnehin „mehr weibliche Ressort der thatsächlichen Fürsorge für das persönliche Wohl des Kinds" uneingeschränkte Zustimmung: „Freilich, wie unter den Ehegatten selbst nur einer das Haupt sein kann, so ist auch hier eine natürliche Unterordnung der Frau unter den Mann verfügt".[287] Im Unehelichenrecht sah Crome das Bemühen, „zwischen den berechtigten Interessen der Betheiligten und dem

281 *Kohler*, Lehrbuch des Bürgerlichen Rechts, III. Buch, Familienrecht, 291.
282 *Kohler*, Lehrbuch des Bürgerlichen Rechts, III. Buch, Familienrecht, 293, 294.
283 *Kohler*, Lehrbuch des Bürgerlichen Rechts, III. Buch, Familienrecht, 348.
284 *Kohler*, Lehrbuch des Bürgerlichen Rechts, III. Buch, Familienrecht, 349 f.
285 *Kohler*, Lehrbuch des Bürgerlichen Rechts, III. Buch, Familienrecht, 349.
286 *Kohler*, Lehrbuch des Bürgerlichen Rechts, III. Buch, Familienrecht, 349; 350.
287 *Crome*, System des Deutschen Bürgerlichen Rechts, Vierter Band, 490.

öffentlichen Interesse an der Hochhaltung der Ehe und des Familienbandes (das eine Gleichstellung der natürlichen mit den ehelichen Kindern verbietet) einen geeigneten Mittelweg zu finden".[288]

Wie schon Planck in den Motiven, so sahen auch Engelmann[289] und Salinger[290] das Zurücktreten des Rechts der Mutter an der elterlichen Gewalt während der Ehe als in der „Natur der Dinge" begründet an und verwendeten somit exakt die gleichzeitig nichts- wie vielsagende Floskel der Planck'schen Motive. Ähnliches ergibt sich aus der Schrift von Dormann, der in der minderen Rechtsstellung der Mutter zwar eine „Durchbrechung des Grundsatzes von der Gleichstellung der Geschlechter, der unausgesprochen im Bürgerlichen Gesetzbuch steht", erkannte, dies aber „durch die Natur des Familienrechts" gerechtfertigt sah. Denn „auf der Ungleichheit von Mann und Frau beruht die Familie", wie Dormann schrieb.[291]

Grundsätzlich billigte auch Endemann die in den §§ 1626, 1634 BGB 1900 getroffene Regelung zur elterlichen Gewalt. Er betonte allerdings, der Grund für das Letztentscheidungsrecht des Vaters liege ausdrücklich nicht in der geringeren Befähigung der Mutter, sondern in der Notwendigkeit einer einheitlichen Leitung des Hauswesens.[292] Insofern sei die Missbrauchsgrenze der väterlichen Gewaltausübung diesbezüglich teleologisch auszulegen, falls der Vater sich als „Alleinherr der Hausgewalt" geriere. Offensichtlich ging Endemann hierbei von einer faktisch gleichen Teilung der Gewaltausübung in intakten Familien bzw. Ehen aus und sah das Letztentscheidungsrecht des Vaters lediglich als rechtliche Rückversicherung im Interesse des Familienfriedens. Im Unehelichenrecht erkannte er ausdrücklich die schwierige Gemengelage insbesondere in der Stellung des unehelichen Kindes zu seinem Erzeuger, mahnte aber eine ernste Fürsorgepflicht des unehelichen Vaters als „sittliches und soziales Gebot" an.[293]

Eine Anmerkung in ähnlicher Richtung findet sich auch bei Kipp/Wolff. Dort wurde festgestellt, dass sich aus der Verpflichtung der Mutter eines unehelichen Kindes zur Personensorge für dieselbe die Verpflichtung ergebe, dem Kind den Vater zu nennen.[294] Denn für diesen erschöpfe sich seine Unterhaltsverpflichtung

---

288 *Crome*, System des Deutschen Bürgerlichen Rechts, Vierter Band, 552.

289 *Engelmann*, in: Staudingers Kommentar zum Bürgerlichen Gesetzbuch, IV. Band, 701, 825.

290 *Salinger*, Centralblatt für freiwillige Gerichtsbarkeit und Notariat 1902, 99 ff.

291 *Dormann*, Die elterliche Gewalt der Mutter.

292 *Endemann*, Lehrbuch des Bürgerlichen Rechts, Zweiter Band, 495 f.

293 *Endemann*, Lehrbuch des Bürgerlichen Rechts, Zweiter Band, 1908, 634, Fn. 7.

294 *Kipp/Wolff*, Lehrbuch des Bürgerlichen Rechts, Familienrecht, 1. u. 2. Auflage, 355 m. w. N.

nicht bereits in der Geldleistung, der Lebensunterhalt sei insofern „nicht nur Angelegenheit des Vermögens, sondern [auch, M. H.] der Fürsorge für die Person" des unehelichen Kindes. Man könne nie wissen, wann die Mutter stirbt „und in welche Not das Kind nach ihrem Tode kommen kann". Der Bearbeiter Theodor Kipp erkannte hier aus dem Verhältnis der Vaterschaft offenbar weiter gehende Fürsorgepflichten des Vaters für sein uneheliches Kind an und nahm damit in der Literatur dieser Zeit eine Sonderstellung ein. Der weit überwiegende Teil der Juristen wollte, wie gezeigt, das uneheliche Kind auch unter Inkaufnahme von Härten so weit wie möglich von seinem Vater trennen und dessen Vaterstellung strikt auf die Unterhaltsverpflichtung reduzieren.

Weiter sorgte im Unehelichenrecht insbesondere die einseitige Belastung der Mutter mit der Fürsorge für das uneheliche Kind für Widerspruch. Eine in ihrer Absolutheit übertriebene moralische Stigmatisierung der unehelichen Mutter und ihrer Kinder spricht insbesondere Kuhlenbeck an und ging seinerseits mit der Verantwortungslosigkeit der Väter ins Gericht:[295] Die „sittliche Rohheit auf Seiten des Erzeugers" liege darin, sich um das „in bloßer Befriedigung eigener Sinneslust" gezeugte Kind nicht zu kümmern. Tendenzen im Unehelichenrecht gingen, mit Verweis auf das Verbot der Vaternachforschung im französischen Recht, eher dahin, „die geschlechtliche Zügellosigkeit des stärkeren Geschlechts auf Kosten des schwächeren zu privilegieren".

Auch Nagorski mahnte in durchweg kritischem Ton die ungleiche Verteilung der sich aus einer unehelichen Zeugung ergebenden Lasten an. Die Verantwortung trage nach dem BGB grundsätzlich und zuallererst die mütterliche Familie, während der Vater nur temporär, während der Zeitspanne seiner Unterhaltspflicht, belastet sei. In dieser Ungleichheit lägen „sozial-ökonomische und sozial-ethische Nachteile von außerordentlich großer Tragweite".[296] Nagorskis Argumentation ist gekennzeichnet von einer kritischen Sicht auf den Vater, welche sich insbesondere bei der Frage der Zulassung der Mehrverkehrseinrede, *exceptio plurium concumbentium*, zeigt. Die Mutter sah er in diesem Zusammenhang als „Opfer der männlichen Brutalität und des männlichen Egoismus" und in der Einrede unter Bezugnahme auf Marianne Weber eine „Prämie für Wollüstlinge".[297]

295 *Kuhlenbeck*, Von den Pandekten zum Bürgerlichen Gesetzbuch, 147 ff.

296 *Nagorski*, Das Rechtsverhältnis des unehelichen Kindes zu seinem Vater, 115 f.

297 Zitat bei *Nagorski*, Das Rechtsverhältnis des unehelichen Kindes zu seinem Vater, 102; Original bei *Weber*, Ehefrau und Mutter in der Rechtsentwicklung, 564.

C. Entwicklungen des Vater- und Mutterbildes in der Weimarer Republik

Nach dem Ende des Ersten Weltkrieges stand das Deutsche Reich vor fundamental veränderten Situationen in Bereichen, die für das Familienrecht von einiger Bedeutung waren. Hier ist zunächst die Debatte um die Erwerbstätigkeit der Frau und Mutter zu nennen. Die bereits im Kaiserreich verstärkt einsetzende außerhäusliche Erwerbstätigkeit der Frau und Mutter erreichte im Krieg infolge des Arbeitskräftemangels ihren vorläufigen Höhepunkt und stieg bis zum Ende der Weimarer Republik weiter an.[298] Wenn auch der Hauptanteil der weiblichen Arbeitskräfte im außerhäuslichen Bereich ledige oder verwitwete Frauen waren, so erhöhte sich doch der Anteil verheirateter Frauen leicht von 7,3 Prozent (1895) auf 9,4 Prozent (1933) in diesem Arbeitsplatzsegment. Zählt man die im Familienbetrieb mithelfenden Frauen hinzu, waren 1933 insgesamt 29,2 Prozent aller verheirateten Frauen erwerbstätig.[299] Der Anteil der Frauen an der Gesamtzahl aller Erwerbstätigen betrug zwischen 35,8 Prozent (1925) und 35,5 Prozent (1933).[300]

Diese Entwicklung musste unmittelbare Auswirkungen auf die Familie und die Situation der Frau als Mutter haben, stand doch die außerhäusliche Erwerbstätigkeit der verheirateten Frau im Konflikt zu ihrer hergebrachten, dem bürgerlichen Familienideal entstammenden „natürlichen Bestimmung" zur Mutterschaft als alleinige Form weiblichen Seins. Angesichts einer Arbeitsplatzkonkurrenz in Zeiten hoher Männerarbeitslosigkeit und eines neuen, sich andeutenden Rollenverständnisses, das von dem traditionellen Leitbild des Vaters als Familienernährer abwich, richtete sich eine Kampagne gegen das als individualistisch-egoistisch empfundene „Doppelverdienertum" der verheirateten Frau. Sie sollte unter Verweis auf ihren „natürlichen Hauptberuf" als Hausfrau und Mutter aus dem Arbeitsleben gedrängt werden.[301] Die aus diesem Geiste geborene Personalabbau-Verordnung[302] vom 27. Oktober 1923 ermöglichte es dem Staat (Art. 14), alle

298 Vgl. hierzu *Matzner-Vogel*, Zwischen Produktion und Reproduktion, 85 ff.

299 *Willms*, Grundzüge der Entwicklung der Frauenarbeit von 1880–1980, 53.

300 *Petzina/Abelshauser/Faust*, Sozialgeschichtliches Arbeitsbuch Bd. III, 55.

301 *Matzner-Vogel*, Zwischen Produktion und Reproduktion, 127 f., 133 ff.

302 „Verordnung zur Herabminderung der Personalausgaben des Reichs" (Personalabbau-Verordnung) vom 27. Oktober 1923, RGBl. I 999, 1010.

verheirateten Beamtinnen und Lehrerinnen aus dem Dienstverhältnis zu entlassen, sofern „nach dem Ermessen der zuständigen Behörde die wirtschaftliche Versorgung des weiblichen Beamten gesichert erscheint". Diese Regelung widersprach eklatant Art. 128 Abs. 2 der Reichsverfassung und wurde im August 1925 zunächst gemildert und schließlich am 31. März 1929 außer Kraft gesetzt.[303] Dennoch zeigt sich am Streit[304] um die verheirateten Beamtinnen, inwieweit die Vorstellung von der vermeintlichen Unvereinbarkeit von Beruf und Ehe bzw. Mutterschaft allgemeine Überzeugung weiter Teile der deutschen Verwaltung und Legislative war. Allerdings spiegelt sich hier auch das Bemühen wider, die zunehmend qualifizierten Frauen aus dem beruflich attraktiven Staatsdienst, in dem sie zur Konkurrenz wurden, zu verdrängen.[305]

Diese Haltung setzte sich in der Endphase der Weimarer Republik schließlich durch. Auf dem Höhepunkt der Arbeitslosigkeit setzte das Kabinett Brüning im Februar eine Kommission ein mit dem Ziel, geeignete Maßnahmen zur Bekämpfung der Arbeitslosigkeit zu ermitteln. Das Ergebnis der Kommission veranlasste die Reichsregierung, erneut ein Gesetz vorzubereiten, das auf die Entlassung verheirateter Beamtinnen aus dem Staatsdienst abzielte. Obgleich es nach wie vor gegen Art. 128 Art. 2 WRV verstieß, wurde das „Gesetz über die Rechtsstellung der weiblichen Beamten"[306] mit Zustimmung aller im Reichstag vertretenen Parteien mit Ausnahme der KPD am 12.05.1932 zur reichsweiten Rechtswirklichkeit.

Ein weiterer, häufig wiederkehrender Aspekt der Familienrechtsdiskussion war die Frage einer aktiven Bevölkerungspolitik. Der enorme Blutzoll des Krieges führte zu einer verstärkten Debatte um eine aktive quantitative wie auch qualitative Bevölkerungspolitik, die sich besonders in Bezug auf eine Verbesserung der Situation der unehelichen Kinder bzw. ihrer Mütter[307] sowie in den Programmsätzen

303 *Nipperdey*, Die Grundrechte und Grundpflichten der Reichsverfassung, Zweiter Band, Artikel 128 II, S. 221.

304 Vgl. hierzu wiederum die Darstellung bei *Matzner-Vogel*, Zwischen Produktion und Reproduktion, 133 ff.

305 *Matzner-Vogel*, Zwischen Produktion und Reproduktion, 138.

306 „Gesetz über die Rechtsstellung der weiblichen Beamten" vom 30. Mai 1932. RGBl. I 1932, 245.

§ 1. (1) Verheiratete weibliche Reichsbeamte sind jederzeit auf ihren Antrag aus dem Beamtenverhältnis zu entlassen.

(2) Die vorgesetzte Dienstbehörde kann die Entlassung auch ohne diesen Antrag verfügen, wenn die wirtschaftliche Versorgung des weiblichen Beamten nach der Höhe des Familieneinkommens dauernd gesichert erscheint.

307 Vgl. *Nörr*, Zwischen den Mühlsteinen, 96 f.

der neuen Reichsverfassung[308] niederschlug. Unter solchen Bedingungen richtete sich der Blick auf das Familienrecht notwendigerweise in verstärktem Maße auf die reproduktive Funktion der Frau als Mutter.

Am bedeutsamsten für die weitere Entwicklung des Vater- und Mutterbildes in der Weimarer Republik war aber die neue Reichsverfassung vom 11. August 1919 mit ihren expliziten Bestimmungen zu Kernbereichen des Familienrechts. Sie gab fortan den Juristen und Fachpolitikern einen ständigen Impuls zur Diskussion und Reform dieses Rechtsgebietes.

I. Die Diskussion um die Gleichberechtigung in der Ehe

1. Die Vorgaben der Reichsverfassung

Die Weimarer Reichsverfassung vom 11. August 1919 formulierte mit Art. 119 sowohl eine Institutsgarantie für Ehe und Familie in ihrer überkommenen Form als auch die Proklamation der Gleichberechtigung der Geschlechter in der Ehe.[309] Die Festschreibung gleicher staatsbürgerlicher Rechte und Pflichten in Art. 109 WRV wurde insofern für das Familienrecht durch Art. 119 Abs. 1 S. 2 WRV noch einmal ausdrücklich ergänzt, um eine insbesondere von liberaler Seite befürchtete „verfassungsrechtliche Perpetuierung der patriarchalischen Familienstruktur" durch eine solche Institutsgarantie zu verhindern.[310] Mit der Aufnahme des Gleichberechtigungsgrundsatzes war eine den späteren Gesetzgeber bindende

308 Vgl. *Wieruszowski*, in: Nipperdey, Die Grundrechte und Grundpflichten der Reichsverfassung, Zweiter Band, Artikel 119, 88 ff.

309 Art. 119 WRV
(1) Die Ehe steht als Grundlage des Familienlebens und der Erhaltung und Vermehrung der Nation unter dem besonderen Schutz der Verfassung. Sie beruht auf der Gleichberechtigung der beiden Geschlechter.
(2) Die Reinerhaltung, Gesundung und soziale Förderung der Familie ist Aufgabe des Staats und der Gemeinden. Kinderreiche Familien haben Anspruch auf ausgleichende Fürsorge.
(3) Die Mutterschaft hat Anspruch auf den Schutz und die Fürsorge des Staats.
Vgl. *Wieruszowski*, in: Nipperdey, Die Grundrechte und Grundpflichten der Reichsverfassung, Zweiter Band, 72.

310 *Schwab*, in: Gerhard, Frauen in der Geschichte des Rechts, 796; *Schwab*, Festschrift Bosch, 893 ff.

verfassungsrechtlich festgeschriebene Richtlinie für künftige Reformen im Familienrecht beabsichtigt.[311] Der Verfassungsgrundsatz sollte ihm widersprechendes einfaches Recht, wie etwa § 1354 BGB 1900 ff. im Eherecht, aber gerade nicht direkt außer Kraft setzen.[312]

Für diesen Charakter des Art. 119 Abs. 1 S. 2 WRV als Programmsatz sprach dabei insbesondere der Wille des Gesetzgebers, welcher in der Äußerung der Abgeordneten der Nationalversammlung Dr. Marie Baum (DDP) zum Ausdruck kam:

> „Wir gehen von der Anschauung aus, daß doch alsbald eine Revision des Familienrechts, wie es im BGB festgelegt ist, kommen muß, und es ist gut, wenn diese Revision dann auf einer in der Revision festgelegten Grundlage fußt in dem Sinne, daß die Gleichberechtigung ausdrücklich ausgesprochen wird."[313]

Bedeutung für das bereits geltende Familienrecht des BGB wurde dem verfassungsrechtlichen Gleichberechtigungsgrundsatz hingegen als einer die Rechtsprechung bindende Auslegungsregel für die Frage nach Art und Umfang der ehemännlichen bzw. väterlichen Entscheidungsbefugnis zugemessen.[314] Mitteis etwa forderte, bei konsequenter Durchführung des Verfassungsgrundsatzes müsse es gelingen, „den Sätzen des BGB, auch wo sie scheinbar eine schon überwundene Stufe des Patriarchalismus darstellen, den Geist der Parität der Geschlechter einzuhauchen, der allein der seit einem Menschenalter völlig veränderten Stellung der Frau in Wirtschaft, Gesellschaft und Bildungswesen entspricht".[315] Zumindest für Teile der Rechtsprechung im ersten Drittel des Jahrhunderts weist Mestwerdt eine solche Tendenz in Fragen der Stellung der Eltern und Ehegatten untereinander sowie im Bereich der Mitarbeitspflicht der Ehefrau nach und kommt so zu dem Schluss, dass in der späten Weimarer Republik „der Gedanke der Gleichberechtigung praktisch schon weitgehend verwirklicht" wurde.[316]

Aber schlussendlich kam der Verfassungsauftrag des Art. 119 Abs. 1 S. 2 WRV im Bereich der Gesetzgebung nicht über seine Bedeutung als Programmsatz

---

311 Vgl. *Anschütz*, Die Verfassung des Deutschen Reiches vom 11. August 1919, 3. Auflage, Art. 119 Anm. 3; *Wieruszowski*, in: Nipperdey, Die Grundrechte und Grundpflichten der Reichsverfassung, Zweiter Band, 80; *Cohn*, Gleichberechtigung der Geschlechter im künftigen Elternrecht, 3 m. w. N.

312 Für eine solche Interpretation plädierte lediglich *Kröger*, DJZ 1922, 601 ff.

313 Verhandlungen der Nationalversammlung, Sten. Ber., Bd. 328, 2126.

314 *Wieruszowski*, in: Nipperdey, Die Grundrechte und Grundpflichten der Reichsverfassung, Zweiter Band, 81; *Anschütz*, Die Verfassung des Deutschen Reiches vom 11. August 1919, Art. 119; *Mitteis*, Familienrecht, 3. Auflage, 2.

315 *Mitteis*, Familienrecht, 3. Auflage, 2.

316 *Mestwerdt*, Das Sozialbild der Ehe, 88 ff.

hinaus. Das Gleichberechtigungsgebot wurde für das Familienrecht des BGB in der Weimarer Republik legislatorisch nie umgesetzt und der „Kampf gegen das patriarchalische Ehe- und Familienbild des BGB“ spielte sich so im Wesentlichen „auf Tagungen und im Schrifttum ab“.[317]

2. Ein erster Schritt der Gesetzgebung – das Gesetz über die religiöse Kindererziehung vom 15.07.1921

Ein erster und für die Weimarer Zeit auch letzter zaghafter Schritt zur Verwirklichung des Verfassungsauftrags zur Gleichberechtigung von Vater und Mutter stellt das Gesetz über die religiöse Kindererziehung[318] vom 15. Juli 1921 dar. Es regelte das bisher nach Art. 34 EGBGB dem Landesrecht vorbehaltene Bestimmungsrecht der Eltern in Bezug auf die religiöse Erziehung der Kinder in einer bestimmten Konfession nunmehr reichseinheitlich.

Grundsätzlich neu und dem Geist der neuen Verfassung entsprechend sollte die religiöse Erziehung auf Grund der „freien Einigung der Eltern“ erfolgen. Im Gegensatz zur eindeutig den Vater bevorzugenden Verteilung der elterlichen Gewalt im BGB war hier grundsätzlich erst einmal keine spezielle Zuweisung des Bestimmungsrechts an Vater oder Mutter festgelegt. Für den Fall allerdings, dass keine Einigung zwischen Vater und Mutter bestand, verwies § 2 auf die Zuständigkeitsverteilung des BGB. Danach entschied derjenige, welcher die Personensorge innehat, also gemäß der unverändert geltenden §§ 1631 ff., 1634 BGB 1900 in aller Regel der Vater. Beim Wechsel des Bekenntnisses oder der Abmeldung vom Religionsunterricht wurde diese väterliche Entscheidungskompetenz allerdings gem. § 2 II wieder durch das Zustimmungserfordernis der Mutter eingegrenzt.[319]

Letztlich war das Gesetz über die religiöse Kindererziehung ein erster Schritt hin zu einem neuen Verständnis gemeinsamer elterlicher Erziehung und so zu mehr Gleichberechtigung von Vater und Mutter. Dies konnte allerdings nicht über die „Halbherzigkeit“[320] hinwegtäuschen, ein in der Tendenz modernes Spezialgesetz zu erlassen und dann doch wieder auf die alten Regeln des BGB zu verweisen, die eigentlich überwunden werden sollten.

---

317 So *Nörr*, Zwischen den Mühlsteinen, 94.

318 RGBl. 1921, 939.

319 Deren Zustimmung aber wiederum durch das Vormundschaftsgericht ersetzt werden konnte, § 2 Abs. 3.

320 So *Schwab*, in: Gerhard, Frauen in der Geschichte des Rechts, 801.

3. Die juristische Debatte in der Weimarer Republik

Auf insgesamt drei Deutschen Juristentagen wurden zwischen Anfang der zwanziger und Anfang der dreißiger Jahre des 20. Jahrhunderts grundlegende Fragen der Neugestaltung des Familienrechts diskutiert. Alle drei Juristentage standen im Zeichen der von der neuen Verfassung und einer neuen Wirklichkeit geforderten Gleichberechtigung der Geschlechter im Recht.

Während sich bereits 1921 der 32. Deutsche Juristentag in Bamberg für eine weitreichende Reform des Unehelichenrechts eingesetzt hatte, beschäftigte sich der 33. Deutsche Juristentag 1924 in Heidelberg mit der künftigen Gestaltung des ehelichen Güterrechts. Man folgte hier den Vorschlägen von Theodor Kipp und der der Frauenbewegung nahestehenden Dr. Marie Munk[321] zur Einführung der „Gütertrennung in Verbindung mit einer Beteiligung beider Gatten an der Errungenschaft" als neuer gesetzlicher Güterstand.[322] Dieser Beschluss fand in seiner emanzipatorischen Tendenz auch Zustimmung auf Länderebene, etwa in Preußen und mehreren anderen Ländern, die zwischen 1929 und 1931 auf eine Umfrage des Reichsjustizministeriums antworteten.[323]

Den deutlichsten Niederschlag fand das sich wandelnde Verständnis der deutschen Juristen von den Rollen von Vater und Mutter in der Ehe auf dem 36. Deutschen Juristentag 1931 in Lübeck. Gegenstand der Tagung war die generelle Frage: „Inwieweit bedürfen die familienrechtlichen Vorschriften des Bürgerlichen Gesetzbuches mit Rücksicht auf den die Gleichberechtigung der Geschlechter aussprechenden Art. 119 Abs. 1 Satz 2 RVerf. einer Änderung?" Gutachter waren die Rechtsanwältin Dr. Emmy Rebstein-Metzger und der ehemalige Frankfurter OLG-Präsident Dr. Ernst Dronke.[324] Die Referate während der Verhandlung hielten der Münchener Rechtsprofessor Heinrich Schultz sowie Marianne Weber.[325]

Am Ende einigten sich die Referenten auf einen eher allgemein formulierten Antrag zur Beschlussfassung, welcher dann auch mit lediglich einer Gegenstimme vom Plenum angenommen wurde. Inhalt dieses Beschlusses war u. a. die Feststellung der Reformbedürftigkeit der das Rechtsverhältnis der Ehegatten und Eltern

---

321 Munk war Rechtsanwältin und Verfasserin der 1923 erschienenen rechtspolitischen Denkschrift des Bundes Deutscher Frauenvereine *Vorschläge zur Umgestaltung des Rechts der Ehescheidung und der elterlichen Gewalt.*

322 Verhandlungen des 33. Deutschen Juristentages, 384.

323 *Schubert*, Die Projekte der Weimarer Republik zur Reform des Nichtehelichen-, des Adoptions- und des Ehescheidungsrechts, 95.

324 Verhandlungen des 36. Deutschen Juristentages, Bd. 1, 541 ff.

325 Verhandlungen des 36. Deutschen Juristentages, Bd. 2, 80 ff.

regelnden Teile des BGB aufgrund der „veränderten wirtschaftlichen, sozialen und kulturellen Funktionen der Frauen“.[326] Insbesondere wurde die Abschaffung der rechtlichen Vorherrschaft des Ehemannes in Gestalt des § 1354 BGB 1900 sowie die Anwendung des Prinzips der freien Einigung von Vater und Mutter in Angelegenheiten der Kindeserziehung unter Vorbehalt einer vormundschaftsgerichtlichen Entscheidung im Konfliktfall gefordert

Die erste Gutachterin Rebstein-Metzger leitete ihre Ausführungen mit der grundsätzlichen Feststellung ein, dass das Recht nunmehr endlich einer veränderten gesellschaftlichen Wirklichkeit zu folgen habe:

> „Denn nicht um des Ideal, sondern um der Wirklichkeit willen anerkennt die RV. die Gleichberechtigung von Mann und Frau in der Ehe. Die Erkenntnis, daß die Einstellung zur Ehe sich geändert hat, daß das Leben sich auch auf diesem Gebiet vom Recht nicht zwingen ließ, hat den Verfassungsgeber veranlaßt, sich zu der Idee zu bekennen, der, wie er glaubt, Gegenwart und Zukunft gehört.“ [327]

Zu dieser neuen Wirklichkeit habe der seit der Jahrhundertwende laufende Wandel des „patriarchalen Eheideals“ hin zur daneben gleichberechtigten Eheform der „Berufsfrauenehe“ geführt. Der ökonomische Zwang gerade in der Industriearbeiterschaft habe den alleinigen Hausfrauenberuf der Ehefrau unmöglich und „Erwerbsarbeit auch der Ehefrau für die weitesten Kreise zur Notwendigkeit“ gemacht. Die aus den veränderten Verhältnissen erwachsene Lebensform habe die Auffassungen von der Ehe verändert, weshalb die „menschlich persönliche Gleichwertigkeit und deshalb Gleichberechtigung“ Mann und Frau zur Selbstverständlichkeit geworden sei.[328] Lediglich das Gesetz habe diese Entwicklung ignoriert:

> „Wic konnte ein Gesetz vor dieser Wirklichkeit die Augen schließen, um vor sich selbst die Fiktion der bürgerlichen Hausfrauenehe als einziger Eheform aufrechtzuerhalten?“[329]

Unter dem Gesichtspunkt der Gleichberechtigung sollte nun auch das Recht der elterlichen Sorge reformiert werden. Rebstein-Metzger verwies hier auf die Denkschrift nebst Gesetzentwurf des Bundes Deutscher Frauenvereine, verfasst von Marie Munk, die im Wesentlichen die bereits seit Bestehen des BGB vorliegenden

326 Verhandlungen des 36. Deutschen Juristentages, Bd. 2, 107 f.
327 Verhandlungen des 36. Deutschen Juristentages, Bd. 1, 543.
328 Verhandlungen des 36. Deutschen Juristentages, Bd. 1, 546.
329 Verhandlungen des 36. Deutschen Juristentages, Bd. 1, 544.

Kritikpunkte und Reformvorschläge zur elterlichen Gewalt enthielt.[330] Die Rechte und Pflichten aus der elterlichen Gewalt sollten während des Zusammenlebens der Eltern im Normalfall Vater und Mutter gemeinschaftlich zustehen.[331] Kein Elternteil sollte eine Entscheidung allein treffen können. Bei Meinungsverschiedenheiten der Eltern im Bereich der elterlichen Sorge wollte man das Vormundschaftsgericht auf Antrag eines Elternteils entscheiden lassen.[332]

Rebstein-Metzger diskutierte darüber hinaus die Möglichkeit einer „reinen Muttergewalt über die Kinder unter sechs Jahren“, da die Kinder bis zu diesem Alter ohnehin ausschließlich von der Mutter betreut würden. Dieser Gedanke wurde aber unter Hinweis auf den besseren Schutz der Kinder bei gemeinsamer elterlicher Entscheidungsgewalt sowie die gewollte Zusammenarbeit von Vater und Mutter wieder verworfen. Mit dem letztgenannten Argument wurde auch der zuletzt von Anna Mayer[333] gemachte, an den Gedanken des § 1635 Abs. 1 S. 1 2. HS BGB 1900 angelehnte Vorschlag, bei Meinungsverschiedenheiten der Eltern bezüglich der Kinder unter sechs Jahren und der Töchter über sechs Jahren die Mutter, im Übrigen (also bei Söhnen) den Vater entscheiden zu lassen, abgelehnt.[334] Mayer hatte gefordert:

> „Jeder Elternteil soll auf dem Gebiet das Entscheidungsrecht haben, auf dem er infolge seiner natürlichen Anlagen zur Entscheidung besonders befähigt ist […]. Tatsächlich ist es meist so, daß der Vater die Sorge für kleine Kinder und Mädchen der Mutter überlässt, während die Bildung der Söhne in seiner Hand liegt […].“[335]

---

330 *Munk*, Vorschläge zur Umgestaltung des Rechts der Ehescheidung und der elterlichen Gewalt.

331 Soweit ersichtlich, war diese Position im damaligen Schrifttum unangefochten. Vgl. *Munk*, Vorschläge zur Umgestaltung des Rechts der Ehescheidung und der elterlichen Gewalt, 37, 40; JW 1925, 309; *Cohn*, Gleichberechtigung der Geschlechter im künftigen Elternrecht, 14 f.; *Mayer*, Die Rechtsstellung der Ehefrau und der ehelichen Mutter, 12; *Dronke*, in: Verhandlungen des 36. Deutschen Juristentages, Bd. 1, 609; *Schultz*, Verhandlungen des 36. Deutschen Juristentages, Bd. 2, 92; *Eck*, Archiv für bürgerliches Recht 1915, 125; *Lehmann*, Familienrecht, 220; *Glaser/Kranz*, Recht und Wirtschaft, 149 Nr. 7a.

332 Verhandlungen des 36. Deutschen Juristentages, Bd. 1, 584 f.

333 *Mayer*, Die Rechtsstellung der Ehefrau und der ehelichen Mutter, 12 f. Kritik zu Mayers Vorschlag etwa bei *Cohn*, Gleichberechtigung der Geschlechter im künftigen Elternrecht, 25.

334 Verhandlungen des 36. Deutschen Juristentages, Bd. 1, 585.

335 *Mayer*, Die Rechtsstellung der Ehefrau und der ehelichen Mutter, 12 f.

Dieser Alternativvorschlag, der letztlich wieder auf hergebrachten Geschlechtsstereotypen gründete, war seit Bestehen des BGB in verschiedener Form in die Diskussion eingebracht worden, konnte sich aber nie gegen das schlichte Gleichberechtigungsmodell der Wortführer durchsetzen.

Dennoch spielten die geschlechtsstereotypen Mutter- und Vaterbilder der Autoren familienrechtlicher Wortmeldungen weiterhin eine Rolle und tauchten so immer wieder, wie bei Mayer gesehen, in der juristischen Debatte auf. So fand sich auch in der bis in die frühe Bundesrepublik viel beachteten[336] und ansonsten durchgängig den Reformstandpunkt vertretenden Schrift Charlotte Cohns von 1932, *Gleichberechtigung der Geschlechter im künftigen Elternrecht*, der Hinweis auf die in der Regel „stärkere Persönlichkeit des Vaters", die bei Meinungsverschiedenheiten der Eltern in Erziehungsfragen oft den Ausschlag geben würde, obgleich die Mutter „in den meisten Fällen die Sachverständigere" sein dürfte.[337]

Abschließend stellte Rebstein-Metzger die Frage, welcher Elternteil im Fall der Ehescheidung die elterliche Gewalt erhalten solle, und lehnte für diesen Fall das bisher für die Zuteilung der Personensorge geltende Kriterium des Verschuldens an der Scheidung (§ 1635 I 1 BGB 1900) ab.[338] Eine Teilung der elterlichen Gewalt in verschiedene Bestandteile, wie sie bisher durch den Vatervorrang des § 1635 II BGB 1900 (für Vermögensverwaltung, -nutzziehung und Vertretungsrecht) praktiziert wurde, sei unzweckmäßig und mit dem Gedanken der Gleichberechtigung der Mutter unvereinbar. Dies entsprach der allgemeinen Auffassung der Zeit, wie sich aus den zeitgenössischen Stellungnahmen in der Literatur ersehen lässt.[339] Daher sei demjenigen Elternteil, der für die Erziehung der Kinder geeigneter ist, die alleinige, ungeteilte elterliche Gewalt vom Vormundschaftsgericht zuzusprechen. Rebstein-Metzger ließ allerdings in dieser Frage keinerlei Präferenz für Vater oder Mutter erkennen.

Der zweite Gutachter Dronke legte, obgleich im Grundsatz den Vorgaben Rebstein-Metzgers folgend, den Schwerpunkt eher auf eine korrekte Ausformulierung

---

336 Als Referenzschrift in Bezug auf Gleichberechtigungsfragen noch zitiert von *Bosch*, SJZ 1950, 641 und *Siebert*, NJW 1955, 1,2.

337 *Cohn*, Gleichberechtigung der Geschlechter im künftigen Elternrecht, 16.

338 Verhandlungen des 36. Deutschen Juristentages, Bd. 1, 587 f.

339 *Lehmann*, Familienrecht, 173, 174; *Mitteis*, Familienrecht, 36; *Kipp*, DJZ 1931, 271, 274; *Munk*, Vorschläge zur Umgestaltung des Rechts der Ehescheidung und der elterlichen Gewalt, 42; *Munk*, JW 1925, 309, 310; *Mayer*, Die Rechtsstellung der Ehefrau und der ehelichen Mutter, 15; *Wieruszowski*, in: Nipperdey, Die Grundrechte und Grundpflichten, 88; *Glaser/Kranz*, Recht und Wirtschaft, 149 Nr. 7 f.; *Cohn*, Gleichberechtigung der Geschlechter im künftigen Elternrecht, 42.

der einschlägigen Bestimmungen sowie auf stimmige Gesetzessystematik.[340] Abweichend von seiner Mitgutachterin hielt er eine den Elternteilen selbstständig nebeneinander verliehene Vertretungsbefugnis des Kindes für nicht praktikabel und forderte hier ein Recht der Eltern, die Vertretungsbefugnis auf ein Elternteil zu übertragen.[341] Bei der Frage des Verbleibs der elterlichen Sorge nach einer Scheidung plädierte er zwar mit Rebstein-Metzger für einen einheitlichen Übergang aller Bestandteile der elterlichen Gewalt an Vater oder Mutter, entscheidend hierfür solle aber weiterhin in erster Linie der Schuldspruch des Scheidungsgerichts sein.[342]

Die Referentin Marianne Weber proklamierte zu Beginn ihres Referats „eine neue Wirklichkeit" und ein „neues Eheideal".[343] An diesen Gegebenheiten habe sich das neue Recht zu orientieren, anstatt sich als bloßer Selbstzweck „an formale Gleichberechtigung [zu] klammern".[344] Die veränderte Lebenssituation von verheirateten Frauen und Müttern aufgrund von weitgehend zur Normalsituation gewordener eigener Erwerbsarbeit habe einen neuen „Typus" Frau mit verändertem „Wesen" entstehen lassen, der letztlich auch den Charakter neuzeitlicher Ehen verändert habe.

> „Bis an die Schwelle unserer Zeit konnte das weibliche Geschlecht zu Recht für ein von dem des Mannes durchaus verschiedenes Dasein erzogen werden: nämlich für die persönliche Hingabe an den blutsverbundenen familiären Lebenskreis [...]. Die Heirat vereinigt also nicht mehr – wie früher so oft – ein halb kindliches, weltfremdes Wesen mit dem berufsgeschulten, an Lebenskenntnis weit überlegenen Mann, sondern sie verbindet Partner auf der gleichen menschlichen Reifestufe [...]."[345]

Trotz der beschriebenen allgemeinen Angleichung der Situationen von Männern und Frauen sah Weber dennoch eine besondere Schutzbedürftigkeit der Frau als Mutter im Recht. Dadurch nämlich, dass sie in der Ehe ihre Erwerbsarbeit regelmäßig aufgebe, sei die Frau und Mutter weit abhängiger vom Mann bzw. Vater als umgekehrt. Dies wiederum liege in ihrer Geschlechterrolle und der Bestimmung zur Mutterschaft begründet:

---

340 Verhandlungen des 36. Deutschen Juristentages, Bd. 1, 608 ff.

341 Verhandlungen des 36. Deutschen Juristentages, Bd. 1, 610.

342 Verhandlungen des 36. Deutschen Juristentages, Bd. 1, 618 f.

343 Verhandlungen des 36. Deutschen Juristentages, Bd. 2, 95; vgl. hierzu *Weber*, Die Ideale der Geschlechtsgemeinschaft.

344 Verhandlungen des 36. Deutschen Juristentages, Bd. 2, 95, 101.

345 Verhandlungen des 36. Deutschen Juristentages, Bd. 2. 95, 96.

„Ihre Gattungsfunktionen fesseln sie stärker als den Mann an das Haus, vor allem: sie büßt durch die natürlichen und sittlichen Folgen der Ehe meist einen Teil, oft sogar ihre ganze außerfamiliäre Erwerbstätigkeit ein.“[346]

Webers Hauptanliegen hierbei war „die pekuniäre Bewegungsfreiheit und Sicherheit der Frau“ als ökonomisch schwächerem Ehepartner zu gewährleisten, weshalb sie einen gesetzlich garantierten Anspruch auf eigene Mittel zur Haushaltsführung sowie für persönliche Bedürfnisse im Rahmen des gegenseitigen Ehegattenunterhalts erhalten sollte.[347] Trotz der zunehmenden eigenen Erwerbsarbeit der Frauen seien eigene Mittel für die Ehefrau als „Spielraum der Freiheit“ nötig, da Weber weiterhin davon ausging, dass die Ehefrau und Mutter mit der Heirat die Erwerbstätigkeit aufgibt und zur Hausfrau wird.

„Regelfall ist auch heute „die Hausfrauenehe“, d. h. diejenige eheliche Lebensgemeinschaft, zu deren Gunsten die Frau auf außerfamiliären Erwerb ganz oder teilweise verzichtet [...] um sich eigentätig der Hausarbeit und der Kinderpflege zu unterziehen [...].“[348]

Weber gab sich hier als Anhängerin des Familienmodells der traditionellen Rollenverteilung zwischen dem Vater im Erwerbsleben und der Mutter im häuslichen Bereich zu erkennen und distanzierte sich dabei von den Forderungen „radikalsozialistischer Frauengruppen“, welche eine „ökonomische Emanzipation aller Mütter durch selbstständigen Vollerwerb“ propagierten.[349] Dies nämlich, so Weber, sei weder wünschenswert noch realistischerweise zu erwarten.[350] Ihr zufolge sollte die verheiratete Mutter zwar die „Freiheit haben, ihren vorehelichen Beruf fortzusetzen, aber sie soll nicht unnötig dazu gezwungen sein“. Auf den eben genannten „Regelfall“ der Hausfrauenehe bezogen sagt sie:

„Und es liegt ja auch im Interesse der allgemeinen Gesittung, daß das so bleibt.“[351]

Diese Sicht teilte Weber offensichtlich auch mit den anderen weiblichen Tagungsteilnehmern: Für die anwesende Reichstagsabgeordnete Marie-Elisabeth Lüders (DDP) schlossen sich Mutterschaft und (Teil-)Erwerbsarbeit als Beitrag zum Familienunterhalt ebenfalls gegenseitig aus:

---

346 Verhandlungen des 36. Deutschen Juristentages, Bd. 2, 101.
347 Verhandlungen des 36. Deutschen Juristentages, Bd. 2, 107.
348 Verhandlungen des 36. Deutschen Juristentages, Bd. 2, 107.
349 Verhandlungen des 36. Deutschen Juristentages, Bd. 2, 102. In diesem Sinne etwa die Tagungsteilnehmerin Jellinek, a. a. O.,117, 118.
350 Verhandlungen des 36. Deutschen Juristentages, Bd. 2, 136 f.
351 Verhandlungen des 36. Deutschen Juristentages, Bd. 2, 102.

„Ich habe nichts dagegen, daß jede gesunde und kräftige Frau, solange sie nicht für Kinder zu sorgen hat – wer Kinder hat, kommt dafür nicht in Betracht –, mitzuverdienen und zum Unterhalt beizutragen hat."[352]

Die Vorstellung einer außerhäuslich erwerbstätigen und parallel dazu Kinder betreuenden Mutter war offensichtlich auch (und gerade) den weiblichen Juristen noch grundsätzlich fremd. Es wurde bei aller Befürwortung der weiblichen Emanzipation in Familie und Erwerbsleben grundsätzlich weiterhin von der klassischen Rollenverteilung als gesellschaftlichem Regelfall ausgegangen. Lüders formulierte es so:

„Die Männer tragen also das Geld nach Hause; das ist eine absolute Selbstverständlichkeit für die große Masse der Bevölkerung [...]."[353]

Auf diese gesellschaftliche Realität berief sich auch Weber zum Abschluss ihrer Ausführungen, wenn sie feststellte, dass „die Masse der vermögenslosen Frauen [...] immer noch zugunsten der Haushaltführung und der Mutterschaft auf außerhäuslichen Erwerb" verzichtet[354]. Weber nannte hierzu die Zahl von lediglich 1,1 Millionen außerhäuslich erwerbstätigen verheirateten Frauen.

II. „Vater Staat" – das Reichsjugendwohlfahrtsgesetz von 1922

Mit dem Reichsgesetz für Jugendwohlfahrt (RJWG)[355] vom 9. Juli 1922 wurde der Auftrag der WRV eingelöst, über die „Erziehung des Nachwuchses" zu wachen und die Jugend vor „Ausbeutung" und „Verwahrlosung" zu schützen.[356]

352 Verhandlungen des 36. Deutschen Juristentages, Bd. 2, 124.

353 Verhandlungen des 36. Deutschen Juristentages, Bd. 2, 123.

354 Verhandlungen des 36. Deutschen Juristentages, Bd. 2, 136.

355 RGBl. I 1922, 633 ff.; in Kraft getreten am 01.04.1924 – vgl. die Verordnung über das Inkrafttreten des RJWG vom 14.02.1924 (RGBl. I 1924, 110).

356 „Artikel 120
Die Erziehung des Nachwuchses zur leiblichen, seelischen und gesellschaftlichen Tüchtigkeit ist oberste Pflicht und natürliches Recht der Eltern, über deren Betätigung die staatliche Gemeinschaft wacht.
Artikel 122
(I.) Die Jugend ist gegen Ausbeutung sowie gegen sittliche, geistige oder körperliche Verwahrlosung zu schützen. Staat und Gemeinde haben die erforderlichen Einrichtungen zu treffen.

Das RJWG formulierte seinen Anspruch in § 1: „Jedes deutsche Kind hat ein Recht auf Erziehung zur leiblichen, seelischen und gesellschaftlichen Tüchtigkeit. [...] Insoweit der Anspruch des Kindes auf Erziehung von der Familie nicht erfüllt wird, tritt [...] öffentliche Jugendhilfe ein.“ Insofern galten die teilweise einschneidenden Maßnahmen des Gesetzes für alle Kinder, ob ehelich oder unehelich.

Flächendeckend wirkte das RJWG aber vor allem bei unehelichen Kindern und deren Müttern. So wurde in § 35 RJWG eine mit der Geburt automatisch eintretende Amtsvormundschaft der neu eingerichteten staatlichen Jugendämter über uneheliche Kinder eingeführt. Die Amtsvormundschaft trat nun für alle unehelichen Kinder ein und ersetzte die bisher bestehenden Formen der Berufs-, Anstalts- und Einzelvormundschaft für uneheliche Kinder. Der Mutter verblieb dabei das Recht der persönlichen Sorge (§ 1707 BGB 1900). Daneben war ihr die Möglichkeit eingeräumt, selbst zum Vormund bestimmt zu werden (§ 1778 Abs. 3 BGB 1900). Diese Ernennung der Mutter war allerdings nur auf die Initiative des zuständigen Jugendamts hin möglich (§ 40 RJWG).[357]

Das Gesetz entsprang einem verbreiteten Unbehagen an den gesellschaftlichen und wirtschaftlichen Bedingungen der industrialisierten Moderne, die sich allgemein an der schwierigen Situation der deutschen Familien und insbesondere an der Situation der unehelichen Kinder und ihrer Mütter zeigte.[358] Der Kölner Professor Heinrich Lehmann schrieb 1926 dazu:

> „Mit fortschreitender wirtschaftlicher Entwicklung und Zivilisation, sowie Zusammenballung der Menschen in großen Städten mehren sich die Verfallerscheinungen. Die Kraft der elterlichen Liebe und Hingabe wird geringer, die außerhäusliche, wirtschaftliche Betätigung der Frau hindert sie an der gewissenhaften Erfüllung ihrer Mutterpflichten, zahllose ungesunde Einflüsse dringen auf die Jugend ein; daher versagt oft die Familienaufsicht über den Einzelnen.
>
> Das BGB, das ein zu großes Vertrauen auf die sittlichen Kräfte im Familienleben zeigt, ist dieser Entwicklung nicht hinreichend gerecht geworden.“[359]

(II.) Fürsorgemaßregeln im Wege des Zwanges können nur auf Grund des Gesetzes angeordnet werden.“

357 Das Vormundschaftsgericht hatte nach dieser Vorschrift auf Antrag des Jugendamtes dieses aus der Vormundschaft zu entlassen und einen Einzelvormund (welcher die Mutter sein *konnte*) zu bestellen, wenn dies dem Wohle des Kindes nicht widersprach.

358 Zu den Motiven des RJWG vgl. *Kohtz*, in: Gerhard, Frauen in der Geschichte des Rechts, 759 ff.

359 *Lehmann*, Familienrecht, 181.

Mit der direkten Verantwortungsübernahme im Wege der Amtsvormundschaft übernahm der Staat die Schutzfunktion des fehlenden Vaters. Er setzte damit den bereits vom preußischen Gesetzgeber eingeschlagenen Weg fort, anstelle des fehlenden Vaters zu dem Verhältnis von Mutter und Kind hinzuzutreten. Im Gegensatz zur preußischen Vormundschaft war der Vormund nun allerdings nicht mehr Bevollmächtigter des Staates, vielmehr trat er über das Jugendamt selbst in die vormundschaftliche Stellung ein. Die rechtliche Vertretung des Kindes durch die Amtsvormundschaft sowie der Auftrag des RJWG zur Erziehungsfürsorge stellten im Ergebnis eine Übernahme väterlicher Funktionen durch den Staat dar. Das Gesetz trug damit zur weiteren Marginalisierung des Vaters eines unehelichen Kindes und seiner Rolle bei. Daneben etablierte sich im Wege des RJWG der Staat (auch in Ausfüllung des neuen Art. 120 WRV) endgültig als Wächter über die Familie sowie als Fürsorger der nichtehelichen Kinder und deren Kinder anstelle des Vaters.

III. Die Reformbestrebungen im Unehelichenrecht und die Mütter und Väter

Wie bei der Frage nach der Gleichberechtigung von Vater und Mutter hat die Weimarer Republik auch im Unehelichenrecht des BGB keine direkten legislatorischen Spuren hinterlassen, was maßgeblich auf die politische und gesellschaftlich-kulturelle Zerrissenheit der politisch Handelnden zurückzuführen ist. Dennoch wird die Weimarer Zeit etwa von Schubert „zu den interessantesten Epochen der neuesten deutschen Rechtsgeschichte“[360] gezählt. Zweifellos ermöglichten die größere geistige und kulturelle Freiheit der demokratischen Republik, die Teilnahme breiterer Kreise der Juristenschaft sowie die vermehrt auftretenden engagierten Juristinnen eine vorher so nicht gekannte rechtspolitische Debatte. Aufgrund ihres Scheiterns liegt die Bedeutung der Weimarer Republik eher darin, den Grundstein für spätere Reformprojekte gelegt und einen Anknüpfungspunkt geschaffen zu haben – sowohl für die Gleichstellung der Geschlechter im Elternrecht als auch für das Unehelichenrecht im Nationalsozialismus und später in der Bundesrepublik.

360 *Schubert*, Die Projekte der Weimarer Republik, 27.

1. Die Verfassungsvorgabe des Art. 121 WRV

Nach intensiven Auseinandersetzungen in der verfassungsgebenden Nationalversammlung wurde der von der DDP formulierte und beantragte Art. 121[361] mit dem Verfassungsauftrag zur gesellschaftlichen Besserstellung der unehelichen Kinder in die neue Reichsverfassung aufgenommen. Dem vorausgegangen waren mehrere gescheiterte Anträge der SPD und der USPD zur Aufnahme einer Gleichstellungsbestimmung von ehelichen und unehelichen Kindern in die Verfassung.[362]

Die Aufnahme dieser Bestimmung war durch mehrere Erwägungen motiviert: Zum einen führten die Verluste des Krieges zu der Überzeugung, man könne sich die im Vergleich zu ehelichen doppelt so hohe Sterblichkeitsrate der unehelichen Kinder in den ersten Lebensjahren bevölkerungspolitisch[363] nicht mehr leisten.[364] Zum anderen wollte man dem Staat angesichts der hohen Zahl der Unehelichen deren brachliegendes Potential erschließen, sie zu „wertvollen Gliedern" der „Volkskraft" erziehen.[365]

In der Debatte der Nationalversammlung wurde ebenfalls wieder der alte „Frontverlauf" der Unehelichendiskussion aus der Entstehungszeit des BGB deutlich: Der Befürchtung konservativer und kirchlicher Kräfte (insbesondere des Zentrums), eine Besser- oder gar Gleichstellung der Unehelichen gegenüber den ehelich Geborenen könnte die Ehe als Institution gefährden, stand der sozialistische Entwurf einer von Status und hergebrachten Institutionen weitgehend befreiten, an abstrakter rechtlicher Gleichstellung aller Bürger orientierten Gesellschaftsordnung gegenüber.

---

361 Art. 121 WRV
„Den unehelichen Kindern sind durch die Gesetzgebung die gleichen Bedingungen für ihre leibliche, seelische und gesellschaftliche Entwicklung zu schaffen wie den ehelichen Kindern."

362 Im Einzelnen dargestellt wird der Vorgang bei *Wagner*, Die Reformbestrebungen zur Neugestaltung des Nichtehelichenrechts, 54 ff.

363 Vgl. Verhandlungen der verfassungsgebenden Deutschen Nationalversammlung, Bd. 336 Nr. 391, 544: Abgeordneter Max Quarck (SPD): „Wenn Sie die Ehe auszeichnen, indem Sie sie unter den besonderen Schutz der Verfassung stellen, dann wirken Sie damit dem von allen Parteien angestrebten Schutz der unehelichen Kinder entgegen. Dabei wissen Sie, daß der Schutz der unehelichen Kinder für die Erhaltung und Vermehrung der Nation eine wesentliche Rolle spielt."

364 *Wolff*, Die Rechtsstellung der unehelichen Kinder im BGB und ihre Reform, 1; *Schubert*, Die Projekte der Weimarer Republik, 43.

365 *Bovensiepen*, DJZ 1919, 722, 723.

Eine solch radikale Gleichstellung des ehelichen mit dem unehelichen Kind hätte als familienrechtliche Konsequenz die Herstellung quasi-ehelicher Verhältnisse zwischen dem unehelichen Kind, seiner Mutter und besonders seinem Vater gefordert. So forderte ein Antrag der USPD:

> „Das uneheliche Kind trägt den Namen des Vaters und steht dem ehelichen Kinde gleich [...].“[366]

sowie Anträge der SPD:

> „Die unehelichen Kinder haben ein Recht auf den Namen des Vaters und stehen den ehelichen Kindern gleich [...]
>
> Das uneheliche Kind hat das gleiche Recht auf Unterhalt, Erziehung und Erbe an Vater und Mutter wie die ehelichen Kinder.“[367]

Offensichtlich war man auf der Linken der Ansicht, man könne die Lage der Unehelichen vor allem durch deren stärkere Anbindung an den Vater und dessen eheliche Familie verbessern. Hinter dieser Forderung war unschwer das schon u. a. von Menger kolportierte Bild des sozial höhergestellten und finanziell besser gestellten Vaters mit ehelicher Familie zu erkennen, dessen uneheliches Kind die Frucht eines Seitensprunges mit einer Frau aus „den besitzlosen Klassen“ war und das aufgrund der rechtlich gewollten Trennung von der ehelichen Familie des Vaters verelendete.[368]

Sicherlich wäre eine wie auch immer geartete rechtliche Verstärkung der Vater-Kind-Beziehung geeignet gewesen, die materielle Sicherheit des Kindes gerade im Hinblick auf regelmäßige Unterhaltszahlungen zu fördern. Allerdings hätte eine stärkere Anbindung an den Vater des Kindes unter den gegebenen Voraussetzungen des immer noch patriarchal geprägten Elternrechts des BGB mit hoher Wahrscheinlichkeit zu einer Beeinträchtigung der Rechtsposition der Mutter ihrem unehelichen Kind und dem Vater gegenüber geführt. So warnte daher auch die DDP vor einer solch schematischen Gleichstellung, wie sie von der SPD und der USPD angestrebt wurde. Dadurch würden die Rechte der unehelichen Mutter zugunsten der ehelichen Vaterfamilie sowie die Macht der Mutter über ihr Kind,

---

366 Verhandlungen der verfassungsgebenden Deutschen Nationalversammlung, Drucksache Nr. 548 vom 11.07.1919, Bd. 337, 331.

367 Verhandlungen der verfassungsgebenden Deutschen Nationalversammlung, Drucksachen Nr. 540 u. Nr. 544 vom 10.07.1919, Bd. 337, 330 f.

368 Vgl. *Menger*, Das bürgerliche Recht und die besitzlosen Volksklassen, 57 ff., 90.

„die auszuüben im Wesen der Sache liegt und die voll zu sichern wir allen Grund haben“[369], eingeschränkt.

Offensichtlich wurde hier von der liberalen Abgeordneten Bäumer eine Gefahr für ein Recht gesehen, dass der Mutter aus ihrer Natur heraus wesensgemäß zukommen sollte, nämlich die erste Verfügungsbefugnis über ihr Kind, das „natürliche Recht der Mutter am Kind“. Dieses Recht wurde absolut gesetzt und daher als bedroht empfunden, wenn der Vater rechtlich über die Unterhaltsverpflichtung hinaus mit in die Elternverantwortung genommen werden sollte.

Die Bedeutung, die dagegen dem biologisch begründeten Vater-Kind-Verhältnis beigemessen wurde, konnte man auch aus der seinerzeit herrschenden Meinung zur Frage erschließen, ob die Mutter gegenüber dem unehelichen Kind verpflichtet sei, diesem den Namen seines Vaters mitzuteilen. Danach sollte die Mutter nur dann zur Namensnennung verpflichtet sein, wenn durch die Verheimlichung der Unterhaltsanspruch des Kindes in Frage gestellt würde, etwa für den Fall, dass die Mutter stürbe.[370] Ein „Schweigevertrag“ mit dem Vater sollte dagegen nach § 138 BGB stets unsittlich und damit nichtig sein.

Wie auch beim Gleichberechtigungsgebot des Art. 119 Abs. 1 S. 2 WRV war Art. 121 WVR als Richtlinie sowie Aufforderung an den Gesetzgeber, entsprechende Zustände herzustellen, gedacht[371] und hatte deshalb keine unmittelbare Rechtswirkung auf das bestehende Unehelichenrecht.

2. Die Entdeckung des unehelichen Vaters

Die Debatte um eine Reform des Unehelichenrechts war ein Hauptthema der juristischen Diskussion der Weimarer Republik. Bereits 1920 hatte sich der junge Jurist und spätere Soziologie-Professor Theodor Geiger in einer umfangreichen Studie mit der rechtlichen Situation des unehelichen Kindes und seiner Eltern im neuen Weimarer Staat befasst.[372] Diese Studie markiert zunächst den Ausgangspukt der folgenden schwerpunktmäßigen Auseinandersetzung mit dem gesellschaftlichen wie juristischen Problem der unehelichen Kinder. Gleichzeitig setzte es den Fokus der Betrachtung gerade auf den Vater des unehelichen Kindes:

369 Äußerung der Abgeordneten Gertrud Bäumer (DDP), Verhandlungen der verfassungsgebenden Deutschen Nationalversammlung, Bd. 328, 2131.

370 *Lehmann*, Familienrecht, 248; *Mitteis*, Familienrecht, 77.

371 *Anschütz*, Die Verfassung des Deutschen Reiches, 3. Auflage, 496.

372 *Geiger*, Das uneheliche Kind und seine Mutter im Recht des neuen Staates.

Zunächst setzte sich Geiger mit der seiner Meinung nach grundsätzlich falschen Weichenstellung des deutschen Unehelichenrechts auseinander: Geiger sah den „Urgrund alles des Elends der Unehelichen“ in der Leugnung der (rechtlichen) Verwandtschaft des Kindes zum Vater und infolgedessen in der mangelnden Anbindung an diesen.[373] Geiger plädierte entschieden für eine gesetzliche Anerkennung der Verwandtschaft zwischen Vater und unehelichem Kind unter Einbeziehung der sich daraus ergebenden rechtlichen Konsequenzen.[374] Als Erster formulierte er im Bereich des Unehelichenrechts „ein Recht am Kind“ für den Vater[375], womit er das Gleichberechtigungsgebot auch auf den Vater anwendete.

Für Geiger verhinderte die Leugnung des Verwandtschaftsverhältnisses zwischen Vater und unehelichem Kind eine mögliche familiäre Lebensgemeinschaft und töte damit „beim Vater jegliches Zugehörigkeitsempfinden zum Kinde im Keime“.[376] Das BGB nehme „dem Vater von vornherein jegliche Möglichkeit, seine vielleicht doch der natürlichen Blutsgemeinschaft entsprechenden Gefühle dem Kinde gegenüber zu betätigen.“ Das in den Motiven beklagte und im juristischen Schrifttum vorherrschende Bild des am Kinde uninteressierten, gleichgültigen und verantwortungsscheuen Vaters sah Geiger zumindest als logische Konsequenz der geltenden Rechtslage:

> „Wie will der Gesetzgeber die Betätigung besonderer väterlicher Gefühle erwarten, wenn er seinerseits die Beziehungen zwischen Vater und Kind auf die Alimentenzahlung beschränkt, ohne daß daraus dem Vater das Recht erwüchse, in die Art der Alimentenzahlung hineinzureden?“[377]

Geiger bezweifelte darüber hinaus, ob man dieses pessimistische Bild des Vaters zum Normalfall erheben könne und dass diese negative Charakterisierung allein auf den Vater des Kindes zutreffe:

> „Es wird auch behauptet, besonders von weiblichen Schriftstellern, das Kind stehe dem Vater von Natur weit fremder gegenüber, als der Mutter; aus diesem Grund schon habe die Verwandtschaft zwischen Vater und Kind keinerlei Rechtfertigung. […] Eine Menge von Beweisen werden dafür angeführt: der uneheliche Vater kenne sein Kind oft gar nicht, wisse in mehr als einem Fall gar nichts von dessen Existenz. Er habe keine anderen Beziehungen zu ihm, als jene durch eine „schwache Stunde“ begründeten, die ihn mit der Mutter des Kindes verbunden habe. Gerade an diese

---

373 *Geiger*, Das uneheliche Kind und seine Mutter im Recht des neuen Staates, 3, 24 ff.
374 *Geiger*, Das uneheliche Kind und seine Mutter im Recht des neuen Staates, 24, 32 ff.
375 *Geiger*, Das uneheliche Kind und seine Mutter im Recht des neuen Staates, 51.
376 *Geiger*, Das uneheliche Kind und seine Mutter im Recht des neuen Staates, 27 f.
377 *Geiger*, Das uneheliche Kind und seine Mutter im Recht des neuen Staates, 28.

Stunde denke der Vater oft genug mit Scham, ja mit Ekel zurück oder er habe sie über anderen ähnlichen längst vergessen. Die Mutter dagegen habe sie nicht vergessen, habe die Folgen davon durch dreiviertel Jahre getragen, habe endlich mit Schmerz und Leid das Kind geboren, zu dem sie doch schon dadurch hinreichend tiefe Beziehungen habe, weit tiefere, als der Mann, dem sie all das „verdankt".

> Dem mag wohl – leider – oft so sein. Aber es muß betont werden: wer so über die außerehelichen Beziehungen spricht, faßt sie von vornherein von ihrer finstersten Nachtseite auf und – ich habe schon einmal darauf hingewiesen – stiftet dadurch unabsehbaren moralischen Schaden, daß er schlecht macht, was durchaus nicht immer schlecht ist. Mit zwei Worten kann man diesen Standpunkt widerlegen: Auch die uneheliche Mutter empfindet nicht selten keineswegs mütterlich und verwandtschaftlich für das Kind, das sie geboren hat. Sie sieht vielleicht in ihm die demütigende und hässliche Erinnerung an die Stunde, in der sie dem – inzwischen längst verhaßten – Liebhaber unterlag. Sie stößt das arme unschuldige Kind vielleicht erbarmungslos herum und läßt es büßen, wofür sie selbst eigentlich büßen sollte. Das aber ist schlimmer, als Gleichgültigkeit, wie sie beim Vater oft vorliegt. – Wird man wegen solcher einzeln – oder auch häufiger – auftretender Erscheinungen allen unehelichen Müttern die Verwandtschaft mit ihrem Kinde, die Mutterschaft, absprechen? Keineswegs! Und will man den ehelichen Vätern die Verwandtschaft mit ihren Kindern absprechen, – weil der und jener ein Schuft ist und sich um seine Familie nicht kümmert?"[378]

Ebenso scharf ging Geiger mit der ausschließlichen Zuordnung des unehelichen Kindes zur Mutter und der dahinter stehenden, nach Geiger biologistisch-physiologischen Begründung[379] ins Gericht:

> „Es ist überhaupt eine sonderbare Begründung: „Das uneheliche Kind steht der Mutter näher als dem Vater". – Wenn ich denn schon mit Physiologie beweisen will, dann muß ich jedenfalls allgemein sagen: „das Kind – auch das eheliche – steht der Mutter näher". Aber wieso denn? Die Verwandtschaft wird begründet durch die Abstammung. An dieser aber ist eben von Natur die Mutter in stärkerem Grade beteiligt als der Vater. Damit ist noch gar nicht gesagt, daß das Kind der Mutter näher stehe. Wem es näher steht, daß muß die Zukunft erweisen; es hat mit der Verwandtschaft an sich gar nichts zu tun. Für Urvölker mögen solche, rein physiologische, Gesichtspunkte Geltung haben; aber für uns nicht mehr; wir leben in einer anderen Zeit; die Blutbande als solche haben – das ist eine nicht zu leugnende Tatsache – an Intensität der Wirkung verloren. [...] Mehr und mehr tritt die Blutsverwandtschaft hinter der durch Lebens- und Geistesgemeinschaft begründeten Zusammengehörigkeit

378 *Geiger*, Das uneheliche Kind und seine Mutter im Recht des neuen Staates, 28 f.

379 Zur alleinigen Zuordnung des unehelichen Kindes zur Mutter bemerkte auch schon *Gierke*, Der Entwurf eines bürgerlichen Gesetzbuchs und das deutsche Recht, 480: „Im Grunde steckt hierin ein Stück ‚Mutterrecht', das für unsere Kulturstufe nicht passt".

> zurück. Wenn man also in der Tat sagen kann, das uneheliche Kind stehe der Mutter näher als dem Vater, dann muß man hinzusetzen – nicht von Natur sondern kraft Gesetzes, da das Gesetz die Lebensgemeinschaft von Vater und Kind nicht begünstigt. Gebt dem Vater die Möglichkeit, sich seiner unehelichen Kinder anzunehmen – und ihr werdet sehen, daß die uneheliche Verwandtschaft so wohlberechtigt ist, wie die eheliche!“[380]

Trotz seiner Kritik an einer an „rein physiologischen Gesichtspunkten“ ausgerichteten Zuordnung des unehelichen Kindes zur Mutter hielt Geiger in der Frage der Verteilung der Personensorge zunächst an dem Geschlechterrollenmodell des ausgehenden 19. Jahrhunderts fest:

> „Die Mutter ist natürlich an sich die gegebene Erzieherin des Kindes; besonders in der ersten Zeit fällt ihr schon von Natur die alleinige Pflege zu. Das ist ja auch in der Ehe der Fall. Die Mutter nährt das Kind – sollte es wenigstens tun – und auch im übrigen muß sie und sie allein für sein Wohl sorgen. Der Vater wüßte mit dem kleinen Wesen ja gar nichts anzufangen.“[381]

An anderer Stelle:

> „Die Mutter andererseits ist doch die von der Natur bestimmte Versorgerin des Kindes während seiner ersten Lebensjahre.“[382]

Allerdings bezog Geiger diese Feststellung in beiden zitierten Fällen nur auf die Säuglingspflege und kam so nicht in Konflikt mit seiner Vorstellung von einer Erziehung des unehelichen Kindes beim Vater.

Neben seiner Kritik am gesetzlichen Zustand und den dahinter stehenden Annahmen war es offensichtlich das Bemühen Geigers, das verbreitete negative Bild des Vaters zumindest zu relativieren. Hierzu stellte er die Vorstellung einer von Natur aus gleichwertigen unehelichen Vater-Kind-Beziehung einer (wie oben gesehen) ebenfalls mit Fehlern behafteten Mutter gegenüber. Hierzu führte er in Anlehnung an die Wortwahl der Motive zum BGB aus, dass „in einer leider recht großen Zahl von Fällen […] die Mutter eine liederliche Person [sei, M. H.], die das Kind verkommen“ lasse.[383] Im Übrigen werde das uneheliche Kind „erfahrungsgemäß“ in der „mütterlichen Familie als der lästige ‚Bankert‘ angesehen und so schlecht wie möglich gehalten“. Weiterhin dürfe „man mit hoher Wahrscheinlichkeit annehmen, daß der vom Vater bezahlte Unterhalt nach Möglichkeit am

380 *Geiger*, Das uneheliche Kind und seine Mutter im Recht des neuen Staates, 29 f.
381 *Geiger*, Das uneheliche Kind und seine Mutter im Recht des neuen Staates, 38.
382 *Geiger*, Das uneheliche Kind und seine Mutter im Recht des neuen Staates, 44.
383 *Geiger*, Das uneheliche Kind und seine Mutter im Recht des neuen Staates, 30 f.

Kinde eingespart und eigennütziger Verwendung zugeführt" werde. Insofern sei die Aufnahme des Kindes in die mütterliche Familie „in einer ganzen Anzahl von Fällen geradezu der Grund zum vollständigen Verkommen".[384]

Mit der Darstellung eines solchen Negativbildes der gesetzlichen Mutter-Anbindung des Kindes schloss sich Geigers Argumentationskreis wieder mit der unausgesprochenen Forderung nach Anerkennung der Verwandtschaft sowie Ermöglichung einer Lebensgemeinschaft zwischen Vater und Kind. Als Endziel einer solchen stärkeren Anbindung des unehelichen Kindes an seinen Vater nannte Geiger die Reduzierung der „ungeheure[n] Säuglingssterblichkeit" der Unehelichen (für die er zwar nicht direkt die Mutter, wohl aber deren Lebensumstände verantwortlich macht), deren „hohe[r] Grad der Verwahrlosung" sowie die sich durch die Vateranbindung bietende Gelegenheit, „dem Kinde den Aufstieg in eine höhere soziale Stufe zu ermöglichen".[385] Geigers Annahme, der Aufenthalt des Kindes beim Vater würde die soziale Lage des Kindes verbessern, gründete in der verbreiteten, auch bei ihm vorliegenden Vorstellung, dass „in nicht wenigen Fällen" der „Vater sozial über der Mutter steht".[386]

> „Hier liegt nämlich das Geheimnis des Unehelichen-Jammers: Die unehelichen Kinder sind zum größten, allergrößten Teil in die Reihen des Proletariats gebannt, obgleich ihre Abstammung ihnen zum großen Teil eine bessere soziale Stellung zuweisen würde."[387]

Geiger berief sich hier zwar auf eine einschlägige, diese These stützende Studie aus Norwegen, vermutete aber – ohne weitere Begründung – für das Deutsche Reich einen noch höheren Anteil sozial über der Mutter stehender unehelicher Väter.[388]

Weder Geigers Kritik an den sozialen Verhältnissen der Unehelichen noch an der Begründung der BGB-Regelungen des Unehelichenrechts waren völlig neu. Auch die stärkere Einbindung des Vaters in die Erziehung des Kindes war bereits von Marianne Weber ein Jahrzehnt vorher ebenfalls unter dem Gesichtspunkt eines möglichen sozialen Aufstiegs des Kindes gefordert worden. Geigers Schrift markiert vielmehr den Ausgangspunkt eines neuen Bildes des „unehelichen Vaters", indem er erstmals die Frage nach dessen konkreten Vaterrechten aus dem Faktum der leiblichen Verwandtschaft heraus aufwarf. Wenn er den Gedanken von

384 *Geiger*, Das uneheliche Kind und seine Mutter im Recht des neuen Staates, 31.
385 *Geiger*, Das uneheliche Kind und seine Mutter im Recht des neuen Staates, 39 f.
386 *Geiger*, Das uneheliche Kind und seine Mutter im Recht des neuen Staates, 39 f.
387 *Geiger*, Das uneheliche Kind und seine Mutter im Recht des neuen Staates, 3.
388 *Geiger*, Das uneheliche Kind und seine Mutter im Recht des neuen Staates, 39

Weber nach stärkerer rechtlicher Einbeziehung des Vaters fortsetzte, so führte er gemäß dem Doppelcharakter des Elternrechts als Pflichtrecht notwendigerweise auch spezielle Rechte des Vaters in Bezug auf Umgang und Sorge in die Debatte ein. So ist bei der Diskussion dieser Rechte – auch wenn ständig mit dem Wohl des Kindes argumentiert wurde – deutlich zu spüren, dass es Geiger auch und gerade auf eigennützige Aspekte dieser Vaterrechte ankam. Ohne sich dabei explizit auf das Gleichberechtigungsgebot der WRV zu berufen, wandte er doch als Erster dessen rechtlichen Kerngehalt – die gleiche Teilhabe an staatlich gewährten Rechten – auch auf den Vater an.

3. Kein Abschied vom Zahlvater – die Vorgaben des 32. Deutschen Juristentages 1921

Der 32. Deutsche Juristentag 1921 in Bamberg befasste sich mit dem Thema „Die Stellung des unehelichen Kindes und seiner Mutter auf dem Gebiete des Familien- und Erbrechts".[389] Referenten waren der Wiener Landgerichtsrat Fallmann sowie der Kieler Professor Pappenheim.

Fallmann ging zu Beginn seines Referates noch einmal zu den Wurzeln der damaligen sozialen Situation der unehelichen Kinder und Mütter zurück, die seiner Meinung nach in der selektiven moralischen Wahrnehmung der unehelichen Geburt sowie in der ausschließlich männlichen Perspektive des bisherigen Rechts und der daraus herrührenden Trennung des Kindes vom Vater lagen:

> „Naiver, nur den sinnlich wahrnehmbaren Erscheinungen zugewandter Anschauungsweise entsprach die Idee der Prävention, welche die sozial unerwünschte Erscheinung nur da bekämpft, wo sie sinnlich wahrnehmbar wird – also an der Mutter und an dem Kinde; der verborgene Akt der Zeugung, der auf den Vater hinweist, war ihr weniger faßbar. Aber auch die Alleinherrschaft des männlichen Geistes in der Ordnung gesellschaftlicher Rechtsbeziehungen begünstigte eine Regelung, welche um den Schutz der Ehe willen den männlichen Erzeuger so viel als möglich von der Verantwortlichkeit für sein Kind entband und der Mutter die ganze Last auferlegte, deren Gewicht noch durch die gesellschaftliche Mißachtung verschärft wurde."[390]

Nach Fallmann war in der Rechtsbeziehung des unehelichen Vaters gegenüber seinem unehelichen Kind noch immer der Geist des „Deliktstandpunktes" herauszulesen, der die Unterhaltsverpflichtung als eine Art Schadensersatz auf Zeit

389 Verhandlungen des 32. Deutschen Juristentages, 150, 185.
390 Verhandlungen des 32. Deutschen Juristentages, 153 f.

begreife und diese dünne Rechtsbeziehung zwischen Vater und Kind möglichst schnell wieder erlöschen lassen möchte:

> „Mag auch dieser Anspruch juristisch als Recht auf Unterhalt aus dem Titel der Verwandtschaft konstruiert sein, im sozialen Sinne kommt ihm doch derzeit nur die Bedeutung der Wiedergutmachung eines im Grunde mißbilligten schädlichen Tatbestandes – der außerehelichen Zeugung – zu, welcher saniert erscheint, sobald das Kind soweit herangewachsen ist, daß es nunmehr als zu selbstständigem Broterwerb geeignet angesehen wird. Um seiner selbst willen, als Rechtspersönlichkeit, wird das Kind nicht anerkannt; sobald die Zeit vorüber ist, innerhalb deren das Kind vermöge seiner Pflege- und Erziehungsbedürftigkeit der Gesellschaft zur Last fallen könnte, hört jede rechtliche Beziehung des Kindes zum Vater praktisch auf. Nur der Mutter gegenüber kommt das Verhältnis der Kindschaft voll zum Ausdruck."[391]

Diese Leugnung eines wirklichen Kindschaftsverhältnisses des unehelichen Kindes zum Vater bewirke letztlich eine „gesellschaftliche Degradierung" des Kindes sowie in der Folge dessen schlechte soziale Lage. Da, so Fallmann, in der Vergangenheit der Vater aufgrund einer unterschwellig von männlichen Interessen geprägten Rechtssetzung von einer weiter gehenden Verantwortung für sein Kind befreit worden sei, erfordere „die Betonung individueller Verantwortlichkeit" für die Zukunft „ebenso sehr die Heranziehung des Vaters wie der Mutter zur Sorge für das Kind".[392] Eine Änderung des Familienrechts in diesem Sinne habe bisher die Sorge um das Ansehen der Ehe durch eine Besserstellung des unehelichen Kindes, was angeblich die „Widerstandskraft der Frau" gegen außerehelichen Geschlechtsverkehr verringere, oder die Zunahme durch erleichterte Konkubinate verhindert. Beide Erscheinungen hätten nach Fallmann jedoch Ursachen in der Natur des Mannes: Die Verlagerung der Verantwortung für die Folgen des außerehelichen Beischlafes auf die Frau sei „männlichem Egoismus" geschuldet und das Konkubinat „auf die Scheu des Mannes vor der Eheschließung zurückzuführen, d. h. also auf dessen Scheu, sich rechtlich zu binden und seine Bewegungsfreiheit zu verlieren".[393]

Fallmann erweiterte hier das fast schon klassische Bild des wenn nicht verantwortungslosen, so doch wenigstens verantwortungsscheuen Vaters generell auf den Mann in seiner Haltung zur Ehe und deren rechtlicher, die „Bewegungsfreiheit" einschränkender Bindung. Allerdings stellte der Referent im Folgenden eine

---

391 Verhandlungen des 32. Deutschen Juristentages, 154.

392 Verhandlungen des 32. Deutschen Juristentages, 155.

393 Verhandlungen des 32. Deutschen Juristentages, 155 f.; vgl. hierzu auch die Einschätzung bei *Wagner*, Die Reformbestrebungen zur Neugestaltung des Nichtehelichenrechts, 66.

Verbindung her zwischen der mangelnden Verantwortlichkeit, die das Recht dem Vater auferlegt, und dessen angeblicher Verantwortungslosigkeit und „Ehescheu", welche aus der rechtlichen Situation resultiere. Die Frau und Mutter dagegen „strebt zur Ehe schon um ihrer eigenen Person willen, da sie ja erst durch die Ehe für sich selbst Schutz findet"; sie nimmt insofern parallel zum unehelichen Kind eine Opferrolle ein.[394]

Die von Fallmann mit dem zweiten Referenten gemeinsam formulierten und dem Deutschen Juristentag zur Abstimmung vorgeschlagenen Leitsätze sahen zunächst die Einführung eines rechtlichen Verwandtschafts- bzw. Vaterschaftsverhältnisses zwischen dem Vater und seinem Kind vor, welches entweder durch freiwillige Anerkennung oder durch gerichtliches Urteil festgestellt werden sollte. Mit Zustimmung von Mutter und Kind sollte der Vater dem Kind seinen Namen erteilen sowie subsidiär hinter der Mutter die elterliche Gewalt erhalten können. Diese Vorschläge wurden vom Deutschen Juristentag angenommen.[395] Bedeutsam war hier u. a. der dem Kinde eingeräumte Anspruch auf Feststellung der tatsächlichen Vaterschaft (auf der dann der Unterhaltsanspruch gegründet sein sollte) im Gegensatz zum bisherigen Anspruch des BGB auf Feststellung des Unterhaltspflichtigen, des „Zahlvaters".[396] Nicht angenommen wurde der Vorschlag, dem unehelichen Kind ein reduziertes gesetzliches Erbrecht einschließlich Pflichtteilsanspruch neben der ehelichen Familie einzuräumen.[397] Offensichtlich zu weit ging auch der lediglich von Fallmann allein eingebrachte und vom Deutschen Juristentag abgelehnte Vorschlag, dem Vater bei regelmäßig erfüllter Unterhaltspflicht außerhalb der elterlichen Gewalt Einfluss auf die Erziehung seines Kindes einzuräumen.

Hervorzuheben ist die neue und verhältnismäßig tiefe Auseinandersetzung der Vorschläge der Referenten mit der Stellung des Vaters zum Kind. Was in den Motiven von Planck noch kurz mit dem Hinweis auf den verantwortungs- und interesselosen Vater abgehandelt wurde, wurde nun, wohl auch unter dem Einfluss veränderter sozialer Realitäten, differenzierter sowohl unter dem Kindeswohlaspekt als auch unter dem Aspekt möglicher Rechte des Vaters diskutiert. Deutlich wird diese Differenzierung etwa, wenn Fallmann von der Unterscheidung von

394 Verhandlungen des 32. Deutschen Juristentages, 156.
395 Verhandlungen des 32. Deutschen Juristentages, 184.
396 Vgl. Verhandlungen des 32. Deutschen Juristentages, 180.
397 Verhandlungen des 32. Deutschen Juristentages, 184.

familiärer Vaterschaft und bloßer Zahlvaterschaft bzw. Erzeugerschaft und den jeweils unterschiedlichen Auswirkungen auf das Kind spricht.[398]

Den Schwerpunkt seiner Erläuterungen zu den Leitsätzen legte Fallmann auf den Komplex der Einbindung des unehelichen Vaters in die elterliche Gewalt und speziell die Erziehung des Kindes.[399] Bisher hätte der Vater „nur Pflichten, keine Rechte" gehabt, was mit „der Idee der Blutsgemeinschaft und der aus ihr entspringenden sittlichen Verantwortung" nicht zu vereinbaren sei, weshalb „eine tiefere rechtliche Ausgestaltung des Vaterschaftsverhältnisses" erforderlich sei.[400] Dabei könne und solle der Vater seine volle Verantwortung nur dann wahrnehmen, wenn er auch prinzipiell die Sorge für das Kind und die elterliche Gewalt erlangen könne. Fallmann schränkte diese Möglichkeiten aber ein, indem er die möglichen Rechte des Vaters sowohl hinter die Interessen des Kindes als auch hinter „die natürliche Bevorzugung der Mutter" zurücktreten lassen wollte.[401] Für die Höhe der Unterhaltsleistung sollte nach Fallmann „entsprechend der geänderten Auffassung des Vaterschaftsverhältnisses" in Zukunft die Lebensstellung des Vaters und nicht mehr die der Mutter maßgeblich sein. Angesichts „des hohen Ernsts und der sittlichen Verantwortlichkeit seiner [des Vaters, M. H.] Stellung" forderte Fallmann auch ein reduziertes Erbrecht des Kindes.[402]

Mit seinem Vorschlag, dem Vater, dem nicht die elterliche Gewalt zusteht, aber der seine Unterhaltspflicht voll erfüllt, einen Anteil an der Erziehung des Kindes einzuräumen, fand Fallmann auf dem Juristentag keine Unterstützung. Sowohl der zweite Referent Pappenheim als auch die Versammlung lehnten dies ab, und in

398 Verhandlungen des 32. Deutschen Juristentages, 166 f.: „Das uneheliche Kind leidet ja immer – abgesehen von dem Falle, daß es der uneheliche Vater in eigener Verpflegung hat, also von dem Falle des Konkubinates, der ja überhaupt anders als ‚eigentliche' Unehelichkeit zu werten ist – unter der Tatsache, daß auch der unzweifelhafte Erzeuger nicht der Vater im sozialen Sinne ist, d. h. das Oberhaupt der gemeinsamen Familie ist, von dem es Sorge und Erziehung empfängt. Daher tritt die rein physiologische Beziehung des Vaters zum Kinde, die nur durch ein (meist wieder abgebrochenes) sexuelles Verhältnis zur Mutter hergestellt wurde, im Bewusstsein des Kindes sehr früh in den Vordergrund, während das eheliche Kindesverhältnis sich auf primären Schutz- und Gemeinschaftsinstituten aufbaut, hinter denen der rein physiologische Tatbestand lange Zeit dem Kinde gänzlich verborgen bleibt und niemals eine isolierte Bedeutung erlangt." Vgl. auch ebd., 168.

399 Verhandlungen des 32. Deutschen Juristentages, 168 ff.

400 Verhandlungen des 32. Deutschen Juristentages, 168.

401 Verhandlungen des 32. Deutschen Juristentages, 169.

402 Die beiden letztgenannten Forderungen wurden allerdings vom DJT abgelehnt, Verhandlungen des 32. Deutschen Juristentages, 184.

der Schlussdebatte griff kein Teilnehmer den Vorschlag auf.[403] Erstaunlicherweise vermutete selbst Fallmann hinter einem möglichen Ersuchen des Vaters auf Zubilligung der Erziehungsrechte – wie auch schon die Motive zum BGB – weniger vaterschaftlich-ideelle als vielmehr eigennützig-materielle Beweggründe:

> „Zwar ist es überwiegend ein materielles Interesse, von dem aus der Vater das Recht geltend machen wird, bei unzulänglicher Sorge der Mutter die Erziehungsrechte der Mutter über das Kind für sich in Anspruch zu nehmen, nämlich das Bestreben, anstelle der geldlichen Alimentation die billigere und für den Alimentierenden erträglichere Naturalalimentation zu gewähren."[404]

Dennoch sei aber zu bedenken, dass die – auch von Fallmann als verbreitet angenommene – mangelnde väterliche Verantwortung gegenüber dem unehelichen Kind „auch die Folge dessen [sei, M. H.], daß die uneheliche Vaterschaft dem Vater nur Pflichten und gar keine Rechte zuweist". Ein solches Mitspracherecht des Vaters lehnte der Zweitreferent Pappenheim grundsätzlich ab. Er warnte in diesem Zusammenhang vor einer „Einmischung des Vaters", die, „auch ohne daß ein Missbrauch seines Rechts in Frage kommt, zu schweren Konflikten führen kann".[405]

Weitere Leitsätze zur Besserstellung der ledigen Mutter wurden fast einmütig verabschiedet.[406] Grundsätzlich sollte die ledige Mutter der ehelichen „nach Möglichkeit" gleichgestellt werden. Der Mutter sei, so das Votum des 32. Deutschen Juristentages, nach Ablauf einer „zeitlich begrenzten Bewährungsfrist" auf ihren Antrag die elterliche Gewalt einzuräumen. Wie sich schon aus dem grundsätzlich subsidiären Charakter einer möglichen elterlichen Gewalt des unehelichen Vaters ergebe, unterliege die Mutter hier einer „natürlichen Bevorzugung".

Der Gegenantrag Fallmanns, das Rechtsverhältnis zwischen Mutter und unehelichem Kind möglichst vage zu regeln, um so dem Richter die Möglichkeit zur Einzelfallentscheidung zu erhalten, wurde abgelehnt.[407] Dem Vorschlag des Wiener Richters Fallmann lag ein deutlich kritischeres Bild der ledigen Mutter zugrunde: Unter Hinweis auf die tatsächliche Lage der Mutter[408] sowie auf eine

---

403 Verhandlungen des 32. Deutschen Juristentages, 182 ff.
404 Verhandlungen des 32. Deutschen Juristentages, 172.
405 Verhandlungen des 32. Deutschen Juristentages, 182.
406 Verhandlungen des 32. Deutschen Juristentages, 159; zur Beschlussfassung ebd., 185.
407 Verhandlungen des 32. Deutschen Juristentages, 173, 185.
408 Vgl. Fallmann: „Fast immer ist auch das Kind für die Mutter ein unwillkommenes Ergebnis ihrer geschlechtlichen Beziehungen"; Verhandlungen des 32. Deutschen Juristentages, 173.

Feststellung von sozialwissenschaftlicher Seite, nach der die Rechte des unehelichen Kindes unter mütterlicher Vertretung „verhältnismäßig am schlechtesten gewahrt“ seien, plädierte Fallmann gegebenenfalls auch für eine „Schmälerung der mütterlichen Rechte“. Weiter wandte er sich gegen die bei den Müttern offensichtlich verbreitete wirtschaftliche Notwendigkeit, ihr Kind kurz nach der Geburt in fremde Pflege zu geben. Er forderte als Abhilfe im Rahmen des Unterhaltsanspruchs „eine Prämierung der stillenden Mutter auf Kosten des Vaters“ sowie „eine Prämierung jener Mütter [...], welche ihr Kind in eigener Pflege und Erziehung behalten“. Eine frühe Trennung zwischen Mutter und Kind gelte es zu vermeiden,

> „weil nur die unmittelbare Betreuung des Kindes durch die Mutter deren Zuneigung zum Kind erhält und jene Entfremdung verhindert, welche bei späterer Rückkehr des Kindes aus fremder in mütterliche Pflege die Ursache der meisten Kindermißhandlungen ist [...].“[409]

Wie man allein schon dem Umfang der einzelnen Debattenteile entnehmen kann, zielte das Interesse dieses Juristentages mehr auf die Rechtsstellung des Vaters als auf die der Mutter des unehelichen Kindes. Das strikte Trennungsmodell des BGB von 1900, das den Vater rechtlich weitgehend von seinem Kind trennte, erschien nicht mehr zeitgemäß und in Anbetracht der sozialen Verwerfungen im frühen 20. Jahrhundert auch als nicht mehr zu verantworten. Von der stärkeren Einbeziehung bzw. der Inpflichtnahme des Vaters erwarteten die Teilnehmer des Juristentages allerdings zuallererst eine rein materielle Verbesserung der Lage des unehelichen Kindes. Eigenständige väterliche Erziehungsrechte oder deren eventuell positiver Einfluss auf das Kind wurden nicht weiter thematisiert, der darauf gerichtete zaghafte Antrag Fallmanns als Eingriff in die Rechte der Mutter abgelehnt. Sogar der Antragsteller relativierte seinen Vorstoß zu einem väterlichen Erziehungsanteil wieder, indem er ihn in erster Linie den materiellen Interessen des unehelichen Vaters zugutekommen sah. Auch das geforderte, aber abgelehnte Erbrecht des unehelichen Kindes gegen den Vater berührte zunächst die materielle Sphäre. Das Bild des „Zahlvaters“, dessen rechtliche Beziehung zum unehelichen Kind zwar ausgeweitet, aber in seinem Wesen nicht verändert werden sollte, war offenbar mehrheitlich gewollt und überstand so auch diesen reformorientierten Juristentag.

Das Bild der ledigen Mutter war, wie bei Fallmann zu sehen, weiterhin den in der sozialen Situation der Mütter begründeten Vorbehalten ausgesetzt. Dennoch

409 Verhandlungen des 32. Deutschen Juristentages, 175.

kamen dem Bild der Mutter zunächst zwei Faktoren zugute: zum einen die tradierte Vorstellung, dass das uneheliche Kind grundsätzlich der Mutter zuzuordnen sei (offenbar auch gegen die Interessen des Kindes, siehe die Ausführungen Fallmanns), und zum anderen die starke Tendenz zu einer schematischen Gleichstellung der Geschlechter im Familienrecht. Die „natürliche Bevorzugung der Mutter“ war so weiterhin die maßgebliche geistige Grundkonstante in der juristischen Diskussion um eine Reform des Unehelichenrechts.

4. Die Entwürfe der Reichsregierung 1922–1929

a. Vorarbeiten

Ein erster Anlauf zur Reform des Unehelichenrechts fand bereits 1920 mit einer Sachverständigenkonferenz statt.[410] Man lehnte sich an das norwegische Recht an, indem man zwischen festgestellter sowie ungewisser Vaterschaft unterscheiden wollte. Bei sicher festgestellter Vaterschaft sollten die Kinder gegenüber beiden Elternteilen wie eheliche behandelt werden. Als Konsequenz sollten sowohl Mutter als Vater des unehelichen Kindes das Recht und die Pflicht zur Sorge für das Kind erhalten.[411] Die in einer Anhörung zu den Ergebnissen der Konferenz gehörten Vertreter freier Wohlfahrtsverbände, Berufsvormünder und Vormundschaftsrichter äußerten sich zur vorgeschlagenen Verteilung der elterlichen Gewalt jedoch vorwiegend negativ.[412] So wurde die Übertragung der vollen elterlichen Gewalt auf die Mutter mit dem Argument abgelehnt, die Möglichkeiten der Übertragung der Vormundschaft auf die Mutter oder auch die Adoption durch diese reichten aus. Auf ein tendenziell negatives Bild der ledigen Eltern lässt die Bemerkung eines Teilnehmers aus dem Berliner Vormundschaftsamt schließen, man könne nicht auf die Aufsicht des Vormundschaftsgerichts, die mit Eintritt der elterlichen Gewalt aufhören würde, verzichten, „schon weil es sonst der Erzeuger in der Hand habe, ungehindert auf die Mutter zu deren und des Kindes Nachteil einzuwirken“.[413]

---

410 *Schubert*, Die Projekte der Weimarer Republik, 48 f.

411 *Schubert*, Die Projekte der Weimarer Republik, 49.

412 *Schubert*, Die Projekte der Weimarer Republik, 50 ff.

413 Aufzeichnung über die am 29. und 30. Oktober 1920 im Reichsjustizministerium abgehaltenen Beratungen, betreffend die Besserung der rechtlichen Stellung der unehelichen Kinder, in: *Schubert*, Die Projekte der Weimarer Republik, 117.

Dem Vater sollte die elterliche Gewalt nicht übertragen werden. Wie allgemein fremd den Teilnehmern der Konferenz dieser Gedanke war, zeigt der zaghafte Vorschlag einer Teilnehmerin, dem Vater die Sorgerechtsinhaberschaft „für den Fall zu gestatten, daß das Kind beim Vater lebe und die Mutter verstorben sei oder das Sorgerecht verloren habe".[414] Der Vorschlag fand kein positives Echo. Klumker verwies dagegen auch in diesem Fall auf die Möglichkeit der Adoption. Ein Verkehrsrecht des Vaters wurde hingegen von der Mehrzahl der Anwesenden grundsätzlich befürwortet, jedoch „aus praktischen Gründen" nur in Gestalt eines Rechts, das im Einzelfalle nach Anhörung der Mutter vom Vormundschaftsgericht verliehen wurde.[415]

b. Der Gesetzentwurf von 1922

Im Juli 1922 übersandte der Reichsjustizminister Gustav Radbruch den Ländern einen „Entwurf eines Gesetzes über die unehelichen Kinder und die Annahme an Kindesstatt". Verfasst von Ernst Brandis und Joseph Oegg, lehnte er sich mit der Unterscheidung von festgestellter Vaterschaft und bloßer Unterhaltsverpflichtung ausdrücklich an die Ergebnisse des 32. Deutschen Juristentages in Bamberg an. [416] Der Entwurf beinhaltete im Allgemeinen eine starke Aufwertung der unehelichen Elternschaft sowohl im Hinblick auf die Stellung der Mutter als auch auf die des Vaters. Zu beiden Elternteilen sollte das uneheliche Kind nach § 1705 d. E. die Stellung eines ehelichen Kindes erhalten, zum Vater allerdings nur nach Maßgabe einer Vielzahl von Sonderregelungen, etwa zur Erteilung des väterlichen Namens. Die rechtliche Verbindung zur Vaterfamilie sollte ebenfalls gestärkt werden durch die Einführung einer subsidiären Unterhaltspflicht der Großeltern auf der Vaterseite (§ 1708a d. E.).[417] Der ledige Mutter sollte nach § 1707a d. E. vom Vormundschaftsgericht die elterliche Gewalt zugesprochen werden können, „wenn dies aus besonderen Gründen im Interesse des Kindes geboten erscheint". Eine grundsätzliche Erteilung der elterlichen Sorge an die Mutter war wie bisher nicht vorgesehen. Die Bedenken hiergegen, wie sie zuletzt von Fallmann auf dem

414 Vorschlag von *Mayer*, Die Rechtsstellung der Ehefrau und der ehelichen Mutter, 117. Vgl. hierzu auch den Vorschlag von Mayer zur Verteilung der elterlichen Gewalt in der Ehe, ebd., Fn. 230.

415 *Schubert*, Die Projekte der Weimarer Republik, 117.

416 Schreiben des Reichsjustizministers vom 29.07.1922 an die Länder, in: *Schubert*, Die Projekte der Weimarer Republik, 121.

417 Gesetzentwurf vom Juli 1922, in: *Schubert*, Die Projekte der Weimarer Republik, 122 ff.

32. Deutschen Juristentag vorgebracht worden waren, teilte man offenbar auch im Reichsjustizministerium.

Die bedeutendste Neuerung des Entwurfs bestand neben der Möglichkeit einer elterlichen Gewalt der ledigen Mutter in der Einführung von originären Väterrechten und -pflichten. Dem Vater des unehelichen Kindes sollte auf dessen Antrag vom Vormundschaftsgericht ein Verkehrsrecht zugestanden sowie, „wenn dies aus besonderen Gründen im Interesse des Kindes geboten erscheint", auch das Sorgerecht oder die elterliche Gewalt verliehen werden (§ 1707b d. E.). Eine einschneidende Neuerung war auch die Regelung des § 1707c d. E., nach der das Vormundschaftsgericht beiden Eltern gemeinsam das Sorgerecht oder die elterliche Gewalt verleihen konnte.[418]

Die Länder äußerten bei einer ersten Beratung des Entwurfs grundsätzlich Zustimmung.[419] Die Vorschläge zur Einbeziehung des Vaters in die elterliche Sorge bzw. Gewalt stießen bei den Ländern jedoch auf ein geteiltes Echo. Während Preußen, Mecklenburg-Schwerin oder Hamburg weitere Voraussetzungen für die Verleihung der elterlichen Sorge und der elterlichen Gewalt an den Vater forderten, sprachen sich Bayern und Baden grundsätzlich gegen die Möglichkeit der Verleihung an den Vater aus.[420] Die gemeinsame elterliche Sorge bzw. Gewalt stieß auf Widerstand, weil dadurch, so die Befürchtung, das Konkubinat oder die „wilde Ehe" legitimiert werde.[421]

c. Der Gesetzentwurf vom Mai 1925 (Reichsratsvorlage)

aa. Aufwertung des Vaters des unehelichen Kindes

Der im Sinne der Stellungnahmen der Länder umgearbeitete und vom Reichskabinett ohne größere Sachdebatte verabschiedete Entwurf wurde im Mai 1925 dem

418 Gesetzentwurf vom Juli 1922, in: *Schubert*, Die Projekte der Weimarer Republik, 125.

419 Aufzeichnung der am 28. September 1922 im Reichsjustizministerium abgehaltenen Beratung über den Entwurf, in: *Schubert*, Die Projekte der Weimarer Republik, 137 ff. Vgl. auch den Bericht des Vertreters Hamburgs, Nöldeke (ebd., 147 ff.), sowie für Bayern, Gerber (ebd., 150 ff.).

420 Aufzeichnung der am 28. September 1922 im Reichsjustizministerium abgehaltenen Beratung über den Entwurf, in: *Schubert*, Die Projekte der Weimarer Republik, 142; darin *Gerber*, ebd., 152.

421 Aufzeichnung der am 28. September 1922 im Reichsjustizministerium abgehaltenen Beratung über den Entwurf, in: *Schubert*, Die Projekte der Weimarer Republik, 142; darin *Nöldeke*, ebd., 148 f.; *Gerber*, ebd., 152.

Reichsrat vorgelegt.[422] Die sehr weitgehende frühere Reformfassung des § 1705 BGB wurde insoweit geändert, dass das uneheliche Kind gegenüber dem Vater nicht mehr die Stellung eines ehelichen haben sollte.[423] Die grundsätzlichen Entscheidungen des Entwurfs für ein väterliches Verkehrsrecht und für die grundsätzliche Möglichkeit der Verleihung des Sorgerechts bzw. der elterlichen Gewalt an den Vater oder auch an beide Elternteile nebeneinander wurden mit leichten Modifizierungen beibehalten.[424]

Mit diesen Neuerungen haben sich der Entwurf und die dahinter stehenden Juristen der Weimarer Republik zumindest teilweise vom Bild des in der Regel verantwortungs- und interesselosen Vaters eines unehelichen Kindes gelöst. Dies zeigt etwa die Begründung des väterlichen Sorgerechts:

> „Der Vater, der die Unterhaltszahlungen ordnungsgemäß leistet, das Kind von Zeit zu Zeit bei der Mutter oder in der Pflegestelle besucht und Interesse an seinem Wohlergehen zeigt, wird nicht selten den Wunsch hegen, einen gewissen Einfluß auf Unterbringung, Pflege und Erziehung des Kindes sowie auf die Verwendung der Unterhaltsbeiträge zu erlangen. Nach der Auffassung aller mit den Verhältnissen vertrauten Kreise würde es nicht selten für das Kind von Vorteil sein, wenn der Vater unter bestimmten Voraussetzungen an der Besorgung der Angelegenheiten des Kindes beteiligt wird und dadurch zu ihm in engere persönliche und rechtliche Beziehungen treten könnte."[425]

Dieses von den Autoren des Entwurfs gewünschte Interesse des Vaters an seinem Kind wurde allerdings als etwas gesehen, das erst noch geschaffen bzw. gestärkt werden müsse. So sollte dem Vater durch das Verkehrsrecht die Möglichkeit gegeben werden, „sich über die Unterbringung und Pflege des Kindes fortlaufend zu

---

422 Entwurf eines Gesetzes über die unehelichen Kinder und die Annahme an Kindes Statt vom 22.5.1925 (Reichsratsvorlage), in: *Schubert*, Die Projekte der Weimarer Republik, 153 ff.

423 „Das uneheliche Kind hat im Verhältnis zu der Mutter und zu den Verwandten der Mutter die rechtliche Stellung eines ehelichen Kindes.
Seine Stellung zu dem Vater und zu den Eltern des Vaters bestimmt sich nach den Vorschriften dieses Titels."

424 Entwurf eines Gesetzes über die unehelichen Kinder und die Annahme an Kindes Statt vom 22.5.1925 (Reichsratsvorlage), in: *Schubert*, Die Projekte der Weimarer Republik, 153, 159.

425 Begründung zum Gesetzentwurf vom 22.5.1925, in: *Schubert*, Die Projekte der Weimarer Republik, 177, 183.

unterrichten, […] um damit sein Interesse an dem Kind sowie seine Zahlungswilligkeit zu steigern".[426]

Bei der Auswertung der Planck'schen Motive zum BGB ist bereits ein Gegensatz zwischen der dort behaupteten regelmäßigen Interesselosigkeit des Vaters am Kind und dem völligen Fehlen von gesetzlichen Einflussrechten des Vaters aufgefallen.[427] Die Begründung des Entwurfs sprach diesen Missstand bei der Erörterung weiter gehender Rechte des Vaters nun an:

> „Nicht selten lehnen Väter, die an sich geeignet und in der Lage wären, dem Kind eine bessere Pflege und Erziehung zuteil werden zu lassen, jede Mehrleistung mit der Begründung ab, daß ihnen nicht wohl zugemutet werden könne, nur Lasten für das Kind zu übernehmen, von jedem Mitbestimmungs- oder Sorgerecht aber ausgeschlossen zu sein. Vielfach wird die Zahlung vom Vater auch deshalb verweigert, weil er – nicht selten mit Recht – annimmt, daß die von ihm entrichteten Beiträge nicht in vollem Umfang für das Kind, sondern zum Teil auch für Zwecke der Mutter verwendet werden oder weil er die von der Mutter bestimmte Pflegestelle für ungeeignet oder im Verhältnis zu den dem Kinde gewährten Gesamtleistungen für zu kostspielig hält. Alle diese Klagen würden wesentlich verringert werden können."[428]

Dass die Autoren des Entwurfs die Möglichkeit der Verleihung der elterlichen Sorge an den Vater bzw. das Vorhandensein solchermaßen überhaupt geeigneter Väter aber eher als Ausnahme, die einer besonderen Überprüfung bedurfte, ansahen, kann man aus dieser Stellungnahme der Begründung herauslesen:

> „Das Vormundschaftsgericht wird zu einer solchen Maßnahme nur mit besonderer Vorsicht und lediglich dann schreiten dürfen, wenn nach der Persönlichkeit des Vaters und den gesamten Umständen eine Gewähr dafür gegeben ist, daß die Interessen des Kindes keinen Schaden erleiden."[429]

Dieser zaghafte Wandel der Vorstellung vom Vater eines unehelichen Kindes war allerdings nicht überall im Entwurf zu erkennen. Bei der Begründung der §§ 1717 ff. d. E. zur Verpflichtung mehrerer Beiwohner zur Unterhaltsvaterschaft als Gesamtschuldner schienen offenbar wieder alte Negativ-Vorstellungen vom sittenlosen „Wüstling" durchgedrungen zu sein, wie sie schon zur Jahrhundertwende

---

426 Begründung zum Gesetzentwurf vom 22.5.1925, in: *Schubert*, Die Projekte der Weimarer Republik, 177, 182.

427 Vgl. hierzu oben S. 31 f.

428 Begründung zum Gesetzentwurf vom 22.5.1925, in: *Schubert*, Die Projekte der Weimarer Republik, 19.

429 Begründung zum Gesetzentwurf vom 22.5.1925, in: *Schubert*, Die Projekte der Weimarer Republik, 31.

u. a. bei Anton Menger[430] zu lesen waren. So heißt es etwa in der Begründung der Ablehnung der bisher im BGB zugelassenen Mehrverkehrseinrede:

> „Viele auf Unterhaltsgewährung verklagte Männer versuchen, wenn sie den Geschlechtsverkehr mit der Mutter nicht leugnen können, sich ihrer moralischen Pflicht, für die von ihnen gezeugten Kinder zu sorgen, dadurch zu entziehen, daß sie die Einrede des Mehrverkehrs erheben und zwar auch dann, wenn sie keinerlei Anhaltspunkte für die Richtigkeit ihrer Behauptung haben."[431]

Die Thematik der Mehrverkehrseinrede bot offenbar Anlass zu noch gewagteren Befürchtungen im Hinblick auf den Charakter mancher Väter unehelicher Kinder: Um sich die Einrede zu sichern, brächten Männer „die von ihnen geschlechtlich gebrauchte weibliche Person durch Hinterlist oder Anwendung geistiger Getränke dahin, sich noch einem anderen Mann hinzugeben". Weiterhin würden manche Männer in diesem Zusammenhang auch zum Meineid verleiten.[432]

Die mit der Unterscheidung von gerichtlich festgestellter Vaterschaft und bloßer Unterhaltsverpflichtung einhergehende Einführung eines familienrechtliche Wirkungen zeitigenden „Vaterschaftsverhältnisses" zwischen dem Kind und seinem Erzeuger – der rechtliche Begriff der Vaterschaft außerhalb der Ehe – war für das deutsche Bürgerliche Recht eine Neuerung[433] und könnte zur Vermutung verleiten, die Reformbestrebungen sollten dem Vater eines unehelichen Kindes zu speziellen „Vaterrechten" (wie sie für die Mutter regelmäßig als „natürliche Rechte" am Kind proklamiert wurden) verhelfen. Solch eine vorrangig an „Vaterrechten" orientierte Reformmotivation kann für diese Zeit indes nicht festgestellt werden. Die Reformbemühungen orientierten sich vielmehr an der Verbesserung der rechtlichen, sozialen und materiellen Situation der unehelichen Kinder. Die Ausweitung der rechtlichen Vater-Kind-Beziehung im Unehelichenrecht sollte in erster Linie zur Verbesserung ebendieser Situation des Kindes beitragen und nicht zuallererst Teilhaberechte des unehelichen Vaters an der Erziehung des Kindes begründen oder stärken. Dies ergibt sich etwa aus den gesetzlichen Vorbehaltsregelungen des

430 Vgl. *Menger*, Das bürgerliche Recht und die besitzlosen Volksklassen, 90.

431 Begründung zum Gesetzentwurf vom 22.5.1925, in: *Schubert*, Die Projekte der Weimarer Republik, 16, 17.

432 Begründung zum Gesetzentwurf vom 22.5.1925, in: *Schubert*, Die Projekte der Weimarer Republik, 16, 17; zum dort vermittelten Männerbild auch *Wagner*, Die Reformbestrebungen zur Neugestaltung des Nichtehelichenrechts, 88 f.

433 Vgl. hierzu den Beitrag des Tübinger Professors Arthur Schmidt, der sich intensiv mit den rechtlichen Konsequenzen der festgestellten Vaterschaft befasst, dabei aber die Neuerung der Einbeziehung des Vaters in die Erziehung und Pflege des Kindes gänzlich unerwähnt lässt; *Schmidt*, AcP 1927, 210, 219 ff.

Entwurfs zur Verleihung von elterlichen Rechten an den Vater[434] sowie dem Wortlaut der Begründung des Entwurfs, aus dem die Interessen des Kindes als Leitmotiv des Reformentwurfs von 1925 klar hervorgehen.[435] So bemerkt hierzu auch Theodor Kipp in einem Festschriftartikel zu einer Verleihung der Personensorge an den Vater: „Das Interesse des Vaters darf hier nicht maßgebend sein".[436]

bb. Keine Bedenken mehr – Elterliche Gewalt für die ledige Mutter

Das uneheliche Kind blieb auch nach den Vorstellungen des Entwurfs weiterhin grundsätzlich der Mutter, zu der es die rechtliche Stellung eines ehelichen hatte und deren Namen es grundsätzlich tragen sollte, zugeordnet (§§ 1705, 1707 d. E.). Die im Entwurf enthaltene Möglichkeit der ledigen Mutter, die elterliche Gewalt zu erlangen, lag in einem gewandelten Bild der Autoren von der ledigen Mutter begründet, welches offenbar durch die nunmehr seit Inkrafttreten des BGB gesammelten Erfahrungen u. a. während des Weltkriegs bestimmt war:

> „Die seit dem Inkrafttreten des (BGB) gesammelten Erfahrungen haben jedoch gezeigt, daß diese Befürchtungen bei einer großen Anzahl von unehelichen Müttern [...] der Begründung entbehren und daß keine Bedenken bestehen würden, diesen Müttern die gleiche Stellung einzuräumen, wie sie schon jetzt der Witwe gegenüber ihrem ehelichen Kind zusteht.
>
> [...] Im besonderen Maße ist der Mangel der Befugnis, der Mutter die elterliche Gewalt zu verleihen, im Kriege und in der Nachkriegszeit fühlbar geworden."[437]

Die Autoren des Entwurfs entfernen sich damit zum Teil von der sehr negativen Bewertung Plancks, dessen Bild der ledigen Mutter noch die Motive[438] zum BGB beherrscht hatte. Das Bild der moralisch Fehlgeleiteten („liederliche oder leichtsinnig Mütter") und zur Aufzucht des Kindes im Grunde Unfähigen wurde teilweise revidiert. Eine Rolle spielten hier vermutlich die Leistungen der Mütter während des Krieges. Hier zeigt sich die gleiche Veränderung in der Wahrnehmung der

---

434 Nach § 1707a kann dem Vater die elterliche Sorge nur verliehen werden, „wenn dies aus besonderen Gründen im Interesse des Kindes geboten erscheint".

435 Begründung zum Gesetzentwurf vom 22.5.1925, in: *Schubert*, Die Projekte der Weimarer Republik, 177, 182 f.

436 *Kipp*, in: Festgabe Stammler, 359, 391.

437 Begründung zum Gesetzentwurf vom 22.5.1925, in: *Schubert*, Die Projekte der Weimarer Republik, 19 f.

438 Vgl. *Planck*, 1611, *Mugdan*, Die gesamten Materialien zum Bürgerlichen Gesetzbuch für das Deutsche Reich, 456.

Frau und Mutter, wie sie, aufgrund ihrer Rolle in der Kriegsproduktion, auch im Bereich der weiblichen Erwerbstätigkeit sichtbar geworden ist.[439]

Dennoch blieb eine gewisse Skepsis den ledigen Müttern gegenüber bestehen. So lobt zwar der Tübinger Professor Arthur Schmidt den Entwurf als überwiegend „den Anschauungen und Anforderungen der Gegenwart“ entsprechend und steht auch der Möglichkeit der Übertragung der elterlichen Gewalt an die Mutter als „vertrauensvolle“ Neuerung grundsätzlich zustimmend gegenüber. Gleichwohl sieht er die Mütter, die den Anlass zu diesem Mehr an Vertrauen geben, in der Minderheit. In Zusammenhang mit einer Forderung nach Befähigungs- und Verlässlichkeitsnachweisen auf Seiten der Mütter äußert Schmidt die Vermutung, „die Übertragung der elterlichen Gewalt an die Mutter wird bei Einhaltung dieser Vorsichtsmaßregeln immer eine Ausnahme bleiben“.[440] Er sieht sich bei dieser Ansicht in Übereinstimmung mit der Mehrheit der Praxis:

> „Im allgemeinen ist, soweit ich die Praxis überblicke, das Vertrauen in die Leistungsfähigkeit der unehelichen Mutter kein übertrieben großes.“[441]

cc. Reaktionen

Der Gesetzesentwurf erhielt neben wohlwollenden fachjuristischen[442] und nach Konfession unterschiedlichen kirchlichen Stellungnahmen vor allem Kritik von fürsorgerischen Kreisen um den Begründer und Leiter des „Archivs Deutscher Berufsvormünder“, Professor Christian Jasper Klumker.[443] Dieser Zusammenschluss der Berufsvormünder veröffentlichte im Februar 1928 einen Gegenentwurf, der insbesondere die Möglichkeit der Übertragung der elterlichen Gewalt an Vater und/oder Mutter des unehelichen Kindes ablehnte, dem Vater jedoch im Interesse des Kindes ein Verkehrsrecht sowie ein gegenüber der Mutter subsidiäres Sorgerecht einräumte.[444] In der Begründung hieß es dazu, „weiter glaubte man in der Übertragung verwandtschaftlicher Rechte an den Vater nicht gehen zu können, mit Rücksicht auf die Rechte der Mutter sowie im Interesse

---

439 Vgl. oben S. 58.

440 *Schmidt*, AcP 1927, 216, 217.

441 *Schmidt*, AcP 1927, 218.

442 *Kipp*, in: Festgabe Stammler, 359 ff.; *Schmidt*, AcP 1927, 210 ff.

443 Eine detaillierte Darstellung der verschiedenen Reaktionen auf die Bestimmungen des Entwurfs findet sich bei *Wagner*, Die Reformbestrebungen zur Neugestaltung des Nichtehelichenrechts, 100 ff.

444 Gegenentwurf des Archivs Deutscher Berufsvormünder und des Deutschen Vereins für öffentliche und private Fürsorge zum Gesetzentwurf von 1925 vom Februar 1928, in: *Schubert*, Die Projekte der Weimarer Republik, 301, 304 f.

der Erziehung des Kindes, für die schwere Schädigungen zu erwarten wären, wollte man die elterlichen Rechte gemeinsam beiden Elternteilen verleihen".[445] Die Ablehnung der Verleihung der vollen elterlichen Gewalt an den Vater oder die Mutter wurde ebenfalls mit dem Schutz des Kindes begründet. Diese strikte Ablehnung verwundert nicht. Neben dem offenen Misstrauen den unehelichen Eltern gegenüber gab es auf Seiten der Berufsvormünder noch einen praktischen Ablehnungsgrund: Hätte ein Elternteil oder auch beide Elternteile die elterliche Gewalt erhalten, so hätte das Jugendamt in der Folge die Amtsvormundschaft verloren, was nach Klumkers Überzeugung dem Kindeswohl abträglich wäre.[446] Insofern gefährdete der Entwurf von 1925 die Institution der Amtsvormundschaft, die erst vor wenigen Jahren mit dem RJWG auf Betreiben Klumkers eingeführt worden war.[447] Die Seite der Amtsvormünder vertrat daher in erster Linie die Interessen des unehelichen Kindes und sah diese nach wie vor durch das Jugendamt besser vertreten als unter der elterlichen Gewalt der Elternteile. Das Misstrauen der Berufsvormünder gegenüber den leiblichen Eltern des unehelichen Kindes trat hier offen zutage. Unverkennbar war aber ebenfalls, das Bestreben der jungen Berufsvormundschaft zur Etablierung und Sicherung eigener Kompetenzen und Funktionsbereiche.

d. Der Gesetzesentwurf der Reichsregierung vom Januar 1929

Bis Ende 1927 gingen die Stellungnahmen der deutschen Länder zum Entwurf ein. Sie zeigten, „daß die Länder das Reformprojekt im Prinzip bejahten und daß trotz der großen politischen und weltanschaulichen Gegensätze der Weimarer Zeit jedenfalls im Reichsrat der Wille vorhanden war, die Nichtehelichenrechtsreform abzuschließen".[448] Uneinigkeit herrschte vor allem über das „Ob" und „Wie" der Verteilung der elterlichen Gewalt. Während Hamburg und Preußen dem Vater die Möglichkeit zur Erlangung der elterlichen Gewalt geben und in diesem Fall das

445 Begründung zum Gegenentwurf, Flugschriften des Archivs Deutscher Berufsvormünder, Heft 9, 1928, 24.

446 *Klumker*, Archiv für Sozialwissenschaften 1926, 156, 185 f.

447 *Klumker*, JW 1925, 311: „Die Verteilung der elterlichen Gewalt beim unehelichen Kind, wie sie das BGB in § 1707 gibt, darf nicht geändert werden, weil sie die Grundlage der Amtsvormundschaft bildet; jede Änderung würde die Entwicklung der Amtsvormundschaft gefährden. [...] Ein schwieriges Gebiet scheidet damit aus der Neuregelung aus, soviel Tinte auch darüber verspritzt worden ist: Die Frage, ob der Mutter oder dem Vater neue Rechte zu gewähren seien."

448 *Schubert*, Die Projekte der Weimarer Republik, 64.

Kind im Erbrecht (Hamburg) bzw. im Unterhalt (Preußen) dem ehelichen gleichstellen wollten, lehnten Württemberg, Sachsen und Oldenburg die Übertragung der elterlichen Gewalt an den unehelichen Vater grundsätzlich ab.[449] Oldenburg begründete seine Ablehnung u. a. mit der in dieser Form schon von Plancks Motiven zum BGB vertretenen Auffassung, der Vater habe ohnehin wenig Interesse an seinem Kind.[450]

Man einigte sich schließlich u. a. auf die Regelung, die elterliche Gewalt entweder der Mutter oder dem Vater einzuräumen. Eine gemeinsame Gewaltausübung beider Eltern wurde abgelehnt. Hingegen konnte die elterliche Sorge einzeln oder auch gemeinsam erteilt werden. Im Konfliktfall sollte der Inhaber der elterlichen Gewalt entscheiden. Die Einräumung eines Verkehrsrechts für den Vater wurde angesichts der Möglichkeit der Sorgeerteilung als überflüssig angesehen.[451]

Der auf den genannten Grundlagen redigierte Entwurf wurde am 29.11.1928 vom Reichsrat verabschiedet und am 11.1.1929 als Gesetzesentwurf dem Reichstag vorgelegt, wo er von DDP, Zentrum und SPD „wohlwollend" aufgenommen, von der KPD hingegen als nicht weitgehend genug abgelehnt wurde.[452] Eine Verabschiedung des Entwurfs scheiterte an den politischen und parlamentarischen Querelen der Weimarer Republik. Nach Auflösung des Reichtags im Juli 1930 und den Neuwahlen im September 1930 scheiterte eine Neueinbringung des Entwurfs.

---

449 Anträge der Länder zur 1. Lesung des Nichtehelichenrechtsentwurfs in den Reichsratsausschüssen VII und III, in: *Schubert*, Die Projekte der Weimarer Republik, 188 ff. Siehe die Anträge von Hamburg, 198, Preußen, 248, Württemberg, 230, Sachsen, 289, Oldenburg, 297.

450 Länderantrag Oldenburg (Begründung), in: *Schubert*, Die Projekte der Weimarer Republik, 297: „Nach den Erfahrungen der hiesigen Vormundschaftsgerichte zeigen die Väter unehelicher Kinder im allgemeinen wenig Interesse an dem Gedeihen ihrer Kinder. Die Vormundschaftsrichter müssen meistens die Erfahrung machen, daß der Vater von der Last, die ihn finanziell sehr bedrückt, sobald wie möglich befreit sein möchte. Spätere Adoptionen dieser Kinder seitens der Väter kommen selten vor, ein Beweis, wie wenig sie sich innerlich mit ihnen verbunden fühlen. Es hat sich auch in nicht wenigen Fällen gezeigt, daß, wenn das Kind auf Wunsch seines Vaters diesem überlassen würde, die Sorge für die Person eine äußerst schlechte war, besonders wenn es mit ehelichen Kinder erzogen würde. […] es ist mit der Gefahr zu rechnen, daß der Vater, um das Kind in seine Gewalt zu bekommen, dem Vormundschaftsrichter vortäuscht, daß das Kind eine gute Behandlung erfahren solle, um ihn dadurch zur Übertragung der elterlichen Gewalt zu bewegen […]."

451 *Schubert*, Die Projekte der Weimarer Republik, 66 f., 326 ff.

452 Verhandlungen des 13. Ausschusses (Rechtspflege) des Reichstag, IV. Wahlperiode 1928, in: *Schubert*, Die Projekte der Weimarer Republik, 386 ff.; vgl. auch ebd., 68.

Das war das parlamentarische Ende der Reform des Unehelichenrechts der Weimarer Republik.

e. Die Agitation der Fürsorgeverbände gegen „Vaterrechte"

Die stärkere Heranziehung des Vaters des unehelichen Kindes in den Bereichen der elterlichen Gewalt und Sorge bildete einen Grundpfeiler der Reformbemühungen im Unehelichenrecht. Ihr lag u. a. das Bewusstsein zugrunde, dass eine stärkere Heranziehung des Vaters zur Personensorge oder zur elterlichen Gewalt auch deren Teilcharakter als Recht Rechnung zu tragen hat. Die Reform sollte die reine Zahlvaterschaft des frühen BGB, die immer an ihre Ursprünge im Deliktsgedanken erinnerte, in eine engere und verwandtschaftlichere rechtliche Vaterschaft überführen, die neben ihrem Hauptprinzip des Wohls des unehelichen Kindes auch einen gewissen Ausgleich von Rechten und Pflichten des Vaters im Auge hatte.

Insbesondere gegen die Übertragung der elterlichen Gewalt an den Vater wandten sich nun die Fürsorgeverbände in den Jahren 1928/29. In der erweiterten Begründung zur Neuveröffentlichung des Gegenentwurfs vom Februar 1928 wurde kritisch hervorgehoben, der Entwurf erwecke den Eindruck, „daß dem Gesetzgeber einseitig, oder zum mindesten vorzugsweise die Schaffung engerer familienrechtlicher Beziehungen zwischen Kind und Vater" als Ziel vorgeschwebt habe und dass der ganze Entwurf von dieser Auffassung beherrscht werde.[453] Die „Fachkreise für Jugendfürsorge halten einen Gesetzentwurf, der auf eine Verstärkung der familienrechtlichen Beziehungen zwischen Kind und Vater als leitenden Gesichtspunkt abzielt und daher zwangsläufig die Gewißheit der Vaterschaft als Voraussetzung aufstellen muß, für unannehmbar, weil er die Familiengemeinschaft von Mutter und Kind nicht in genügender Weise schützt, sie sogar stört".[454]

Weit drastischer formulierte im November 1929 der Deutsche Caritasverband in einer Denkschrift zur Reform des Unehelichenrechts seine Ablehnung gegenüber gesetzlichen Vaterrechten.[455] Die Möglichkeit der Übertragung der elterlichen Gewalt an den Vater wurde dort strikt abgelehnt, die Verleihung der Sorge

---

453 Begründung des vom Verein für öffentliche und private Fürsorge 1929 neuvorgelegten Gegenentwurfs vom Februar 1928, S. 7, zitiert nach: *Schubert*, Die Projekte der Weimarer Republik, 69, Fn. 162.

454 Begründung des vom Verein für öffentliche und private Fürsorge 1929 neuvorgelegten Gegenentwurfs vom Februar 1928, S. 9, zitiert nach: *Schubert*, Die Projekte der Weimarer Republik, 69, Fn. 162.

455 Grundsätzliches zur Reform des Unehelichenrechts. Denkschrift des deutschen Caritasverbandes, 1929.

an den Vater hielt man „mindestens für entbehrlich“.[456] „Im wohlverstandenen Interesse gerade des unehelichen Kindes selbst und seiner Mutter“ sollte man „am besten ganz davon absehen, aus der natürlichen Verwandtschaft, die zwischen dem unehelichen Kinde und seinem Vater besteht, bestimmte gesetzliche ‚Vaterschaftsrechte‘ abzuleiten“. Es komme „vielmehr darauf an, dem Mann gegenüber Kind und Mutter wirksame ‚Vaterschaftspflichten‘ aufzuerlegen, als ihm ‚Vaterschaftsrechte‘ zu geben“.[457]

Kritik an der im Entwurf vorgesehenen Möglichkeit, dem unehelichen Vater die elterliche Gewalt zu übertragen, übte auch Schwarzer, der nicht zum Kreis der organisierten Fürsorge gehörte. Er hielt diese Übertragung der elterlichen Gewalt an den Vater für zu weitgehend und äußerst bedenklich. Auf keinen Fall dürfe das uneheliche Kind der Aufsicht des Jugendamtes ganz entzogen werden.[458] Vielmehr lobte Schwarzer unter Bezug auf die Vorstellung eines natürlichen Muttervorrangs die Beibehaltung der primären Zuordnung der Personensorge zur Mutter. Dies gründe sich auf „Ehrfurcht vor der Heilighaltung der Mutterschaft“ und „ein natürliches Gefühl für die bessere Geborgenheit des Kindes im Arm der Mutter. [...] und kein Gesetz der Zukunft, das von echtem Menschentum ausgeht, wird je daran etwas ändern können.“[459]

Der Standpunkt der Fürsorgeverbände lässt sich dahingehend zusammenfassen, dass man das Wohl des unehelichen Kindes grundsätzlich eher im Rahmen der Amtsvormundschaft als in der Verantwortung der Eltern oder gar des Vaters allein gewahrt sah. Das Elternrecht spielte in der Argumentation keine Rolle, wenn überhaupt, wurde es nur zugunsten der ledigen Mutter bemüht, um erwogenen Rechtszuwächsen des Vaters entgegenzutreten. „Die Frage, ob der Mutter oder dem Vater neue Rechte zu gewähren seien“, schied für Klumker bereits 1925 generell aus.[460]

Gespeist wurde diese Haltung durch ein ausgeprägtes Misstrauen der Fürsorgebewegung sowohl dem Vormundschaftsgericht als auch in besonderem Maße den

---

456 Grundsätzliches zur Reform des Unehelichenrechts. Denkschrift des deutschen Caritasverbandes, 12.

457 Grundsätzliches Unehelichenrechts. Denkschrift des deutschen Caritasverbandes, 14. *Schwarzer*, Probleme zur Reform des Unehelichenrechts, 28 zur Reform des Unehelichenrechts. Denkschrift des deutschen Caritasverbandes, 14.

458 *Schwarzer*, Probleme zur Reform des Unehelichenrechts, 28 f.

459 *Schwarzer*, Probleme zur Reform des Unehelichenrechts, 28.

460 *Klumker*, JW 1925, 311.

Eltern eines unehelichen Kindes gegenüber.[461] Dieses Misstrauen verdeutlicht eine Äußerung des Fürsorgefunktionärs Storck vor Fachpublikum:

> „Wir brauchen das Gesetz [gemeint ist der Gegenentwurf der Fürsorgeverbände von 1928, M. H.] aber aus volkserzieherischen Gründen, als ein Mittel, für die Gesamtheit der unehelichen Kinder und der unehelichen Mütter und auch der unehelichen Väter durch die Heuchelei und Unwahrhaftigkeit und Lieblosigkeit, die das Leben dieser Menschen vergiften, vorzustoßen in ein reineres, auf Verstehen und Liebe, aber auch auf Verantwortung gegründetes Sexualethos."[462]

5. Fazit zu den Reformbestrebungen im Unehelichenrecht der Weimarer Republik

Bei aller Vielschichtigkeit der juristischen und rechtspolitischen Diskussion um eine Reform des Unehelichenrechts in der Weimarer Republik sind zwei grundverschiedene Denk- und Reformrichtungen erkennbar. Die Fürsorgeverbände um Klumkers „Archiv" verteidigten als Träger der Jugendfürsorge naturgemäß den mit dem RJWG eingeschlagenen Weg, die Fürsorge für die Unehelichen in die Hände des Staates bzw. der mit ihm verbundenen Vereine der Jugendfürsorge zu legen. Der Staat und damit die Fürsorge sollten als „Ersatzvater" installiert werden. Diese Interessenlage gerade der Fürsorgeverbände dürfte maßgeblich dazu beigetragen haben, dass diese eine Einbeziehung des Vaters des unehelichen Kindes ablehnten. Die Heranziehung und Inpflichtnahme des leiblichen Vaters, gar die Vorstellung der elterlichen Gewalt in dessen Händen, hätten die Position der Jugendfürsorge als alleinige Sachwalterin der Interessen der Unehelichen gefährdet und wurden daher entschieden bekämpft. Dabei fügte sich das immer noch überwiegende Negativbild des verantwortungslosen Vaters gut in ihre Argumentation ein, an der Realität gemessen wurde es nicht. Allerdings hatten die Fürsorgeverbände dieses Bild auch nicht erfunden. Vielmehr illustriert das Bemühen der

461 Auch *Schwarzer*, Probleme zur Reform des Unehelichenrechts, 27, bezeichnet die Amtsvormundschaft kritisch „in der Hauptsache" als „Überwachungsinstitut", welches bedingt sei durch „die in alter Moral verankerte, selbstverständliche Annahme der Unzuverlässigkeit der unehelichen Eltern und durch die physische Hilflosigkeit der zumeist den Schutz des Mannes entbehrenden unehelichen Mutter."

462 Tagung des Fachausschusses des Vereins für Jugendfürsorge am 17.1.1929, Einleitungsreferat Storck, zitiert nach: *Schubert*, Die Projekte der Weimarer Republik, 69,70, vgl. dazu auch ebd., Fn. 162.

Reformkräfte, den Vater rechtlich in die Elternverantwortung zu bringen, ja gerade dessen vorherrschende Abwesenheit in diesem Bereich.

Dennoch erstaunt die Radikalität, mit der die Offiziellen der Verbände eine stärkere Rolle des Vaters ablehnten. Demgegenüber kam etwa die Autorin einer Studie, welche sogar in einer Publikation des „Archivs Deutsche Berufsvormünder“ erschien, zu dem Schluss, „daß die Aufnahme in die väterliche Familie für die unehelichen Kinder das größte Glück“ bedeute.[463] Die Autorin bezog dies allerdings zunächst nur auf die dann eintretende bessere wirtschaftliche Situation der Kinder.

Schließlich verdeutlicht die weiter gehende Forderung von Fürsorgeseite, den Unterhaltsanspruch des unehelichen Kindes nicht mehr gegen den Vater, sondern zunächst als öffentlich-rechtlichen Anspruch gegen den Staat (dem wiederum der Rückgriff auf den Vater ermöglicht werden sollte) zu richten,[464] diese Tendenz hin zum fürsorglichen Wohlfahrtsstaat in der Rolle des Ersatzzahlvaters, dessen Hang zur Bevormundung allerdings bereits deutlich gesehen wurde.[465]

Demgegenüber stand das sichtliche Bemühen der Regierungsentwürfe, eine rechtliche Balance zu finden zwischen dem Schutzbedürfnis des unehelichen Kindes und den Pflichten, aber auch den Rechten der Mütter und Väter. Deren privatrechtliche Rechtsstellung stand im Mittelpunkt der Reform und sollte durch betont privatrechtliche Mittel verbessert werden. Die am Entwurf Beteiligten wollten durch die Stärkung der Rechtsposition der Eltern auch deren Verantwortungsgefühl gegenüber dem Kind stärken. Besonders deutlich wird dieses Bemühen in der

463 *Walter*, Uneheliche Kinder in der Vaterfamilie, Flugschriften des Archivs Deutscher Berufsvormünder, Heft 11, 47, 53.

464 *Brandis*, Der Gesetzentwurf über das Unehelichenrecht und seine Probleme, 86 f.

465 Vgl. hierzu etwa die Reichstagsabgeordnete und Ministerialrätin Gertrud *Bäumer* in: Die Frau, 36. Jg. (1928/29), 340: „Ich bin überzeugter Anhänger der Berufsvormundschaft. Aber angesichts der Art, wie die Berufsvormünder sich zum Unehelichenschutz stellen, kommen mir gelegentlich starke Befürchtungen, daß hier der ‚Wohlfahrtsstaat‘ seine Bevormundung etwas weit treiben könnte. Das Bestreben einer öffentlichen Kontrolle über die unehelichen Kinder und ihre Mütter ist eine notwendige Schutzmaßnahme. Zugleich aber – darin täusche man sich nicht – eine Componente in den Ursachen der sozialen Ächtung. Vertrauenswürdige Menschen haben einen Anspruch darauf, ihre intimsten und persönlichsten Aufgaben unter eigener Verantwortung durchführen zu können. Dahin gehört die Erziehung ihrer Kinder. Es gibt uneheliche Mütter – sogar Väter – aber vor allem Mütter, die dieser Kontrolle durchaus entraten können – mit anderen Worten, denen man die elterliche Gewalt ruhig geben kann. Wenn das von der Berufsvormundschaft grundsätzlich abgelehnt wird, dann ist das eine Überspannung bürokratischer Selbstüberschätzung.“

kontroversen Debatte um eine stärkere Einbeziehung des Vaters, die sich als roter Faden durch die Reformdiskussion zieht. Während die Fürsorgebewegung mittels einer starken Amtsvormundschaft den Staat an die Stelle des Vaters treten lassen wollte, trat der Entwurf in klassischer liberaler Denkweise für eine Stärkung des elterlichen Verantwortungsgefühls durch Hervorheben von Individualrechten und -pflichten ein.[466]

466 Vgl. hierzu auch die Einschätzung von *Schubert*, Die Projekte der Weimarer Republik, 81. Er sieht die Entwürfe vor allem von „linksliberalem Gedankengut geprägt", das noch bis in die nationalsozialistische Zeit fortwirkte.

D. Mutterkult und Führerprinzip – Das Vater- und Mutterbild des deutschen Rechts im Nationalsozialismus

I. Familie und Familienrecht im Nationalsozialismus

1. Die Ausgangssituation

Der Nationalsozialismus traf zu Beginn seiner Herrschaft 1933 auf eine Juristenschaft, die sich trotz fehlender Umsetzung ins materielle Recht zunehmend mit dem Gedanken der Gleichberechtigung der Frau und Mutter in Ehe und Familie abgefunden hatte. Zu Beginn der dreißiger Jahre wiesen die Debattenbeiträge aus der organisierten Juristenschaft auf eine vorherrschende Ansicht hin, wonach man das Familienrecht des BGB den Gegebenheiten einer neuen Zeit anpassen müsse. Die patriarchalische Ehe- und Familienstruktur müsse den „veränderten wirtschaftlichen, sozialen und kulturellen Funktionen der Frauen“[467] angepasst werden, indem man „die Anerkennung der persönlichen und sachlichen Gleichstellung der Frau und Mutter“[468] endlich Rechtswirklichkeit werden lasse. Die Reformvorschläge von Seiten der Wissenschaft gingen in dieselbe Richtung.[469] Auch und gerade für die Rechtsprechung weist Mestwerdt eine weitgehende Einschränkung und Uminterpretierung des ehemännlichen bzw. väterlichen Entscheidungsrechts nach und kommt zu dem Schluss, dass zum Ende der Weimarer Republik „der Gedanke der Gleichberechtigung praktisch schon weitgehend verwirklicht“ gewesen sei.[470] Diese Gesamtsituation veranlasste Marianne Weber am Ende des 36. Deutschen Juristentages 1931 in Lübeck zu der Feststellung, sie habe „die volle Bereitwilligkeit dieses hochansehnlichen Kreises von Fachvertretern gespürt, die Selbstmündigkeit des weiblichen Geschlechts anzuerkennen und nunmehr

467 Vgl. den gemeinsamen Antrag der Referenten Weber und Schultz, Verhandlungen des 36. Deutschen Juristentages, Bd. 2, 107.

468 *Rebstein-Metzger*, Verhandlungen des 36. Deutschen Juristentages, Bd. 1, 546.

469 Vgl. etwa *Cohn*, Gleichberechtigung der Geschlechter im künftigen Elternrecht, 15, 25; *Lehmann*, Familienrecht, 220; *Mitteis*, Familienrecht, 2.

470 *Mestwerdt*, Das Sozialbild der Ehe, 88.

auch in den Ehegesetzen zu verankern".[471] Nach wie vor bestand aber das gesetzliche Leitbild der Hausfrauenehe, nach dessen Rollenverteilung der Mann und Vater dem außerhäuslichen Erwerb nachging und die Mutter sich um Haushalt und Kindererziehung kümmerte.[472] Trotz zunehmender außerhäuslicher Erwerbsarbeit von (Ehe-)Frauen und auch verheirateten Müttern wurde das Bild der verheirateten Mutter auch und gerade bei weiblichen Juristen von der sich allein Kind und Haushalt widmenden Mutter bestimmt.[473] Diese klassische Rollenverteilung samt ihren gängigen Begründungen entsprach nach wie vor den Geschlechtsrollenstereotypen des bürgerlichen Familienmodells.[474] Hingegen kann eine Instrumentalisierung dieses Familienleitbildes als „Herrschaftsideologie"[475] zumindest im innerfamiliären Bereich nicht mehr festgestellt werden. Wo das väterliche Entscheidungsrecht überhaupt noch Verfechter fand, argumentierten diese lediglich mit der grundsätzlichen Notwendigkeit einer letzten Entscheidung.

Am Ende hatte sich bis 1933 an der Rechtslage des BGB nichts Grundlegendes geändert. Das konservative Element des Patriarchalismus hatte sich jedoch inzwischen stark gemildert, eine gemäßigt liberale Sicht der Ehe als bürgerlicher Vertrag außerhalb der Einflusssphäre des Staates war weiter vorherrschend.[476] Unter Familie i. S. d. BGB verstand man nüchtern-rechtstechnisch die Gesamtheit der durch Ehe und Verwandtschaft verbundenen Personen.[477]

Das Familienrecht als Rechtsgebiet wurde grundsätzlich als Teil der Privatrechtsordnung angesehen und hatte insofern die Aufgabe, die Entfaltung der freien Einzelpersönlichkeit zu gewährleisten, diese aber wiederum dem Schutz und dem Recht des Staates zu unterwerfen.[478] Dieser war seinerseits am Gedeihen der Familie als seines kleinsten sozialen Verbandes interessiert und unterwarf ihn deshalb auch starken Reglementierungen gerade im Interesse seiner Einheit. Das Familienrecht hatte daher auch die Gesamtinteressen des Staates zu berücksichtigen, ohne dabei Teil des öffentlichen Rechts zu werden. Umgekehrt verpflichtete und berechtigte das Familienrecht

471 Verhandlungen des 36. Deutschen Juristentages, Bd. 2, 810.

472 *Lüders*, in: Verhandlungen des 36. Deutschen Juristentages, Bd. 2, 123; so auch *Ramm*, Eherecht und Nationalsozialismus, 152; *Coester-Waltjen*, StAZ 1992, 34, 36.

473 Vgl. die Äußerungen von *Weber*, in: Verhandlungen des 36. Deutschen Juristentages, Bd. 2, 107, 136 f., und *Lüders*, ebd., 123, 124.

474 *Hausen*, in: Conze, Sozialgeschichte der Familie in der Neuzeit, 363–393.

475 *Limbach*, ZSE 1988, 298, 304.

476 *Ramm*, Eherecht und Nationalsozialismus, 152

477 RGRK, *Erler*, BGB, 1. Auflage, Bd. II, Familienrecht 1, 1; gleiche Formulierung auch bei *Lehmann*, Familienrecht, 1.

478 *Lehmann*, Familienrecht, 2.

den Einzelnen nicht als Glied des Staates, sondern als Familienmitglied.[479] Besonders im Elternrecht, bei dem das Spannungsverhältnis zwischen Elternrecht, Kindeswohl und Staatsinteresse erkannt wurde, blieb es trotz Einschränkungen durch das RJWG bei der liberalen Konzeption des BGB.[480] Art. 120 der WRV schrieb den Doppelcharakter des Elternrechts als Pflichtrecht verfassungsrechtlich fest.[481] Die in Art. 119 WRV[482] ausgesprochenen Schutz- und Förderungsaufträge an den Staat bestanden zwar letztlich auch in dessen Interesse, dennoch wurde hier in erster Linie der soziale Staat der Familie nutzbar gemacht und nicht umgekehrt.

2. Umwertung und Instrumentalisierung von Ehe und Familie

Dieser bürgerlich-liberale Zustand sollte sich unter den neuen nationalsozialistischen Machthabern radikal ändern. So warnte noch Marianne Weber in ihrem Schlusswort auf dem 36. Juristentag 1931 in der Endphase der Weimarer Republik:

> „Und wir Frauen sind uns darüber klar, daß jede rechtsradikale Revolution das von uns mühsam Erworbene aufs neue in Frage stellt.“[483]

Der Nationalsozialismus sah Ehe und Familie als Instrumente im Dienste seiner ideologischen Vorstellungen.[484] Maßgebend waren für den Bereich des Familienrechts

---

479 *Lehmann*, Familienrecht, 3, 4.

480 *Schlüter*, Elterliches Sorgerecht im Wandel verschiedener geistesgeschichtlicher Strömungen und Verfassungsepochen, 16 ff.

481 Art. 120 WRV
„Die Erziehung des Nachwuchses zur leiblichen, seelischen und gesellschaftlichen Tüchtigkeit ist oberste Pflicht und natürliches Recht der Eltern, über deren Betätigung die staatliche Gemeinschaft wacht.“

482 Art. 119 WRV
„Die Ehe steht als Grundlage des Familienlebens und der Erhaltung und Vermehrung der Nation unter dem besonderen Schutz der Verfassung. Diese beruht auf der Gleichberechtigung der beiden Geschlechter.
Die Reinerhaltung, Gesundung und soziale Förderung der Familie ist Aufgabe der Staats und der Gemeinden. Kinderreiche Familien haben Anspruch auf ausgleichende Fürsorge.
Die Mutterschaft hat Anspruch auf den Schutz und die Fürsorge des Staats.“

483 Verhandlungen des 36. Deutsche Juristentages, Bd. 2, 810.

484 Vgl. *Hitler*, Mein Kampf, 275 f.: „Auch die Ehe kann nicht Selbstzweck sein, sondern muß dem einen größeren Ziele, der Vermehrung und Erhaltung der Art und Rasse dienen. Nur das ist ihr Sinn und ihre Aufgabe.“

nun vor allem bevölkerungspolitische, aber auch rassische sowie erbgesundheitlich-eugenische Zielsetzungen.[485]

Das liberale, individualistische Grundprinzip des BGB wurde von einer Sichtweise abgelöst, die sowohl den Einzelnen als auch die einzelne Familie nur noch als Glied des Staates sah, dessen individuelle Wertigkeit einzig vom Nutzen für ebendiesen Staat abhing. Individualismus und ein die persönliche Freiheit sicherndes Recht sollten zugunsten eines „gemeinschaftlichen" Rechtes zurücktreten: Gemeinschaftsrecht statt Bürgerliches Recht.[486] Der Freiheits- und Gleichheitsgedanke wurde offen als „gemeinschädlich" abgelehnt.[487] In besonderem Maße sollte dies für das Familienrecht gelten,[488] das fortan in erster Linie auf seine Bedeutung für die „Volksgemeinschaft" hin betrachtet werden sollte.[489] Trotz aller rechtstheoretischen Parolen kam dem Recht im nationalsozialistischen Staate letztlich aber lediglich die Funktion eines Kampfinstrumentes zur Durchsetzung der neuen Ideologie zu.[490]

Wurde die Ehe bisher als vorwiegend sittliches Verhältnis verstanden, dessen natürliches Band die Grundlage der Gesellschaft und des Staates als organisierter Gemeinschaft sei,[491] formulierte die amtliche Begründung des Ehegesetzes von 1938[492] ein an den nationalsozialistischen Zielen orientiertes Eheverständnis, nach dem Ehe und Familie als „kleinste Zelle völkischen Lebens" und „Hort des Kinderreichtums" „die Grundlagen des völkischen Gemeinschaftslebens" seien, "von deren Kraft und Gesundheit Wert und Bestand der Volksgemeinschaft abhängen".

---

485 Vgl. *König*, Die Frau im Recht des Nationalsozialismus, 242 ff.; *Schubert*, Das Familien- und Erbrecht unter dem Nationalsozialismus, XXI ff.

486 *Lange*, in: Frank, Nationalsozialistisches Handbuch für Recht und Gesetzgebung, 933 ff.

487 *Lange*, in: Frank, Nationalsozialistisches Handbuch für Recht und Gesetzgebung, 954.

488 „‚Durch Nationalsozialismus dem deutschen Volk das deutsche Recht' gilt daher besonders für das Familienrecht als dem Hort der in Blut und Rasse ruhenden ewigen Gesetze deutschen Lebens"; *Soergel*, 7. Auflage, vor § 1297.

489 *Siebert*, in: Frank, Nationalsozialistisches Handbuch für Recht und Gesetzgebung, 959; *Gfrörer*, DR 1934, 151 ff.

490 *Rüthers*, Die unbegrenzte Auslegung – Zum Wandel der Privatrechtsordnung im Nationalsozialismus, 101.

491 RGZ 71, 85 ff., Urteil vom 22.04.1909.

492 Gesetz zur Vereinheitlichung des Rechts der Eheschließung und der Ehescheidung im Lande Österreich und im übrigen Reichsgebiet vom 6. Juli 1938, RGBl. 1938 I, 807. Abgedruckt bei *Schubert*, Das Familien- und Erbrecht unter dem Nationalsozialismus, 121 ff.

Diese Auffassung von der Ehe sei unvereinbar „mit der liberalistischen [Auffassung, M.H.], die in der Ehe eine vertragsartige Zweckverbindung zur Verwirklichung individueller Interessen sieht".[493] Zweck der Ehe nach nationalsozialistischer Vorstellung sollte nunmehr in erster Linie die Erzeugung und Aufzucht von „rassegleichen und erbgesunden" Nachkommen sein.[494] Zwar stellte bereits das ALR in II 1 § 1 fest, dass der Ehe „Hauptzweck die Erzeugung und Erziehung der Kinder" sei, dennoch hob die extreme Ideologisierung und Indienstnahme der Ehe die nationalsozialistische Auffassung von allen bisherigen Vorstellungen ab.[495]

3. Die neue Rolle der Eltern

Bezeichnend für die Rolle, welche den Ehepartnern und Eltern als Subjekten des Familienrechts zugedacht war, ist die Feststellung der amtlichen Begründung, wonach für den nationalsozialistischen Staat „der tiefste Sinn der Ehe außerhalb der Individualinteressen der Ehegatten" liege.[496] Das überkommene Eltern-Kind-Verhältnis wurde folglich dahingehend umgedeutet, dass das Recht der Kindererziehung primär als ein Recht des Staates anzusehen sei und dieser es den Eltern lediglich treuhänderisch überlasse.[497] Wieder stellte man das schon immer als Pflichtrecht aufgefasste Recht der Eltern auf Erziehung und Pflege ihrer Kinder als Ausdruck „liberalistisch-individualistischen Eigennutzes des Gewalthabers" dar, das nun im Interesse des Volksganzen überwunden werden müsse.[498] Ein hoher Funktionär der deutschen Jugendfürsorge formulierte 1935 die grundlegenden

---

493 Amtliche Begründung zum EheG 38, in: *Schubert*, Das Familien- und Erbrecht unter dem Nationalsozialismus, 143, 154.

494 *Maßfeller*, Das großdeutsche Ehegesetz, § 37 EheG, Anm. 2; *Lange*, in: Frank, Nationalsozialistisches Handbuch für Recht und Gesetzgebung, 933 ff., 954; *Gfrörer*, DR 1934, 151 ff.; *Palandt*, Bürgerliches Gesetzbuch, 2. Auflage, Uebbl. vor § 1297 1).

495 Sehr deutlich noch einmal zu erkennen bei *Lange*, in: Frank, Nationalsozialistisches Handbuch für Recht und Gesetzgebung, 954: „Die Pflicht gegenüber dem Ehestand wie gegenüber der Gemeinschaft fordert die Unterordnung des Freiheitsgedankens selbst unter schweren Opfern, Verzicht auf freie Lebensgestaltung, stärker bei kindergesegneter, schwächer bei kinderloser Ehe."

496 Amtliche Begründung zum EheG 38, in: *Schubert*, Das Familien- und Erbrecht unter dem Nationalsozialismus, 143, 154.

497 *Schlüter*, Elterliches Sorgerecht im Wandel verschiedener geistesgeschichtlicher Strömungen und Verfassungsepochen, 18.

498 *Webler*, DR 1935, 89 ff; vgl. auch *Müller*, Elterliche Gewalt und Vormundschaft, 2 und *Adam*, Die Personensorge des elterlichen Gewalthabers, 1 ff.

Richtlinien für die Neuorientierung im Verhältnis des NS-Staates zum elterlichen Erziehungsrecht:

> „Die nationalsozialistische Rechtspolitik leitet dagegen in klarer und bewußter Zielsetzung das neue Erziehungsrecht einzig und allein aus den Belangen des Volkes ab.“[499]

Und weiter:

> „Das Recht der Eltern an der Aufzucht der Kinder wird so zu einer in unbeschränkter Verantwortung übernommenen Pflicht im Auftrag des Volkes und unter Aufsicht des Staates.“[500]

Die bereits in der Weimarer Republik verstärkt einsetzende, zunächst nur auf das uneheliche Eltern-Kind-Verhältnis begrenzte Einschränkung und Überwachung elterlicher Rechte durch den Staat und die mit ihm verbundenen Fürsorgeverbände wurde ins Extreme gesteigert und so ebenfalls in den Dienst des totalen Staates und seiner ideologischen Ziele gestellt. Aus dem individuellen Elternrecht sollte „das primäre Recht des Staates an seiner Jugend“[501] werden und die Eltern de facto zu Handlangern des Staatsinteresses. Diese „Entprivatisierung“[502] stellt einen sehr tief greifenden Wandel im Verständnis eines Rechtsinstituts dar, und eine Analyse des Mutter- und Vaterbildes im Familienrecht des nationalsozialistischen Staates muss daher aus diesem neuen Grundverständnis des Eltern-Kind-Verhältnisses heraus erfolgen.

II. Die Mutterideologie

Wann immer ein Staat eine aktive Bevölkerungspolitik, also staatliche Maßnahmen, die darauf gerichtet sind, die Einwohnerzahl und die Bevölkerungsstruktur zu beeinflussen, betreiben will, rücken notwendigerweise die Frauen in ihrer Eigenschaft als (potentielle) Mütter in das Zentrum seiner Agitation. Dies gilt umso mehr, wenn der Staat die Ehe auf die biologische Funktion der Erzeugung und Aufzucht von Nachkommen reduziert und neben der reinen Erhöhung der Geburtenzahlen auch „fördernde Erb- und Rassenpflege“, also eugenische bzw.

---

499 *Webler*, DR 1935, 89, 90.
500 *Webler*, DR 1935, 89, 90.
501 *Webler*, DR 1935, 89, 91.
502 *Rüthers*, Die unbegrenzte Auslegung, 401.

rassenhygienische Zielsetzungen verfolgt.[503] Zur Erreichung dieser Ziele hatte der Nationalsozialismus die Frau auf ihre Mutterrolle zurückzuführen, was einerseits durch die lautstarke Propagierung eines hymnischen Mutterideals durch Partei und Publizistik,[504] andererseits durch Gründung ideologisch ausgerichteter Bünde, Verbände und Organisationen wie des Reichsmütterdiensts und des Hilfswerks „Mutter und Kind“ (beide 1934) oder durch Offizialisierung des Muttertages (1933)[505] und Einführung des „Ehrenkreuzes der Deutschen Mutter“ im Jahre 1938 erfolgte.[506] Flankiert wurde dies mit der Revitalisierung der alten naturalistischen Geschlechterrolle, nach der die Mutterschaft die einzige und eigentliche Bestimmung der Frau sei, welche dann gegen die „unnatürlichen“ Ideale des Liberalismus in Stellung gebracht wurde.[507]

Darüber hinaus wurde mit der Auflage sozialpolitischer Instrumente wie des Ehestandsdarlehens versucht, junge Frauen durch materielle Vergünstigungen zur frühzeitigen Eheschließung und anschließenden Kinderzeugung zu verleiten. Dies geschah durch Gewährung eines unverzinslichen Darlehens, wobei die Verpflichtung zur Rückzahlung bei entsprechender Nachwuchszahl unter Umstände fast ganz entfiel.[508] Da die Inanspruchnahme des Darlehens an die Verpflichtung der vorher erwerbstätig gewesenen Frau gebunden war, diese Arbeit dauerhaft aufzugeben, hatte diese Maßnahme in Zeiten hoher Arbeitslosigkeit auch einen arbeitsmarktpolitischen Effekt, der darüber hinaus noch der traditionellen Hausfrauenrolle der Frau und Mutter entsprach.

Das herausragendste Charakteristikum dieses nationalsozialistischen Mutterbildes war die rein naturalistisch-biologistische Vorstellung von Geschlechtlichkeit, die die Lebenswelten von Mann und Frau radikal trennte. Während die Frau grundsätzlich nur als Mutter in ihrer „natürlichen“ Bestimmung zu Haus und Kindern gedacht wurde, wurde der Mann umgekehrt nicht als Vater mit eigenständigen innerfamiliären Funktionen außerhalb der „Führer“-Funktion wahrgenommen. Die Geschlechtsrollen wurden auf vermeintlich unabänderliche „Naturzustände“ reduziert und sollten ausdrücklich nebeneinander im Interesse einer mythischen

503 Vgl. *Gütt/Linden/Maßfeller*, Blutschutz- und Erbgesundheitsgesetz, 5.

504 Vgl. hierzu *Lück*, Die Frau im Männerstaat, 121 ff.

505 Vgl. dazu *Klinksiek*, Die Frau im NS-Staat, 84.

506 *König*, Die Frau im Recht des Nationalsozialismus, 26 ff.; *Lück*, Die Frau im Männerstaat, 53 ff.

507 „Genussfreiheit für die Frau gegen ihre Natur, wirtschaftliche Gleichheit mit dem Mann gegen ihre Aufgabe“; *Lange*, in: Frank, Nationalsozialistisches Handbuch für Recht und Gesetzgebung, 952.

508 Zum Ganzen *König*, Die Frau im Recht des Nationalsozialismus, 14 ff.

Volksgemeinschaft wirken.[509] Durch ebendiese Trennung blieb für die klassischen Forderungen der Frauenbewegung nach Freiheit und Gleichheit, die „verpönten Formeln der Republik“[510], kein Raum mehr.

III. Vater und Mutter in der nationalsozialistischen Ehe

Die ideologische Aufwertung der Mutterrolle fand keine legislative Entsprechung im Ehe- oder Kindschaftsrecht des BGB. Die Normenkomplexe um die Rolle von Vater und Mutter in Ehe und Familie sowie das Eltern-Kind-Verhältnis blieben von direkten gesetzgeberischen Maßnahmen weitgehend unberührt. Die einzige Ausnahme bildet in diesem Zusammenhang die durch § 3 Abs. 2 EheG 1938 eingeführte Einwilligungspflicht der sorgeberechtigten ehelichen Mutter (neben dem Vater) bei der Eheschließung ihres minderjährigen Kindes. Diese Regelung entspreche „allein der heutigen Auffassung von der Stellung der Frau und Mutter in der Familie“.[511] Der Grundgedanke dieser Neuregelung war faktisch ein Schritt in Richtung Gleichberechtigung zwischen den Eltern und entsprach insofern dem Weimarer Reformstandpunkt, zumal die in § 3 Abs. 3 EheG 1938 geregelte Zustimmungsersetzungsbefugnis des Vormundschaftsgerichts laut Begründung explizit gegen einen die Einwilligung rechtsmissbräuchlich verweigernden Vater gerichtet war.[512]

Den Kernpunkt im innerfamiliären Verhältnis von Vater und Mutter, das ehemännliche bzw. väterliche Entscheidungsrecht der seit 1900 unverändert gültigen §§ 1354, 1634 BGB, ließen die nationalsozialistischen Gesetzgeber zwar unangetastet, dennoch war dieser Bereich Gegenstand juristischer und ideologischer Auseinandersetzungen. Die hergebrachte, patriarchale Struktur des BGB, die ursprünglich in christlich-sittlichen Vorstellungen[513] wurzelnde Dominanz des Mannes bzw. Vaters, erschien offenbar einladend für eine Übertragung des

509 *Vinken*, Die deutsche Mutter, 228 ff.; *Triebel*, Die wirtschaftliche Stellung der deutschen Ehefrau in Vergangenheit, Gegenwart und Zukunft, 53 f.; *Lange*, in: Frank, Nationalsozialistisches Handbuch für Recht und Gesetzgebung, 952.

510 *Schwab*, in: Gerhard, Frauen in der Geschichte des Rechts, 790, 801.

511 Amtliche Begründung zum EheG 38, in: *Schubert*, Das Familien- und Erbrecht unter dem Nationalsozialismus, 143, 145.

512 Amtliche Begründung zum EheG 38, in: *Schubert*, Das Familien- und Erbrecht unter dem Nationalsozialismus, 143, 145.

513 *Planck*, Die rechtliche Stellung der Frau nach dem bürgerlichen Gesetzbuche, 11.

nationalsozialistischen „Führerprinzips“ auf die innere Ordnung der Familie.[514] Als offizieller Leitsatz des Regimes oder als Auslegungsregel einer herrschenden Meinung in Wissenschaft und Justiz ist ein „eheliches Führerprinzip“ indes nicht nachweisbar:[515]

Den Auftakt zu einer publizistischen Debatte um das Verhältnis der §§ 1354, 1634 BGB zum Führerprinzip machte, soweit ersichtlich, die Berliner Rechtsanwältin Ilse Eben-Servaes Anfang 1935 mit einem Aufsatz in der DR, einer Zeitschrift des Nationalsozialistischen Rechtswahrerbundes.[516] Sie forderte eine gleiche Verteilung der elterlichen Gewalt auf Vater und Mutter unter Wegfall des väterlichen Entscheidungsrechts. Dieses sollte durch die Möglichkeit der Anrufung des Familiengerichts ersetzt werden. Eben-Servaes argumentierte mit der hohen Bedeutung der Mutter als „Trägerin des neuen Geschlechts und Hüterin der neuen Generation“ für die Erziehung der Kinder, welche durch die Mütterschulungen des Regimes noch gesteigert werde. Diese Regelung widerspreche nicht dem Führerprinzip, da dieses vom „gekorenen“, nicht vom „geborenen Führer“ ausgehe und somit nicht auf die Familie übertragbar sei.[517]

Die ein eheliches Führerprinzip ablehnende Position Eben-Servaes ist aufgrund ihrer hohen Stellung in der NS-Frauenschaft sowie ihrer Mitgliedschaft im Fachausschuss Familienrecht der Akademie für Deutsches Recht (ADR) nicht unwichtig und kann in ihrer Offenheit als Indiz dafür gelten, dass das Regime wenig Interesse an dieser Frage hatte und insofern eine offene Debatte um sie zuließ. Die Auffassung Eben-Servaes fand auch Unterstützung bei anderen Juristinnen.[518] Direkten Widerspruch erhob jedoch Triebel, der die „Führerstellung des Mannes“ u. a. damit begründete, dass man „den Parlamentarismus nicht überwunden [habe, M. H.], um ihn in der Ehe und Familie neu erstehen zu lassen“. Auf Eben-Servaes Unterscheidung von „geborenem“ und „gekorenem“ Führer erwiderte Triebel, dass für die Ehefrau „die Führerstellung des Mannes durch die Freiwilligkeit der Eheschließung eine „gekorene“ sei.[519]. Im Übrigen wäre jede Gemeinschaft vom

514 Eine Übertragung des Führerprinzips auf Ehe und Familie behaupten *Coester-Waltjen*, StAZ 1992, 34, 36 und *Ramm*, Eherecht und Nationalsozialismus, 151, 158.

515 So auch *Schwab*, in: Gerhard, Frauen in der Geschichte des Rechts, 790, 801.

516 *Eben-Servaes*, DR 1935, 91, 92.

517 *Eben-Servaes*, DR 1935, 91, 92.

518 *Bommert*, Gemeinschaftliche und persönliche Angelegenheiten der Ehegatten, 49.

519 *Triebel*, Die wirtschaftliche Stellung der deutschen Ehefrau in Vergangenheit, Gegenwart und Zukunft, 60.

„Führergedanken beherrscht […], so auch die Familie und Ehe".[520] Kleinewefers hingegen versuchte die Übertragbarkeit des Führerprinzips auf die Stellung der Ehegatten untereinander aus dem nationalsozialistischen Gemeinschaftsbegriff heraus zu entwickeln und zog den bezeichnenden Vergleich der Pflichten eines Gemeindebürgermeisters mit denen eines Ehemannes seiner Familie gegenüber.[521] Auch Müller sprach sich für das Führerprinzip in der Ehe aus, wobei „zunächst der Vater als Familienoberhaupt" als Führer berufen sei. Das Führerprinzip stellte er darüber hinaus in die Tradition der deutschrechtlichen *Munt*.[522]

Müllers -das Führerprinzip auf die Ehe übertragende – Schrift erschien 1938 in den *Schriften der Akademie für Deutsches Recht*. Da deren Familienrechtsausschussmitglied Eben-Servaes offen die Gegenposition vertrat, kann mit Blick auf das Führerprinzip in Ehe und Familie nicht von einem von Partei oder Staat vorgegebenen ideologischen Leitsatz gesprochen werden. Es bot lediglich allen in der Weimarer Zeit in die Defensive geratenen Verfechtern des ehemännlichen bzw. väterlichen Entscheidungsrechts die Möglichkeit, die NS-Ideologie ihren rechtlichen Vorstellungen nutzbar zu machen.

In diesem Sinne behauptete Webler 1935, eine „Aenderung des Personensorgerechts durch ‚Gleichstellung' beider Elternteile […] widerspräche nationalsozialistischen Grundsätzen, nach denen der Vater als Oberhaupt der Familie alle ihre eng miteinander verflochtenen Rechte einheitlich wahrt".[523] Der Hamburger Rechtsprofessor Karl Haff forderte 1934 eine Abkehr von dem „Phantom einer ‚Gleichberechtigung' der Geschlechter" und eine Rückkehr zu den „vaterrechtlichen Grundgedanken des Familienrechts unserer Vorfahren mit seiner Schutzherrschaft des Mannes über Frau und Kinder".[524] Eine Reform, die nicht „das Wesen der deutschen Familie zerstören" wolle, müsse „an dem Grundsatze festhalten, daß der Mann das Haupt der eheliche Gemeinschaft ist".

Hätte man die Äußerung Haffs in dieser Form durchaus bereits um 1900 hören können, so kann die folgende Argumentation Triebels als beispielhaft für eine nationalsozialistische Auffassung vom Verhältnis der Ehegatten zueinander sowie von der Rolle der Frau im Allgemeinen angesehen werden. Triebel erklärte die Frage nach Gleichberechtigung der Frau für gänzlich irrelevant, da sich diese ohnehin

---

520 *Triebel*, Die wirtschaftliche Stellung der deutschen Ehefrau in Vergangenheit, Gegenwart und Zukunft, 52.

521 *Kleinewefers*, Ehefrau und ehemännliches Entscheidungsrecht, 28.

522 *Müller*, Elterliche Gewalt und Vormundschaft, 6.

523 *Webler*, DR 1935, 89, 90.

524 *Haff*, Institutionen des deutschen Privatrechts, Band II, Familienrecht, XII.

ganz selbstverständlich – aus ihrer Natur heraus – als Mutter in den Dienst und das Interesse der Familie bzw. Gemeinschaft stelle:

> „Kaum eine Frau kümmert sich um die ihr vom Gesetz eingeräumten Rechte. Sie tut, was Jahrhunderte Frauen vor ihr getan haben und nach ihr tun werden, weil es ihre Weiblichkeit so will. hre vermeintliche Hörigkeit ist nichts als Gehorsam gegenüber der naturgesetzlichen Notwendigkeit. [...]
>
> Vor allem nach der nationalsozialistischen Eheauffassung ist allein das Wohl der Familie Maßstab und Umfang der Selbständigkeit der Ehefrau. In ihrem Wesen ist sich die Frau ewig gleich geblieben. [...] Der Hausfrauenberuf erfordert die ganze Liebe und Hingabe einer Mutter und Gattin. Die Ehefrau muß wegen des größeren Zieles und der ursprünglichen Aufgabe aus dem außerhäuslichen Erwerbsleben ausscheiden."[525]

Eben-Servaes trieb die Debatte weiter und setzte sich 1938 in einem weiteren Aufsatz erneut eingehend mit der Rolle der Frau und Mutter im nationalsozialistischen Familienrecht auseinander.[526] Ihr gelang dabei eine geschickte Verbindung von traditionell bürgerlichem Familienideal, nationalsozialistischer Mutterideologie und dem argumentativen Kunstgriff, eben daraus die Forderung nach Gleichberechtigung der ehelichen Mutter sowie nach Verbesserung der Rechtsstellung der geschiedenen und unehelichen Mutter zu entwickeln. Gemäß der von der ADR erarbeiteten Begriffsbestimmung der Ehe[527] liege deren „wesentliches Ziel im Kind". Die Frau wurde gewertet „als die Gefährtin des Mannes und die Erzieherin ihrer Kinder", „ihre Aufgabe in Ehe und Familie betrifft sie als Hausfrau und Mutter".

In der Frage der elterlichen Gewalt des BGB plädierte Eben-Servaes erneut für eine gleichberechtigte Verteilung auf Vater und Mutter und begründete dies mit der tatsächlichen Rollenverteilung in der Erziehung sowie dem Instrument der staatlichen Mütterschulung:

> „Die Mutter ist es, die vom ersten Tage an ihr Kind betreut und leitet, die schon aus dem tatsächlichen Grunde, daß der Vater meist nur wenig Zeit für die Erziehung seiner Kinder hat, hauptsächlich die Verantwortung trägt, daß ihre Kinder zu

525 *Triebel*, Die wirtschaftliche Stellung der deutschen Ehefrau in Vergangenheit, Gegenwart und Zukunft, 53, 61 f.

526 *Eben-Servaes*, DR 1938, 90, 92.

527 „Ehe ist die von der Volksgemeinschaft anerkannte, auf gegenseitiger Treue, Liebe und Achtung beruhende dauernde Lebensgemeinschaft zweier rassegleicher, erbgesunder Menschen verschiedenen Geschlechts zum Zwecke der Wahrung und Förderung des Gemeinwohls durch einträchtige Zusammenarbeit und zum Zwecke der Erzeugung rassegleicher, erbgesunder Kinder und ihrer Erziehung zu tüchtigen Volksgenossen"; *Eben-Servaes*, DR 1938, 90.

wertvollen Mitgliedern der Volksgemeinschaft herangebildet werden. Die deutsche Frau wird diese Aufgabe heute mehr als je erfüllen können. Durch die Mütterschulung werden die Frauen zu körperlich und seelisch tüchtigen Müttern herangebildet, die überzeugt sind von den hohen Pflichten der Mutterschaft, die erfahren sind in der Pflege und Erziehung ihrer Kinder, und die ihren hauswirtschaftlichen Aufgaben gewachsen sind.

Wenn aber heute der Frau und Mutter in erster Linie die große Aufgabe der Erziehung der Zukunft unseres Volkes übertragen ist, dann muß auch die rechtliche Grundlage geschaffen werden, um ihr die Erfüllung dieser Aufgabe in vollem Umfange zu ermöglichen. Dann muß sie die ganze Verantwortung für die Erziehung, ebenso wie der Vater tragen. [...] Vater und Mutter müssen hier das gleiche Recht und vor allem die gleiche Verantwortung tragen."[528]

Noch wichtiger war Eben-Servaes eine Verbesserung der Rechtslage geschiedener Mütter. „Das wesentliche" für die Mutter sei in dieser Situation die Frage, „ob sie ihre Kinder bei sich behält", also die Frage nach der Verteilung des Sorgerechts nach der Scheidung. Sie sprach sich hier klar für eine Abkehr von der Koppelung an den Schuldspruch und für eine alleinige Orientierung an der persönlichen Eignung zur Erziehung aus. Für Eben-Servaes bestand diesbezüglich ein klarer, in der Natur der Eltern-Kind-Beziehung begründeter Muttervorrang.[529]

Der Vater kam bei Eben-Servaes lediglich als abstrakte Bezugsgröße für die geforderte Rechtsangleichung zugunsten der Mutter vor. Eine eigenständige Rolle im Eltern-Kind-Verhältnis wurde ihm nicht zugewiesen. Dies entsprach allerdings auch der nationalsozialistischen Vorstellung von den getrennten Lebenswelten von Mann und Frau, nach der die Welt des Mannes der Staat, die der Frau allein Kinder und Haus sei.[530] Die Autorin schloss ihre Ausführungen mit der Aufforderung, der Mutter bei einer Erneuerung des Familienrechts eine rechtliche Stellung einzuräumen, die ihrer Bewertung durch den Nationalsozialismus entspreche.[531]

In der Tendenz ähnlich und dabei noch stärker von nationalsozialistischer Terminologie geprägt ist die 1938 erschienen Schrift von Bommert.[532] Auch diese

---

528 *Eben-Servaes*, DR 1938, 90 f.

529 *Eben-Servaes*, DR 1938, 90, 91.

530 Vgl. hierzu Hitlers Rede am 8. September 1934 auf dem Reichsparteitag der NSDAP in Nürnberg vor der NS-Frauenschaft: „Wenn man sagt, die Welt des Mannes ist der Staat, die Welt des Mannes ist sein Ringen, die Einsatzbereitschaft für die Gemeinschaft, so könnte man vielleicht sagen, daß die Welt der Frau die kleinere sei, denn ihre Welt ist der Mann, ihre Kinder und ihr Haus." Zitiert nach: *Kuhn/Rüsen*, Frauen in der Geschichte II, 229.

531 *Eben-Servaes*, DR 1938, 90, 92.

532 *Bommert*, Gemeinschaftliche und persönliche Angelegenheiten der Ehegatten.

Autorin nutzte die nationalsozialistische Ein- und Unterordnung von Ehe und Familie in die übergeordnete Volksgemeinschaft sowie die überindividuelle Zweckbestimmung der Ehe dazu, jedem Ehegatten als Vater und Mutter, die, weil sie aufgrund der funktionalen Ungleichheit der Geschlechter komplementär zueinander stünden, jeweils gleichwertig seien, einen eigenen, naturgegebenen Bereiche zuzuweisen.[533] Aus diesem gleichwertigen Zusammenwirken der einzelnen „Glieder" zum Wohle und im Dienste einer höheren Instanz – auch Bommert bezeichnete die Mutter als „Treuhänderin der jungen Generation" – entwickelte sie eine eigene Definition von Gleichberechtigung der Ehegatten, die sich letztlich aber darin erschöpfte, als „Glieder" in eine „höhere Ordnung" eingegliedert zu sein. Die darin enthaltene ideologische Überbetonung der nationalsozialistischen Zweckbestimmung von Ehe und Familie ließ allerdings die konkrete juristische Fragestellung völlig in den Hintergrund treten. Im Ergebnis forderte Bommert jedoch wie Eben-Servaes den Wegfall eines einseitigen Entscheidungsrechts unter möglicher Anrufung des Familiengerichts.[534]

Zwar deutete auch Kleinewefers den von Art. 119 WRV benutzten Begriff der „Gleichberechtigung" nicht als „schematische Gleichstellung", sondern als „Jedem-das-Seine-Prinzip", nach dem Gleichberechtigung erreicht sei, wenn die Frau die rechtliche Stellung habe, die ihr nach ihren naturgegebenen Fähigkeiten gebühre,[535] verlangte aber auch nach eben diesem Prinzip, „daß der Frau in den Gebieten, die man von Natur aus als ihre Angelegenheit ansehen kann, eine ihrer Würde entsprechende Stellung", ihr also ggf. ein mütterliches Entscheidungsrecht eingeräumt werde.[536] Dies sei nach Kleinewefers für die Mutter insbesondere im Bereich der tatsächlichen Personensorge der Fall. Gerechtfertigt werde dies durch die reelle Aufgabenverteilung, durch das „naturgegebene seelische Band" zwischen Mutter und Kind" sowie „das natürlichste Recht der Mutter an einem kleinen Kind".[537] Der Umstand, dass die Autorin trotzdem, wie oben ausgeführt, eine Übertragung des Führerprinzips auf Ehe und Familie vertrat, illustriert exemplarisch die Schwierigkeiten einiger in den NS-Jahren publizierender Juristen, einerseits den ideologischen Vorgaben des Regimes genügen zu wollen, andererseits aber – in Erinnerung an die Weimarer Reformprozesse – nicht völlig in den Patriarchalismus zurückzufallen.

533 *Bommert*, Gemeinschaftliche und persönliche Angelegenheiten der Ehegatten, 48 ff.
534 *Bommert*, Gemeinschaftliche und persönliche Angelegenheiten der Ehegatten, 50 f.
535 *Kleinewefers*, Ehefrau und ehemännliches Entscheidungsrecht, 19 f.
536 *Kleinewefers*, Ehefrau und ehemännliches Entscheidungsrecht, 21, 47.
537 *Kleinewefers*, Ehefrau und ehemännliches Entscheidungsrecht, 34, 35.

IV. Verteilung der elterlichen Gewalt nach der Scheidung

Das am 6. Juli 1938 auch für das in das Deutsche Reich eingegliederte Österreich erlassene neue Ehegesetz[538] reformierte das Recht sowohl der Eheschließung als auch der Ehescheidung. Im Bereich des Scheidungsfolgenrechts löste der § 81 EheG 1938 die bisherige starre Regelung des § 1635 Abs. 1 S. 1 1. HS BGB 1900 ab, nach der die Verteilung des Personensorgerechts im Regelfall an den Schuldspruch des Gerichts gekoppelt war, also der an der Scheidung nicht schuldige Elternteil die Sorge für die Person der Kinder erhielt. Wenn beide Elternteile für schuldig befunden wurden, so ging die Sorge für Kinder unter sechs Jahren sowie Töchter an die Mutter, für Söhne über sechs Jahren an den Vater (§ 1635 Abs. 1 S. 1 2. HS BGB). Diese geschlechtsspezifische Regelung entsprach einer traditionellen Ansicht, die insbesondere jüngere Kinder zuallererst der Mutter zuordnete und die Rolle des Vaters in der Erziehung wenn überhaupt eher im Bereich der schulischen Ausbildung und späteren Berufswahl sah.[539] Darüber hinaus wohnte der Koppelung an die Schuldfrage der Gedanke inne, den am Scheitern der Ehe schuldigen Elternteil mit dem Entzug der Kinder zu bestrafen.[540]

Der neue § 81 Abs. 1 EheG 1938 stellte nun offiziell das Kindeswohl in den Vordergrund der Sorgerechtsregelung. Die Zuteilung der Sorge für die Person der gemeinschaftlichen Kinder lag nun völlig im Ermessen des Vormundschaftsgerichts, für das hierbei nun allein maßgeblich war, was „nach Lage der Verhältnisse dem Wohl des Kindes am besten entspricht“. Daher stellte die amtliche Begründung zu den §§ 81, 82 EheG 1938 fest, dass die Personensorge „vielmehr, unabhängig von dem Schuldspruch im Scheidungsurteil, in erster Linie nach der Eignung der Ehegatten zu einer dem Wohl des Kindes förderlichen Erziehung“ erteilt werden solle.[541]

Dennoch sollte hierbei der Schuldspruch nicht gänzlich unberücksichtigt bleiben und deshalb einem allein oder überwiegend schuldigen Elternteil die Sorge nur aus „besonderen Gründen zum Wohl des Kindes“ erteilt werden (§ 81 Abs. 3

538 „Gesetz zur Vereinheitlichung des Rechts der Eheschließung und Ehescheidung im Lande Österreich und im übrigen Reichsgebiet“, RGBl. I 1938, 807.

539 Vgl. etwa *Bulling*, Die deutsche Frau und das bürgerliche Gesetzbuch, 158.

540 Amtliche Begründung §§ 81, 81 EheG 38, abgedruckt in: *Scanzoni*, Das großdeutsche Ehegesetz, §§ 81, 82 EheG, Rn. 1.

541 Amtliche Begründung §§ 81, 81 EheG 38, abgedruckt in: *Scanzoni*, Das großdeutsche Ehegesetz, §§ 81, 82 EheG, Rn. 1.

EheG 1938). Hintergrund dieser scheinbaren Rückkehr zum Grundgedanken des § 1635 Abs. 1 BGB war jedoch ein als durchaus möglich angesehener Rückschluss von der Scheidungsschuld auf die erzieherischen Qualitäten und die Vorbildfunktion des schuldigen Ehegatten. Sofern aber die Scheidungsgründe diesen erziehungsrelevanten Bereich nicht berührten, waren an die „besonderen Gründe" zur Abweichung von der Soll-Vorschrift des § 81 Abs. 3 EheG 1938 keine hohen Anforderungen zu stellen.[542]

Die neue Regelung des § 81 EheG 1938 war, ebenso wie das gesamte Ehegesetz von 1938, beherrscht von Generalklauseln und auslegungsbedürftigen unbestimmten Rechtsbegriffen.[543] So war der Richter bei seiner Entscheidung über die Sorgerechtsverteilung nun zwar unabhängiger von starren Gesetzesregelungen und konnte so die Umstände des Einzelfalls eingehender würdigen, allerdings waren damit die Entscheidungen des Vormundschaftsrichters notwendigerweise stärker geprägt von subjektiven Einstellungen und gesellschaftlich-kulturell bedingten Vorstellungen über die Rollen von Mutter und Vater im Verhältnis zu ihrem Kind. Dies galt umso mehr, wenn für die Beurteilung der Erziehungsfähigkeit eines Elternteils eine umfangreiche Individualwürdigung notwendig wurde, die die Richter regelmäßig überforderte, weshalb diese zu „schematisierenden und typisierenden Wertungen" übergingen,[544] in welchen dann subjektive wie gesamtgesellschaftliche Vater- und Mutterbilder zum Tragen kamen.

Die Frage, ob Mütter oder Väter prinzipiell besser zur Personensorge bzw. zur Erziehung der Kinder nach Scheidung einer Ehe geeignet seien, wurde in der Literatur nur vereinzelt gestellt und beantwortet.[545] Betrachtet man die eindeutige Tendenz in den Rollenbildern von Mutter und Vater vor und seit Einführung des BGB, die die Mutter zwar der Autorität des Vaters unterordneten, deren „naturbedingten" Vorrang bzw. deren „Berufung" im Bereich der persönlichen Beziehung zum Kind aber immer herausstellten, dann verwundert dies nicht. Man ging angesichts der weiter vorherrschenden Rollenverteilung in der Familie und im außerhäuslichen Erwerbsleben allgemein von einem naturgegebenen Muttervorrang im Bereich der Personensorge aus.[546]

---

542 *Scanzoni*, Das großdeutsche Ehegesetz, §§ 81, 82 EheG, Rn. 10; *Parr*, Das Kindeswohl in 100 Jahren BGB, 68.

543 *Ramm*, Eherecht und Nationalsozialismus, 157.

544 *Ramm*, Eherecht und Nationalsozialismus, 158.

545 Ausführlich *Bulling*, Die deutsche Frau und das bürgerliche Gesetzbuch, 156; in der NS-Zeit *Eben-Servaes*, DR 1938, 90, 91.

546 *Cohn*, Gleichberechtigung der Geschlechter im künftigen Elternrecht, 16; *Kleinewefers*, Ehefrau und ehemännliches Entscheidungsrecht, 34, 35; *Eben-Servaes*, in:

Parallel zu diesem letztlich funktional begründeten Muttervorrang im Bereich der Personensorge lag in der dauernden Betonung eines in der Natur begründeten Mutterrechts am Kind implizit auch der Gedanke eines Besitzrechts der Mutter an ihrem Kind, was sich besonders im Bereich des Unehelichenrechts zeigte; die auf einer vermeintlich natur- und wesensmäßigen Aufgabenverteilung der Geschlechter aufbauende NS-Ideologie hat diesen Muttervorrang ideologisch unterfüttert und weiter verfestigt. ADR-Mitglied Eben-Servaes formulierte diese Haltung so:

> „Das wesentliche wird für eine Mutter wohl immer die Frage sein, ob sie ihre Kinder bei sich behält. [...] Nur eine Frage kann künftighin für den Richter maßgebend sein: Wer ist zur Erziehung und Pflege der Kinder der Geeignetste. Daß hierbei auf die natürliche Verbundenheit von Mutter und Kind Rücksicht genommen werden muß, ist selbstverständlich [...]. Wenn man an das Wohl der Kinder denkt, wird man immer davon ausgehen müssen, daß eine leibliche Mutter, abgesehen von Einzelfällen, im frühen Kindesalter vor allem niemals ersetzt werden kann. Das naturgegebene Band zwischen Mutter und Kind kann nicht weggeleugnet werden, und häufig genug führt die rigorose Wegnahme der Kinder, weil eine Mutter nach dem Urteil alleinschuldig ist, zu schweren seelischen Störungen.“[547]

Bereits 1935 hatte der Vorsitzende des Familienrechtsausschusses der ADR, Ferdinand Mößmer, in einer Denkschrift zur Neugestaltung des Ehescheidungsrechts den Reformarbeiten im Bereich der Sorgerechtsverteilung ebenfalls „die natürliche Verbundenheit zwischen Mutter und Kind“ zur „besonderen Berücksichtigung“ empfohlen.[548] Dem schloss sich Hoecherl an und forderte, dass der Mutter aufgrund ihrer hohen Bedeutung für das Wohl des Kindes „bei der Kindeszuteilung, insbesondere bei Kindern in noch jugendlichem Alter, der ihr gebührende Platz“ eingeräumt werden müsse.[549]

Lauterbach hingegen knüpfte an den Gedanken des § 1635 Abs. 1 S. 1 2. HS BGB an und empfahl 1939 im Palandt dem Vormundschaftsrichter bei der Erteilung

---

Verhandlungen des 36. Deutschen Juristentages, Bd. 2, 101; *Geiger*, Das uneheliche Kind und seine Mutter im Recht des neuen Staates, 44; *Eben-Servaes*, DR 1938, 90, 91; *Hoecherl*, Die elterliche Gewalt nach Scheidung der Ehe der Eltern, 79; *Mößmer*, Neugestaltung des deutschen Ehescheidungsrechts, 77.

547 *Eben-Servaes*, DR 1938, 90, 91.

548 *Mößmer*, Neugestaltung des deutschen Ehescheidungsrechts, 77.

549 *Hoecherl*, Die elterliche Gewalt nach Scheidung der Ehe der Eltern, 79. Zur Begründung schreibt Hoecherl: „Die Mutter ist es, die das Kind vom ersten Tage ab betreut und leitet, die seine Sorgen und Wünsche, seine Fehler und Vorzüge am besten kennt und ihre liebevolle Pflege wird oft nicht zu ersetzen sein, ohne daß das Kind seelisch verkümmert.“

des Sorgerechts für mehrere gemeinschaftliche Kinder nach § 81 Abs. 2 EheG 1938 eine weiterhin an Geschlecht und Alter der Kinder orientierte Vorgehensweise, die der Mutter die frühkindliche Betreuung, dem Vater die strenge Autorität zuwies:

> „So zB wird ein Kind in den ersten Lebensjahren regelmäßig der Mutter belassen werden, auch wenn für ältere dem Vater die Sorge übertragen ist; umgekehrt kann es erforderlich werden, dem Vater die Sorge für den Jungen, der die starke Hand braucht, zu übertragen, auch wenn die Mutter an sich sorgeberechtigt für die weiteren Geschwister ist.“[550]

Auch für Adam[551] galt grundsätzlich der Muttervorhang bei der Personensorge, insbesondere wenn die jüngeren Kinder speziell „mütterlicher“ Fürsorge bedürften. So wollte er die Sorge „für ein nervöses und schwächliches Kind [...] tunlichst der leiblichen Mutter belassen“. Etwas anderes gelte freilich, „wenn ein Kind nur verweichlicht ist und ihm eine straffe Erziehung nottut“. Für diesen Fall befürwortete Adam wie schon Lauterbach die autoritätsbezogene Erziehung beim Vater, also die Erteilung des Personensorgerechts an ihn.[552]

Während in den meisten Beiträgen zur Sorgerechtsproblematik in der NS-Zeit eine eigenständige Rolle des Vaters überhaupt nicht angesprochen wurde (wie hier am Beispiel Eben-Servaes), wiesen Lauterbach und Adam dem Vater seine traditionelle Autoritätsfunktion als Erziehungsfunktion zu, die schon in den Motiven zu finden ist.[553] Freisler hingegen mochte den Gerichten ausdrücklich keine „ins einzelne gehenden Hinweise für seine Entscheidung mit auf den Weg geben“. Er bezog sich hier explizit auf die Verknüpfung von geringem Alter des Kindes und Zuweisung an die Mutter.[554]

Weiteren Grund zur Diskussion bot die Frage der rechtlichen Vertretung des Kindes, die nach dem bisherigen § 1635 Abs. 2 BGB auch bei einer Sorgerechtserteilung an die Mutter beim Vater verblieb.[555] Sie könne man, so Eben-Servaes,

550 *Palandt*, Bürgerliches Gesetzbuch, 2. Auflage, § 81 EheG, Nr. 4.

551 *Adam*, Die Personensorge des elterlichen Gewalthabers, 1938.

552 *Adam*, Die Personensorge des elterlichen Gewalthabers, 59.

553 Vgl. *Planck*, Motive, 1414; *Mugdan*, Die gesamten Materialien zum Bürgerlichen Gesetzbuch für das Deutsche Reich, 391.

554 *Freisler*, Vom alten zum neuen Ehescheidungsrecht, 1937, 261.

555 In diesem Zusammenhang war strittig, ob mit der Personensorge nach dem neuen § 81 EheG 38 auch die gesetzliche Vertretung des Kindes mitübertragen wurde, da der bisherige § 1635 II BGB von § 84 EheG 38 aufgehoben wurde und das EheG 38 keine entsprechende Bestimmung enthielt. Zum damaligen Meinungstand vgl. *Scanzoni*, Das großdeutsche Ehegesetz vom 6. Juli 1938, Kommentar, § 82 EheG, Rn. 4, 5.

zukünftig bedenkenlos in die Hände der Mutter legen, insbesondere wenn diese „durch die Mütterschulung hindurchgegangen ist".[556]

> „Grundsätzlich wird daher künftighin Sorgerecht und gesetzliche Vertretung immer in einer Hand liegen."[557]

Dies war auch die Ansicht Mößmers. Die bisher gem. § 1635 Abs. 2 BGB in der Hand des Vaters verbliebene rechtliche Vertretung des Kindes sollte in Zukunft nicht mehr vom Personensorgerecht getrennt vergeben werden, also ebenfalls in die Hände der geschiedenen Mutter gelegt werden, was Mößmer offenbar auch als künftigen Regelfall annahm. Zur Begründung führte Mößmer negative Einwirkungen des Vaters zum Schaden des Kindes an:

> „Die Erfahrung lehrt, daß nur allzu häufig die von der Mutter beabsichtigten Maßnahmen durch den alleinvertretungsberechtigten Vater erheblich verzögert, wenn nicht gar vereitelt werden können."[558]

Hierbei sei weniger das Interesse des Vaters etwa an ordnungsgemäßer Verwendung seiner Unterhaltbeiträge bestimmend „als vielmehr Absichten, die sich ausschließlich gegen die sorgeberechtigte Mutter persönlich richten" würden.[559] Bei Scanzoni findet sich in diesem Zusammenhang der Fall eines geschiedenen unterhaltspflichtigen Vaters, der mit der sorgeberechtigten Mutter über eine weitere Schulausbildung der gemeinsamen Tochter streitet. Während der Vater auf eine baldige Berufsausbildung drängt, möchte die Mutter die Schulausbildung fortsetzen. Der Vater wird hier vom Gericht „scharf" gerügt, weil hinter seinem Einwand offensichtlich nur der Wunsch nach „geldlicher Entlastung" stehe. Scanzoni bezeichnet hier das Verhalten des Vaters ausdrücklich als „im praktischen Rechtsleben typisch".[560]

Die Rolle des geschiedenen Vaters im Rahmen des § 1635 Abs. 2 BGB wurde auch im Übrigen Schrifttum negativ eingeschätzt. Lehmann sprach bezüglich der Regelung des § 1635 Abs. 2 BGB von einer „geradezu frauenfeindlichen Lösung, die dem Mann das Recht gibt, sich andauernd in das Verhältnis der Frau zu den ihr zugesprochenen Kindern hineinzumischen",[561] und für Mitteis lag die Gefahr

556 *Eben-Servaes*, DR 1938, 90, 91.
557 *Eben-Servaes*, DR 1938, 90, 91.
558 *Mößmer*, Neugestaltung des deutschen Ehescheidungsrechts, 75.
559 *Mößmer*, Neugestaltung des deutschen Ehescheidungsrechts, 75 f.
560 *Scanzoni*, Das großdeutsche Ehegesetz, §§ 81, 82 EheG, Rn. 6; vgl. hierzu auch *Eben-Servaes*, Zeitschrift der Akademie für Deutsches Recht 1936, 11.
561 *Lehmann*, Familienrecht, 174.

nahe, „daß ein für schuldig erklärter Vater wichtige Entscheidungen für das Kind zu treffen böswillig unterlässt".[562] Eine gleichlautende Kritik am § 1635 Abs. 2 BGB mit dem angenommenen Regelfall des Vertretungsrechts des geschiedenen Vaters findet sich auch bei Hoecherl.[563]

Wie die Beispiele zeigen, ging die große Mehrheit der zeitgenössischen juristischen Stimmen von der Personensorgeerteilung an die geschiedene Mutter als Regelfall aus. Eine Erziehung durch den Vater wurde nur in Ausnahmefällen diskutiert, was aber mit der allgemein schwachen Stellung, welche dem ehelichen Vater im Bereich der Personensorge zugesprochen wurde, korrespondierte. Denn die Rolle des Vaters wurde bisher vor allem in der innerfamiliären Ordnungsfunktion, manifestiert in §§ 1354, 1634 BGB, sowie in der Vertretung der Familie, insbesondere der Kinder, nach außen gesehen. Eine eigenständige Bedeutung des Vaters im persönlichen Bereich des Eltern-Kind-Verhältnisses bzw. in der Personensorge wurde offenbar immer weniger thematisiert, je mehr die genannten Vaterfunktionen infolge tatsächlicher (Scheidung) und rechtlicher Umstände (Neuregelung der Vertretung im EheG 1938) für diesen wegfielen und auf die Mutter übergingen. Nach der Scheidung wurde der Vater vielmehr als Störfaktor im nunmehr abgeschiedenen Mutter-Kind-Verhältnis dargestellt, was ein tendenziell negatives Bild des geschiedenen Vaters bezeugt. Das traditionelle Mutterbild mit seiner Vorstellung einer naturgegebenen Mutter-Kind-Symbiose, der „natürliche[n] Verbundenheit von Mutter und Kind",[564] wurde hingegen durch die nationalsozialistische Mutterideologie weiter aufgewertet und fand auch im juristischen Schrifttum der Zeit starke Resonanz.

V. Uneheliche Mütter und Väter im Unehelichenrecht des Nationalsozialismus

1. Unehelichkeit und Nationalsozialismus

Der Bereich des Unehelichenrechts bot verschiedene ideologische Anknüpfungspunkte für die nationalsozialistischen Machthaber. In erster Linie betraf dies den Zusammenhang von Besserstellung des unehelichen Kindes samt seiner Mutter

562 *Mitteis*, Familienrecht, 3. Auflage, 1931, 36.

563 *Hoecherl*, Die elterliche Gewalt nach Scheidung der Ehe der Eltern, 75 f.

564 Die Formulierung findet sich wortgleich bei *Eben-Servaes*, DR 1938, 90, 91 und *Mößmer*, Neugestaltung des deutschen Ehescheidungsrechts, 77.

und der mit vielfältigen Mitteln betriebenen Bevölkerungspolitik des NS-Staates. Diese zielte im Bereich des Unehelichenrechts nicht mehr vornehmlich darauf ab, die Lebenschancen der bereits geborenen Kinder zu verbessern (wie es die bisherige Jugendfürsorgepolitik vorsah), sondern einerseits durch soziale Förderung sowie gezielte Aufwertung der gesellschaftlichen Stellung lediger Mütter[565] deren Nachwuchs der „Volksgemeinschaft" nutzbar zu machen und andererseits ledige Frauen zur Zeugung außerehelichen Nachwuchses zu ermuntern bzw. dessen Geburt zu erleichtern. Einrichtungen wie der Lebensborn e. V. oder auch der Aufruf Himmlers zur außerehelichen Kinderzeugung an die Partnerinnen ins Feld ziehender Soldaten[566] geben hiervon ein Beispiel.

Dass diese Förderung und Aufwertung nur für „rassisch wertvolle" Mütter und Kinder galt, ist in Anbetracht der alles überlagernden Rassenideologie offenkundig und wird besonders deutlich in der zwangsweisen Sterilisierung „minderwertiger" Mütter nach dem Gesetz zur Verhütung erbkranken Nachwuchses vom 14. Juli 1933.[567] Aus einem Erlass des Reichsinnenministeriums geht hervor, dass das Gesetz gerade auch ledige Mütter treffen sollte:

> „Bei unehelich Gebärenden wird es sich in vielen Fällen um geistesschwache Personen handeln, die unter das Gesetz fallen dürften. Solche Personen sind dann dem zuständigen Bezirksarzt zur Anzeige zu bringen."[568]

Kritik fand die Förderung des unehelichen Nachwuchses auch bei Vertreterinnen von NS-Gliederungen, wie aus dem Brief einer BDM-Reichsreferentin an Himmler hervorgeht:

---

565 Vgl. hierzu etwa das Schreiben von Rudolf Heß an eine Mutter, veröffentlicht im *Völkischen Beobachter* vom 24.12.1939: „Jedenfalls darf heute eine Frau, die es in den unsicheren Verhältnissen eines Krieges bewusst auf sich nimmt, unverheiratete Mutter zu werden und vielleicht zu bleiben [...] keine mindere Achtung erfahren." Zitiert nach *Schubert*, Das Familien- und Erbrecht unter dem Nationalsozialismus, 625. Vgl. hierzu auch *Buske*, Fräulein Mutter und ihr Bastard. Eine Geschichte der Unehelichkeit in Deutschland, 164 ff.

566 Himmler, SS-Befehl an die gesamte SS und Polizei vom 28.10.1939: „Über die Grenzen vielleicht sonst notwendiger bürgerlicher Gesetze und Gewohnheiten hinaus wird es auch außerhalb der Ehe für deutsche Frauen und Mädel guten Blutes eine hohe Aufgabe sein können, nicht aus Leichtsinn, sondern in tiefstem sittlichem Ernst Mütter der Kinder ins Feld ziehender Soldaten zu werden [...]"; zitiert nach *Becker*, Zur Geschichte der Rassenhygiene, 272.

567 RGBl. 1933 I, 529 ff.

568 Brief des Reichsinnenministeriums an die Landesregierungen, 09.07.1934, zitiert nach: *Bock*, Zwangssterilisation im Nationalsozialismus, 406.

„Es ist leider oft so gewesen, daß die Propagierung des unehelichen Kindes von den Menschen falsch ausgelegt worden ist, von denen wir am wenigsten wertvolle Kinder erwarten können. An wertvolle Menschen kann man sich sicher mit der Propagierung des unehelichen Kindes wenden. Ich glaube aber doch nicht, daß dieses Thema zur Diskussion für die breite Öffentlichkeit bestimmt ist.“[569]

Wie sich aus diesen Äußerungen ergibt, war das alte soziale und moralische Ressentiment gegenüber der unehelichen Mutter trotz aller gegenläufigen Bekundungen der neuen Machthaber weiterhin sichtbar. Aber während das traditionelle Bild der unehelichen Mutter zu Beginn des 20. Jahrhunderts noch von Bewertungen wie „moralisch minderwertig“[570] oder „liederlich und leichtsinnig“[571] sowie der Unterstellung einer besonderen Promiskuität, also letztlich von in der zeitgenössischen bürgerlichen Sexualmoral gründenden Bewertungen geprägt war, verbanden sich diese Stereotype jetzt mit den neuen nationalsozialistischen Maßstäben der Rassenhygiene und der Eugenik. Gerade die Arbeit der von den Nationalsozialisten eingerichteten Erbgesundheitsgerichte zeigt dieses „Ineinandergreifen von alten Vorurteilsstrukturen, Rassenhygiene und gerichtlicher Praxis“[572], etwa am Beispiel des „weiblichen Schwachsinn[s]“, der angeblich überbordenden „Triebhaftigkeit“ der Mütter und populärer Vererbungslehren.[573] Für viele Mütter unehelicher Kinder gerade aus den unteren Schichten hatte diese Verbindung alter Stereotype und neuer Rassenhygiene die Einstufung als „minderwertig“ und „erblich belastet“ zur Folge, was in vielen Fällen zu deren Zwangssterilisierung führte.[574]

Die Verbindung von Unehelichenrecht, tradierten Bildern der ledigen Mutter bzw. Vaters und dem neuen nationalsozialistischen Leitbild der Rassenhygiene wird insbesondere durch die Hinzuziehung führender Rassenhygieniker zu den

569 Zitiert nach *Schubert*, Das Familien- und Erbrecht unter dem Nationalsozialismus, 624–626.

570 *Spann*, Untersuchungen über die uneheliche Bevölkerung, 110. Selbst bei der Frauenbewegung zuzuordnenden Sozialwissenschaftlerinnen fand sich in den zwanziger Jahren der Terminus der „Minderwertigkeit“, so etwa bei *Oekinghaus*, Die gesellschaftliche und rechtliche Stellung der deutschen Frau, 159: „Die größte Zahl der unehelichen Mütter rekrutiert sich aus der sozial tiefstehenden Schicht. Die die öffentlichen Entbindungsanstalten aufsuchenden ledigen Schwangeren sind meist unbemittelt; viele sind moralisch, manche auch geistig minderwertig.“

571 *Planck*, Motive, 1612; *Mugdan*, Die gesamten Materialien zum Bürgerlichen Gesetzbuch für das Deutsche Reich, 457.

572 *Buske*, Fräulein Mutter und ihr Bastard, 183.

573 *Bock*, Zwangssterilisation im Nationalsozialismus, 407.

574 *Buske*, Fräulein Mutter und ihr Bastard, 183.

Beratungen der ADR-Fachausschüsse deutlich. So vertrat der Direktor der Abteilung Eugenik am Kaiser-Wilhelm-Institut für Anthropologie Berlin, Professor Fritz Lenz, im Familienrechtsausschuss die These, die „Minderwertigkeit" des unehelichen Kindes sei auf dessen „mindere Erbbeschaffenheit" zurückzuführen, welche wiederum die Folge von „Auslesevorgängen" sei. Diese bestünden in der Tatsache, dass intelligentere Menschen Unehelichkeit vermeiden würden.[575] Unehelichkeit wurde insofern als Ausdruck einer intellektuellen „Minderwertigkeit" der Eltern und demnach als rassenhygienisch unerwünscht betrachtet.

Die Bedeutung dieser „Expertenmeinung" lag vor allem in der scheinbar wissenschaftlichen Untermauerung alter Stereotype. Dennoch fand Lenz' monokausale, erbbiologische Erklärung für die Probleme der unehelichen Kinder auch Widerspruch, u. a. bei Webler, dem Vertreter der Jugendfürsorge, der nicht die biologischen Anlagen, sondern die Umweltbedingungen der Kinder verantwortlich machte.[576] Allerdings sprach auch Webler von einer „gewisse[n] Sorte von schwachsinnigen Mädchen" bzw. „schwachsinnigen Mütter[n]". Dennoch mochte er diese aufgrund ihrer geringen Zahl „nicht so in den Vordergrund rücken" und verwies für die Zukunft auf die Möglichkeit der Sterilisation. Auch Himmler, immerhin Initiator des Lebensborn e. V. und Verfasser eines Aufrufes zur außerehelichen Kinderzeugung, war früh bemüht, die Thesen von Lenz zu relativieren.[577]

Weitere Folge einer Betrachtung des Unehelichenrechts unter nationalsozialistisch-ideologischen Gesichtspunkten war eine stärkere Fokussierung auch auf den leiblichen Vater des unehelichen Kindes. Denn grundlegend für eine Neuregelung des Unehelichenrechts, so formulierte ein Mitglied des Familienrechtsausschusses der ADR, seien die biologische und genealogische Verbindung der Menschen miteinander, die Erbgesundheit und die Rassenzugehörigkeit.[578] Ein an rassenpolitischen Zielsetzungen und Begriffen wie „Blutsverbundenheit"[579] orientiertes Familienrecht musste sich notwendig auch und gerade an der natürlichen Abstammung des Kindes und somit an der biologischen Vaterschaft orientieren.

---

575 Protokoll der Sitzung des Familienrechtsausschusses, 13.07.1937, in: Schubert, Akademie für Deutsches Recht, 617.

576 Protokoll der Sitzung des Familienrechtsausschusses, 13.07.1937, in: Schubert, Akademie für Deutsches Recht, 635.

577 *Buske*, Fräulein Mutter und ihr Bastard, 153.

578 So Brandis, Protokoll der Sitzung des Familienrechtsausschusses, 29.03.1935, in: Schubert, Familienrechtsausschuss, 283.

579 *Lange*, in: Frank, Nationalsozialistisches Handbuch für Recht und Gesetzgebung, 952.

So rückte zumindest im Bereich der Vaterschaftsfeststellung der uneheliche Vater ideologiebedingt stärker in den Blickpunkt einer Reform des Unehelichenrechts.

2. Reformbestrebungen im Dritten Reich

Wie schon am Ende der Weimarer Republik stand auch am Ende des Dritten Reiches keine Reform des Unehelichenrechts. Trotz umfangreicher Reformarbeiten in Verbindung mit dem gezeigten Reformwillen aller Beteiligten blieb es bei Kriegsende 1945 im Wesentlichen beim Unehelichenrecht des BGB von 1900. Die Hauptarbeit innerhalb der Reformbestrebungen in der NS-Zeit leistete der Familienrechtsausschuss der ADR. Daneben gab es Reformvorschläge mit unterschiedlichen Zielsetzungen sowohl aus den Reihen der NSDAP als auch von kirchlichen Wohlfahrtsverbänden.

a. Erste Entwürfe und Vorarbeiten

Den Anfang der Reformarbeiten machte 1934 der nichtamtliche Entwurf von Rudolf Bechert und Friedrich Cornelius, beide Mitglieder einer Untergliederung des Reichsrechtsamts der NSDAP.[580] Die Autoren wollten ihren Entwurf an „Grundgedanken altdeutschen Rechtes“ ausrichten und so dem Recht der unehelichen Kinder den „tatsächlichen Blutzusammenhang zu Grunde […] legen, nicht eine fiktive Vaterschaft“, mit dem Ziel, das „Pflichtbewusstsein beider Eltern“ nach Kräften zu schärfen.[581] Anders als alle vorherigen Reformentwürfe zum Unehelichenrecht stellten Bechert und Cornelius das Verhältnis des Kindes zum Vater in den Vordergrund. Denn:

> „Grundvoraussetzung einer […] sittlichen Regelung des Unehelichenrechts [sei, M. H.] nämlich die Feststellung der Verwandtschaft des unehelichen Kindes mit dem Vater […].“[582]

Dementsprechend sollte der Vater des unehelichen Kindes von Amts wegen durch das Vormundschaftsgericht festgestellt werden (§ 1705 Abs. 1 u. 2 d. E.). Die starke Stellung, die der Entwurf dem Vater einräumte, basierte auf der weitgehenden

580 Entwurf von Rudolf Bechert und Friedrich Cornelius, in: Schubert, Akademie für Deutsches Recht, 272 ff.; erste Veröffentlichung in: DR 1934, 422 ff.

581 Begründung zu dem Entwurf Bechert/Cornelius, in: Schubert, Akademie für Deutsches Recht, 274.

582 *Bechert*, DR 1935, 97.

rechtlichen Gleichstellung ehelicher und unehelicher Kinder und der damit verbundenen Übernahme der vaterdominierten Vorschriften des ehelichen Eltern-Kind-Verhältnisses. Bei festgestellter Vaterschaft (dem Entwurf nach der angestrebte Regelfall) sollte demnach der Vater die elterliche Gewalt einschließlich des väterlichen Entscheidungsrechts erhalten, während der Mutter das Personensorgerecht verblieb (§ 1707 Abs. 1 u. 2 d. E.). Solange der Vater nicht festgestellt war, sollte die Mutter die elterliche Gewalt innehaben. Im Interesse des Kindes sollte das Vormundschaftsgericht abweichende Anordnungen treffen können. Weiterhin sollte das uneheliche Kind den Namen des festgestellten Vaters erhalten (§ 1706 Abs. 1 d. E.).

Erklärtes Ziel dieses Entwurfs war es, „an die Stelle des bloßen Unterhaltsanspruchs die verwandtschaftliche Beziehung mit allen ihren Pflichten und Rechten“ zu setzen, um damit „das Verantwortungsgefühl des Vaters gegenüber dem unehelichen Kind hinreichend zu schärfen“.[583] Für die tatsächliche Situation ging Bechert zwar von „der regelmäßigen Interesselosigkeit des Vaters“ aus, aber „gerade in diesem Punkte“ wolle der Entwurf „rechtliche und sittliche Wandlung“ schaffen.[584] Durch die Einbindung des Vaters in die Verantwortung für das Kind und die Schaffung eines „wirklichen Familienbandes“ sollte erreicht werden, dass „der Vater ein persönliches Interesse an dem Kinde nimmt“. Obgleich der Entwurf ein bisher nicht gesehenes Vertrauen in die künftige Verantwortungsbereitschaft des Vaters setzte, schränkte die Begründung dennoch ein:

> „Natürlich kann man nicht jedem Vater diese Gewalt anvertrauen. „Rabenväter“ gibt es unter den unehelichen Vätern wahrscheinlich noch häufiger als unter den ehelichen. So wenig man wegen dieser Ausnahmen die elterliche Gewalt in der Ehe bekämpft, so wenig darf man sie ihretwegen beim außerehelichen Kind grundsätzlich ablehnen.“[585]

Ebenso wie auf den Vater des unehelichen Kindes sollte die Neuregelung der elterlichen Sorge auch auf die ledige Mutter erzieherisch wirken und ihr Verantwortungsbewusstsein gegenüber dem Kind heben:

> „Das bisher geltende Recht ging davon aus, daß die uneheliche Mutter sich durch den bewiesenen Leichtsinn als ungeeignet erwiesen habe, die Erziehung zu führen. Es übersieht aber, daß die Verantwortung für das eigene Kind das beste Mittel ist, um

583 Begründung zu dem Entwurf Bechert/Cornelius, in: Schubert, Akademie für Deutsches Recht, 274.

584 *Bechert*, DR 1935, 98.

585 Begründung zu dem Entwurf Bechert/Cornelius, in: Schubert, Akademie für Deutsches Recht, 276.

> einen leichtsinnig veranlagten Menschen zu Pflichtbewusstsein zu bringen. Gerade aus diesem Grunde soll die Mutter und niemand sonst die Pflege und Sorge für die Person des Kindes haben."[586]

Ein weiterer Vorschlag des Entwurfes war die gleichmäßige Verpflichtung von Vater und Mutter zum Unterhalt des unehelichen Kindes (§ 1708 Abs. 1 d. E.). Damit wollten die Autoren neben der Angleichung an das eheliche Recht dem Umstand Rechnung tragen, dass die Verantwortung für eine außereheliche Schwangerschaft grundsätzlich beide Elternteile gleichermaßen treffe und dies auch in der Unterhaltsverpflichtung zum Ausdruck kommen müsse. Auf die gegen diesen Vorschlag gerichtete Kritik antworteten die Autoren:

> „Bezüglich der im Entwurf vorgeschlagenen gleichmäßigen Verpflichtung von Vater und Mutter zum Unterhalt des unehelichen Kindes muß bedacht werden, daß bei außerehelichen Verbindungen, sofern sie nicht mit einer strafbaren Handlung sich verquicken, die Entschließung der beiden Teile auf ihrem freien Willen beruhte und daher nicht abzusehen ist, warum aus sittlichen Gründen der Vater stärker als die Mutter zum Unterhalt herangezogen werden soll. [...] Hierin liegt so wenig eine Entwürdigung der Frau, daß man umgekehrt vielmehr von einer auch im deutschen Recht wurzelnden erhöhten Verantwortlichkeit der Frau in diesem Punkte wohl auch eine durchgreifende Sittenverbesserung wird erwarten dürfen [...]."[587]

Der hier formulierte Grundgedanke ist, dass für die Schwangerschaft der ledigen Mutter naturgemäß beide Eltern zu gleichen Teilen verantwortlich seien und demzufolge die Unterhaltslasten ebenfalls gleich zu verteilen seien. Das Unehelichenrecht des BGB erlegte hingegen dem Vater den Kindesunterhalt allein auf. Der gleiche Widerspruch zwischen geteilter Verantwortung und alleiniger finanzieller Folgentragung fand sich beim Anspruch der unehelichen Mutter auf Ersatz der Entbindungskosten gegen den Vater (§ 1715 BGB a. F.).

Der Entwurf von Bechert und Cornelius stellte völlig konträr zur bisherigen Rechtsentwicklung die Stellung des Vaters in den Mittelpunkt, was die Autoren selbst als „revolutionär und neu" bezeichneten.[588] Sie räumten dem Vater dabei die größtmögliche rechtliche Stellung im Verhältnis zu Kind und Mutter ein und vertraten insofern eine Extremposition, die allerdings wenig Unterstützung fand und so auch keinen weiteren Einfluss auf die Reformbestrebungen hatte.[589]

586 Begründung zu dem Entwurf Bechert/Cornelius, in: Schubert, Akademie für Deutsches Recht, 275.

587 *Bechert*, DR 1935, 98.

588 *Bechert*, DR 1935, 97.

589 *Schubert*, Akademie für Deutsches Recht, 21.

Neben einem weiteren Entwurf des Hauptamtes für Volkswohlfahrt der NSDAP[590] legten der Deutsche Caritasverband[591] sowie die Inneren Mission[592] eigene Entwürfe vor. Die Vorschläge der kirchlichen Hilfsorganisationen waren wie ihre Vorläufer aus der Weimarer Zeit gekennzeichnet von dem weitestgehenden Ausschluss des Vaters von der Verantwortung für sein uneheliches Kind. Der Entwurf der Inneren Mission meinte, man könne einen Einbruch des Vaters in „die natürliche Verbundenheit der Mutter-Kind-Familie" über die Unterhaltszahlungen hinaus nicht zulassen.[593] Bemerkenswert ist vor allem der hier erstmalig zu findende Begriff der „Mutter-Kind-Familie", der in dieser Form bisher noch nicht zu lesen war und der gebräuchlichen Wendung von der „natürlichen Verbindung von Mutter und Kind" eine neue Qualität verlieh.

Der Entwurf des Caritasverbandes, aufbauend auf der Denkschrift von 1929, geht von dem Gedanken aus, dass durch den außerehelichen Geschlechtsverkehr der Eltern „nicht nur die Sitte, sondern auch das Recht verletzt" werde und sich die Eltern damit außerhalb der staatlichen Ordnung gestellt hätten. Dies wiederum fordere zwingend als Reaktion die „staatliche Aufsicht" bei gleichzeitiger Einschränkung der Rechtsposition der Eltern, was mit der gezeigten Verantwortungslosigkeit begründet wurde:

> „Wer [...] ein Kind unehelich zeugt, hat zunächst die Übernahme von Pflichten abgelehnt und sich Rechte, die ihm nicht zukommen, angemaßt. Es wäre widersinnig, ihm auf Grund dieses Tatbestandes einen neuen Rechtskreis zu verleihen."[594]

Diese Rechtseinschränkung wurde allerdings lediglich im Hinblick auf den Vater argumentativ weiterverfolgt. Rechte kämen dem diesem höchstens nach „nachgeprüfter" Erfüllung seiner ihm in erster Linie aufzuerlegenden Pflichtenstellung zu. Dass ein Vater eines unehelichen Kindes hierfür genug Verantwortungsbewusstsein habe, wird vom Caritas-Entwurf schon aufgrund der Tatsache für höchst

---

590 Abgedruckt bei *Schubert*, Akademie für Deutsches Recht, 277 ff.

591 Neugestaltung des Unehelichenrechts, Denkschrift des Deutschen Caritasverbandes, 1935. Vgl. dazu *Wagner*, Die Reformbestrebungen zur Neugestaltung des Nichtehelichenrechts, 155 f.

592 Vgl. dazu *Wagner*, Die Reformbestrebungen zur Neugestaltung des Nichtehelichenrechts, 157 f.

593 Zitiert nach *Wagner*, Die Reformbestrebungen zur Neugestaltung des Nichtehelichenrechts, 157 f.

594 Neugestaltung des Unehelichenrechts, Denkschrift des Deutschen Caritasverbandes, 6 f.

unwahrscheinlich gehalten, dass er überhaupt unehelich gezeugt habe.[595] Aus diesem Zirkelschluss folgernd, hielt der Caritasverband eine familienrechtliche Verwandtschaft zwischen Vater und unehelichem Kind für das Kind für schädlich und wollte diese darum ausgeschlossen sehen.[596]

Die Denkschrift des Caritasverbandes stand mit ihrem rigiden Ausschluss des Vaters von der Verantwortung gegenüber dem Kind somit zwar in der Tradition der fürsorgerischen Stellungnahmen, zeichnete sich aber durch eine vergleichsweise extrem negative und starre Haltung gegenüber dem Vater aus. Sie rekurrierte dabei offen auf die Vorstellung einer moralischen Ächtung des vorehelichen Geschlechtsverkehrs durch Einschränkung der Rechtspositionen der Beteiligten. Für die Bedeutung des Entwurfs und für die Tradition und Kontinuität der darin enthaltenen Vorstellungen spricht noch seine spätere Erwähnung in der amtlichen Begründung des Nichtehelichengesetzes von 1970 unter „Vorarbeiten".[597]

b. Entwurf und Scheitern des Nichtehelichengesetzes vom Juli 1940

Anfang Juni 1940 verabschiedete das Reichskabinett einen größtenteils vom Familienrechtsausschuss der ADR erarbeiteten Gesetzesentwurf zur Reform des Unehelichenrechts.[598] Dem Gesetzentwurf fehlte jedoch die Vollziehung durch Hitler, der diese bis zuletzt verweigerte und so sein Inkrafttreten endgültig verhinderte.

Der neue Entwurf sollte u. a. durch die Abkehr vom Begriff des „unehelichen" Kindes und dessen Ersetzung durch „natürliches Kind" (§ 6) das „Kind ebenso wie seine Mutter von dem Makel der Minderwertigkeit" befreien.[599] Weiterhin sollte das Gesetz dem Kind und seinen Eltern eine Rechtsstellung einräumen, die der „Blutsverwandtschaft" zwischen ihnen entsprach.[600] Dem entsprach gegenüber

595 Neugestaltung des Unehelichenrechts, Denkschrift des Deutschen Caritasverbandes, 10.

596 Neugestaltung des Unehelichenrechts, Denkschrift des Deutschen Caritasverbandes, 12.

597 Vgl. BT-Drucksache V/2370, 22.

598 Entwurf zu einem Gesetz zur Änderung familien- und erbrechtlicher Vorschriften (Zweites Familienrechts-Änderungsgesetz) vom Juli 1940, in: Schubert, Das Familien- und Erbrecht unter dem Nationalsozialismus, 509 ff.; Vgl. dazu auch *Schubert*, FamRZ 1984, 1 ff.

599 Begründung zum Gesetzentwurf von Juli 1940, in: Schubert, Das Familien- und Erbrecht unter dem Nationalsozialismus, 524, 525, 527.

600 Begründung zum Gesetzentwurf von Juli 1940, in: Schubert, Das Familien- und Erbrecht unter dem Nationalsozialismus, 524, 525.

dem Vater die Anerkennung der rechtlichen Verwandtschaft mit dem Kind in Verbindung mit der Aufhebung des bisherigen § 1589 Abs. 2 BGB a. F. (§ 7 Abs. 1) sowie die Einräumung der rechtlichen Stellung eines ehelichen Kindes gegenüber der Mutter (§ 7 Abs. 2). Die Personensorge wurde vorrangig der Mutter zugewiesen (§ 11):

> „[…] so wird der Vater, auch wenn er das Wohl des Kindes nach besten Kräften zu fördern bemüht ist, in aller Regel doch nicht in der Lage sein, das Kind zu betreuen und seine Erziehung zu leiten. Diese Aufgabe fällt vielmehr der Mutter allein zu, die hierbei aber nicht ohne Schutz und Hilfe bleiben darf."[601]

Das Vormundschaftsgericht sollte der Mutter auf ihren Antrag die elterliche Gewalt erteilen, wenn dies dem Wohl des Kindes diente (§ 12). Anderenfalls sollte sie für Vertretung und Vermögenssorge einen Vormund erhalten, der auch die Ausübung der Personensorge zu unterstützen, aber auch zu „überwachen" hatte (§ 11 Abs. 2). Da „das natürliche Kind […] in den Lebenskreis der Mutter hineingeboren [wird] und […] meist dauernd mit diesem Lebenskreis verbunden" bleibt, erhält es zunächst grundsätzlich den Namen der Mutter (§ 15 Abs. 1 S. 1).

Auch der uneheliche Vater sollte die elterliche Gewalt erhalten können, allerdings nur, wenn bestimmte Voraussetzungen vorlagen:

> „Dem Vater des natürlichen Kindes wird man die elterliche Gewalt nur anvertrauen können, wenn er sich des Kindes in besonders fürsorglicher Weise angenommen hat."[602]

Dies sei anzunehmen, wenn er das Kind in seinen „Hausstand" aufgenommen habe oder es „innerhalb seiner Sippengemeinschaft" unterhalte (§ 13 Abs. 1). In diesem Fall sollte das Kind den Namen des Vaters als Inhaber der elterlichen Gewalt erhalten (§ 16).

Diese Konstellation vollständiger Verantwortungsübernahme durch den Vater wurde von den Autoren des Entwurfs zwar als Ausnahmefall betrachtet, dennoch sollte dem verantwortungsvollen Vater, der seiner Unterhaltspflicht nachkam, aus Billigkeitserwägungen ein Mitbestimmungsrecht in Erziehungs- und Ausbildungsfragen eingeräumt werden:

> „Die Voraussetzungen, unter denen dem Vater die elterliche Gewalt verliehen werden kann, werden häufig nicht vorliegen. Hat aber der Vater durch sein gesamtes

601 Begründung zum Gesetzentwurf von Juli 1940, in: Schubert, Das Familien- und Erbrecht unter dem Nationalsozialismus, 529.

602 Begründung zum Gesetzentwurf von Juli 1940, in: Schubert, Das Familien- und Erbrecht unter dem Nationalsozialismus, 530.

> Verhalten, insbesondere durch Erfüllung seiner Unterhaltspflicht, das Wohl des Kindes nach besten Kräften gefördert, so würde es unbillig sein, ihm jeden Einfluß auf das Schicksal des Kindes zu verwehren und der Mutter oder dem sonst Sorgeberechtigten zu gestatten, sich über berechtigte Wünsche des Vaters rücksichtslos hinwegzusetzen."[603]

Dieses Mitbestimmungsrecht, das im § 14 Abs. 1 zunächst für den nicht personensorgeberechtigten Vater formuliert, gem. § 14 Abs. 2 aber entsprechend auf die nicht personensorgeberechtigte Mutter anwendbar sein sollte, sollte beim Vormundschaftsgericht durchgesetzt werden. Eine gemeinsame elterliche Gewalt war jedoch ebenso ausgeschlossen wie ein Nebeneinander von elterlicher Gewalt und Personensorge (§ 13 Abs. 2).

Aus der Begründung des Entwurfes ergab sich klar das Bemühen sowohl um eine Besserstellung des unehelichen Kindes als auch um eine moralische Aufwertung der ledigen Mutter sowie auch des Vaters, sofern er seinen Verpflichtungen nachkam. Die bevölkerungspolitische Motivation dieser Aufwertung scheint dabei indes immer durch:

> „Auch die Mutter, die das Kind der Volksgemeinschaft geschenkt hat oder zu schenken bereit ist, bedarf des starken Schutzes dieser Gemeinschaft, und auch dem Vater darf dieser Schutz nicht versagt werden, wenn er sich entsprechend seiner Verantwortung gegenüber dem Kinde und der Mutter verhält."[604]

Ansonsten ging die Tendenz der bisher genannten Bestimmungen des Entwurfs klar in Richtung einer Stärkung der Mutter- und insbesondere der Vaterrechte. Der Natur des Elternrechts gemäß ging die Vermehrung dieser Rechte einher mit der Erhöhung der Pflichten und der Bereitschaft insbesondere des unehelichen Vaters, Verantwortung zu übernehmen. In diesem und in dem Punkt der Erteilung der elterlichen Gewalt an die uneheliche Mutter ließ der Entwurf demzufolge ein vermehrtes Vertrauen in die unehelichen Eltern erkennen und stand insofern in der Tradition der Reformbestrebungen der Weimarer Zeit.

Die vorgenannten Bestimmungen sollten allerdings nur für diejenigen Kinder gelten, deren Vater festgestellt war (§ 30 ff.). Bei unklarer Vaterschaft sollte die Mutter die elterliche Gewalt nur noch erhalten, „wenn besondere Umstände dies rechtfertigen" (§ 33 Abs. 1). Das Faktum des Mehrverkehrs begründete hier offensichtlich wieder einmal die Annahme einer mangelnden Zuverlässigkeit der

603 Begründung zum Gesetzentwurf von Juli 1940, in: Schubert, Das Familien- und Erbrecht unter dem Nationalsozialismus, 530.

604 Begründung zum Gesetzentwurf von Juli 1940, in: Schubert, Das Familien- und Erbrecht unter dem Nationalsozialismus, 527.

Mutter. Die Rechtsstellung gegenüber den möglichen Vätern war auf einen eingeschränkten, gesamtschuldnerischen Unterhaltsanspruch beschränkt. Für den Fall, dass das Vormundschaftsgericht gem. § 9 feststellte, dass die Kinder nicht „deutschen oder artverwandten Blutes“ oder aus erbbiologischen Gründen „für die Volksgemeinschaft unerwünscht“ seien, ordneten die §§ 35 ff. eine massive Einschränkung der Rechtsstellung von Eltern und Kindern an, deren ideologiebasierter Sanktionscharakter augenfällig ist. So sollte in diesem Fall etwa die Erlangung der elterlichen Gewalt sowohl für die Mutter als auch für den Vater gänzlich unmöglich sein (§ 35 Abs. 1).

Völlig neu für die deutsche Rechtstradition waren zwei weitere Neuerungen des Entwurfs von 1940: Gemäß § 10 sollten Mütter die Geburt ihrer unehelichen Kinder sowie die Vaterschaft bei sogenannten „Besonderen Beurkundungsstellen“ geheim beurkunden lassen können. Darüber hinaus stand der Mutter ein Aussageverweigerungsrecht über die Person des Vaters zu mit der Wirkung, dass Ermittlungen über den Vater nicht stattfinden sollten (§ 10 II).[605] In der Begründung hieß es dazu, die geheime Beurkundung solle dazu dienen, „die nichteheliche Mutter vor Kränkungen zu schützen und damit zugleich das Leben der Ungeborenen zu sichern“.[606] Das Aussageverweigerungsrecht der Mutter wiederum „kenne keine Ausnahmen“, so die Begründung, und diene dem Ziel, „zur Sicherung des Lebens der Ungeborenen die unverheiratete Mutter vor Missachtung zu schützen und ihr Los in den Grenzen des Möglichen zu erleichtern“.[607]

Obwohl die bisherigen Aussagen der Begründung klar die Verhinderung von Abtreibungen unehelicher Kinder zum Zweck dieser „Besonderen Beurkundungsstellen“ und des Aussageverweigerungsrechts der Mutter erklärten, wird an anderer Stelle ein weiteres Ziel der genannten Bestimmungen deutlich: die Sicherstellung eines alleinigen Bestimmungsrechts der ledigen Mutter über ihr Kind. „Aus dem Zusammenhang aller Vorschriften“ werde deutlich, „daß künftig das Schicksal des natürlichen Kindes von Anfang an in der Hand der Mutter liegt.“ Das Vertrauen, das damit der Mutter entgegengebracht werde, rechtfertige sich

> „aus der engen natürlichen Verbundenheit von Mutter und Kind, die in der Mehrzahl der Fälle die Mutter zur Wahl der Geheimhaltung der Geburt des Kindes und zur

605 Gesetzentwurf von Juli 1940, in: Schubert, Das Familien- und Erbrecht unter dem Nationalsozialismus, 511.

606 Begründung zum Gesetzentwurf von Juli 1940, in: Schubert, Das Familien- und Erbrecht unter dem Nationalsozialismus, 529.

607 Begründung zum Gesetzentwurf von Juli 1940, in: Schubert, Das Familien- und Erbrecht unter dem Nationalsozialismus, 529.

Weigerung, den Vater anzugeben, nur gelangen lassen wird, wenn sehr gewichtige Umstände sie zur Geheimhaltung nötigen."[608]

Solche Begründungen muten für das Recht eines totalitären Staates, der ansonsten die rassenpolitisch motivierte Vaterschaftsfeststellung ausdrücklich zum Grundprinzip auch dieses Gesetzesentwurfs erklärte,[609] höchst ungewöhnlich an. Ebenso erstaunlich ist die fast uneingeschränkte Vertrauenserklärung in die hehren Motive der ledigen Mutter für den Fall einer Verweigerung der Vaterschaftsangabe. Dies widerspricht den an anderer Stelle durchweg zu findenden latenten Negativeinschätzungen der moralisch-sittlichen Zuverlässigkeit der ledigen Mutter. Die Aufnahme des Aussageverweigerungsrecht der Mutter erklärt sich hingegen durch eine Anordnung Hitlers aus dem Jahre 1937, in der dieser eine Erzwingung der Vaternennung gegen den Willen der Mutter als „Barbarei" bezeichnete und verlautbaren ließ, dass, wenn eine Mutter den Vater des Kindes nicht nennen wolle, „sie häufig achtenswerte Gefühle hierfür haben" werde.[610]

Durch die endgültige Ablehnung Hitlers gelangte der Entwurf nicht mehr zur Verabschiedung. Hitler hielt den Entwurf für „völlig unannehmbar" und für „ein Gesetz zur Entrechtung der unehelichen Mutter [...]".[611] Er war der Meinung, der unehelichen Mutter sollte grundsätzlich die elterliche Gewalt zustehen und eine Verleihung an den Vater käme überhaupt „nur im Einverständnis mit der Mutter des Kindes" in Frage. In diesem Zusammenhang betonte Hitler „mit aller Entschiedenheit"[612],

„daß nicht die Sorge für das Wohl des Kindes in erster Reihe ausschlaggebend sei, sondern das ethische Recht der Mutter auf das Kind."[613]

608 Begründung zum Gesetzentwurf von Juli 1940, in: Schubert, Das Familien- und Erbrecht unter dem Nationalsozialismus, 529.

609 Begründung zum Gesetzentwurf von Juli 1940, in: Schubert, Das Familien- und Erbrecht unter dem Nationalsozialismus, 528; zum Stellenwert der Vaterschaftsfeststellung in der nationalsozialistischen Reformdebatte zum Unehelichenrecht vgl. die Nachweise bei *Schumann*, Die nichteheliche Familie, 122, Fn. 154.

610 *Schubert*, Das Familien- und Erbrecht unter dem Nationalsozialismus, 576.

611 Vermerk Lammers über eine Besprechung mit Hitler am 21.09.1940, zitiert nach Schubert, Das Familien- und Erbrecht unter dem Nationalsozialismus, 713.

612 Vermerk Lammers über eine Besprechung mit Hitler am 21.09.1940, zitiert nach Schubert, Das Familien- und Erbrecht unter dem Nationalsozialismus, 713.

613 Schreiben Lammers vom 02.08.1940 an den Reichsjustizminister, zitiert nach Schubert, Das Familien- und Erbrecht unter dem Nationalsozialismus, 703 f.

Das Scheitern des Reformentwurfs von 1940 ist nach Lage der Dinge der Person Hitlers und seinen persönlichen Ansichten zuzuschreiben. Wie schon die Reformentwürfe der Weimarer Zeit beruhte auch der Entwurf von 1940 auf einem weitgehenden Konsens der verantwortlichen Juristen. Die Hauptentwicklungslinien, die zum Entwurf von 1940 geführt haben, also die Einteilung der unehelichen Kinder in solche mit oder ohne festgestellten Vater, die darauf aufbauende schrittweise Stärkung der Rechtspositionen von Mutter und Kind sowie die stärkere Einbeziehung des Vaters in die Verantwortung für sein Kind, waren seit Beginn des Jahrhunderts durchgängig nachweisbar und langsam zur herrschenden Meinung in Wissenschaft und Gesetzgebung geworden. Diejenigen Regelungen des Entwurfs, die nicht genuin nationalsozialistischen Rechtsdenkens entstammten, waren das Produkt längerfristiger Entwicklungen im Unehelichenrecht.

Die nach Schubert „scharfe, irrational anmutende Reaktion Hitlers“ auf einige die rechtliche Stellung der Mutter insbesondere gegenüber dem Vater einschränkende Bestimmungen des Entwurfs sowie sein ungewöhnlicher Einsatz für das Aussageverweigerungsrecht der Mutter werden oft mit den persönlichen Abstammungsverhältnissen Hitlers, dessen Vater unehelich geboren worden war,[614] erklärt.[615] Spekulationen in diese Richtung sind indes unnötig, da Hitlers Vorstellungen über das rechtliche Verhältnis einer Mutter zum unehelichen Kind und Vater nicht in einem Maße ungewöhnlich waren, dass sie eine besondere psychologische Deutung verlangen würden. So war, wie bereits dargelegt, die rechtliche Zuordnung des unehelichen Kindes zur Mutter im Grundsatz unbestritten, und die Forderung nach einer unbedingten Erteilung der elterlichen Gewalt an die Mutter stellten bereits 1896 die Sozialdemokraten in der Reichstagskommission zur Beratung des BGB zur Abstimmung.[616] Des Weiteren stellt das latente bis offensichtliche Negativbild des Vaters, dem offenbar auch Hitler anhing, eine Grundkonstante im bisherigen deutschen Unehelichenrecht dar, und auch die verbreitete Furcht, eine verstärkte Einbeziehung des Vaters in die Verantwortung für das uneheliche Kind könnte einen negativ zu wertenden „Einbruch“ in das Mutter-Kind-Verhältnis darstellen, wurde zuletzt wieder durch die Reformentwürfe der Fürsorgeverbände offenbar. Selbst für Hitlers Auffassung eines übergesetzlichen „ethischen Rechts der Mutter auf ihr Kind“ lassen sich in der juristischen Debatte Entsprechungen

614 Vgl. *Fest*, Hitler – Eine Biographie, 45 f.

615 Vgl. *Schubert*, FamRZ 1984, 1, 6; *ders.*, in: Gerhard, Frauen in der Geschichte des Rechts, 841; *Schumann*, Die nichteheliche Familie, 122.

616 Antrag Frohme/Stadthagen, in: Jakobs/Schubert, Die Beratung des BGB, FamR II, 645, 648.

finden, in denen der Unterschied zwischen Elternrecht und einer Art Besitzrecht am Kind zumindest sprachlich verwischt wird. Lediglich Hitlers striktes Eintreten für das Aussageverweigerungsrecht der unehelichen Mutter hinsichtlich der Person des Kindsvaters und die Absage an jeglichen Zwang, also Regelungen, die sowohl den rassenpolitischen Zielsetzungen des NS-Staates völlig zuwidergelaufen wären als auch der deutschen Rechtstradition fremd waren, lassen Erklärungen unter Einbeziehung der hitlerschen Abstammung von einem unehelich geborenen Vater, dessen Erzeuger wiederum von der Mutter (Hitlers Großmutter) zeitlebens nicht genannt wurde und bis heute unbekannt geblieben ist,[617] plausibel erscheinen.

617 Zum Stand der Forschung in der Frage der genauen Abstammung Hitlers, insbesondere der des fraglichen Großvaters, vgl. *Fest*, Hitler, 45 ff. und *Hamann*, Hitlers Wien, 64 ff.

E. Entwicklungen des Vater- und Mutterbildes im Familienrecht der BRD

I. Rollenbilder im ehelichen Kindschaftsrechtsrecht nach 1945

1. Das Gleichberechtigungsgesetz von 1957

a. Einleitung – Erschütterung und Restauration des Patriarchats

Das deutsche Familienrecht wurde nach 1945 nicht nur durch die für die Legislative bindenden Vorgaben des Grundgesetzes zur Gleichberechtigung beeinflusst, sondern stand auch, wie schon nach dem Ende des Ersten Weltkriegs, vor der Situation, die patriarchalen Grundstrukturen, die sich weiterhin im Wesentlichen auf dem Stand von 1900 befanden, vor den veränderten sozialen Realitäten rechtfertigen zu müssen. So hatten während der Abwesenheit der Väter in den Kriegs- und Nachkriegsjahren oftmals die Frauen wichtige Funktionen in Teilen der Wirtschaft (hier vor allem in Produktion und Dienstleistung) und in den weitaus meisten Fällen auch die Leitung der Familie übernommen. Die in vielen Fällen (noch) vaterlosen Familien der Nachkriegszeit waren insofern deutlich mutterzentriert.[618] Die Stellung und Autorität der Väter in den Familien dagegen wurde durch die spezifische Situation der körperlich wie psychisch kriegsversehrten, oft traumatisierten und durch die lange Abwesenheit von ihren Kindern entfremdeten Kriegsheimkehrer weiter geschwächt.[619] Durch Krieg und Gefangenschaft emotional verhärtete und aufgrund der totalen Niederlage sozial und psychologisch zurückgesetzte Väter trafen so auf ihre ihnen unbekannten Kinder, was in schweren Vater-Kind-Konflikten und daraus folgend in weiterer gegenseitiger Entfremdung mündete.[620]

Das dadurch erreichte Emanzipationspotential der Mutter in der Familie setzte sich aber zunächst nicht gegen die restaurativen Entwicklungen durch: Aus dem Chaos und der Not der ersten Nachkriegsjahre kristallisierte sich wieder das

---

618 *Sieder*, Sozialgeschichte der Familie, 236; *Schelsky*, Wandlungen der deutschen Familie in der Gegenwart.

619 *Krüger/Breetzke/Nowack*, Gleichberechtigungsgesetz, Einleitung, Rn. 101 ff.

620 *Derleder*, KJ 2000, 1, 10; *Sieder*, Sozialgeschichte der Familie, 236 ff.

traditionelle Modell der bürgerlichen Kleinfamilie als Anknüpfungs- und Fluchtpunkt der „individuellen und kollektiven Glücks-, Harmonie- und Ordnungsbedürfnisse“ der Deutschen heraus.[621] Diese „Sehnsucht nach Normalität“,[622] die man im Ideal der bürgerlichen Familie des beginnenden 20. Jahrhunderts zu finden glaubte, konnte die Stellung des Vaters zumindest auf institutioneller Ebene vorerst wieder festigten. Dennoch schien die Stellung des Vaters in den 1950er Jahren nicht mehr die alte zu sein: Verschiedene familiensoziologische Studien beschreiben einen deutlich geschwächten, gemäßigten Patriarchalismus[623] oder zumindest eine väterliche Autorität, die nur noch selten derjenigen geähnelt habe, „die der Vater in der bürgerlich-patriarchalen Familie innehatte“.[624]

So fanden sich angesichts der Beibehaltung des väterlichen Stichentscheids im Gleichberechtigungsgesetz von 1957 auch im juristischen Schrifttum äußerst aggressive Attacken gegen die restaurative Tendenz. Die Bearbeiterin des maßgeblichen Kommentars zum Gleichberechtigungsgesetz, Hildegard Krüger, zitierte in ihrer Einleitung diverse Stimmen, die größtenteils ein vernichtendes Urteil über den Zustand der Vaterstellung im Nachkriegsdeutschland abgaben. So war dort vom „Substanzverlust der Männer“, vom „Verlust der seelischen Substanz beim Manne in seiner Eigenschaft als Vater“ oder vom Vater „als Träger einer väterlichen Scheinautorität“ sowie als einer „labile[n], schwankende[n] Figur“ die Rede.[625] In tendenziöser Weise präsentierte Krüger eine mehrseitige Zusammenstellung „schrecklicher Vater-Gestalten der Weltliteratur“ aus den Werken des Kirchenvaters Augustinus, Stendhals und Dostojewskis bis hin zu Kafka, Shaw und Benn.[626] Ein gezielt ausgewähltes Zitat von Andres[627] knüpfte noch einmal an die Vorstellung Fichtes von der originär-natürlichen Mutterliebe an, welche im Gegensatz stehe zu einer lediglich kulturell normierten, abgeleiteten väterlichen Liebe zu seinem Kind:

> „Eine Mutter liebt, ja, weil sie muß; ein Vater, ja, weil er soll und auch ein bisschen muß.“[628]

---

621 *Sieder*, Sozialgeschichte der Familie, 241.

622 *Coester-Waltjen*, StAZ 1992, 34, 37.

623 Vgl. *Adorno*, in: Baumert/Hünniger, Deutsche Familien nach dem Kriege, VII.

624 *Baumert/Hünniger*, Deutsche Familien nach dem Kriege, 120 ff.

625 *Krüger/Breetzke/Nowack*, Gleichberechtigungsgesetz, Einleitung, Rn. 102 ff.

626 *Krüger/Breetzke/Nowack*, Gleichberechtigungsgesetz, Einleitung, Rn. 107 f.

627 *Andres*, Die Liebesschaukel, München 1951.

628 Zitiert nach *Krüger/Breetzke/Nowack*, Gleichberechtigungsgesetz, Einleitung, Rn. 107.

Der Abwertung der Männer bzw. Väter stellte Krüger die Besonderheit der Mutter-Kind-Beziehung sowie eine bessere Befähigung der Mutter zur Kindererziehung gegenüber.[629]Die Mutter habe die „bessere Einsicht in die Elternpflichten",[630] ihr sei als Frau „im allgemeinen eine besondere erzieherische Befähigung zu eigen".[631] Auch „ihr stärkerer Gemeinschaftssinn" und „ihr größeres soziales Verantwortungsbewußtsein" beweise, „dass die Frau generell besser zur Erziehung geeignet ist als der Mann". [632] Krüger stellte sich so mit der Betonung der besonderen weiblichen Kompetenz zur Kindererziehung und der Suggestion entsprechender Konsequenzen im Sorgerecht zwar in eine Reihe mit Frauenrechtlerinnen wie Marianne Weber, versuchte aber letztlich vergeblich, einer „natürlichen Ordnung"[633] durch Behauptung einer anderen entgegenzutreten.

b. Zwischenrecht vom 23. Mai 1949 bis zum 30. Juni 1958

Die vom Grundgesetz in Art. 117 Abs. 1 GG für die einfachgesetzliche Verwirklichung der Gleichberechtigung von Mann und Frau im Familienrecht gesetzte Frist bis zum 31. März 1953 wurde vom Gesetzgeber nicht eingehalten. Bis zu diesem Zeitpunkt blieb dem Art. 3 Abs. 2 GG entgegenstehendes Recht, etwa die bestehenden Sorgerechtsregelungen in der Ehe, in Kraft.[634] Für den Zeitraum danach bis zum Inkrafttreten des Gleichberechtigungsgesetzes am 1. Juli 1958 wurde die entstandene Lücke durch die Rechtsprechung ausgefüllt.[635]

Die deutlichste Ausprägung der bisherigen patriarchalen Struktur des Familienrechts, das Recht der elterlichen Sorge, war dementsprechend besonders vom Wegfall der gesetzlichen Regelungen betroffen. Einigkeit herrschte über die Nichtigkeit von § 1627 BGB, der seit 1900 unverändert dem Vater die volle elterliche Gewalt zuwies, sowie über die Unwirksamkeit der Beschränkung der Mutter auf eine Nebengewalt im Bereich der Personensorge und ihren Ausschluss von der

629 *Krüger/Breetzke/Nowack*, Gleichberechtigungsgesetz, Einleitung, Rn. 114 ff.

630 *Krüger/Breetzke/Nowack*, Gleichberechtigungsgesetz, Einleitung, Rn. 124.

631 *Krüger/Breetzke/Nowack*, Gleichberechtigungsgesetz, Einleitung, Rn. 125.

632 *Krüger/Breetzke/Nowack*, Gleichberechtigungsgesetz, Einleitung, Rn. 129.

633 So *Bosch*, SJZ 1950, 641, über die Vorrangstellung des Mannes gegenüber der Frau.

634 Die Übergangsregelung des Art. 117 Abs. 1 GG stellt insofern für den geschlechtsbezogenen Gleichberechtigungsgrundsatzes des Art. 3 Abs. 2 GG eine Ausnahme vom Grundsatz des Art. 1 Abs. 3 GG dar, nach dem die Grundrechte unmittelbar geltendes Recht darstellen.

635 *Grimme*, Die Entwicklung der Emanzipation der Frau in der Familienrechtsgeschichte bis zum Gleichberechtigungsgesetz 1957, 140.

Vertretung des Kindes.[636] Seitdem stand die Ausübung der elterlichen Gewalt während der Ehe Vater und Mutter gemeinschaftlich zu.[637] Gewisse Einschränkungen und Abwandlungen dieses von einigen als allzu „gleichmacherisch" angesehenen Grundsatzes wurden aber weiterhin diskutiert.[638]

c. Die gescheiterte Restauration: Bedingungen und Folgen des väterlichen Rechtsverlustes

Das Gesetz über die Gleichberechtigung von Mann und Frau auf dem Gebiete des bürgerlichen Rechts[639] wurde am 21. Juni 1957 verkündet, es trat am 1. Juli 1958 in Kraft und beendete damit die regelungslose Zeit.

aa. Versuch einer Restauration von Hausfrauenehe und gemäßigtem Patriarchat

Der Geist und die Regelungen des Gesetzes waren geprägt vom Versuch, die sich vollziehende Restauration des Ehe- und Familienbildes nach den Verwerfungen der nationalsozialistischen Zeit mit den vielfach wenig geliebten, aber in ihrer Eindeutigkeit zwingenden Vorgaben des Art. 3 Abs. 2 GG zu vereinbaren. Die Diskussion um das Gleichberechtigungsgesetz muss über dieses Spannungsverhältnis hinaus auch unter dem Aspekt des in den fünfziger Jahren vorherrschenden Gleichberechtigungsverständnisses[640] betrachtet werden: Die herrschende Familienrechtslehre wertete „funktionale" Differenzierungen zwischen den Geschlechtern zunächst nicht unbedingt als Verstoß gegen Art. 3 Abs. 2 GG. So könne Gleichberechtigung nicht mechanisch, sondern nur organisch, nicht material, sondern nur funktional, nicht als gleichmacherisch, sondern nur als gleichwertend gemeint sein.[641]

---

636 *Kropholler*, Gleichberechtigung durch Richterrecht, 48.

637 *Palandt/Lauterbach*, Bürgerliches Gesetzbuch, 12. Auflage, vor § 1627; OLG Celle, NJW 1953, 828 f.; BGH, FamRZ 1959, 456, 457; BVerfG, NJW 1954, 65.

638 Vgl. *Siebert*, NJW 1955, 1, 2.

639 BGBl. 1957 I, 609 ff.

640 Vgl. *Scheuner*, Die verfassungsrechtlichen Grundlagen der Familienrechtsreform, 42–44, 49: „Gleichheit ist also kein formaler Begriff absoluter Gleichsetzung, sondern die aristotelische, relative, d. h. sachgerechte Gleichbehandlung. […] Bereits aus einer zunächst auf Art. 3 Abs. 2 GG sich beschränkenden Auslegung ergibt sich also, daß die Gleichberechtigung nicht im Sinne radikaler Gleichstellung, sondern als Gleichbewertung im Rahmen der maßgebenden soziologischen Verhältnisse und zeitgenössischen Wertanschauungen verstanden werden muß."

641 *Dölle*, JZ 1953, 353, 355. Aufschlussreich hierzu auch die zeitgenössische Dissertation von *Körner*, Die elterliche Gewalt im Zeichen der Gleichberechtigung der Frau, 19 ff.

Entsprechend unterschiedlich fielen die gesetzlichen Änderungen aus:

Im Verhältnis der Ehegatten zueinander wurde die männliche Dominanz zurückgedrängt. So wurde das Entscheidungsrecht des Ehemannes in allen gemeinschaftlichen ehelichen Angelegenheiten (ehemännlicher Stichentscheid) des § 1354 BGB 1900 nach knapper Abstimmung[642] schließlich abgeschafft.[643] Ebenfalls gestrichen wurde § 1358 BGB 1900, der dem Ehemann gestattete, Verträge über die außerhäusliche Erwerbstätigkeit seiner Ehefrau zu kündigen. Im Übrigen blieb es bei der tradierten rechtlichen Konzeption der Ehe: Zwar entfiel der bisherige Mannesvorrang, jedoch wurde das überkommene Leitbild der Hausfrauenehe nicht angetastet, sondern im neu gefassten § 1356 BGB 1900 nochmals bestätigt. Die Haus- und Erziehungsarbeit wertete § 1360 S. 2 BGB 1900 als den Regelfall der Unterhaltsleistung seitens der Ehefrau, der Ehemann dagegen komme seiner Unterhaltsbeitragspflicht durch Erwerbsarbeit nach. Eine dennoch aufgenommene außerhäusliche Erwerbstätigkeit der Frau (§ 1356 Abs. 1 S. 2 BGB 1900) hatte notfalls vollständig hinter ihren Familienpflichten zurückzustehen.

Noch geringer als beim Recht der Ehegatten war die Bereitschaft des Gesetzgebers, im Bereich der elterlichen Gewalt die eingefahrene patriarchale Struktur der Rechtsbeziehung zwischen Vater und Mutter im Sinne des Art. 3 Abs. 2 GG zu reformieren. Zwar wurde, um der Gleichberechtigung Genüge zu tun, eine nunmehr gemeinsame elterliche Gewalt von Vater und Mutter (§§ 1626, 1627 BGB i. d. F. d. GleichberG) geschaffen; die Kristallisationspunkte der reformorientierten Kritik am Familienrecht des BGB seit seinem Inkrafttreten aber, das väterliche Letztentscheidungsrecht bei Meinungsverschiedenheiten der Eltern in Fragen der elterlichen Gewalt (§ 1628 Abs. 1 BGB i. d. F. d. GleichberG) sowie die alleinige rechtsgeschäftliche Vertretung des Kindes (§ 1629 BGB i. d. F. d. GleichberG), sollten nach der Mehrheitsmeinung des Gesetzgebers weiterhin beim Vater verbleiben. Die offenkundige Diskrepanz zum Gleichberechtigungsgebot begründete man mit der Notwendigkeit, den Gleichheitssatz gerade nicht schematisch oder mathematisch durchzuführen.[644]

bb. *Rückgriff auf Preußen – Väterliche Autorität und ihre Funktion für den Staat*

Der Gesetzgeber entschied sich mit seiner Absage an eine „formale" Gleichberechtigung im Elternrecht bewusst gegen ein Wiederaufgreifen der breiten

642 Das Abstimmungsergebnis von 186 zu 172 Stimmen verdeutlicht, wie wenig es in dieser Frage einen allgemeinen Konsens gab.

643 *Fischer*, Die Novellierung des Familienrechts, 63 ff.

644 Vgl. hierzu *Paulick*, FamRZ 1958, 1, 3, 4.

Reformansätze der zwanziger und dreißiger Jahre,[645] deren Grundtendenz sich sogar noch bis in die juristische Debatte der nationalsozialistischen Jahre nachweisen lässt. Die Gründe für dieses Beharren lagen in der beschriebenen restaurativen Stimmung der westdeutschen Nachkriegsgesellschaft und der damit einhergehenden Wiedererrichtung der traditionellen bürgerlichen Familie samt ihres Vaterbildes. Während man noch in der Reformdiskussion am Ende der Weimarer Republik mehrheitlich zur Überzeugung gelangt war, das Letztentscheidungsrecht des Vaters sowie die Beschränkung der elterlichen Gewalt der Mutter auf die Personensorge sei in Ansehung des Gleichberechtigungsgrundsatzes nicht mehr zu halten, triumphierte in der frühen Bundesrepublik zunächst wieder das klassisch-patriarchale Bild von der Rolle des Vaters in der Familie. Diese wiederauflebende Vorstellung vom Vater sah diesen zuallererst als Garanten für die Stabilität und Ordnung der Familie, welcher als „primus inter pares"[646] der von konservativer Seite[647] oftmals beschworenen „Zersetzung" der Familie Einhalt gebieten sollte. Vor diesem gedanklichen Hintergrund betrachtete man die Beibehaltung des väterlichen Letztentscheidungsrechts als notwendige gesetzliche Manifestation eines gesetzlichen Leitbildes, welches in Kombination mit der ebenfalls gesetzlich festgeschriebenen „Hausfrauenehe" im Ergebnis der Stabilisierung der deutschen Nachkriegsgesellschaft dienen sollte.

Die dem zugrunde liegende Vorstellung, über eine Stärkung der Position des Vaters als Familienoberhaupt auch die Familie – real und als Institution – zu stärken sowie wiederum hierdurch die Gesamtgesellschaft zu stabilisieren, griff noch einmal zurück auf einen Aspekt konservativer Familiensicht, der schon die Konzeption des Familienrechts des ALR beeinflusste: die starke Verknüpfung und das Aufeinanderbezogensein von Familie und Staat. So betrachtete der preußische Obrigkeitsstaat die autoritär verfasste Familie als kleinste Gliederung des Staatsganzen und dadurch als dienlichste Grundlage für einen wohlorganisierten autoritären Staat.[648] Eine autoritäre Verfassung galt so als Synonym für Stabilität und Ordnung sowohl des Staates als auch der Familie. Nach dem völligen

645 *Coester-Waltjen*, StAZ 1992, 34, 37.

646 Abg. Seidel (CDU/CSU), Deutsche Bundestag, 2. Wahlperiode 1953, 206. Sitzung, 03.05.1957, Sten. Ber., 11795.

647 *Bosch*, FamRZ 1955, 14; *Körner*, Die elterliche Gewalt im Zeichen der Gleichberechtigung der Frau, 21; *Maßfeller*, Das neue Familienrecht, 8: „Der Gesetzgeber muß Sorge tragen, daß durch eine falsch verstandene Gleichberechtigung unser Ehe- und Familienleben keinen Schaden leide."

648 *Schwab*, Familienrecht, 14. Auflage, Rn. 431; *Dörner*, Industrialisierung und Familienrecht, 32, 65 f.

Zusammenbruch von Staat und Gesellschaft nach 1945 erschien dieses patriarchale Organisationsmodell zunächst auch als geeignete Grundlage für die Wiedererrichtung des – nunmehr demokratischen – Staates.

Im Zuge des bald einsetzenden Selbstfindungsprozesses der jungen westdeutschen Demokratie und der Auseinandersetzung mit der nationalsozialistischen Vergangenheit begann die Öffentlichkeit aber bald, die Rolle des Vaters im Bewusstsein der Deutschen neu zu definieren. Nationalpsychologische Deutungsmuster gewannen an Einfluss, die in der autoritären Verfassung der deutschen Familie einen Grund für die Anfälligkeit der Deutschen gegenüber autoritären Regierungsformen im Allgemeinen und der nationalsozialistischen Ideologie im Besonderen sahen.[649] Man machte die patriarchale und damit autoritäre Familie für eine speziell deutsche „Angst vor der Freiheit" und damit als eigentliche Ursache für den Untergang der ersten deutsche Demokratie aus.[650] Man warf dem deutschen Gesetzgeber vor, am Leitbild des patriarchalischen Vaters in anachronistischer Weise festzuhalten, während überall in der Welt „der Souverän durch das Parlament", „die Autorität durch die Brüderlichkeit ersetzt" werde und sogar „die Tyranneien glauben der demokratischen Fassade nicht entraten zu können".[651]

Demokratie und patriarchalischer Vater wurden so zunehmend als unvereinbarer Gegensatz wahrgenommen.[652] Indem man auf diese Weise den autoritären Vater sowohl für die Schrecken der Vergangenheit in Haftung nahm, ihn aber auch zum künftigen Demokratisierungshindernis, das man ausräumen müsse, erklärte, wurde diese bisher tragende Vorstellung von der Rolle des Vaters in der Familie zumindest auf der gesellschaftspolitischen Deutungsebene nachhaltig diskreditiert.[653] Ein wesentlicher Teil des deutschen Vaterbildes, das seinen familienrechtlichen Ausdruck bisher in §§ 1354, 1627 ff. BGB gefunden hatte, brach im Zuge dieser Entwicklung weg. Letztlich wurde so in dieser Debatte die Vorstellung von der Familie und deren innerer Verfassung als Lehranstalt für die Prinzipien der jeweiligen Staatsform neu bestätigt, nun allerdings unter demokratischen Vorzeichen.

649 *van Rahden*, Demokratie und väterliche Autorität, 160, 170.

650 *Schottlaender*, Zwang und Freiheit. Ein Versuch über die Entstehung des Terrors in Deutschland, 32 ff., 43 f.

651 *Krüger/Breetzke/Nowack*, Gleichberechtigungsgesetz, Einleitung, Rn. 109.

652 *Krüger/Breetzke/Nowack*, Gleichberechtigungsgesetz, Einleitung, Rn. 109.

653 Vgl. hierzu ausführlich *van Rahden*, Demokratie und väterliche Autorität, 160, 168 ff.

cc. *Der Einfluss christlicher Leitbilder – Versuch einer Reklerikalisierung*

Es greift aber zu kurz, die Zubilligung eines alleinigen Letztentscheidungsrechts an den Vaters nur unter dem Blickwinkel der Festschreibung eines emanzipationsfeindlichen Patriarchalismus zu betrachten und zu bewerten. Zugleich wollte man auf konservativer Seite die Familie unter Bezugnahme auf „christlich-abendländische"[654] Leitbilder dem Zugriff des Staates entziehen und so eine Lehre aus dem Missbrauch von Ehe und Familie im gerade überwundenen totalitären Staat ziehen.[655] Insbesondere bei der Frage nach dem Einfluss des Staates auf die Familie geriet die Familienrechtsreform so in die „politische Systemdiskussion".[656] Dabei bediente man sich auch als Reaktion auf einen im „Dritten Reich" zu unheilvoller Blüte gekommenen Rechtspositivismus[657] eines Rückgriffs auf naturrechtliche, insbesondere aus der katholischen Naturrechtslehre stammende Positionen.[658] Der führende Vertreter der konservativ-katholischen Familienrechtler, Friedrich Wilhelm Bosch, formulierte 1952 in erstaunlich unlaizistischer, aber auch unmissverständlicher Weise:

> „Das Patriarchat, nicht das Matriarchat, entspricht der Schöpfungsordnung […]."[659]

Und an anderer Stelle:

> „Aus diesem Grunde kann christliche Auffassung nicht von der Forderung abgehen, daß auch das Zivilgesetz ganz allgemein den Satz ‚Der Mann ist das Haupt der Frau' enthalten muß, jedenfalls aber nicht negieren darf. Selbst bei ausdrücklicher Streichung der die Hierarchie bisher betonenden Bestimmungen des Zivilgesetzbuches würde der Naturrechtssatz fortgelten."[660]

Neben einigen namhaften Familienrechtlern[661] (die allerdings die strikt religiös-katholische Sicht Boschs meist nicht teilten) erhielt Bosch vor allem Unterstützung

---

654 *Körner*, Die elterliche Gewalt im Zeichen der Gleichberechtigung der Frau, 19.

655 *Coester-Waltjen*, StAZ 1992, 34, 37; *Bosch*, Verhandlungen des 38. DJT 1950, B 91; *van Rahden*, Demokratie und väterliche Autorität, 160, 162.

656 So *Schwab*, in: Gerhard, Frauen in der Geschichte des Rechts, 810.

657 *Simon*, Zäsuren im Rechtsdenken, 154; *Eisenhardt*, Deutsche Rechtsgeschichte, Rn. 656 ff. Vgl. auch *Radbruch*, Rechtsphilosophie, Anhang, 347.

658 *Franzius*, Bonner Grundgesetz und Familienrecht, 88 ff.

659 *Bosch*, Familienrechtsreform, 88.

660 *Bosch*, Familienrechtsreform, 81 f., 96.

661 *Beitzke*, Die Gleichberechtigung von Mann und Frau, 29 ff.; *Maßfeller*, Das neue Familienrecht, 226; *Mitteis*, SJZ 50, 241.

aus der katholischen Kirche.[662] Anhand eines Bibelzitates[663] führte er weiter aus, die „Leitungsgewalt des Vaters und Mannes“ sei ein „bereits präjuristisch geltendes Naturgesetz“, das die positive Rechtsordnung anerkennen müsse, „da bei Widerstreit zwischen natürlicher Ordnung und positiver Rechtsordnung in jedem Fall erstere“ vorgehe.[664] So sollte über den Umweg eines überpositiven Naturrechts die „natürliche Ordnung“ der Familie der gesetzgeberischen Disposition des Staates entzogen und die Familie als zwar verfassungsrechtlich geschützte, zugleich aber staatsferne Institution neu installiert werden.

Dass dennoch die Betrachter diese Debatte mehrheitlich unter dem Aspekt der Bemühungen um eine Absicherung des Mannesvorrangs gesehen haben, ist wenig verwunderlich und erklärt sich schon aus der langen Historie der Diskussion um das Letztentscheidungsrecht sowie insbesondere aus seiner praktischen Relevanz auch für die nichtjuristische Öffentlichkeit. Der Tübinger Rechtsprofessor Hermann Lange nahm zu dieser Überdeckung des einen Motivs durch das andere später Stellung, indem er treffend anmerkte, der Gesetzgeber des Jahres 1957 habe „im historisch gewachsenen Männervorzug gelegentlich eine Art natürliche, gewissermaßen gleichberechtigungsfeste Ordnung“ erblickt.[665]

Obgleich von der Mehrheit des Gesetzgebers gebilligt, waren die Befürworter des väterlichen Letztentscheidungsrechts und damit der gesetzlichen Festschreibung des patriarchalischen Familienmodells unter den zeitgenössischen Juristen in der Minderheit.[666]

dd. Klarstellung durch das BVerfG

Am 29. Juli 1959 entschied schließlich das BVerfG dem allgemeinen gesellschaftlichen Trend folgend, dass das Gleichberechtigungsgesetz „seinen Namen teilweise zu Unrecht“[667] trage, und erklärte § 1628 BGB i. d. F. d. GleichberG sowie § 1629 Abs. 1 BGB i. d. F. d. GleichberG als nicht mit dem GG vereinbar.[668] Damit

662 So bei *Ziegler*, Das natürliche Entscheidungsrecht des Mannes in Ehe und Familie, 1958. Dieser führte aus, der Mann sei der „naturhafte Träger des Entscheidungsrechts in Ehe und Familie“, denn „das „Befehlen ist eine naturhafte Sonderbefähigung des Mannes […] Gehorchen eine ebensolche der Frau“; ebd., 269.

663 „Der Mann ist das Haupt des Weibes“; Epheserbrief (5/23).

664 *Bosch*, SJZ 1950, 641.

665 Kontinuität und Diskontinuität in der Entwicklung des Familienrechts, 355, 361.

666 Vgl. die Nachweise bei *Körner*, Die elterliche Gewalt im Zeichen der Gleichberechtigung der Frau, 28 f Fn. 205, 206.

667 So *Wesel*, Geschichte des Rechts, 573.

668 BVerfG, NJW 1959, 1483 ff. = BVerfGE 10, 59.

waren sowohl das Entscheidungsrecht des ehelichen Vaters als auch seine „Entsprechung im außerhäuslichen Bereich“[669], die alleinige väterliche Vertretungsmacht, wegen Verstoßes gegen Art. 3 Abs. 2 GG verfassungswidrig und damit nichtig. Das BVerfG urteilte:

> „Die zwischen den Eltern bestehende sittliche Lebensgemeinschaft und ihre gemeinsame, unteilbare Verantwortung gegenüber dem Kinde führen in Verbindung mit dem umfassenden Gleichberechtigungsgebot der Verfassung im Bereich der elterlichen Gewalt zu voller Gleichordnung von Vater und Mutter.“[670]

Das Gericht schlug bei der Begründung der Entscheidung einen weiten geschichtlichen Bogen bis hin zur Entstehungszeit des BGB. Man ging zurück zu den Schriften der bürgerlichen Frauenbewegung von Proelss/Raschke und Marianne Weber und deren jahrzehntelangem Kampf für die Gleichberechtigung der Frau auch als Mutter, um aufzuzeigen, wie „unvorstellbar“ es angesichts dieses historischen Vorlaufs sei, dass „ein Verfassungsgeber, der die umfassende Gleichberechtigung der Frau auch im Zivilrecht wollte, für dieses wichtige Gebiet eine Einschränkung hätte zulassen wollen, ohne es ausdrücklich zu sagen“.[671]

Die Richter gingen zwar weiterhin von grundsätzlich vorhandenen „biologischen Unterschieden“ und dementsprechenden „funktionalen (arbeitsteiligen)“ Unterschieden von Mann und Frau bzw. Vater und Mutter aus, stellten aber gleich zu Beginn unmissverständlich klar, dass „das Gebot der Gleichberechtigung [...] seine volle Bedeutung auch für die Ordnung des Verhältnisses der Eltern zu den Kindern“ habe.[672] Im Verlauf der anschließenden verfassungsrechtlichen Prüfung anhand von Art. 3 Abs. 2 und 3 GG räumte das BVerfG zwar in Bezug auf die eigene Rechtsprechung[673] ein, dass „z. B. im Bereich des Familienrechts in Hinblick auf die objektiven biologischen oder funktionalen (arbeitsteiligen) Unterschiede nach der Natur des jeweiligen Lebensverhältnisses auch eine andere rechtliche Regelung erlaubt oder sogar notwendig sein könne“,[674] mit Hinweis auf diesen Umstand sei die Zurücksetzung der Frau als Mutter aber nicht zu rechtfertigen. Der oben genannte Grundsatz gelte vielmehr nur dort, wo „objektive“ biologische Unterschiede das „zu ordnende Lebensverhältnis so entscheidend prägten,

669 BVerfG, NJW 1959, 1484.
670 Leitsatz, NJW 1959, 1583.
671 BVerfG, NJW 1959, 1483.
672 BVerfG, NJW 1959, 1483, 1483.
673 BVerfGE 3, 225, 242.
674 BVerfG, NJW 1959, 1483, 1484.

dass vergleichbare Elemente daneben vollkommen zurücktreten" würden.[675] Für das Verhältnis der Eltern zu den Kindern sowie untereinander stellte das Gericht hingegen klar fest:

> „Anderes gilt, wo die Erfüllung der gleichen Verantwortung der Eltern unteilbar ist, also für ihre persönliche Beziehung zu den Kindern. Dieser Lebenstatbestand hat zwar in der Person des Vaters und der Mutter – durch das Geschlecht bedingt – eine verschiedene Färbung. Gerade die Anknüpfung an derartige Unterschiede männlicher und weiblicher Art im sozialen Bereich ist jedoch durch Art. 3 Abs. 2 und 3 GG ausgeschlossen, wenn die Bestimmung überhaupt einen Sinn haben soll; denn eine solche „verschiedene Färbung" wird jedes Lebensverhältnis aufweisen."[676]

In diesem Zusammenhang erteilte das BVerfG auch den vom Bundesjustizministerium namens der Bundesregierung vorgetragenen Verweisen auf die „besondere Wesensart der Frau" eine knappe, aber deutliche Absage.[677] Der Kernsatz des Urteils zum Gleichberechtigungsgesetz formulierte vielmehr die richterliche Überzeugung, dass die Funktionen von Mutter und Vater in der ehelichen Familie keineswegs so unterschiedlich seien, dass sie eine rechtliche Ungleichbehandlung rechtfertigen könnten:

> „Für die verfassungsrechtliche Beurteilung der Bestimmungen über die elterliche Gewalt ist maßgebend, daß die bestehenden Verschiedenheiten – mag man sie biologisch oder funktional nennen – die Beziehungen von Vater und Mutter zu den Kindern keineswegs so entscheidend verschieden prägen, daß die vergleichbaren Elemente daneben zurücktreten müssen. Diese überwiegen vielmehr derart, daß die Beziehungen beider Eltern zu den Kindern ihrem Wesensgehalt nach gleich sind."[678]

Innerhalb dieser postulierten Gleichartigkeit der jeweiligen Elternbeziehung zueinander sahen die Richter des BVerfG für die Frau aber dennoch eine exklusive Sonderrolle in der Familie vor, begründet in ihrer natürlichen Bestimmung zur Mutterschaft. So schwäche nämlich die bisher mangelnde Gleichberechtigung von Vater und Mutter die Frau „gerade in dem Bereich, in dem ihr Wesen am tiefsten wurzelt und sich entfaltet – dem der Mutterschaft".[679]

Dass die Richter innerhalb des Verhältnisses beider Eltern zu den Kindern der Mutter tatsächlich eine solche Sonderrolle zubilligten, zeigte sich deutlich an anderer Stelle im Urteil: So begründeten die Richter die Notwendigkeit des gleichen

675 BVerfG, NJW 1959, 1484.
676 BVerfG, NJW 1959, 1484.
677 BVerfG, NJW 1959, 1484.
678 BVerfG, NJW 1959, 1484.
679 BVerfG, NJW 1959, 1485.

Entscheidungsrechts für die Mutter auch mit der Erwägung, im Konfliktfall der Eltern bestehe die Gefahr, dass der Vater infolge des Konflikts das Interesse an seinen Kindern verliere, weshalb es dann auf die Entscheidungsfähigkeit der Mutter ankomme. So hieß es im Urteilstext:

> „Können sich die Eltern nicht einigen, so wird es sich häufig um eine gestörte Ehe handeln. Gerade dann aber bedarf es um des Kindes willen des gleichberechtigten mütterlichen Einflusses in verstärktem Maße; denn wie Erfahrungen zeigen, besteht bei brüchiger Ehe häufig die Gefahr, daß das Interesse des Vaters am Wohle der Kinder sich mit seiner Entfremdung von der Mutter mindert."[680]

Die hier zugrunde liegende Auffassung, nach der die Beziehung des Vaters zu seinen Kindern gleichsam durch die Mutter bzw. durch die Beziehung zu ihr „vermittelt" werde, findet sich in Bezug auf den ehelichen Vater an dieser Stelle zum ersten Mal. Im Unehelichenrecht war diese Vorstellung, nachdem das Interesse des Vaters weniger dem Kind als vielmehr der Mutter gelte, Teil des gängigen Negativbildes des unehelichen Vaters und wurde dementsprechend häufig in Stellung gebracht, um ihm den Zugang zum Kind zu verwehren.[681] Dass nunmehr sogar das BVerfG dieser Vorstellung auch in Bezug auf den ehelichen Vater nicht völlig fernstand, illustriert die weiterhin geringe Relevanz und die verbreitete Geringschätzung, die seiner Vaterrolle im Bereich der persönlichen Beziehungen zu den Kindern zugeschrieben wurde. Neben dem vom BVerfG weiter gezeichneten Mutterbild, nach dem im Zweifel diese die entscheidende und damit wichtigere Rolle in den persönlichen Beziehungen zu den Kindern spiele,[682] blieben für den ehelichen Vater wieder nur die traditionellen Ordnungsfunktionen nach innen und außen.

Aber gerade diesen Aspekten des traditionellen Vaterbildes entzog das BVerfG in seinem Urteil die normativen Grundlagen: Mit der Aufhebung der §§ 1628, 1629 Abs. 1 BGB i. d. F. d. GleichberG beseitigten die Richter die gesetzliche Ausprägung der bisherigen Vaterrolle als des entscheidenden autoritären Ordnungsfaktors. Auch die „Einheit der Familie", welche nach gängiger Lesart durch

---

680 BVerfG, NJW 1959, 1487.

681 Vgl. hierzu etwa die Begründung zum NEhelG von 1970, BT-Drucksache V/2370, 68. Die genannte Haltung weist eine gedankliche Verwandtschaft zur These Fichtes auf, nach der die Liebe des Vaters zu seinem Kind keinen originären Grund habe, sondern ursprünglich aus der Liebe zur Mutter hervorgehe, vgl. *Fichte*, Grundlage des Naturrechts, § 42, 361.

682 BVerfG, NJW 1959, 1485.

die bisherige Vorrangstellung des autoritären Vaters gesichert werden sollte, sah das BverfG durch die Durchführung der Gleichberechtigung nicht gefährdet.[683]

Mit ihrer Entscheidung wollten die Verfassungsrichter auch alle anderen geführten Debatten um das Letztentscheidungsrecht des Ehemannes wie des Vaters beenden. Naturrechtliche Argumentationen zur Begründung einer primären Zuständigkeit des Vaters bei innerfamiliären Entscheidungen wurden mit dem Hinweis auf ihre verfassungsrechtliche Irrelevanz zurückgewiesen.[684] Zuletzt lehnten die Richter sogar die grundsätzliche Notwendigkeit eines Entscheidungsrechts im Verhältnis der Eltern wie der Ehegatten als „irrig" ab. Sie vollzogen damit einen Paradigmenwechsel vom autoritären Alleinentscheidungsrecht des Ehemannes bzw. Vaters hin zu einem Prinzip der gemeinschaftlichen Willensbildung, das die Richter die „Pflicht zur Verständigung und zur Treue" nannten.[685] Dementsprechend sollte innerhalb der nun entstandenen Regelungslücke fortan im Falle der Nichteinigung nur in außergewöhnlichen Fällen das Vormundschaftsgericht eingeschaltet werden.[686] Ansonsten übten nunmehr beide Eltern alle Bestandteile der elterlichen Gewalt inklusive der Vertretung des Kindes gleichberechtigt nebeneinander aus.[687] Für die breite Akzeptanz dieser Rechtslage spricht, dass die entstandene Lücke erst mit dem Sorgerechtsgesetz von 1979[688] weitgehend geräuschlos wieder geschlossen wurde.

2. Die Entwicklung des Vater- und Mutterbildes nach dem Gleichberechtigungsgesetz

a. Das Ende der Hausfrauenehe im Eherecht

Nachdem die „Macht des Patriarchen"[689] durch das Gleichberechtigungsgesetz und das darauf folgende Urteil des BVerfG von 1959 gebrochen war, machte sich der Gesetzgeber zwei Jahrzehnte später daran, auch die verbliebenen gesetzlichen Rollenzuschreibungen und -festlegungen im Familienrecht zu beseitigen.

683 BVerfG, NJW 1959, 1485.
684 BVerfG, NJW 1959, 1485.
685 BVerfG, NJW 1959, 1485 f.
686 *Kropholler*, Gleichberechtigung durch Richterrecht, 56.
687 *Palandt/Lauterbach*, Bürgerliches Gesetzbuch, 26. Auflage, § 1627 Rn. 1.
688 Gesetz zur Neuregelung des Rechts der elterlichen Sorge vom 18.07.1979, BGBl. I, 1061.
689 *Frank*, AcP 2000, 401.

Getrieben wurde er dabei von der gesellschaftlichen und politischen Entwicklung der 1960er und 1970er Jahre, insbesondere der Studentenbewegung und der daraus hervorgegangenen sog. 68er-Generation. Die seit 1969 regierende sozialliberale Koalition unter dem sozialdemokratischen Kanzler Willy Brandt war in diesem Zuge als erklärte innen- wie außenpolitische Reformkoalition angetreten.

So verabschiedete der Bundestag am 14. Juni1976 das 1. Eherechtsreformgesetz (1. EheRG), das am 1. Juli 1977 in Kraft trat.[690] Es beinhaltete u. a. die Reform des Ehescheidungsrechts in Gestalt der endgültigen Abkehr vom Schuld- hin zum Zerrüttungsprinzip sowie eine grundlegende Neuausrichtung des Verhältnisses der Ehegatten untereinander. Die verbliebenen Rollenbilder von Mann und Frau im Eherecht wurden im Zuge der anhaltenden Gleichberechtigungs- und Emanzipationsanstrengungen aufgegeben. Als Hauptmotivation der Reform stellte der Gesetzesentwurf zunächst fest:

> „Im Recht der persönlichen Ehewirkungen ist die Gleichberechtigung der Frau noch nicht voll verwirklicht. Das geltende Recht weist ihr in erster Linie die Rolle der Hausfrau zu."[691]

Das bisherige Leitbild der Hausfrauenehe gab man mit dem 1. EheRG explizit auf. Dies war zunächst Ausdruck des weiteren Strebens nach Gleichberechtigung der Frau, die man im Ehe- und Familienrecht auch nach dem Gleichberechtigungsgesetz von 1957 nicht vollständig verwirklicht sah.[692] Die in § 1356 BGB a. F. enthaltene „Aufgabenverteilung in der Ehe", also die Zuweisung der Haushaltsführung an die Ehefrau, während der Ehemann durch Erwerbsarbeit für den Familienunterhalt zu sorgen hatte, wurde seitens des Gesetzgebers als eine der „überkommenen Privilegien des Mannes" betrachtet. Diese Aufgabenverteilung entspreche hinsichtlich der verheirateten Frauen nicht mehr den tatsächlichen Verhältnissen und auch nicht mehr dem „heutigen Verständnis der Ehe als einer partnerschaftlichen Verbindung gleichberechtigter und gleichverpflichteter Ehegatten".[693] Die Ehegatten regelten nach dem reformierten § 1356 BGB n. F. nunmehr die Haushaltsführung in gegenseitigen Einvernehmen.

Die Aufgabe des bisherigen Leitbildes bei gleichzeitigem ausdrücklichem Verzicht auf die gesetzliche Errichtung eines neuen Leitbildes etwa der „berufstätigen Ehefrau" war dagegen auch der Ausdruck einer betonten Liberalität im Eherecht:

---

690 Erstes Gesetz zur Reform des Ehe- und Familienrechts (1. EheRG), BGBl. I 1421.

691 BT-Drucksache 7/4361, 1.

692 BT-Drucksache 7/4361, 7 f.

693 BT-Drucksache 7/4361, 7, 8.

„Der Staat solle den Eheleuten nicht vorschreiben, wie sie ihre Ehe zu führen haben. Durch das neue Recht wird dem Bürger ein größerer Freiheitsraum gegeben. Der Gesetzgeber ist nur dort legitimiert, ordnend in den privaten Bereich von Ehe und Familie einzugreifen, wo dies zur Erhaltung des Rechtsfriedens oder aus anderen vorrangigen Belangen erforderlich ist. Ein neues gesetzliches Eheleitbild hieße aber nicht anderes, als die bisherige überflüssige Bevormundung seitens des Gesetzgebers durch eine neue zu ersetzen."[694]

Der Gesetzgeber folgte mit seinem hier zum Ausdruck kommenden liberalen Bekenntnis einem Grundsatz, den das BVerfG bereits in seinem Urteil von 1959 zum väterlichen Letztentscheidungsrecht als „Soviel gleiche Freiheit wie möglich"[695] formuliert hatte. Obgleich die tatsächliche Rollenverteilung zwischen Vater und Mutter in Ehe und Familie auch in der Zeit nach der Einführung der in dieser Hinsicht leitbildlosen Ehe überwiegend noch traditionellen Mustern folgte,[696] stellt die Reform der gesetzlichen Aufgabenverteilung in der Ehe einen weiteren Markstein im Verschwinden eines eigenständigen Vaterbildes im deutschen Familienrecht dar. Durch die Neufassung des § 1356 BGB entfiel mit der väterlichen Alimentationsfunktion die letzte ausdrückliche Rollenzuschreibung für ein originäres Vaterbild.

b. Entwicklungen im Sorgerecht nach Scheidung

aa. Die Scheidungsrechtsreform von 1977 und der Ausschluss des Vaters

Auch der Übergang vom rigiden Schuld- zum Zerrüttungsprinzip im Ehescheidungsrecht[697] durch das 1. EheRG ist Ausdruck dieses Liberalisierungsprozesses.[698] Jeder Ehegatte konnte seit dem Inkrafttreten 1977 unabhängig vom Vorliegen etwaiger Verschuldenstatbestände die Scheidung beantragen, wenn die Ehe zerrüttet war. Dieser Prinzipienwechsel setzte sich entsprechend im Scheidungsfolgenrecht fort. Auch im nachehelichen Sorgerecht richteten sich die Scheidungsfolgen fortan nicht mehr nach einer festzustellenden Schuld, sondern es sollte nun „allein das Wohl der Kinder maßgebend sein".[699] Dazu gehörte nach Überzeugung des Gesetzgebers von 1976 auch die verbindliche Alleinsorge eines Elternteils nach

694 BT-Drucksache 7/4361, 8.
695 BVerfG, NJW 1959, 1483, 1485.
696 *Coester*, NJW 1981, 961, 962
697 Das 1. EheRG führte u. a. das Ehescheidungsrecht formal aus dem EheG zurück in die §§ 1564 ff. des BGB.
698 *Rauscher*, Familienrecht, 63.
699 BT-Drucksache 7/4361, 22.

Scheidung. Bisher erhielt im Regelfall derjenige Ehegatte das Sorgerecht, den nicht der gerichtlich festgestellte Schuldvorwurf traf. Das Sorgerecht wurde nun entweder nach § 1671 Abs. 3 S. 1 BGB aufgrund eines gemeinsamen Elternvorschlags oder nach § 1671 Abs. 2 BGB unter Berücksichtigung des Kindeswohls vom Gericht an ein Elternteil vergeben. Grundsätzlich hatten damit Vater und Mutter die gleichen Chancen, die Alleinsorge zu erhalten.[700]

Die Ausfüllung des Kindeswohlbegriffs mit dem tradierten Mutterbild führte dabei aber zum „faktische[n] Vorrang"[701] der Mutter bei der Sorgerechtsverteilung durch die Familiengerichte. Denn nach wie vor herrschte kein Zweifel daran, welcher Elternteil als Alleinsorgeberechtigter dem Kindeswohl am meisten dienen würde. Der Muttervorrang wurde als Folge der „unbestritten bessere[n] Eignung der meisten Mütter zur Pflege von Kleinkindern"[702] erklärt. Ein anderer Autor wies in diesem Zusammenhang darauf hin, dass womöglich „die Mutter-Kind-Beziehung die anthropologisch wichtigere" sei.[703] Auch die Erklärung des sorgerechtlichen Muttervorrangs mit dem schlichten Hinweis auf die „Natur"[704] war weiter immanenter Teil des Mutterbildes im Familienrecht und damit auch unterschwelliger Teil des Kindeswohl-Begriffs.[705]

Die Randständigkeit des Vaters im Verhältnis zu seinen Kindern nach Auflösung der Ehe wurde durch das ausdrückliche Verbot der gemeinsamen Sorge nach der Scheidung noch einmal vom Gesetzgeber festgeschrieben. Mit dem am 1. Januar 1980 in Kraft getretenen Sorgerechtsgesetz[706] legte der Gesetzgeber mit der ausnahmslosen Regelung des § 1671 Abs. 4 S. 1 BGB 1980 fest, dass die elterliche Sorge nach Scheidung zwingend auf ein Elternteil zu übertragen sei. Für den ehelichen Vater bedeutete diese Regelung eine gesetzgeberische Grundsatzentscheidung dahingehend, Vaterverantwortung im Wege des familienrechtlichen Sorgerechts nur in der Ehe wahrnehmen zu können und zu sollen. In Anbetracht des als Regelfall angesehenen Schemas der Sorgerechtszuständigkeit der Mutter auf der einen und der de facto

700 *Gernhuber*, Lehrbuch des Familienrechts, 3. Auflage, 857.

701 *Diederichsen*, NJW 1980, 1, 9.

702 *Gernhuber*, Lehrbuch des Familienrechts, 3. Auflage, 859.

703 *Diederichsen*, NJW 1980, 1, 9.

704 OLG Frankfurt, FamRZ 1978, 261, 262; OLG München FamRZ 1979, 337, 338; LG Oldenburg, RdJB 1972, 281, 282.

705 Vgl. zum Muttervorrang auch *Schwab*, in: Gerhard, Frauen in der Geschichte des Rechts, 824.

706 Gesetz zur Neuregelung des Rechts der elterlichen Sorge vom 18.07.1979, BGBl. I, 1061.

vorherrschenden Alimentationsfunktion des Vaters auf der anderen Seite bildete so die gesetzliche Kopplung sorgerechtlicher Verantwortung des Vaters an die Ehe das gesetzliche Leitbild.

bb. Väter und Gleichberechtigung

Bei der Frage der Sorgerechtsverteilung nach der Scheidung wurde erstmals auch die diesem Komplex innewohnende Problematik der Gleichberechtigung der Elternteile diskutiert. Gernhuber etwa stellte in diesem Zusammenhang fest, dass die gängige Praxis der Mutterzuweisung „fast ausnahmslos zu einer nur schwer erträglichen dauerhaften Benachteiligung der Väter führt“, und empfahl deshalb eine Aufteilung der elterlichen Sorge nach Zeitabschnitten.[707] Diederichsen forderte, im Bereich der Sorgerechtsverteilung die „umgekehrte Gleichberechtigung zu verwirklichen“ und dabei dem „erwerbstätigen Vater gegebenenfalls zugute zu halten, wenn er das Kind durch ihm nahestehende Personen (Eltern, Geschwister usw.) betreuen ließe“.[708]

Andere Autoren verneinten dagegen generell die Möglichkeit, den Aspekt elterlicher Gleichberechtigung im Sinne einer geschlechtsorientierten Betrachtung bei nachehelichen Sorgerechtsentscheidungen zur Geltung bringen zu können.[709] Gleichberechtigung meine Elternrecht bzw. Elterninteresse und sei insofern bei der Sorgerechtsverteilung, welche sich in erster Linie am Kindeswohl zu orientieren habe, nachrangig. So seien bei der Sorgerechtsverteilung vielmehr „pauschale, geschlechtsorientierte Bewertungen“ zugunsten „funktionaler“ Vorrangregeln zu formulieren. Um zumindest formale Gleichberechtigung zu schaffen, solle man statt „Mutter“ etwa den Ausdruck „psychosoziale Bezugsperson“ verwenden.[710]

cc. Die gemeinsame Sorge geschiedener Eltern

Bereits nach knapp zwei Jahren erklärte das BVerfG den Ausschluss eines gemeinsamen Sorgerechts nach Scheidung für verfassungswidrig und nichtig.[711] In seinem Urteil vom 3. November 1982 sah das Gericht in der zwingenden Alleinsorge eines Elternteils einen Verstoß gegen das Elternrecht aus Art. 6 Abs. 2 GG. Zur Begründung wurde angeführt, dass für den Fall, dass erziehungswillige und

---

707 *Gernhuber*, Lehrbuch des Familienrechts, 3. Auflage, 858 f.
708 *Diederichsen*, NJW 1980, 1, 9.
709 *Coester*, NJW 1981, 961, 962.
710 *Coester*, NJW 1981, 961, 962.
711 BVerfGe 61, 358 = NJW 1983, 101 = FamRZ 1982, 1179.

-fähige Eltern einvernehmlich die Belassung der gemeinsamen Sorge wünschten und dies mit dem Kindeswohl vereinbar sei, keine rechtfertigenden Gründe ersichtlich seien, diesen Wunsch gesetzlich zu verwehren. Die hierzu vornherein klärungsbedürftige Frage, ob ein gemeinsames Sorgerecht nach der Scheidung generell dem Kindeswohl widerspreche, verneinte das BVerfG.

Eine „Sogwirkung" entfaltete das Urteil des BVerfG zunächst nicht. Sechs Jahre nach der Entscheidung der Verfassungsrichter resümierte Limbach aufgrund einer von ihr im Auftrag des Bundesjustizministeriums durchgeführten Rechtstatsachenstudie, in der Rechtswirklichkeit spiele „das gemeinsame Sorgerecht geschiedener Eltern eine sehr bescheidene Rolle".[712] In lediglich 1,5 Prozent der untersuchten Sorgerechtsentscheidungen sei den Eltern das Sorgerecht nach der Scheidung gemeinsam belassen worden.[713]

Eine Rechtstatsachenstudie Mitte der neunziger Jahre dokumentiert bereits eine deutlich höhere Quote gemeinsamer Sorgerechtstragung nach Scheidung. Die Sondererhebung aus den Jahren 1994 bis 1995 ergab einen bundesweiten Anteil von 17 Prozent zugunsten der gemeinsamen Sorge.[714] Für die alten Bundesländer wurde ein Anteil von 19,2 Prozent und für die neuen ein Anteil von 8,2 Prozent ermittelt. Die deutliche Differenz erklärte man mit dem Nachwirken der alten Rechtslage der DDR, die eine gemeinsame elterliche Sorge nicht vorgesehen hatte.[715] Die Studie ermittelte aber auch auf Amtsgerichtsebene erhebliche Schwankungen bei der Häufigkeit verschiedener Sorgerechtsverteilungen: Während einzelne Amtsgerichte in mehr als der Hälfte der Entscheidungen eine gemeinsame elterliche Sorge zuließen, entschied sich eine Reihe von Amtsgerichten in keinem einzigen Fall für die gemeinsame elterliche Sorge. Auch bei der Sorgerechtsform „väterlicher Alleinsorge" wurden Schwankungen zwischen Werten von über dreißig und null Prozent festgestellt.[716] Die Studie selbst wertete diese krassen Unterschiede einerseits als Ausdruck entsprechenden Engagements des jeweiligen Jugendamts und anderer sozialer Dienste, andererseits aber auch als Ausdruck „fest gefügter

712 *Limbach*, Gemeinsame Sorge geschiedener Eltern, 23.
713 Limbach, Gemeinsame Sorge geschiedener Eltern, 23.
714 *Schlegel*, Bundesstatistik Sondererhebung 1994–1995. Gemeinsame elterliche Sorge nach der Ehescheidung, Rechtstatsachenstudie, 86.
715 *Schlegel*, Bundesstatistik Sondererhebung 1994–1995. Gemeinsame elterliche Sorge nach der Ehescheidung, Rechtstatsachenstudie, 86.
716 *Schlegel*, Bundesstatistik Sondererhebung 1994–1995. Gemeinsame elterliche Sorge nach der Ehescheidung, Rechtstatsachenstudie, 90.

Einstellungen“ sowie als „deutliche Hinweise auf vorurteilsbehaftetes, aber auch auf besonders progressives Entscheidungsverhalten“ der Familienrichter.[717]

Angesichts der starken Uneinheitlichkeit, mit der geschiedene Väter eine Sorgerechtsbeteiligung erwarten durften, wurden im Schrifttum Äußerungen laut, wonach es in der deutschen Rechtsprechung „eine gewichtige Voreingenommenheit gegen die gemeinsame Sorge“ sowie ein „gewichtiges Vorurteil“ dahingehend gebe, „daß das Kindeswohl in der Regel nur bei der Mutter gewährleistet“ sei.[718] Vertreter der richterlichen Praxis waren dagegen der Meinung, bestehende regionale Unterschiede in der Verteilung von den Vater beteiligenden Sorgerechtsformen dürften „in erster Linie auf entsprechend variierende ‚Einstellung‘ der Eltern durch die jeweiligen Jugendämter zurückgehen“.[719] Angesichts der in der vorliegenden Arbeit bislang dokumentierten Vorstellungen von Rolle und Bedeutung der jeweiligen Elternteile für das Kind, die ein langjähriger Kommentator der deutschen Familienrechtsentwicklung als „landläufige Anschauung einer Mutterzuständigkeit für Erziehung“ [720] zusammenfasste, erscheint es hingegen wahrscheinlich, dass sich entsprechend geprägte Einstellungen auf Richterseite auch in erheblichem Umfang auf die Sorgerechtsentscheidungen auswirkten.

Im Zuge des Kindschaftsrechtsreformgesetzes[721] von 1998 setzte der Gesetzgeber die Formel des BVerfG von 1982, wonach die Elternverantwortung auch nach Beendigung der Ehe grundsätzlich fortbestehe, konsequent um, indem er den bisherigen „Zwangsverbund“ – also der zwingende Kopplung von Scheidungsverfahren und Sorgerechtsentscheidung – auflöste. Die Scheidung der Eltern hat seitdem zunächst keinen Einfluss mehr auf das Sorgerecht, das Gesetz lässt es „einfach weiterlaufen [...], fast so, als wäre nichts geschehen“.[722] Insofern wurde die gemeinsame Sorge nach Scheidung zum gesetzlichen Regelfall, ohne dass sie es zuvor in der Rechtsprechung geworden war. Zu einer familiengerichtlichen Entscheidung über das Sorgerecht kam es nur noch dann, wenn ein Elternteil beim Familiengericht einen Antrag auf Übertragung des alleinigen Sorgerechts nach § 1671 BGB stellte. Dem Antrag sollte dann stattgegeben

717 *Schlegel*, Bundesstatistik Sondererhebung 1994–1995. Gemeinsame elterliche Sorge nach der Ehescheidung, Rechtstatsachenstudie, 89, 90 f.

718 *Reeken*, DAVorm 1996, 671, 673.

719 *Luthin*, FamRZ 1996, 1190.

720 *Schwab*, in: Gerhard, Frauen in der Geschichte des Rechts, 824.

721 Gesetz zur Reform des Kindschaftsrechts vom 16.12.1997, BGBl. 1997 I 2942, in Kraft getreten am 01.07.1998.

722 *Schwab*, Familienrecht, 14. Auflage, Rn. 666.

werden, wenn der andere Elternteil zustimmte (§ 1671 Abs. 2 Nr. 1 BGB) oder wenn nach Überzeugung des Gerichts zu erwarten war, dass die Aufhebung der gemeinsamen Sorge und die Übertragung auf den Antragsteller dem Wohl des Kindes am besten entsprach (§ 1671 Abs. 2 Nr. 2 BGB). Einen generellen Vorrang der gemeinsamen Sorge gegenüber der Alleinsorge wollte der Gesetzgeber aber ausdrücklich nicht konstituieren:

> „Es soll auch keine gesetzliche Vermutung bestehen, wonach die gemeinsame Sorge im Zweifel die für das Kind beste Form der Wahrnehmung elterlicher Verantwortung sei.“[723]

Für den Gesetzgeber stand es „außer Frage“, dass es für die betroffenen Kinder das Beste sei, wenn sich die Eltern „auch nach der Scheidung einvernehmlich um deren Angelegenheiten kümmern“ würden.[724] Eine gesetzgeberische Präferenz zugunsten einer bestimmten Sorgerechtsform wollte man aber dennoch nicht aussprechen, da hierfür mit Blick auf das Kindeswohl belastbare Erkenntnisse insbesondere aus der Psychologie und der Familiensoziologie „nicht vorhanden“ seien.[725] Der Gesetzgeber bezog sich in diesem Zusammenhang ausdrücklich auf die inhaltliche Gegenläufigkeit der wissenschaftlichen Strömungen seit den siebziger Jahren. Angesichts des – diese Erörterung abschließenden – Votums, die gemeinsame Sorge biete dennoch längerfristig Vorteile, sowie der eindeutigen gesetzlichen Regelung war die Favorisierung der gemeinsamen Sorge durch den Gesetzgeber dennoch offenkundig.[726]

Ein interessantes Detail am Rande stellt die erstmalig dokumentierte, ausdrückliche Erwähnung der Einflussnahme von organisierten Scheidungselternteilen auf die Gesetzesreform dar. Vermerkt wurde die Forderung von Seiten einiger „Verbände, die überwiegend die Interessen alleinerziehender Mütter vertreten“, nur offensichtliche Verfassungswidrigkeiten zu beseitigen, den Zwangsverbund jedoch ausdrücklich beizubehalten.[727] Dagegen forderten „Verbände, die in erster Linie die Interessen geschiedener Väter vertreten“, sowohl die Abschaffung des Zwangsverbundes als auch die Beschränkung der Zulässigkeit der Alleinsorge auf Fälle konkreter Kindeswohlgefährdung durch eine gemeinsame Sorge.[728]

723 BT-Drucksache 13/4899, 63.
724 BT-Drucksache 13/4899, 63.
725 BT-Drucksache 13/4899, 63.
726 So auch *Schwab*, Familienrecht, 14. Auflage, Rn. 666.
727 BT-Drucksache 13/4899, 61.
728 BT-Drucksache 13/4899, 61.

dd. Der Einfluss nichtjuristischer Theorien auf Vater- und Mutterbild im Scheidungsfolgenrecht

(1) Theorien und deren Rezeption

Flankiert wurde die Reform des Scheidungsrechts und insbesondere des Scheidungsfolgenrechts im Bereich der nachehelichen Sorge durch Theorien aus den Sozialwissenschaften und der Psychologie.[729] Beide hatten unmittelbaren Einfluss sowohl auf die Sorgerechtsreform von 1980 als auch auf das Urteil des BVerfG von 1982.

Dabei kam es zunächst in der Familiensoziologie zu einem Wandel der theoretischen Familienleitbilder. Dieser Wandel setzte sich bei der Entwicklung neuer Scheidungsleitbilder fort. So hatte sich das deutsche Familienrecht bisher im Wesentlichen am Leitbild der traditionellen „bürgerlichen Familie" orientiert. Diese war patriarchalisch und tendenziell scheidungsfeindlich. Sie setzte den Begriff der Ehe mit dem der Familie weitestgehend gleich.[730] Mit dem Ende der Ehe war nach diesem Modell auch das Ende der Familie gekommen: Die Familie löse sich auf, die Eltern seien fortan nur noch Vater oder Mutter.[731] Der nachehelich verbliebene Sorgeberechtigte bilde mit dem Kind eine „unvollständige Familie"[732] oder eine „Restfamilie"[733]. Eine solche Scheidung sei von Destruktivität und Streit geprägt.[734]

Dieses sogenannte Desorganisationsmodell führte zum Ausschluss des nicht mehr sorgeberechtigten Elternteils, indem man die verbleibende „Restfamilie" im Wege des Scheidungsfolgenrechts möglichst weit abschirmen wollte.[735] Für die Beantwortung der Frage, bei welchem Elternteil das Kindeswohl im Rahmen der Sorgerechtszuweisung am besten gewahrt wäre, propagierte man die sogenannte Bindungstheorie.[736] Diese nahm an, dass die Entwicklung einer stabilen Bindung

729 *Matthiesen*, Gemeinsame elterliche Sorge aus scheidungssoziologischer Perspektive, 53 ff.; *Liebthal*, Die gemeinsame Sorge geschiedener Eltern nach der Reform des Kindschaftsrechts, 103 ff.

730 *Eckert-Schirmer*, FuR 1996, 205, 206.

731 *Lempp*, NJW 1972, 315, 316.

732 BT-Drucksache 8/2788, 61.

733 *Coester*, in: Staudinger, Kommentar zum Bürgerlichen Gesetzbuch und dem Einführungsgesetze, IV. Band Familienrecht, § 1671, Rn. 217.

734 *Lempp*, NJW 1963, 1659, 1661.

735 *Coester*, in: 6. Deutscher Familiengerichtstag, 35, 44.

736 Zur Bindungstheorie und zu ihrem Einfluss auf die juristische Debatte vgl. auch *Matthiesen*, Gemeinsame elterliche Sorge aus scheidungssoziologischer Perspektive, 53 ff.; *Suess/Scheuerer-Englisch/Grossmann*, FPR 1999, 148 ff.

zwischen einem Kleinkind und dessen Hauptbezugsperson von Geburt an die Grundlage für die Entwicklung stabiler und intimer sozialer Beziehungen im Erwachsenenalter sei. Gerade im Kleinkindalter sei es für das Kind ein existentielles Bedürfnis, ein enges Bindungsverhalten gegenüber einer speziellen Hauptbezugsperson zu zeigen und zu empfangen.[737] Für die Gestaltung des nachehelichen Sorgerechts ergaben sich daraus zwei Hauptforderungen an jede Neuregelung: Zum einen müsse man dem Kind die Kontinuität seiner Beziehung zur Hauptbezugsperson sichern,[738] zum anderen diese Beziehung gegen schädliche Einflüsse von außen schützen. In diesem Sinne sprachen sich die Vertreter der Bindungstheorie im familienrechtlichen Diskurs strikt gegen ein nach der Scheidung fortbestehendes gemeinsames Sorgerecht beider Elternteile aus.[739]

Ausgehend von der Überzeugung, dass in der vormals bestehenden Ehe ein Elternteil die Hauptbezugsperson des Kindes gewesen sei[740], ergab sich die Forderung nach einem strikten Alleinsorgerecht des betreffenden Elternteils. Der neben der Hauptbezugsperson verbleibende Elternteil, welcher nach der Bindungstheorie als für die positive Entwicklung des Kindes nicht entscheidend angesehen wurde,[741] wirke vielmehr als Störfaktor. Der Kontakt zum außenstehenden Elternteil sollte im Interesse „klarer Verhältnisse" – die allein dem Kindeswohl entsprächen[742] – eingeschränkt oder sogar ganz ausgeschlossen werden,[743] auch auf die Gefahr hin, dass der Kontakt zu diesem Elternteil hin abreiße.[744]

Inwieweit die sozial- wie humanwissenschaftlichen Erkenntnisse zur Rechtsfindung herangezogen werden könnten und dürften, war umstritten. Während einige[745] insbesondere das Konzept der Bindungslehre als naturgesetzliche anthropologische Konstante ansahen und ihm normative Kraft zubilligten, warnten

737 *Dornes*, Die Seele des Kindes. 44.

738 *Fthenakis*, FÜR 1998, 84, 85.

739 *Klußmann*, FamRZ 1982, 118, 122; *Kaltenborn*, FamRZ 1987, 990, 999; *Dittmann*, ZBlJugR 1977, 187, 191; *Lempp*, FamRZ 1984, 741, 742.

740 *Coester*, in: 6. Deutscher Familiengerichtstag, 35, 46.

741 *Lempp*, NJW 1963, 1659, 1660; *Eckert-Schirmer*, FuR 1996, 205, 207; *Coester*, in: 6. Deutscher Familiengerichtstag, 35, 44, 46.

742 *Fthenakis*, FamRZ 1985, 662, 668.

743 *Lempp*, NJW 1963, 1659, 1662.

744 *Eckert-Schirmer*, FuR 1996, 205, 207.

745 *Klußmann*, FamRZ 1982, 118, 120; *ders.*, Das Kind im Rechtsstreit der Erwachsenen, 44, 48.

andere[746] ausdrücklich vor der Absolutsetzung solch „umstrittener“ Theoreme angesichts der „Fragwürdigkeit, Zeitbedingtheit und begrenzte[n] Aussagekraft humanwissenschaftlicher Erkenntnisse“.[747]

Eine Rezeption dieser Konzepte in Gesetzgebung und in der Rechtsprechung des BVerfG ist indes durchaus nachweisbar.[748] So ließ bereits die Begrifflichkeit des Gesetzgebers des SorgeRGs von 1980 auf eine vom Desorganisationsmodell geprägte Scheidungssicht schließen. Die Gesetzesbegründung sprach vom „Scheitern“[749] der Ehe, von deren „Zusammenbruch“[750], nach dem das Kind in einer „unvollständigen Familie mit nur einem Elternteil“[751] weiterleben müsse. Bei der Begründung der zwingenden Alleinsorge betonte der Gesetzgeber wiederum den Leitgedanken einer grundsätzlich letztendlich streitig-destruktiven Scheidung, wenn er vermutete, Eltern könnten zunächst Einigkeit über eine gemeinsame Sorgeverteilung vortäuschen, um das Scheidungsverfahren zu beschleunigen. Sie würden sich aber ohnehin „früher oder später neu orientieren“ müssen.[752]

Die Regelung der zwingenden Alleinsorge lässt auch die Orientierung an bindungstheoretischen Konzepten erkennen.[753] Insbesondere wurde der „Kontinuitätsgrundsatz“[754] beim Übergang des Kindes in die unvollständige Familie mit nur einem Elternteil betont, in dessen Rahmen man bei der Sorgerechtzuteilung in erster Linie die „Bindungen des Kindes“ zu berücksichtigen habe.[755] Der Begriff der „Bindungen“ und das Bekenntnis zu seiner stärkeren Berücksichtigung bei Sorgerechtsentscheidungen war dabei aufgrund von Sachverständigenanhörungen explizit in das Gesetz aufgenommen worden.[756] In diesem Sinne ging der Gesetzgeber offenbar von der These der Bindungstheorie, das Kind habe eine primäre

746 *Limbach*, Gemeinsame Sorge geschiedener Eltern, 56; *Luthin*, Gemeinsames Sorgerecht nach der Scheidung, 3.

747 *Limbach*, Gemeinsame Sorge geschiedener Eltern, 57.

748 Vgl. *Liebthal*, Die gemeinsame Sorge geschiedener Eltern nach der Reform des Kindschaftsrechts, 110 ff.

749 BT-Drucksache 8/2788, 40.

750 BT-Drucksache 8/2788, 61.

751 BT-Drucksache 8/2788, 61.

752 BT-Drucksache 8/2788, 41, 63.

753 *Eckert-Schirmer*, FuR 1996, 205, 207.

754 BT-Drucksache 8/2788, 61.

755 BT-Drucksache 8/2788, 40, 62.

756 BT-Drucksache 8/2788, 40.

emotionale Bezugsperson, die es durch „klare Verhältnisse“[757] zu fördern und zu schützen gelte, aus.[758]

Die Richter des BVerfG dagegen neigten ausweislich ihrer Überlegungen bei der Feststellung der Verfassungswidrigkeit der zwingenden Alleinsorge im Jahre 1982 einem alternativen Familien- bzw. Scheidungsleitbild zu. Sie forderten Eltern und Gesetzgeber auf, auch nach Beendigung der Ehe den Erhalt von „familiäre[n] Bindungen in einem Restbestand“ zu ermöglichen.[759] Eine grundsätzliche Aussage des Urteils war die Feststellung, dass das Elternrecht auch nach Beendigung der Ehe fortbestehe.[760] Das Konzept einer exklusiven Hauptbezugsperson erkannte das Gericht insofern nicht an, als es grundsätzlich von der Möglichkeit einer gleich starken Bindung an Vater und Mutter ausging.[761] Demzufolge ließ das BVerfG ein Familienleitbild erkennen, das Ehe und Familie nicht mehr zwingend gleichsetzte und sowohl elterliche Verantwortung beider Elternteile gegenüber dem Kind als auch eine Bindung des Kindes an beide Elternteile nach der Scheidung anerkannte.[762]

Der Gesetzgeber der Familienrechtsreform von 1998 schließlich verzichtete gänzlich darauf, sich zur Legitimierung der gemeinsamen Sorge nach einer Scheidung auf humanwissenschaftliche Theorien zu berufen.[763] Daneben stand das Familienleitbild des Reformgesetzgebers von 1998 auch konträr zu dem des Gesetzgebers von 1980, indem es nicht nur vom grundsätzlichen Fortbestehen der Eltern-Kind-Bindung bzw. der Elternverantwortung ausging, sondern dies durch die Hervorhebung der gemeinsamen Sorge auch fördern und gewährleisten wollte.

(2) Verhältnis zum Vater- und Mutterbild

Auf das Verhältnis zwischen den geschiedenen Elternteilen zum Kind bezogen, war vorhersehbar, welches Ergebnis der Einfluss bindungstheoretischer Sichtweisen auf die nacheheliche Rollenverteilung anhand der bisherigen Genese des Mutter- und Vaterbildes haben würde. Zunächst war bereits der Grundgedanke der

757 BT-Drucksache 8/2788, 63.
758 Vgl. auch *Liebthal*, Die gemeinsame Sorge geschiedener Eltern nach der Reform des Kindschaftsrechts, 112.
759 BVerfG, NJW 1983, 101.
760 BVerfG, NJW 1983, 101.
761 BVerfG, NJW 1983, 101, 102.
762 *Liebthal*, Die gemeinsame Sorge geschiedener Eltern nach der Reform des Kindschaftsrechts, 113.
763 BT-Drucksache 13/4899, 63.

Bindungstheorie auf ein exklusives Mutter-Kind-Verhältnis zugeschnitten. Das Konzept der „Hauptbezugsperson" war von ihren Vordenkern auf die traditionelle Vorstellung einer Mutter-Kind-Symbiose ausgerichtet.[764] Da die Vorstellung einer besonderen, in der Natur wurzelnden emotionalen Nähe der Mutter zum Kind samt ihrer natürlicherseits besseren Befähigung zur Sorge für das Kind seit dem 19. Jahrhundert den Wesenskern des Mutterbildes im deutschen Familienrecht bildete, war die Qualifizierung der Mutter als Hauptbezugsperson des Kindes schnell ausgemacht.[765]

Die Abwesenheit des Vaters bzw. die auffällige Nichtthematisierung seiner Rolle bei der Diskussion um die Bindungstheorie entsprach dabei seinem traditionellen Rollenbild als im Bereich der Personensorge abseitiger Elternteil. Die besondere und ausschließliche Betonung des emotionalen Verhältnisses zum Kind durch die Bindungstheorie war dabei den Inhalten des traditionellen Vaterbildes geradezu entgegengesetzt, welches, bestehend aus Alimentations- und Autoritätsfunktion, eben keine fürsorglich-emotionale Komponente aufwies. Hinzu kam, dass das Vaterbild dem Vater Funktionen bisher nur im Rahmen der Ehe bzw. der intakten Familie zuerkannt hatte, während die spezifische Rolle der Mutter aufgrund der dauernden Nähebeziehung zum Kind auch über die Ehe mit dem Vater hinaus Bestand habe. So konnte ein konservativer Begleiter der deutschen Familienrechtsentwicklung am Ende der achtziger Jahre befriedigt feststellen, dass „in Bezug auf die Fragen der Kindessorge […] die Mutter (natürlicher Auffassung entsprechend) wie früher die Haupterzieherin geblieben ist".[766]

Die bindungstheoretische These von der Hauptbezugsperson des Kindes, gegenüber der die Beziehung zum anderen Elternteil in den Hintergrund tritt, ließ die Bedeutung des Vaters nach der Scheidung weiter schrumpfen. Forderungen, im Interesse der vorrangigen Bindung des Kindes zur Hauptbezugsperson gegenüber dem Vater für „klare Verhältnisse" zu sorgen und dabei sogar den Abbruch

764 *Spitz*, Vom Säugling zum Kleinkind. Naturgeschichte der Mutter-Kind-Beziehungen im ersten Lebensjahr; *Bowlby*, Mutterliebe und kindliche Entwicklung; *ders.*, Bindung. Eine Analyse der Mutter-Kind-Bindung.

765 Etwa bei *Diederichsen*, NJW 1980, 1, 9.Vgl. auch *Lempp*, Gerichtliche Kinder- und Jugendpsychiatrie, 115 zur primären Bezugsperson: „In der weit überwiegenden Zahl der Fälle ist dies die Mutter, in seltenen Ausnahmen auch der Vater […]", so dass „auch heute noch, unbeschadet der relativierten Rollenvorstellungen von Vater und Mutter, bei Kleinkindern bis zum vierten oder fünften Lebensjahr die Zuteilung des Rechts der elterlichen Sorge an die Mutter immer noch den Regelfall darstellen muss".

766 *Bosch*, NJW 1987, 2617, 2627.

des Kontakts zu diesem billigend in Kauf zu nehmen, hätten bei absoluter gesetzgeberischer Rezeption aller bindungstheoretischen Ansätze zum völligen Ausschluss des Vaters aus dem nachehelichen Eltern-Kind-Verhältnis geführt. Dafür allerdings, dass dieser völlige Ausschluss des Vaters gesetzgeberisch nicht gewollt war, steht das in § 1634 BGB geregelte und durch das SorgeRG um die Wohlverhaltensklausel im Abs. 1 S. 2 ergänzte gesetzliche Umgangsrecht des nichtsorgeberechtigten Elternteils, also in der Regel des Vaters.

Zusammenfassend betrachtet, markiert das SorgeRG von 1980 insbesondere in seiner Regelung zur Sorgerechtsverteilung nach Scheidung den Tiefpunkt der Bedeutung der Vaterrolle im deutschen Familienrecht. Nachdem das GleichberG in Verbindung mit dem Urteil des BVerfG von 1959 die Autoritäts- und Vertretungsfunktion sowie das 1. EheRG die außerhäusliche Alimentationsfunktion aus dem gesetzlichen Vaterleitbild gestrichen hatte, sorgte das SorgeRG mit der zwingenden Alleinsorge und der darin enthaltenen Überbetonung der Rolle der Mutter für eine Marginalisierung der Vaterbedeutung nach der Scheidung. Danach wies zumindest das Recht dem Vater innerhalb von Ehe und Familie keine genuin väterliche Rolle mehr zu. Die Rolle der Mutter dagegen war und blieb primär auf die Kinder hin orientiert. Im Gegensatz zum Vaterbild blieb das Mutterbild so in seinen wesentlichen Funktionen im Bereich des Eherechts bestehen und wurde durch eine gesetzgeberische Rezeption mutterzentrierter humanwissenschaftlicher Theorien sogar noch gestärkt.

II. Vater- und Mutterbilder in den Reformen des Nichtehelichenrechts nach 1945

Das Unehelichenrecht des BGB von 1900 erlebte nun bereits die dritte deutsche Staatsform. Zwei Weltkriege mit massiven ökonomischen und gesellschaftlichen Verwerfungen hatte es im Wesentlichen unverändert überlebt. Da dies keine Folge mangelnder grundsätzlicher Reformwilligkeit bzw. Reformbedürftigkeit war, sondern eher in den politischen Umständen der ersten Jahrhunderthälfte begründet lag, gehörte eine Reform des Unehelichenrechts schnell wieder zu den Hauptthemen der bundesdeutschen Familienrechtsdebatte.[767] Dass es trotz des eindeutigen Verfassungsauftrages des Art. 6 Abs. 5 GG samt einer Fristsetzung des BVerfG[768] zwei Jahrzehnte bis zu einer ersten umfassenden Reform des Unehelichenrechts

767 Vgl. dazu *Bosch*, Familienrechtsreform, 16.
768 BverGE 25, 167, 184 ff.

des BGB dauerte (und damit weit länger, als die Weimarer Rechtspolitiker überhaupt Zeit hatten), lässt sich auch mit dem starken Absinken der Unehelichenquote bis 1966 auf 4,5 Prozent aller Geburten sowie mit der allgemeinen gesellschaftlich-restaurativen Phase der frühen Bundesrepublik erklären.[769]

1. Reformdebatte und das Familienrechtsänderungsgesetz von 1961

Zwischen 1951 und 1961 legten verschiedene fürsorgerische und sonstige Verbände Entwürfe zur Reform des Unehelichenrechts vor. Diese sahen in unterschiedlicher Intensität jeweils eine Ausweitung des Vater-Kind-. bzw. Mutter-Kind-Verhältnisses vor, trennten aber im Bereich der elterlichen Gewalt bzw. des Sorgerechts strikt die Rechtsstellung der Mutter des unehelichen Kindes von der des Vaters.[770] Kritiker dieser Trennung wurden von den Befürwortern als „lebensfremd" bezeichnet.[771] Die in den Weimarer Entwürfen enthaltene Möglichkeit eines gemeinsamen Sorgerechts beider Elternteile sowie andere Formen einer Beteiligung des Vaters, etwa in Form einer subsidiären elterlichen Gewalt oder eines Verkehrsrechts, wurden darüber hinaus als dem Kindeswohl abträglich und als Förderung des Konkubinats abgelehnt.[772]

a. Elterliche Gewalt als Ausnahmefall – das Familienrechtsänderungsgesetz von 1961

Als erster konkreter Reformschritt trat mit dem 1. Januar 1962 das Familienrechtsänderungsgesetz vom 11.8.1961[773] in Kraft. Es stärkte zunächst die Rechtsposition der ledigen Mutter, indem es die Neufassung des § 1707 Abs. 2 BGB der Mutter erstmals ermöglichte, auf ihren Antrag hin vom Vormundschaftsgericht die elterliche Gewalt über ihr Kind übertragen zu bekommen. Dies galt allerdings nur für volljährige (damals mind. 21-jährige) Mütter. Die Einräumung der elterlichen Gewalt für die Mutter mit Erlaubnisvorbehalt entsprang zum einen dem an das

769 *Schubert*, Die Reform des Nichtehelichenrechts, XVIII.

770 Zu den privaten Entwürfen siehe *Schubert*, Die Reform des Nichtehelichenrechts, XVIII; Quellen dort abgedruckt: 3 ff.

771 *Becker*, NJW 1950, 413 f.; zustimmend *Bosch*, Familienrechtsreform, 73.

772 Vgl. *Becker*, NJW 1950, 413, 414; *Maßfeller*, Überlegungen zur Reform der Rechtsstellung des nichtehelichen Kindes, 153, 159, *Bosch*, Familienrechtsreform, 72.

773 BGBl. 1961 I, 1221.

Gleichberechtigungsgesetz von 1957 anknüpfenden Wunsch nach Gleichstellung von Männern und Frauen, zum anderen dem Bemühen um eine Aufwertung der ledigen Mutter. Eine grundsätzliche Verleihung der elterlichen Gewalt an die Mutter wollte man jedoch nicht verantworten, „denn nicht alle unehelichen Mütter besitzen die hierzu erforderlichen Eigenschaften. Dem Kind wäre mit einer solchen Regelung schlecht gedient".[774] Einen Wechsel im Mutterbild oder größere Auswirkungen für die ledigen Mütter hatte das Zugeständnis des § 1707 Abs. 2 BGB a. F. hingegen nicht. Letztlich blieb die Übertragung der elterlichen Gewalt an die Mutter ein seltener Einzelfall.[775]

Aber auch dieser vorsichtige Schritt des Gesetzgebers rief noch Kritik aus den Fürsorgeverbänden hervor. In einer Stellungnahme des Deutschen Instituts für Vormundschaftswesen zur Reform äußerte eine Jugendamtsleiterin zur Frage der Übertragung der elterlichen Gewalt an die ledige Mutter, dass

> „die Art der oft noch recht jugendlichen und unerfahrenen Mütter [...] m. E. die Amtsvormundschaft weiter als wünschenswert erscheinen [lasse, M. H.] [...] Nur die uneheliche Mutter, die verantwortungsbewußt und fähig ist, für ihr Kind in tatsächlicher, rechtlicher einschließlich vermögensrechtlicher Hinsicht zu sorgen, kann sich „heraufdienen" zu der vollen elterlichen Gewalt [...]."[776]

Im unehelichen Vater-Kind-Verhältnis wurde im Interesse des Kindes dessen Unterhaltsanspruch bis zur Vollendung des achtzehnten (vorher sechzehnten) Lebensjahres verlängert und so lediglich die monetäre Pflichtenstellung des Vaters gegenüber dem Kind verstärkt. Die personenrechtliche Beziehung zwischen Vater und Kind wurde nicht reformiert.

b. Die schmale wissenschaftliche Basis

Das Familienrechtsänderungsgesetz von 1962, wie später auch das Nichtehelichengesetz von 1969, basierte u. a. auf den Ergebnissen einer vom Bundesinnenministerium beim Fachausschuss für Jugendrecht der Arbeitsgemeinschaft für Jugendpflege und Jugendfürsorge in Auftrag gegebenen und vom Soziographischen Institut der Universität Frankfurt a. M. durchgeführten Untersuchung zur

---

774 Begründung des Familienrechtsänderungsgesetzes, zitiert nach *Buske*, Fräulein Mutter, 237.

775 *Odersky*, Nichtehelichengesetz, 3. Auflage, I zu § 1705.

776 Deutsches Institut für Vormundschaftswesen, Materialien zur Arbeitstagung in Coburg, 18 f.

sozialen Lage des unehelichen Kindes.[777] Die Untersuchung stützte sich auf die Daten von 57 Jugendämtern und fand sowohl positiven Widerhall etwa bei Bosch, der darin seine skeptische Haltung gegenüber den Eltern eines unehelichen Kindes, insbesondere dem Vater, bestätigt sah,[778] als auch scharfe Kritik bei dem Familiensoziologen v. Friedeburg.[779]

Inhaltlich stellte die Studie u. a. fest, dass Väter und Mütter eines unehelichen Kindes „in der Regel dem gleichen Milieu und einfachen Verhältnissen" entstammten, und trat damit ausdrücklich der seit den Anfangsjahren des BGB „weit verbreiteten Vorstellung vom wohlsituierten ‚sich freikaufenden' unehelichen Vater auf der einen, dem sitzengelassenen, einfachen armen Mädchen auf der anderen Seite" entgegen.[780] Das Vater-Kind-Verhältnis bringt die Studie auf die Formel: „Unehelichkeit ist Vaterlosigkeit".[781] Vater-Kind-Beziehungen gebe es kaum. Falls diese doch vorhanden seien, etwa in Konkubinatsfällen, suche der „Erzeuger die Beziehungen nicht so sehr zum Kinde als vielmehr zu seiner Mutter".[782] Die Studie ging von 87 bzw. 90 Prozent unehelicher Kinder aus, die ohne jeden Kontakt zum Vater lebten. Von den übrigen Vätern, die Kontakt zum Kind suchten, zeichnete sie ein zum Teil erschreckendes Bild als „negative Auswahl". Die Väter seien zum Teil „von äußerst abseitiger, kritischer oder sogar asozialer Natur".[783] Eine zusammenfassende These der Untersuchung kommt zu der Einschätzung, dass der Kontakt des Vaters mit dem Kinde dort am geringsten ist, wo der Vater in besseren Daseinsverhältnissen lebt und in größerem Umfang Unterhaltsleistungen erbringt.[784] Unausgesprochen legt Groth dem Leser der Studie hier eine vereinfachte „Faustformel" nahe, nach der der durchschnittliche, den persönlichen Kontakt suchende Vater aufgrund der aufgezählten negativen Eigenschaften eine Gefahr für das Kind, hingegen derjenige Vater, welcher sich in seine Rolle als „Zahlvater" einfügte und ansonsten vom Kind getrennt war, dem Wohl des Kindes förderlich sei.

777 *Groth*, Kinder ohne Familie. Das Schicksal des unehelichen Kindes in unserer Gesellschaft.

778 *Bosch*, Gutachten für den 44. Deutschen Juristentag, 91. Ebenfalls zustimmend *Eisermann*, FamRZ 1962, 399.

779 Verhandlungen des 44. Deutschen Juristentages, Band II, C 80 ff.

780 *Groth*, Kinder ohne Familie, 153 f.

781 *Groth*, Kinder ohne Familie, 159, 161.

782 *Groth*, Kinder ohne Familie, 162.

783 *Groth*, Kinder ohne Familie, 164 f.

784 *Groth*, Kinder ohne Familie, 165 f.

Die Studie gab darüber hinaus eine ausführliche Charakterisierung lediger Mütter und ging von einer „Hilfsbedürftigkeit“ in Sachen der rechtlichen Vertretung des Kindes aus:

> „Die unehelichen Mütter sind weder als „Pechvögel“, wie sie oft bezeichnet werden, noch als „Verlorene oder Verdorbene“ oder wie sonst man es nennen will, zu charakterisieren. Die Mütter sind am ehesten mit der Feststellung zu charakterisieren, daß sie im Durchschnitt und nicht nur in der Frage nach ihrem sozialen Status einfachster Herkunft sind. Sie stammen nicht nur aus sozial einfachsten Kreisen, sie sind in der Regel auch außerordentlich einfacher, nicht allein und nicht so sehr primitiver als „einfältiger“, „tumber“ Natur. Am kennzeichnendsten dafür ist wohl der 1935 wie 1952 unverändert gegebene Tatbestand, daß ein volles Drittel der unehelichen Mütter wiederholt unehelich niederkommt. Hier spielt nur in Ausnahmefällen die sittliche Verworfenheit eine Rolle. Es ist nicht das Annehmen, es ist das Hinnehmen des Schicksals und des Lebens, das diese Mütter oft kennzeichnet. Man nimmt das Leben und auch das wieder einmal unehelich empfangene Leben mehr oder weniger resignierend und sich treibenlassend, wie es nun einmal kommt. Und es ist dabei oft die Hoffnung, doch noch den Partner fürs Leben, für ein eigenes Daheim mit den uneheliche geborenen Kindern zu finden, die diese Mütter zur wiederholten unehelichen Empfängnis führt. Aus dieser einfachsten Herkunft und einfältigen Natur heraus, aus dem existentiellen und sozialen Unvermögen dieser Mütter, ihr Leben und das ihrer Kinder zu meistern, zu ordnen und zu planen, ihm Bestand zu geben, benötigt die Mehrzahl den Beistand der Amtsvormundschaft.“[785]

Aus diesen Erkenntnissen heraus kam Groth zu der wohl an den Gesetzgeber gerichteten, tendenziell paternalistischen Empfehlung, man „könne […] der Mutter des unehelichen Kindes keinen schlechteren Dienst erweisen, als ihr zu allen Sorgen des Tages auch noch die Bürde der gesetzlichen Vertretung aufzulasten“.[786]

Die Studie mündet in der These, dass „Elternsein“ nur in der klassischen Familie möglich sei. Dies bedeute für den „unehelichen Erzeuger“ wie für die „unehelich gebärende Frau“, welche ja keine Familie bildeten, dass „Elternschaft“ und somit „Vater-“ und eigentlich auch „Muttersein“ in der Unehelichkeit soziologisch und psychologisch gar nicht möglich seien.[787] Bei der ledigen Mutter allerdings wurde zwischen einer „natürlich-leiblichen Mutterschaft“ und einer Art „wahren“ Mutterschaft, welche als „untrennbar ineinander verwobenes Mutter-Kind-Sein“, als „sozial-genetische Entfaltung und Gestaltung des weiblich-mütterlichen Wesens“ und als „Seins-Einheit und -Ganzheit Mutter-Kind“

785 *Groth*, Kinder ohne Familie, 188 f.
786 *Groth*, Kinder ohne Familie, 189.
787 *Groth*, Kinder ohne Familie, 194 ff.

beschrieben wurde.[788] Aus der Trennung dieser „Seins-Einheit“ würden enorme Gefahren für die Mutterschaft und damit für die seelische Gesundheit des Kindes erwachsen. Als Aufgabe für das Unehelichenrecht wurde daher formuliert, die „Gemeinschaft“ an die Stelle des Vaters treten zu lassen und die Mutter-Kind-Einheit unbedingt zu sichern.

Insgesamt eigneten sich die Ergebnisse und Schlussfolgerungen der Studie zur wissenschaftlichen Untermauerung konservativer juristischer Positionen im Unehelichenrecht. So finden sich die Argumente von Groth später überall dort, wo die Rechtsposition der Mutter des unehelichen Kindes und insbesondere die des Vaters restriktiv beschränkt bleiben soll.[789]

Eine Untersuchung von Has[790] aus dem Jahre 1962 befasste sich stärker mit dem Verhältnis der Eltern des unehelichen Kindes zu diesem und den möglichen rechtlichen Schlussfolgerungen aus den ermittelten Verhältnissen in Bezug auf die Rechtsposition von Vater und Mutter. Im Ergebnis plädierte Has aufgrund der schwierigen sozialen Lage der ledigen Mutter dafür, dieser auch weiterhin die volle elterliche Gewalt nicht automatisch zu gewähren. Dies sei im Interesse des Kindes und keine Diskriminierung der Mutter.[791] Eine gewisse Einschränkung der Rechte der Eltern sei ohnehin so lange gerechtfertigt, bis diese durch Heirat die Verantwortung für das gezeugte Kind übernähmen.[792]

Im unehelichen Vater-Kind-Verhältnis jedoch sah Has die Regelung des BGB in einem Gegensatz zu den tatsächlichen Lebensverhältnissen stehend. Ein Ausschluss aller Rechte und Pflichten des Vaters gegenüber dem Kind sei angesichts der von Has festgestellten häufig positiven Bindungen des Vaters an das Kind nicht gerechtfertigt und sogar kontraproduktiv.[793] Has plädierte demzufolge für ein subsidiäres Sorgerecht des Vaters und in geeigneten Fällen für ein Verkehrsrecht und somit im Gegensatz zu Groth für eine maßvolle Ausweitung väterlicher Rech te. Anders als bei der Studie von Groth ist jedoch ein Einfluss der Ergebnisse und Schlussfolgerungen von Has auf die Gesetzesvorhaben der nachfolgenden Zeit nicht direkt nachweisbar.

788 *Groth*, Kinder ohne Familie, 196 ff.

789 So nennt die amtliche Begründung des Nichtehelichengesetzes von 1969 die Studie von Groth ausdrücklich unter „Vorarbeiten“, vgl. BT-Drucksache V/2370, 22. Vgl. auch die Beiträge von *Grasnick*, NJW 1966, 1196 ff., 1298 ff.

790 *Has*, Das Verhältnis der unehelichen Eltern zu ihrem Kinde.

791 *Has*, Das Verhältnis der unehelichen Eltern zu ihrem Kinde, 129 ff.

792 *Has*, Das Verhältnis der unehelichen Eltern zu ihrem Kinde, 131.

793 *Has*, Das Verhältnis der unehelichen Eltern zu ihrem Kinde, 155 ff.

2. Juristische Debatte – der 44. Deutsche Juristentag 1962

Mehr als 40 Jahre nach dem letzten Deutschen Juristentag zu diesem Thema befasste sich 1962 der 44. Deutsche Juristentag mit der Frage: „Welche Anforderungen sind an eine Reform des Rechts des unehelichen Kindes zu stellen?". Gutachter zu dieser Frage waren Friedrich Wilhelm Bosch sowie Gustav Boehmer, ergänzt u. a. durch Referate des ehemaligen Verfassungsrichters Konrad Zweigert und des Soziologen Ludwig von Friedeburg.

Als Leitsätze im Bereich des Eltern-Kind-Verhältnisses wurden für die Mutter eine Verstärkung der Rechtsstellung zu ihrem unehelichen Kind sowie die generelle Zuerkennung der elterlichen Gewalt kraft Gesetzes gefordert. Dem Jugendamt sollte nur noch die Amtspflegschaft für die Feststellung der Vaterschaft sowie die Geltendmachung der Unterhaltansprüche zukommen.[794] Im unehelichen Vater-Kind-Verhältnis hingegen sollte der die rechtliche Verwandtschaft zwischen Vater und unehelichem Kind verneinende § 1589 Ab. 2 BGB a. F. aufgehoben werden. Das Verhältnis zum Kind sollte nicht (wie im Falle der Mutter gefordert) explizit „gestärkt", wohl aber der Vater einem Leitsatz gemäß „möglichst zu persönlicher Verantwortung" herangezogen werden. Dazu sollte ihm auf seinen Antrag hin die elterliche Gewalt oder die Personensorge verliehen werden können, falls die Mutter ausfallen sollte. Als spezielle Vaterrechte wollte man ihm ein Anhörungsrecht in „wichtigen Angelegenheiten des Kindes" sowie ein Verkehrsrecht mit dem Kinde zugestehen, dies allerdings nur für den Fall, dass das Kind nicht bei der Mutter lebte. Weiterhin sollte die Unterhaltspflicht des Vaters zeitlich erweitert werden.[795]

Als Diskussionsgrundlage für den Juristentag diente vor allem das umfangreiche Gutachten des konservativen Katholiken Bosch.[796] Als einer der bedeutendsten

---

794 Verhandlungen des 44. Deutschen Juristentages, Band II, C 221 ff.; siehe auch FamRZ 1962, 401 f.

795 Verhandlungen des 44. Deutschen Juristentages, Band II, C 221 ff.; siehe auch FamRZ 1962, 401, 402.

796 Bosch war darüber hinaus Mitglied im „Katholischen Arbeitskreis für die Reform des Unehelichenrechts". Der Arbeitskreis legte 1968 seine Ergebnisse in der Schrift von *Grasnick*, Zur Reform des Unehelichenrechts, vor. Die Vorschläge des Arbeitskreises orientierten sich an einem traditionell negativen Bild des unehelichen Vaters und der durch neuere soziologische Studien aufgestellten These von der Vaterlosigkeit als dem Schicksal des unehelichen Kindes (s. Groth). Er ging von einer auch durch gesetzliche Regelungen nicht abänderbaren „Beziehungslosigkeit des Vaters zu seinem

Familienrechtler der frühen Bundesrepublik und Herausgeber der führenden deutschen Familienrechtszeitschrift (FamRZ) waren Boschs Einschätzungen zur Rolle der unehelichen Mutter und des unehelichen Vaters von den hergebrachten Vorstellungen der deutschen Unehelichenrechtstradition geprägt. Sein Mutterbild beinhaltete neben der ausschließlichen Zuordnung des unehelichen Kindes zur Mutter[797] den schon in den Motiven zum BGB enthaltenen Dualismus von der Annahme einer biologisch bedingten, grundsätzlich größeren Verantwortungsbereitschaft der Mutter gegenüber ihrem Kind bei gleichzeitiger massiver Skepsis gegenüber ihren Fähigkeiten zur Übernahme der elterlichen Gewalt. Eine eventuelle „Verantwortungsfreude des Vaters" hingegen war für Bosch ein „besonderer Ausnahmefall".[798] Reformen im unehelichen Vater-Kind-Verhältnis waren für ihn in erster Linie eine Frage unterhalts- und erbrechtlicher Probleme sowie des Spannungsverhältnisses zur Ehe.

Im Abschnitt seines Gutachtens über das „Rechtsverhältnis Kind – Mutter" griff Bosch zunächst die damalige Diskussion[799] auf, ob die uneheliche Mutter verpflichtet sei, dem Kind den Erzeuger zu benennen. Er plädierte hier für die „Schutzwürdigkeit der persönlichen Intimsphäre der Mutter", die, wie sich aus dem Gutachten ergibt, dem Interesse des Kindes an der Kenntnis der Abstammung vorgehe. Ein sich eventuell aus der Sorgepflicht der Mutter hergeleiteter Anspruch dieser Art gegen die Mutter war für Bosch „anstößig", da die Mutter „vielleicht mit guten Gründen etwas geheim halten will".[800] An dieser später viel diskutierten Frage lässt sich sehr gut die Bedeutung erkennen, die man dem Interesse des Kindes an der Kenntnis der eigenen Abstammung beizumessen bereit war – was wiederum Rückschlüsse darauf zulässt, welches Gewicht man der Vaterschaft für die Entwicklung der Persönlichkeit des Kindes zusprach.[801]

---

unehelichen Kind" aus (*Grasnick*, Zur Reform des Unehelichenrechts, 73) und sprach (wohl ebenfalls nach Groth) bei den Vätern, die dennoch Kontakt zu ihrem Kind suchten, von einer „charakterlichen Minderwertigkeit" (*Grasnick*, Zur Reform des Unehelichenrechts, 73).

797 „Das uneheliche Kind gehört auch in Zukunft in die *Mutterfamilie* und *nur* in die Mutterfamilie […] [Hervorhebungen im Original]"; *Bosch*, Familienrechtsreform, 69. Ähnlich auch ebd., 72.

798 *Bosch*, Familienrechtsreform, 70.

799 Dazu etwa *Krüger*, Die Rechtsstellung des unehelichen Kindes nach dem Grundgesetz, 78.

800 *Bosch*, Gutachten für den 44. Deutschen Juristentag, 86.

801 Zum Stand der immer noch schwelenden Debatte siehe *Schwab*, Familienrecht, 14. Auflage, 492, 495.

Der „kritischste und bei weitem wichtigste Punkt“ des Mutter-Kind-Verhältnisses war für Bosch die Frage der elterlichen Gewalt. In diesem Bereich hielt er nach der Reform von 1961, die der Mutter die Möglichkeit eröffnete, auf Antrag die elterliche Gewalt zu erlangen, eine Änderung nicht mehr für geboten.[802] Bosch verteidigte sein Konzept des „Hinaufdienens“ der ledigen Mutter „in Etappen der Bewährung“ gegen Forderungen nach einem automatischen Erwerb der elterlichen Gewalt. Die ledige Mutter könne gem. Art. 6 Abs. 2 GG „nicht verlangen, in ihrem ‚Elternrecht‘ genauso gestellt zu werden wie eine ehel. Mutter“. Da ihr das „Gegengewicht“ des ehelichen Vaters, das „Pendant“, wie Bosch schreibt, fehle, bedürfe sie „im Regelfall“ der Ergänzung durch den Amtsvormund.

Gleich zu Anfang seiner Betrachtung des unehelichen Vater-Kind-Verhältnisses beteuerte Bosch, „daß das ue. Kind auch von Rechts wegen – wie ex natura – der Mutter zugeordnet ist und bleiben soll“, und bekräftigte diese Feststellung mit dem Hinweis auf die Debatten im Parlamentarischen Rat, in welchem „sogar die ‚radikalen Reformer‘ […] diese Zuordnung beibehalten und keineswegs das ue. Kind auch ebenso stark oder überhaupt der personalen Verantwortung, insbesondere der elterl. Gewalt oder irgendwelchen Mitbestimmungsrechten des Vaters, überantworten wollten“.[803] In Hinblick auf Art. 6 Abs. 2 GG stellte Bosch fest, dem Vater komme kein „Elternrecht“ im grundrechtlichen Sinne zu, denn: „Erzeugerschaft ist noch nicht Vaterschaft“.[804] Grundsätzlich könne der Vater das „Elternrecht“ nur in der Ehe, äußerstenfalls „als Nachwirkung einer gewesenen Ehe“ in Anspruch nehmen. Während sich für den Vater bzw. Erzeuger seine „Vaterschaft“ und die daraus resultierende Rechtsposition nur aus der Ehe mit der Mutter ergebe, komme, so Bosch, der Mutter das Elternrecht gemäß Naturrecht zu:

> „Höchstens der nach Naturgesetz unaufhebbaren Teilordnung Mutter – ue. Kind können analoge Mutterrechtspositionen zukommen.“[805]

Begrifflich und gedanklich knüpfte Bosch hier mit dem Begriff der „Teilordnung Mutter – ue. Kind“ an die Vorstellung einer „Mutter-Kind-Familie“ an, die in der Begründung des Reformentwurfs der Inneren Mission von 1935 erstmals enthalten

802 *Bosch*, Gutachten für den 44. Deutschen Juristentag, 87 f.

803 *Bosch*, Gutachten für den 44. Deutschen Juristentag, 89; Hervorhebungen im Original.

804 *Bosch*, Gutachten für den 44. Deutschen Juristentag, 90.

805 *Bosch*, Gutachten für den 44. Deutschen Juristentag, 90.

war und deren „natürliche Verbundenheit“ dort gegen einen Einbruch des Vaters geschützt werden sollte.[806]

Dementsprechend kritisch behandelte Bosch die Frage, ob dem Vater überhaupt irgendwelche „Vaterrechte“, also die elterliche Gewalt oder Teilbefugnisse davon, zukommen sollen. Bosch ließ diese Frage zunächst bewusst offen und verwies vielmehr nachdrücklich auf die Probleme, die sich aus der Regelung des § 1671 BGB a. F., also der Zuweisung der elterlichen Gewalt über eheliche Kinder nach Beendigung der Ehe der Eltern, ergeben. Dieselben Probleme, nämlich ein Kampf der Eltern um das Kind, waren für Bosch die Folge einer Miteinbeziehung des unehelichen Vaters in die Verteilung der elterlichen Gewalt über das uneheliche Kind. Ein Mitbestimmungsrecht des Vaters in Erziehungs- und Ausbildungsfragen lehnte Boschdaher strikt ab, denn es provoziere „die Ingerenz eines angeblich am Kinde interessierten, in Wirklichkeit aber oft egoistischen oder querulierenden Vaters […] i. d. R. sicher zum Schaden einer kontinuierlichen Kindererziehung“.[807] Auch in der Frage eines Verkehrs- oder Besuchsrechts des unehelichen Vaters sah Bosch diesen eher als Störfaktor der Mutter-Kind-Beziehung und sprach im Hinblick auf die daraus möglicherweise entstehenden Streitigkeiten zwischen Vater und Mutter „eine deutliche Warnung“ aus.[808]

Bosch war weiterhin der Ansicht, einem unehelichen Vater, der „echte Verantwortung gezeigt hat und zeigen will“, stünden die Institute der Legitimation, Adoption oder Bestellung zum Vormund zur Verfügung. Keinesfalls solle jedoch die bloße Anerkennung des Kindes ausreichen, um die für eine etwaige Zubilligung von Vaterrechten erforderliche Verantwortungsbereitschaft annehmen zu können.[809] Seine eigentliche Haltung ließ Bosch erkennen, als er unter Bezugnahme auf die Soziologen Groth und Eisermann lapidar konstatierte, „Unehelichkeit ist Vaterlosigkeit“, und allen Regelungen, die auf Mitbestimmungs- und Teilhaberechte des unehelichen Vaters hinauslaufen, ihre praktische juristische Regelbarkeit absprach.

> „[…] entweder regeln sich diese Dinge von selbst, d. h. im Einvernehmen aller Beteiligten – oder sie sind eben regelmäßig nicht zu regeln.“[810]

---

806 Vgl. *Wagner*, Die Reformbestrebungen zur Neugestaltung des Nichtehelichenrechts, 157 f.

807 Bosch, Gutachten für den 44. Deutschen Juristentag, 92. Bosch bezieht sich hierbei auch auf den Gutachter des 32. Deutschen Juristentages 1921, Pappenheim, der eine sehr ähnliche Position vertrat, vgl. Verhandlungen des 32. Deutschen Juristentages, 182.

808 Bosch, Gutachten für den 44. Deutschen Juristentag, 93 f.

809 Bosch, Gutachten für den 44. Deutschen Juristentag, 91.

810 Bosch, Gutachten für den 44. Deutschen Juristentag, 91.

Bosch kam daher zunächst zu dem Schluss:

> „Allen Vorschlägen betreffend „Vaterrechte" muß daher mit der größten Zurückhaltung begegnet werden."[811]

Und später noch deutlicher:

> „Abgesehen von Anhörungsbefugnissen und Auskunftsrechten sprechen wir uns also strikter gegen eine Legalisierung von „Vaterrechten" aus."[812]

Die Gegenposition zu Boschs Gutachten bezog Konrad Zweigert, ehemaliger Bundesverfassungsrichter und von 1963 bis 1979 Direktor des Hamburger Max-Planck-Instituts für ausländisches und internationales Privatrecht. Zweigert ging es in seinem Referat um die weitere Hebung des „Sozialprestiges" des unehelichen Kindes.[813] Indem die „Gesellschaft ungelüftete und muffige Vorurteile weithin abgebaut hat", sei sie auf diesem Weg schon weiter fortgeschritten als die Rechtsordnung, welche bei dem familienrechtlichen Status des unehelichen Kindes und seiner Eltern weiterhin von „eine[r] ganzen Reihe ungeprüfter Vorurteile" beherrscht werde. Gleich zu Beginn wandte sich Zweigert scharf gegen die Argumentation (wie sie auch in Boschs Gutachten zu finden ist), die „Schaffung verwandtschaftlicher Beziehungen des Kindes zu seinem Vater entwerte die Ehe und leiste der Unsittlichkeit Vorschub" bzw. legitimiere Konkubinate.[814] Dies sei „eine Überlegung, die heute nur noch im Kreis provinzieller Kaffeetanten ein zustimmendes Kopfnicken aus einer Reihe von Emotionen heraus auslösen kann".[815] Da es im Unehelichenrecht um das Wohl des unehelichen Kindes und nicht um die Sittenordnung gehe, so Zweigert, solle das Vater-Kind-Verhältnis intensiviert werden, falls dies dem Kind nutze. Dieser Nutzen stand für Zweigert außer Frage, ebenso wie dass das Vater-Kind-Verhältnis nicht „lediglich als ein Bündel mehr oder weniger schuldrechtlich ausgestalteter Rechte und Pflichten" aufzufassen war, sondern als „Verwandtschaftsverhältnis".[816]

Zweigerts Hauptanliegen war daher eine Reform des Eltern-Kind-Verhältnisses, insbesondere der Rechtsbeziehungen zwischen Vater und unehelichem Kind.[817] Hierfür wollte er sich, wie oben bereits angeführt, von hergebrachten

811 Bosch, Gutachten für den 44. Deutschen Juristentag, 91.
812 Bosch, Gutachten für den 44. Deutschen Juristentag, 94.
813 Verhandlungen des 44. Deutschen Juristentages, Band II, C 7 ff.
814 Verhandlungen des 44. Deutschen Juristentages, Band II, C 13.
815 Verhandlungen des 44. Deutschen Juristentages, Band II, C 8.
816 Verhandlungen des 44. Deutschen Juristentages, Band II, C 17.
817 Verhandlungen des 44. Deutschen Juristentages, Band II, C 30 ff.

„Vorurteilen“, also von traditionellen Bildern der ledigen Mutter und des Vaters eines unehelichen Kindes, lösen und sah sich daher „in besonderem Maße auf die Hilfe der Soziologie und Psychologie angewiesen“.

Als „typische Situation“ stellte Zweigert die faktische Zuordnung des Kindes zur Mutter und „in der Typik der Fälle“ die faktische Beziehungslosigkeit zum Vater fest.[818] Aufgrund dieser tatsächlichen Trennung würde die Schaffung eines nichtehelichen „Gesamtverbandes Vater/Mutter/Kind“, also einer Art „nichteheliche[n] Familie“, an den „Realien des Lebens“ vorbeigehen. Die Rechtsbeziehungen des unehelichen Kindes zu seinen Elternteilen seien daher auch zukünftig „interindividuell“ zu regeln. In Interesse eines „Prestigezuwachses“ bzw. der „Aufwertung“ der ledigen Mutter hielt Zweigert die automatische Zuteilung der elterlichen Gewalt an diese für geboten, das von Bosch favorisierte Modell des „Hinaufdienens“ der Mutter zur elterlichen Gewalt hingegen für „abwegig“.[819] Er verwies hier auf die „gleiche Ausgangslage“ der Mutter eines ehelichen Kindes, bei der „mit gutem Grunde niemand an Vergleichbares denkt“.

In einer Reform der personenrechtlichen Vaterstellung sah Zweigert „die zentrale Aufgabe“. Der Diskussion um die Frage nach eigenständigen „Vaterrechten“, die sich aus einer Verstärkung der Pflichtenstellung des Vaters zwangsläufig ergab, gerade in Bezug auf diesen aber häufig negativ als „querulatorisch“ oder eigennützig, „egoistisch“ konnotiert war, ging Zweigert geschickt aus dem Weg, indem er die fraglichen Rechtspositionen ausschließlich aus dem Blickwinkel des Kindeswohls betrachten wollte.[820] Im Folgenden versuchte er dann eine im juristischen Schrifttum bisher extrem selten zu findende Einschätzung der familiären Funktionen des verheirateten Vaters sowie dessen, was davon auf den Vater des unehelichen Kindes in der Beziehung zum Kind übertragbar sei:

> „‘Unehelichkeit ist’ – soziologisch – ‘Vaterlosigkeit’. Andererseits braucht das uneheliche Kind – wie jedes Kind – auch bei noch so intensiver Zuordnung zur Mutter den Vater wie der Durstige das Wasser.
>
> Die Familiensoziologie lehrt ferner überzeugend, daß die Funktionen zwischen Vater und Mutter nicht vertauschbar, nicht wechselseitig ersetzbar sind. Vergleicht man, wie es das Grundgesetz uns aufgibt, die tatsächliche Lage des unehelichen Kindes mit der des ehelichen, so ist unsere Frage also die: welche Funktionen, die der eheliche Vater gegenüber seinem Kinde erfüllt, kann der uneheliche Vater gegenüber seinem Kinde übernehmen und welche Wege öffnen sich einer gesetzlichen Normierung?

818 Verhandlungen des 44. Deutschen Juristentages, Band II, C 31.

819 Verhandlungen des 44. Deutschen Juristentages, Band II, C 31.

820 Verhandlungen des 44. Deutschen Juristentages, Band II, C 31, C 32.

Die wesentliche Funktion, nämlich die Gestaltung und Integration des familiären Klimas im Zusammenwirken mit der Mutter, kann im allgemeinen vom unehelichen Vater per definitionem nicht erfüllt werden."[821]

Die Feststellung Zweigerts, dass das Kind den Vater auch neben der Mutter „brauche", klang zunächst recht banal, dennoch erschöpfte sich bisher die juristische Diskussion zur Rolle des Vaters gegenüber dem Kind am Ende regelmäßig in Fragen des monetären Unterhalts. Eine über die finanzielle Absicherung des Kindes hinausgehende Bedeutung der Vaterfigur für die persönliche Entwicklung des Kindes wurde bisher nur in Ausnahmefällen[822] und zumeist nur mit dem Zweck, durch die Intensivierung der Vater-Kind-Beziehung die Unterhaltszahlung zu sichern, in die Debatte eingebracht. Die Hauptfunktion, die dem ehelichen Vater in der familienrechtlichen Literatur zugemessen wurde, beschrieb auch Zweigert als innerfamiliäre Autoritäts- und Ordnungsfunktion. Wenn diese in der unehelichen Vater-Mutter-Kind-Beziehung zwangsläufig wegfalle, bliebe die Rolle des Vaters infolgedessen unklar. Zweigert sah aber Aspekte der Vaterschaft, die sich im Persönlich-Seelischen gründen würden und nicht an das Vorhandensein einer traditionellen Familie gebunden seien:

„Indessen: nicht notwendig gebunden an den familiären Rahmen [...] ist die seelisch-geistige Beziehung Vater/Kind, die sich manifestiert in Erziehung, persönlicher Hilfe, Einsatz von Lebenserfahrung und in Liebe und Zuneigung. Inwieweit es dabei berechtigt ist, der Vater/Kind-Beziehung einen „geistigen Charakter" zuzuschreiben in prononciertem Gegensatz zur vornehmlich „leiblichen" Mutter/Kind-Beziehung, lasse ich mit Fragezeichen offen. Jedenfalls kann der Vater, auch bei räumlicher Trennung von der Lebenssphäre des Kindes, wichtige Positiva für die Entwicklung des Kindes verwirklichen. Dies darf die Reform des Unehelichenrechts nicht von vornherein negieren."[823]

Aber auch Zweigert sah das Geschilderte keinesfalls als typisch für das uneheliche Vater-Kind-Verhältnis an, sondern als Ideal, zu dessen Verwirklichung man dem Vater die rechtlichen Möglichkeiten (als Anreiz) an die Hand geben sollte. Allerdings sei die Mehrzahl der Väter am Kinde „uninteressiert" und werde dies wohl auch trotz neuer rechtlicher Teilhabemöglichkeiten bleiben:

„Selbstverständlich sollte man sich hier keinen Illusionen hingeben. Der Anreiz einer rechtlich intensivierten Vaterposition auf die Großzahl der an ihrem unehelichen Kind uninteressierten Väter wird nicht stark sein. [...]

---

821 Verhandlungen des 44. Deutschen Juristentages, Band II, C 32 f.

822 Etwa bei *Weber*, Ehefrau und Mutter in der Rechtsentwicklung, 567 ff.

823 Verhandlungen des 44. Deutschen Juristentages, Band II, C 32.

> Mögen auch künftig die uninteressierten Väter in der Mehrzahl bleiben, so sollte das Gesetz aber doch Möglichkeiten zu einer Intensivierung dieser Beziehungen vorsehen.“[824]

Zweigert dachte dabei an eine subsidiäre elterliche Gewalt des Vaters und die – ebenfalls subsidiäre – Übertragung der Personensorge an diesen.[825] Ein väterliches Mitspracherecht „im Interesse des Kindes“ wurde hingegen ebenso abgelehnt wie ein väterliches Verkehrsrecht. Der Schutz der „geschlossenen Sphäre der ‚Mutter/Kind-Familie‘“ gehe im Interesse des Kindes dem väterlichen Verkehrsrecht vor. Allenfalls für den Fall, dass das Kind im Heim lebe, könnte anderes gelten. Die Sorge um eine Störung der „Mutter-Kind-Sphäre“ durch ein Verkehrsrecht des Vaters wurde dabei von Zweigert noch einmal ausdrücklich betont:

> „Wo das Kind [...] bei der Mutter aufwächst, sollte ein Verkehrsrecht ausgeschlossen sein.“[826]

Selbst wenn die Mutter einem möglichen Verkehrsrecht zustimme, solle dem Vater ein solches keinesfalls vom Vormundschaftsgericht zugesprochen werden können, um der Mutter jederzeit den Widerruf zu ermöglichen. Im Endeffekt lag Zweigert hier genau auf der Linie Boschs, der ein gesetzliches Verkehrsrecht des Vaters für undurchführbar hielt und es ganz der privaten Disposition von Mutter und Vater überlassen wollte. Praktisch lief dies allerdings auf ein alleiniges Recht der Mutter hinaus, den Verkehr zu gestatten oder eben nicht.

Am Ende blieb unklar, wie Zweigert die gewünschte „Intensivierung der Beziehung Vater/Kind“ durch „Anreize“ schaffen wollte, wenn gleichzeitig die von ihm erkannten Instrumente hierzu größtenteils an der Sorge um eine mögliche Störung der geradezu mythischen „Mutter-Kind-Sphäre“ scheiterten. Ebenfalls unverständlich blieb, wenn Zweigert einerseits feststellte, eine aus der Intensivierung der Vater-Kind-Beziehung hervorgehende seelisch-geistige Vater-Kind-Bindung sei ein „Positivum“, also kindeswohlförderlich, andererseits die Möglichkeit zur Entwicklung und Verwirklichung dieses Kindeswohls einzig in die Hand der Mutter legen wollte.

In der Diskussion des Juristentages hielt der Soziologe von Friedeburg einen Gastbeitrag zur soziologischen Situation der deutschen Familie. Er widersprach energisch der These, nach der eine Besserstellung und Förderung unehelicher Kinder

824 Verhandlungen des 44. Deutschen Juristentages, Band II, C 32.
825 Verhandlungen des 44. Deutschen Juristentages, Band II, C 33 ff.
826 Verhandlungen des 44. Deutschen Juristentages, Band II, C 35.

bzw. ihrer Elternteile die legitime eheliche Familie unterminieren würden,[827] und wandte sich damit gegen eine der ältesten und zentralsten Argumente konservativer Juristen wie etwa Bosch. Vielmehr sei die Familie stabil wie nie, aber dennoch im Wandel begriffen. So dominiere „der Vater […] nur noch in wenigen Fällen autoritär-patriarchalisch, die Gleichrangigkeit der Ehefrau setzt sich zunehmend durch". Gleichzeitig wandte sich Friedeburg scharf gegen die Thesen der Studie von Groth, die u. a. als Grundlage des Familienrechtsänderungsgesetzes von 1962 gedient hatte. Sie hänge, so Friedeburg, „antiquierten Vorstellungen" an. So würden sich etwa ledige Mütter nicht wesentlich von verheirateten Müttern gleicher sozialer Schicht unterscheiden. Im Ergebnis trat Friedeburg für flexible gesetzliche Regelungen zur „Stärkung" der Position der Mutter und für eine „Verbesserung" des Verhältnisses zwischen Vater und Kind ein.[828]

Der weitere Verlauf der Diskussion verlief uneinheitlich. Während eine Teilnehmerin annahm, „daß es im Interesse des unehelichen Kindes liegt, seine Beziehungen zum Vater möglichst zu beschränken",[829] befürchtete eine andere negative Folgen eines „Fehlens des Vaterbildes" beim unehelichen Kind wie etwa „seelische Fehlhaltungen", ein „gestörtes Selbstwertgefühl, Unsicherheit und Ängstlichkeit".[830] Die Mutter, „oft unerfahren, auch interesselos, oft nicht in der Lage, oder gewillt, die Rechte des Kindes zu wahren", entbehre dabei den „Ausgleich des väterlichen Einflusses". Die Uneinheitlichkeit der ganzen Debatte zeigt sich auch daran, dass dieselbe Teilnehmerin trotzdem später erklärte, ein Verkehrs- oder Mitspracherecht des Vaters sei „bedenklich", wenn das Kind bei der Mutter lebe. Der Grundtenor der Diskussionsbeiträge offenbart dementsprechend weiterhin ein tendenziell negatives Bild des Vaters eines unehelichen Kindes. Dieser sei „im allgemeinen viel uninteressierter an dem Kinde als die Mutter", die „Ablehnung des Vaters" spiele eine große Rolle, und ein ihm eingeräumtes Mitspracherecht in Ausbildungsfragen würde vom Vater ohnehin nur aus egoistisch-finanziellen Interessen ausgenutzt werden. Eine Teilnehmerin stellte sogar generell in Frage, ob das Vorhandensein eines Vaters überhaupt ein positiver Erziehungsfaktor sei. Der Vater sei häufig eine „große Hypothek für das Kind", vielfach könne man hören: „Lieber gar keinen Vater als so einen Vater."[831] Bosch warnte die Anwesenden abschließend noch einmal „vor einem Beschluß […] der den unehelichen Vater

827 Verhandlungen des 44. Deutschen Juristentages, Band II, C 80 ff.
828 Verhandlungen des 44. Deutschen Juristentages, Band II, C 85.
829 Verhandlungen des 44. Deutschen Juristentages, Band II, C 87.
830 Verhandlungen des 44. Deutschen Juristentages, Band II, C 96.
831 Verhandlungen des 44. Deutschen Juristentages, Band II, C 142.

irgendwie über das gegenwärtige Recht hinaus in echte personale Vaterpositionen hineinwachsen lassen will".[832]

Um eine Verbesserung des Mutter- und besonders des Vaterbildes bemühte sich vor allem Müller-Freienfels, der sich u. a. für die elterliche Gewalt der ledigen Mutter sowie ein engeres Rechtsverhältnis zwischen Vater und Kind aussprach. Für die Kompetenz der Mutter spreche vor allem, „daß sie regelmäßig mit Liebe an ihrem Kind hängt und keine Macht der Welt diesen Wert ersetzen kann".[833] Kritisch an Bosch gerichtet, merkte Müller-Freienfels in Bezug auf gängige Stereotypen an:

> „Die vom reichen Herzensbrecher verlassene Geliebte, die vom Rechtlichen keine Ahnung hat – sicher ein schönes, rührendes, aber heute nicht mehr allzu oft vorkommendes Bild. Manche uneheliche Mutter, zumal wenn sie mittleren Alters ist und seit längerem einen eigenen Haushalt führt, findet sich ihrerseits in voller Kenntnis der Konsequenzen nicht zur Heirat bereit, weil sie nicht durch die Heirat ihre Selbstständigkeit aufgeben will […]. Aber häufiger ist es heute doch noch – entgegen landläufigen Vorstellungen –, daß Mutter und Erzeuger aus den gleichen sozialen Schichten kommen, und aus den verschiedensten objektiven und subjektiven Gründen nicht heiraten können. Man darf diese Dinge nicht zu schematisch einseitig für die Frau und gegen den Mann in Schwarzweißmalerei sehen."[834]

So setzte Müller-Freienfels den Schlusspunkt in einer Debatte, in welcher der traditionell-konservative Standpunkt um Bosch mit den progressiven, aber letztlich noch unentschiedenen Vorstellungen um Zweigert rang. Die Einzelstimmen aus der Debatte illustrierten noch einmal die Kontinuität eines weit verbreiteten Negativbildes des Vaters eines unehelichen Kindes in verschiedenen Facetten. Das Zitat von Müller Freienfels, insbesondere der Hinweis auf durchaus selbständige ledige Mütter sowie auf das bewusste Nichteingehen der Ehe aus vielerlei Gründen, wies allerdings in seiner gängige Stereotype in Frage stellenden Tendenz bereits auf einen Wandel der Anschauungen über die unehelichen Eltern und ihre Lebensformen hin.

Bevor dieser langsame Wandel allerdings gesellschaftliche und rechtliche Gestalt annehmen konnte, ging der Gesetzgeber Ende der sechziger Jahre mit dem „Gesetz über die rechtliche Stellung der nichtehelichen Kinder" von 1969 noch einmal einen Kompromiss ein zwischen den traditionellen Vorstellungen und dem Bemühen, rechtliche Diskriminierungen zumindest teilweise in Frage zu stellen.

832 Verhandlungen des 44. Deutschen Juristentages, Band II, C 149.
833 Verhandlungen des 44. Deutschen Juristentages, Band II, C 102.
834 Verhandlungen des 44. Deutschen Juristentages, Band II, C 150.

3. Das Gesetz über die rechtliche Stellung der nichtehelichen Kinder von 1969 (Nichtehelichengesetz)

a. Der „Geist" der Vorarbeiten

Im Vorfeld des Nichtehelichengesetzes von 1969 erschienen 1966 zwei Beiträge der Mitarbeiterin im Bundesjustizministerium, Referat Familienrecht, Grasnick, die sich mit der Stellung des nichtehelichen Vaters im Entwurf des Gesetzes befassten.[835] Die Autorin, auch Mitglied im „Katholischen Arbeitskreis für die Reform des Unehelichenrechts", erläuterte zum einen die Regelungen des Entwurfs zur Frage eines Verkehrsrechts des Vaters, zum anderen zur Frage einer elterlichen Gewalt für diesen. Die Argumentationslinien in beiden Beiträgen waren von einer außerordentlich negativen Vorstellung über die Rolle des Vaters geprägt, welche in ihrer Zuspitzung weit über die der späteren amtlichen Begründung hinausging. Dennoch gibt Grasnicks Argumentation einen Einblick in den herrschenden Geist der Vorarbeiten zur Endfassung des Nichtehelichengesetzes und auch, in welchem Maße psychologische Theorien Einfluss auf Gesetzgebungsarbeiten erlangen konnten, wenn sie ein traditionelles Rollenbild (hier das des Vaters des nichtehelichen Kindes) stützten.

Grasnicks Leitthese bestand dabei in der Übernahme der Formel von Groth, „Unehelichkeit ist Vaterlosigkeit", als eines gleichsam naturgesetzlichen Zustands, der auch von der jeweiligen Fassung der Rechtsordnung unabhängig und daher unabänderlich sei:

> „Dieser Zustand wird von den Soziologen mit dem Wort „Unehelichkeit ist Vaterlosigkeit" treffend gekennzeichnet. Entgegen einer vielverbreiteten Meinung wird er nicht durch Rechtsordnungen verursacht, die dem Vater einem unehelichen Kinde gegenüber keine Rechte zubilligen."[836]

Daneben sah Grasnick den leiblichen Vater sogar als Gefahr für die psychische Gesundheit seines nichtehelichen Kindes an. So wurden Forderungen nach Verleihung der elterlichen Gewalt an den Vater u. a. mit „Erkenntnissen der Psychologie" zurückgewiesen, nach denen eine Mehrheit „aller Neurosen Erwachsener durch das am leiblichen Vater erlebte Schicksal geprägt" sei und deshalb die Vaterrolle eines nichtehelichen Kindes besser von einer anderen Person als dem leiblichen

835 *Grasnick*, Der Verkehr des Vaters mit seinem unehelichen Kinde, NJW 1966, 1298 ff.; *dies.*, Die elterliche Gewalt des Vaters eines unehelichen Kindes, NJW 1966, 1196 ff.

836 Grasnick, Die elterliche Gewalt des Vaters eines unehelichen Kindes, NJW 1966, 1196, 1197.

Vater übernommen werden solle.[837] Die Vaterrolle könne nämlich „ebenso gut von einem Manne übernommen werden, der das Kind nicht gezeugt hat“. Flankiert wurden diese Einlassungen Grasnicks von Verweisen auf mehrere psychologische Arbeiten, die sich mit einem sogenannten „Vaterproblem“ auseinandersetzten.[838] Folglich resümierte Grasnick in Bezug auf die geplante Reform:

> „Es darf deshalb kein Anliegen der Reform sein, vordergründig jede Bindung des leiblichen Vaters zu seinem unehelichen Kinde zu erleichtern und fördern.“[839]

Diese Sicht korrespondierte mit der von der Autorin anderenorts wiederum von Groth übernommenen These, nach der Väter nichtehelicher Kinder, welche Kontakt zu ihren Kindern suchten, in der Regel „charakterlich minderwertig“ seien.[840] Deren Begehren würde „oft auf nicht anerkennenswerten Motiven“ beruhen und sei daher „wenig unterstützungswürdig“. Auch gegen eine mögliche Aufnahme eines nichtehelichen Kindes in eine (eventuell vorhandene, von Grasnick aber offenbar als vorhanden vorausgesetzte) eheliche Familie des Vaters führte Grasnick ans Skurrile grenzende psychologische Bedenken an: So könne selbst ein gutwilliger Vater nach Aufnahme des Kindes in seine Familie eine (generell unterstellte) negative seelische Haltung der Stiefmutter gegenüber dem nichtehelichen Kind nicht mehr positiv beeinflussen, da er aufgrund des im Kind verkörperten „Beweises seiner Jugenddummheit“ an familiärem „Einfluss“ und entsprechende „Geltung“ einbüße.[841]

Im zweiten Beitrag Grasnicks, in welchem Argumente gegen ein Verkehrsrecht des Vaters versammelt sind, wurde dieser ebenfalls als akute Gefahr für Kind wie Mutter dargestellt. Neben der Wiederholung des Vorwurfs der „charakterlichen Minderwertigkeit“ an die kontaktsuchenden Väter zeichnete Grasnick als Gegenstück eine labile, seelisch gefährdete und zur Selbststeuerung nicht fähige Mutter, deren schutzwürdige Teilfamilie Mutter-Kind durch ein „Eindringen“ des Vaters gefährlich gestört würde. Die Mutter würde ihre – von Grasnick wiederum

837 *Grasnick*, Die elterliche Gewalt des Vaters eines unehelichen Kindes, NJW 1966, 1196, 1197.

838 Vgl. die Nachweise bei *Grasnick*, Die elterliche Gewalt des Vaters eines unehelichen Kindes, NJW 1966, 1196, 1197, Fn. 8, 9.

839 *Grasnick*, Die elterliche Gewalt des Vaters eines unehelichen Kindes, NJW 1966, 1196, 1197.

840 *Grasnick*, Zur Reform des Unehelichenrechts, 73; *dies.*, Der Verkehr des Vaters mit seinem unehelichen Kinde, NJW 1966, 1298.

841 *Grasnick*, Die elterliche Gewalt des Vaters eines unehelichen Kindes, NJW 1966, 1196, 1197.

pauschal unterstellte – Abneigung gegen den Vater auf das Kind übertragen und dieses so gefährden:

> „Es ist erwiesen, daß die Mutter ihre Abneigung gegen den Vater häufig auf das Kind überträgt. Diese gefühlsmäßig bedingten Schwierigkeiten kann sie mit ihrem Willen allein nicht steuern. [...]
>
> Die uneheliche Mutter sollte daher durch Gesetz oder Richterspruch nicht mit Konfliktsituationen belastet werden, die sich in kaum zu kontrollierender Weise doch nur gegen das Kind richten können.“[842]

Abgesehen von der Tatsache, dass hier unterstellte Charakterfehler der Mutter als Argument gegen mögliche Rechte des Vaters in Stellung gebracht wurden, erscheint es höchst widersprüchlich, einerseits eine soziale Aufwertung des Ansehens der ledigen Mutter zu fordern, diese aber als latent unzurechnungsfähig darzustellen und damit zusätzlich das alte Rollenklischee einer weiblichen Gefühlsgesteuertheit[843] zu bedienen.

Selbst für den Fall einer Sondervorschrift, die den Verkehr des Vaters gegen den Willen der Mutter aus Kindeswohlgründen ermöglichen würde, hegte Grasnick den Verdacht, die Väter nichtehelicher Kinder könnten das entscheidende Gericht aus zwielichtigen Gründen täuschen wollen:

> „Der Vater kann sich im Hinblick auf das von ihm erstrebte Ziel unschwer verstellen und seine wahren Motive verbergen.“[844]

Zur Aufdeckung solcher Täuschungen würden auch keine „psychologischen Untersuchungen“ helfen, diese würden vielmehr zu „fatalen Fehlurteilen“ führen und seien „verfassungsrechtlich bedenklich“. Für die „Teilfamilie Mutter-Kind“ würde eine Vorladung zu einer Behörde darüber hinaus einen „katastrophalen Einfluß“ haben sowie zu „psychischen Traumen“ führen.[845] An dieser Stelle wird die selektive Instrumentalisierung psychologischer Thesen in der familienrechtlichen Debatte besonders deutlich: Was zur Stützung eigener juristischer Ansichten nützlich erschien, wurde als Argument herangezogen, im entgegengesetzten Fall jedoch als zu unsicher abgelehnt.

---

842 *Grasnick*, Der Verkehr des Vaters mit seinem unehelichen Kinde, NJW 1966, 1298, 1299.

843 Vgl. *Hausen*, in: Conze, Sozialgeschichte der Familie in der Neuzeit, 363, 368.

844 *Grasnick*, Der Verkehr des Vaters mit seinem unehelichen Kinde, NJW 1966, 1298, 1299.

845 *Grasnick*, Der Verkehr des Vaters mit seinem unehelichen Kinde, NJW 1966, 1298, 1300.

Auf mögliche Rechte oder auch nur berechtigte Interessen des Vaters ging Grasnick mit keinem Wort ein. Die Drastik, mit der die Autorin möglicherweise auftretende, keineswegs zwangsläufige Negativfolgen eines vergleichsweise geringen Einflusses des Vaters schilderte, illustriert anschaulich ein negativ-ideologisiertes Bild des Vaters, das durch zeitgenössische Thesen der Psychologie dankbar unterfüttert wurde.

b. Das Reformgesetz von 1969

Das „Gesetz über die rechtliche Stellung der nichtehelichen Kinder“ vom 19. August 1969 (Nichtehelichengesetz (NEhelG)) trat am 1. Juli 1970 in Kraft.[846] Das Gesetz brachte im Bemühen um den Abbau von Diskriminierungen und „infolge der Änderung der Anschauungen über das uneheliche Kind“[847] zunächst eine terminologische Neuerung: Von nun an hieß der Gegenstand der Reformbemühungen nicht mehr „Unehelichen-„ sondern „Nichtehelichenrecht“.[848]

Am stärksten in die bisherige Rechtslage griff wohl die Streichung des § 1589 Abs. 2 BGB 1900 ein. Damit wurde 70 Jahre nach Inkrafttreten des BGB nun auch die rechtliche Verwandtschaft des Vaters zu seinem Kind hergestellt und das nichteheliche Vater-Kind-Verhältnis als familienrechtliches Verwandtschaftsverhältnis grundsätzlich anerkannt. Dies schlug sich besonders in der Ausweitung sowohl des Unterhaltsrechts als auch des Erbrechts des nichtehelichen Kindes gegenüber seinem Vater einschließlich der Zuerkennung eines Pflichtteilsanspruchs nieder. Ebenfalls abgeschafft wurde die Mehrverkehrseinrede (§ 1717 BGB 1900), die exceptio plurium concumbentium, die seit Inkrafttreten des BGB zu den verschiedensten Befürchtungen und Überspitzungen von Stereotypen und Vorurteilen gegenüber Vätern und insbesondere Müttern nichtehelicher Kinder Anlass gegeben hatte.

Die personenrechtliche Trennung des Vaters von seinem nichtehelichen Kind wurde dagegen rigoros beibehalten. Eine subsidiäre elterliche Gewalt oder ein Mitspracherecht des Vaters war selbst für den Fall, dass die Mutter ausfiel, nicht vorgesehen. Das Nichtehelichengesetz als das erste größere Reformgesetz im

846 BGBl. 1969 I, 1243 ff. Zur Entstehungsgeschichte vgl. die Dokumentation von *Schubert*, Die Reform des Nichtehelichenrechts.

847 *Göppinger/Bökelmann*, Das Recht des unehelichen Kindes, § 1705 Rn. 31.

848 Zu den Reaktionen hierauf vgl. etwa *Rupp-von Brünneck*, StAZ 1970, 226; *Lüderitz*, Familienrecht, 27. Auflage, 240, Rn. 622. Zur Vorgeschichte der Änderung *Jansen/Knöpfel*, Das neue Unehelichenrecht, 88. Um einen terminologischen Widerspruch zu vermeiden, folgt auch der Autor dem ab diesem Datum gebräuchlichen Begriff.

Nichtehelichenrecht seit 1900 fiel somit in diesem zentralen Punkt deutlich hinter alle bisherigen Reformansätze, insbesondere diejenigen aus der Weimarer Zeit und den Entwurf von 1940, zurück. Die erstmals eingeräumte Umgangsbefugnis des nichtehelichen Vaters (§ 1711 BGB 1970) hing zunächst völlig von der Zustimmung der Mutter ab und konnte gegen deren Willen nur ausnahmsweise vor dem Vormundschaftsgericht durchgesetzt werden. Die Stellung der Mutter wurde durch die erstmalige und generelle Einräumung der elterlichen Gewalt kraft Gesetzes aufgewertet, allerdings weiterhin eingeschränkt durch die Amtspflegschaft in den Bereichen Vaterschaftsfeststellung, Geltendmachung von Unterhaltsansprüchen sowie der Regelung von Erbrechtsfragen (§ 1705 ff. BGB 1970).

Die bisherige Rechtslage wurde vom Gesetzgeber als „überholungsbedürftig“ angesehen. Sie sei nicht „mit den heutigen Anschauungen und sozialen Verhältnissen vereinbar“.[849] Als besondere Notwendigkeit der Reform wurde das unbefriedigende Rechtsverhältnis zwischen nichtehelichem Kind und seinem Vater sowie die über das zum Schutz des Kindes Notwendige hinausgehende Beschränkung der Mutter bei der Ausübung der elterlichen Gewalt genannt. Der Gesetzgeber wollte sich bei der Reform von der im Verhältnis zu ehelichen Kindern „anderen tatsächlichen Lage“ der nichtehelichen Kinder leiten lassen. Diese liege in der Tatsache der fehlenden Familiengemeinschaft begründet, was auch mit der besonderen Situation der nichtehelichen Elternteile zusammenhänge.

Die Begründung des Nichtehelichengesetzes lieferte hierzu eine Einschätzung des Gesetzgebers zur Lage des nichtehelichen Vaters wie der nichtehelichen Mutter. Sie bezog sich auf eine ganze Reihe von Vorarbeiten, u. a. auf die oben dargestellten Beschlüsse und Materialien des 44. Deutschen Juristentages 1962, die letzten Entwürfe verschiedener Fürsorgeverbände und sogar auf die mehr als drei Jahrzehnte alten Entwürfe des Caritasverbandes und der Akademie für Deutsches Recht aus den dreißiger Jahren.[850]

An erster Stelle bezog sich der Gesetzgeber ausdrücklich auf die „neuesten Erkenntnisse der Pädagogik und der Psychologie“, und insbesondere stützte man sich auf die „Untersuchung des soziographischen Instituts der Universität Frankfurt a. M. über die soziale Lage des unehelichen Kindes“ von 1961. Diese häufig zitierte Studie von Groth hatte noch auf dem 44. Deutschen Juristentag den konservativen

849 BT-Drucksache V/2370, 18. Vgl. hierzu auch bei *Göppinger/Bökelmann*, Das Recht des unehelichen Kindes, § 1705 Rn. 31: „Nach der Regelung des § 1589 Abs 2, die heute wohl […] als etwas anstößig beurteilt werden muß, gelten ein uneheliches Kind und dessen Vater als nicht verwandt.“

850 BT-Drucksache V/2370, 22.

Juristen zur Untermauerung ihrer Positionen gedient, während ein progressiver Gastredner sie scharf kritisiert hatte. Ausgeprägte Zustimmung fand die Studie auch bei den Publikationen katholisch-konservativer Juristen um die Mitarbeiterin am Entwurf des Nichtehelichengesetzes Grasnick, welche sich insbesondere durch die massive Ablehnung eines Rechtszuwachses des Vaters auszeichneten.[851]

aa. Elterliche Gewalt für die ledige Mutter

Trotz genereller Zuerkennung der elterlichen Gewalt an die ledige Mutter, also einer seit Einführung des BGB zentralen Forderung von Frauenbewegung und weiten Teilen der Juristenschaft, zeichnete die Begründung des Gesetzgebers weiterhin ein Bild der Mutter, das sich zwar in der Art und Weise der Begründung deutlich, im Grundsätzlichen aber wenig von dem der Planck'schen Motive zum BGB unterschied. Die ausschließliche Zuordnung des Kindes zur Mutter als naturgegebener Zustand wurde weiter als selbstverständlich angesehen, wenngleich man nun bemüht war, dies nicht mehr nur aus der „Natur der Sache" heraus zu erklären, sondern auch als dem Stand der einschlägigen Wissenschaft und so dem Kindeswohl entsprechend darzustellen:

> „Nach der Natur der Sache kommt nur eine feste und dauernde Zuordnung zur Mutter in Betracht. Das gilt umso mehr, als nach den Erkenntnissen der Psychologie und Pädagogik die ersten Lebensjahre für die Entwicklung des Kindes entscheidend sind. Mutter und Kleinkind sind körperlich und seelisch einander zugeordnet. Die Mutter muß daher den Vorrang vor dem Vater haben. Diese Bande zwischen Mutter und Kind sollten auch später nicht durch einen Wechsel zerrissen werden."[852]

Für die angestrebte wissenschaftliche Untermauerung der getroffenen Regelungen dienten wiederum Ergebnisse der Entwicklungspsychologie im Sinne der Bindungstheorie sowie der Pädagogik:

> „Für die gedeihliche Entwicklung eines Kindes ist nach den Erkenntnissen der Psychologie und Pädagogik das erste Lebensjahr von besonderer Bedeutung. Fehlt es dem Kind in dieser Zeit an der richtigen Betreuung, so kann es Schäden für das ganze Leben davontragen. Als besonders wichtig wird es erachtet, daß sich frühzeitig eine feste Beziehung zwischen dem Kind und der Mutter […] entwickelt. […] Der gute Kontakt zwischen Kind und Mutter ist umso wichtiger, als das Kind in aller Regel keine persönlichen Beziehungen zu dem Vater haben wird."[853]

---

851 *Grasnick*, Die elterliche Gewalt des Vaters eines unehelichen Kindes, NJW 1966, 1196, 1197.

852 BT-Drucksache V/2370, 63.

853 BT-Drucksache V/2370, 56.

Der wesentliche Unterschied in der Begründung der weiter bestehenden Einschränkung der Rechtsposition der ledigen gegenüber der verheirateten Mutter lag in der Art und Weise, wie diese Einschränkung gerechtfertigt wurde. Während Planck in den Motiven noch moralische Werturteile gefällt und vermeintliche Charakterfehler der Mutter zur Versagung der elterlichen Gewalt herangezogen hatte, sah der Gesetzgeber von 1969 die ledige Mutter nicht mehr als moralisch untauglich, sondern als aufgrund ihrer wirtschaftlichen, sozialen und seelischen Situation eingeschränkt an. Die Begründung war ausdrücklich darum bemüht, nicht den Eindruck zu vermitteln, die Mutter würde aus in ihrer Person liegenden Gründen heraus oder etwa aufgrund der nichtehelichen Geburt als zur Pflege und Erziehung des Kindes untauglich angesehen:

> „Der Schutz des Kindes gebietet nach wie vor, die Rechte der Mutter zunächst kraft Gesetzes zu beschränken, und zwar nicht etwa deshalb, weil die uneheliche Mutter im Regelfall zur Ausübung der elterlichen Gewalt weniger tauglich wäre als die eheliche, sondern weil sie sich in der Regel auch heute noch in einer erheblich schwierigeren Lage befindet als die eheliche Mutter."[854]

Sowohl wirtschaftliche Probleme als auch die fehlende Ehe der Mutter wurden zur Begründung aufgenommen:

> „Die uneheliche Mutter muß, wenn sie nicht verheiratet ist, den Schutz eines Ehemannes entbehren. In vielen Fällen steht sie wirtschaftlich ungünstig, weil ihr eigener Unterhalt nicht gesichert ist. Sie muß meist ihren Unterhalt selbst verdienen."[855]

Weitere Gründe lägen in der psychischen Situation ledigen Mütter:

> „Neben diesen wirtschaftlichen Tatsachen ist noch die schwierige seelische Lage der Mutter zu berücksichtigen. Nicht selten ist ihre Einstellung von Enttäuschung, von Haß gegen den Vater des Kindes oder gar von Verzweiflung geprägt. Mitunter nimmt die eigene Familie der Mutter ihr und dem unehelichen Kinde gegenüber eine ablehnende Haltung ein. Die Eltern des unehelichen Kindes haben das Kind in der Regel nicht gewünscht, und nicht in allen Fällen gelingt es der Mutter, eine bejahende Einstellung zu ihrem Kind zu finden. [...]
>
> Die Lage von Mutter und Kind wird ferner erschwert durch die Einstellung der öffentlichen Meinung. Die ablehnende Haltung der Gesellschaft zur unehelichen Mutter und ihrem Kind ist heute im Gegensatz zu früher zwar stark abgeschwächt, aber doch nicht vollständig überwunden."[856]

---

854 BT-Drucksache V/2370, 62.
855 BT-Drucksache V/2370, 62.
856 BT-Drucksache V/2370, 19.

Anhand dieser eingehenden Beschreibung der schwierigen Lage der ledigen Mutter wird das Bemühen des damaligen Gesetzgebers offensichtlich, die zwar geringe, aber durchaus weiter vorhandene Beschränkung der elterlichen Gewalt nicht als eine Konsequenz etwaiger charakterlicher oder moralischer Mängel an der Person der Mutter, sondern als soziale Folge der Lebensumstände einer Mutter, aber auch als Folge des fehlenden Ehemanns als Beschützer erscheinen zu lassen.

Wohl als Folge eines gesamtgesellschaftlichen Bemühens um den Abbau von Diskriminierungen und Vorurteilen wies die Begründung ausdrücklich darauf hin, dass die generelle Erteilung der elterlichen Gewalt im Gegensatz zur bisherigen Regelung des § 1707 Abs. 2 BGB von 1962 keine „diskriminierende" Einteilung in „gute" und „schlechte" ledige Mütter nach sich ziehe.[857] Noch stärker von der konkreten Person der Mutter und einer etwaigen Beurteilung ihrer „Eignung" entfernte sich der Gesetzgeber, wenn er betonte, dass, „auch wenn die Mutter im allgemeinen sich ihrer Verantwortung bewusst und zur Ausübung der elterlichen Gewalt geeignet" wäre, eine vollständig uneingeschränkte elterliche Gewalt „die Lage des Kindes verschlechtern" würde, da diesem dann der „besondere Schutz" der bisherigen Regelung verloren ginge.[858] Man vermied also – wie bereits in der Frage der Rechte des Vaters – eine Debatte um die konkrete Berechtigung der Gewährung eines Rechts an die Mutter, indem man diese Gewährung in erster Linie am Kriterium des Kindeswohls maß. Vielmehr behauptete der Gesetzgeber einen kausalen Zusammenhang hinsichtlich der Vorenthaltung bestimmter gesetzlicher Rechte der ledigen Mutter und eines „ungünstigen Einflusses auf die seelische Lage der Mutter" und sah die Gefahr einer Herabwürdigung „in der öffentlichen Meinung" mit der möglichen Folge einer Kindeswohlbeeinträchtigung.[859] Es fand also eine direkte Verknüpfung von der Stärke der Rechtsposition der Mutter mit der Mehrung des Kindeswohls statt.

Im Ergebnis führten die obigen Erwägungen zu keinem greifbaren Ergebnis in der Frage der Zuerkennung der generellen elterlichen Gewalt. Zu wenig bezogen sie sich auf die konkret in Frage stehenden Kompetenzen der Amtsvormundschaft bzw. der Mutter, nämlich die rechtliche Vertretung und Vermögenssorge als – neben der der Mutter bereits zugestandenen Personensorge – Bestandteile der elterlichen Gewalt. Eigentliches Ziel des Gesetzgebers war es, die weiter fortbestehende Notwendigkeit einer Beistandschaft des Jugendamtes zu begründen. Aufgrund des

857 BT-Drucksache V/2370, 62.
858 BT-Drucksache V/2370, 62.
859 BT-Drucksache V/2370, 62.

Spannungsverhältnisses zum Elternrecht auch der Mutter war diese umso schwieriger, je mehr Wert auf die Nichtdiskriminierung der ledigen Mutter gelegt wurde.

Eines der zentralen Argumente für die Begründung der generellen Zuerkennung der elterlichen Gewalt an die ledige Mutter ging in der Zusammenstellung der soziologischen und psychologischen Überlegungen hingegen fast unter: Nämlich die – gemessen an den realen rechtlichen Unterschieden – Unverhältnismäßigkeit der Vorenthaltung der elterlichen Gewalt gegenüber der Mutter. In der Gesetzesbegründung klang dies bereits an:

> „Die Stellung der Mutter ist daher bereits nach geltendem Recht so stark und die Stellung des Vormunds so schwach, daß es nicht gerechtfertigt ist, der Stellung der Mutter die Bezeichnung „elterliche Gewalt“ zu versagen.“[860]

Anstatt also der Mutter unter Verweis auf die rechtliche Unverhältnismäßigkeit der Vorenthaltung der elterlichen Gewalt ebendiese kraft Gesetzes schlicht zu erteilen, stellte man die ledige Mutter als Opfer der sozialen Zustände, ihrer seelischen Lage und ihrer den „Schutz des Ehemannes“ entbehrenden Hilflosigkeit dar. Die eigentliche Fragestellung, ob die ledige Mutter aufgrund der in der Begründung geschilderten sozialen und persönlichen Lage und aufgrund einer Einschätzung ihrer vermutlichen Qualifikationen zur Ausübung der uneingeschränkten elterlichen Gewalt geeignet sei, wurde schlicht nicht hinreichend beantwortet. Die vom Gesetzgeber laut der Begründung herangezogenen Studien etwa von Groth zogen gerade umgekehrt aus ihrer ähnlichen Zustandsbeschreibung noch die Empfehlung, der ledigen Mutter die elterliche Gewalt zu versagen.[861] Die letztlich erfolgte Zuerkennung der elterlichen Gewalt an die ledige Mutter mit der Einschränkung durch die Amtspflegschaft entsprang insofern eher dem Bedürfnis nach gesellschaftlicher Aufwertung und einem Abbau von Diskriminierung der ledigen Mutter denn einer konsequenten Folgerung aus der eigenen Argumentation des Gesetzgebers.

bb. Rechtsstellung des Vaters

Das nunmehr familienrechtlich anerkannte Verwandtschaftsverhältnis zwischen nichtehelichem Kind und seinem Vater brachte für diesen eine Ausweitung seiner Pflichtenstellung insbesondere im Unterhalts- und Erbrecht, welche aber keinesfalls mit einer Ausweitung väterlicher Rechte oder auch nur väterlicher

---

860 BT-Drucksache V/2370, 61.

861 *Groth*, Kinder ohne Familie, 189; ebenso *Has*, Das Verhältnis der unehelichen Eltern zu ihrem Kinde, 133.

Verpflichtungen im Bereich der elterlichen Gewalt bzw. Sorge oder des Umgangsrechtes korrespondierte. Die Beschlüsse des 44. Deutschen Juristentages wurden lediglich bei der Ausweitung des vermögensrechtlichen Vater-Kind-Verhältnisses berücksichtigt. Seine Forderung, den Vater möglichst auch zu persönlicher Verantwortung heranzuziehen, wurde vom Gesetzgeber dagegen entschieden abgelehnt. Diese Disharmonie entsprach jedoch ausdrücklich dem Willen des Gesetzgebers:

> „Die Rechtsstellung des Vaters wird von der Verantwortung für das Kind geprägt. Die uneheliche Geburt bringt für das Kind erhebliche Nachteile mit sich, an denen das Kind unschuldig ist. Dem Vater muß es obliegen, diese Nachteile auszugleichen. Rechte, die dem Kinde zu diesem Zwecke verliehen werden, kann nicht auch der Vater in Anspruch nehmen. Bei dem Vater müssen deshalb seine Pflichten im Vordergrund stehen."[862]

Im personenrechtlichen Vater-Kind-Verhältnis war der Gesetzgeber weiter bestrebt, den Vater möglichst von seinem nichtehelichen Kind zu trennen. Dies wurde bei der Zuordnung des Kindes und im Bereich der elterlichen Gewalt weiter mit dem Desinteresse des Vaters sowie der Problematik seiner unter Umständen zusätzlich vorhandenen ehelichen Familie gerechtfertigt. In diesem Zusammenhang gab der Gesetzgeber erstmals zu erkennen, dass er offenbar generell von der Vorstellung, die Verantwortungsbereitschaft des nichtehelichen Vaters könne durch rechtliche Intensivierung der Vater-Kind-Beziehung gesteigert werden, Abstand genommen hatte:

> „Soweit es sich um die Rechtsstellung des Vaters handelt, geht der Entwurf davon aus, daß zwischen dem Vater und seinem unehelichen Kinde eine Beziehung, die der Beziehung zwischen dem Vater und seinem ehelichen Kind entspricht, in der Regel nicht besteht und, wie ausländische Erfahrungen mit modernen gesetzlichen Regelungen zeigen, auch durch Gesetz überhaupt nicht geschaffen werden kann. Die tatsächlichen Beziehungen zwischen dem unehelichen Kind und seinem Vater bleiben meist sehr locker. [...]
>
> Nur eine kleine Minderheit der Väter ist geneigt, sich um das Kind wie um ein eheliches Kind zu kümmern. Der Vater ist hierzu mit Rücksicht auf seine eheliche Familie auch oft nicht in der Lage [...]."[863]

Dieses immer wieder vorgebrachte Bild des angeblich bereits verheirateten Mannes, dessen nichteheliches Kind quasi als „Beweis seiner Jugenddummheit"[864] zu

862 BT-Drucksache V/2370, 20.

863 BT-Drucksache V/2370, 20.

864 *Grasnick*, Die elterliche Gewalt des Vaters eines unehelichen Kindes, NJW 1966, 1196, 1197.

einer bestehenden ehelichen Familie hinzutritt, wurde auch hier in keiner Weise belegt.[865] Die stereotypen Mutmaßungen setzten sich an anderer Stelle der Begründung fort:

> „In den meisten Fällen ist der Vater auch gar nicht gewillt, sich um das Kind wie um ein eheliches Kind zu kümmern. Sehr oft wird er dem Kinde den Unterhalt nur zögernd und unwillig bezahlen und sich der Unterhaltspflicht nach Möglichkeit zu entziehen versuchen.“[866]

Über das Argument des Desinteresses hinaus fand sich auch der in der Vergangenheit bereits mehrfach vorgebrachte Vorwurf, dem Vater, der dennoch die Sorge für das Kind übernehmen wolle, ginge es nicht um das Kind, sondern vielmehr um eigennützig-monetäre Interessen:

> „Außerdem hat nur eine kleine Minderheit der Väter ein Interesse daran, das Kind zu sich zu nehmen. Will der Vater das Kind zu sich nehmen, dann vielfach aus eigensüchtigen Motiven, nämlich um Unterhalt für das Kind einzusparen.“[867]

Der Gesetzgeber ging davon aus, dass „eine eindeutige, feste und dauernde Zuordnung des Kindes zu einem Elternteil dem Kindeswohl am besten entspricht“. [868]Der strikte Muttervorrang sollte so allgemein Gefahren für das Kindeswohl abwenden:

> „Würde bei der Regelung der Sorge für die Person des Kindes und der elterlichen Gewalt der Mutter nicht mehr wie bisher der Vorrang vor dem Vater eingeräumt werden, so würde sich dies sicher zum Nachteil des unehelichen Kindes auswirken.“[869]

Die sehr zaghaft in das Gesetz aufgenommene väterliche Verkehrsregelung mit dem Kind (§1711 BGB 1970) war vornehmlich als Ausnahme gedacht. Aus der Begründung dieses sehr eingeschränkten Verkehrsrechts sind die gesamte Skepsis und das Misstrauen des Gesetzgebers gegenüber dem Vater eines nichtehelichen Kindes zu erkennen. Sehr ausführlich widmete sich hier der Gesetzgeber einer Abwägung, ob und inwieweit der Verkehr zwischen Vater und Kind überhaupt dessen Wohl entspreche. Diese Abwägung ging zunächst von

865 *Finger*, ZfJ 1987, 317, 318 fragt später: „Wieso ist er denn stets verheiratet? Warum soll er seine ‚neue Verbindung‘ nicht vorziehen, warum nicht beide nebeneinander schätzen?“

866 BT-Drucksache V/2370, 19.

867 BT-Drucksache V/2370, 63.

868 BT-Drucksache V/2370, 75.

869 BT-Drucksache V/2370, 19.

dem Bekenntnis einer durchaus starken Bedeutung einer Vaterfigur auch für das nichteheliche Kind aus, band ein positives Vatererlebnis aber grundsätzlich an das Zusammenleben der Eltern und damit, nach damaligem Verständnis, ausschließlich an die Ehe. Dieses fehlende Vaterbild sei jedoch letztlich das „Schicksal des unehelichen Kindes", womit sich wiederum auch der Gesetzgeber die fatalistische These „Unehelichkeit ist Vaterlosigkeit" von Groth und Bosch zu eigen machte. Auf der anderen Seite versammelte der Gesetzgeber dagegen sämtliche irgendwie denkbaren, negativ zu wertenden Aspekte eines möglichen Vaterkontaktes und ging in seiner hypothetischen Zusammenstellung weit über die Warnungen etwa der Studie von Groth hinaus:

> „Für einen Verkehr zwischen Vater und Kind spricht die Erkenntnis der neueren Psychologie, daß der Vater für die gedeihliche Entwicklung eines Kindes eine große Rolle spielt. Das Kind braucht neben der Mutter auch den Vater.
>
> Die Rollen von Vater und Mutter sind jedoch nicht gleichgeartet. Entbehrt das Kind den Vater, so leidet es nicht nur an einem gesellschaftlichen, sondern auch an einem persönlichen Mangel. In vielen Fällen sucht das uneheliche Kind geradezu den Vater. Der Mangel des Erlebnisses der Vaterpersönlichkeit kann sogar zu seelischen und sittlichen Mängeln führen. Allerdings ist diese Erscheinung dadurch bedingt, daß Vater und Mutter nicht in einer Ehe zusammenleben; sie gehört somit zum Schicksal des unehelichen Kindes. Auch ein häufiger Verkehr zwischen Kind und Vater kann nicht hinreichen, den Mangel gänzlich zu beseitigen; er kann jedoch gemildert werden.
>
> Für die Zulassung des Verkehrs zwischen Vater und Kind könnte ferner die Erwägung sprechen, daß durch den Verkehr der Vater an dem Kinde interessiert, an das Kind herangeführt werden und dadurch sein Verantwortungsbewußtsein geweckt werden kann. Dies mag im Einzelfall zutreffen; im allgemeinen sollte der Einfluß eines Verkehrsrechts auf die Haltung der unehelichen Väter aber nicht überschätzt werden. Andererseits besteht die Gefahr, daß ein völliger Ausschluß des Verkehrs zwischen Vater und Kind jede väterliche Regung erstickt.
>
> Ein allgemeines Verkehrsrecht ist jedoch mit mannigfachen Gefahren und Unzuträglichkeiten verbunden. Von den verhältnismäßig wenigen Vätern, die einen Verkehr mit dem Kinde wünschen, wird nur ein Teil von Verantwortung oder von Zuneigung zum Kinde geleitet. Ein Teil der Väter will sich auf diesem Wege der Mutter wieder nähern, nicht selten ohne die Absicht einer Eheschließung. Ein anderer Teil will der Mutter Schwierigkeiten machen. Andere Väter begehren den Verkehr als Gegenleistung für ihre Unterhaltszahlungen. Ein nicht kleiner Teil würde den Verkehr, wenn ein Anspruch darauf eingeräumt würde, aus Rechthaberei begehren, um das gesetzlich eingeräumte Recht durchzusetzen. Selbst wenn jedoch der Vater den Verkehr um des Kindes willen wünscht, kann der Verkehr dem Kinde schädlich sein. Häufig erleidet das Kind durch den Kontakt mit dem Vater eine Enttäuschung, die eine zusätzliche Belastung bedeutet. Es besteht ferner die Gefahr, daß der Vater versucht, sich in die Erziehung einzumischen, daß er das Kind verwöhnt oder gar

> gegen Mutter oder Pflegeeltern aufwiegelt. In allen diesen Fällen wird die ruhige, ungestörte Entwicklung des Kindes beeinträchtigt."[870]

Als Ergebnis dieser Abwägung sah der Gesetzgeber „davon ab, dem Vater ein allgemeines Verkehrsrecht zu gewähren". Man wollte ausdrücklich kein „Recht des Vaters" und keine „Befugnis" begründen, weil der Gesetzgeber erneut nicht näher begründete Befürchtungen hegte, der Vater oder gar das Vormundschaftsgericht würden das eingeräumte „Recht" allzu leichtfertig nutzen bzw. gewähren. Vielmehr sollte ein etwaiger Verkehr ausschließlich dem Wohle des Kindes dienen:

> „Der Verkehr zwischen Vater und Kind soll allein zum Wohle des Kindes erfolgen, also nicht dann, wenn er lediglich im Interesse des Vaters liegt. [...]
>
> Würde dem Vater ein „Verkehrsrecht" verliehen, so bestünde die Gefahr, daß das Wohl des Kindes nicht mehr im Vordergrund steht. Es würde manche Väter dazu verleiten, allzu leicht die Entscheidung des Vormundschaftsgerichts zu beantragen, es würde manche Gerichte dazu bewegen, weniger Zurückhaltung zu üben, als dem Wohle des Kindes entspricht."[871]

Anknüpfend an die obige Abwägung und offenbar beeinflusst von dem in der Gesetzesbegründung deutlich sichtbar gewordenen Bild des eigensüchtigen und querulatorischen Vaters, ging der Gesetzgeber im Regelfall davon aus, dass ein Umgang des Vaters mit dem Kind dem Kindeswohl gerade nicht entspricht:

> „Dem Kindeswohl entspricht in einem Teil der Fälle ein Verkehr zwischen Vater und Kind; in einem anderen, wohl größeren Teil spricht das Kindeswohl dagegen."[872]

Die Umgangsregelung des § 1711 BGB 1970 war insofern nur ein mühsames Zugeständnis an eine Minderheit. Die genannten positiven „Einzelfälle" haben den Gesetzgeber lediglich daran gehindert, „den Verkehr zwischen Vater und Kind gänzlich zu untersagen".[873] Aufgrund seiner Einschätzung des väterlichen Verkehrs als dem Kindeswohl in der Regel nicht zuträglich war die Regelung des § 1711 BGB 1970 entsprechend restriktiv gehalten. Für den Regelfall des § 1711 Abs. 1 S. 1 BGB 1970 legte der Gesetzgeber das Recht, über den Verkehr des Vaters mit dem Kind zu bestimmen, in die Hand des Personensorgeberechtigten, im Allgemeinen also in die der Mutter. Ihr „Prüfungs- und Bestimmungsrecht" sollte verhindern, dass „dem Vater der Verkehr zum Schaden des Kindes in zu

870 BT-Drucksache V/2370, 68.
871 BT-Drucksache V/2370, 69
872 BT-Drucksache V/2370, 68.
873 BT-Drucksache V/2370, 69.

großzügiger Weise gestattet wird". Des Weiteren verknüpfte der Gesetzgeber die Einschätzung, ob der Kontakt zum Vater dem Kindeswohl förderlich sei, explizit mit der Bereitschaft der Mutter, diesen Kontakt überhaupt zuzulassen:

> „Ein Umgang des Vaters mit dem Kinde wird in vielen Fällen von der Mutter nicht gewünscht und entspricht dann in der Regel auch nicht dem Wohle des Kindes."[874]

Die in § 1711 Abs. 2 S. 1 BGB 1970 vorgesehene Gewährung eines väterlichen Verkehrs durch das Vormundschaftsgericht war als Ausnahme für den Fall gedacht, dass die Weigerung des Personensorgeberechtigten, den Verkehr zu gestatten, dem Kindeswohl widersprechen könnte. Dem Vater wurde also aufgegeben, dem Gericht den Verkehr als kindeswohlförderlich positiv darzulegen. Jedenfalls sollte der Richter im Zweifel gehalten sein, zum Schutze des Kindes „den Antrag des Vaters abzuweisen".[875]

Zusammenfassend kann man also konstatieren, dass der Gesetzgeber im Bereich des Verkehrsrechts sämtliche Möglichkeiten ausgenutzt hat, dem Vater möglichst hohe Hürden in den Weg zu legen. Die Verkehrsregelung des § 1711 BGB 1970 war im Ergebnis nur als der Erlaubnisvorbehalt zugunsten einer kleinen Minderheit inmitten eines grundsätzlich beibehaltenen Ausschlusses des Vaters gedacht. Selbst für den Fall, dass der Vater die Hürden überwunden haben sollte, reichte dem Gesetzgeber die schlichte Verweigerung der Mutter (aus welchen Motiven auch immer) aus, um die Kindeswohlförderlichkeit wieder zu verneinen und damit den Verkehr des Vaters auszuschließen. Dies stellte einen für die sonstige Beurteilung der ledigen Mutter ungewöhnlichen, erheblichen Vertrauensvorschuss dar. Insbesondere hier stellt sich dabei die Frage, warum der Gesetzgeber gerade in dieser Problematik offenbar ohne jedes sonst doch immer noch vorhandene Misstrauen gewillt war, der Mutter eine für das Kindeswohl so weitreichende Einschätzungsprärogative einzuräumen.[876] Anscheinend projizierte der Gesetzgeber in die von ihm erwartete negative Umgangsentscheidung der Mutter seine eigenen Negativvorstellungen des Vaters hinein. Er war augenscheinlich nur allzu gerne, vorauseilend und völlig unkritisch bereit, der Mutter gegebenenfalls beim Ausschluss des Vaters zu folgen.

Charakteristisch für das Bild des nichtehelichen Vaters war schließlich die strikte Sonderung vom ehelichen bzw. geschiedenen Vater, wie sie in der bewussten Verwerfung einer denkbaren Übernahme der Umgangsregelung des § 1634 BGB

874 BT-Drucksache V/2370, 20.
875 BT-Drucksache V/2370, 69.
876 Vgl. auch *Finger*, ZfJ 1987, 317, 318.

1970 auf das nichteheliche Vater-Kind-Verhältnis sichtbar wurde.[877] So wurde das Regel-Ausnahme-Verhältnis des § 1634 BGB 1970 bei der Umgangsregelung für den Vater praktisch zu dessen Ungunsten umgekehrt und diesem so seine mindere Rechtsposition sehr deutlich vor Augen geführt.

c. Literaturstimmen

Die Reaktionen der Literatur auf das Nichtehelichengesetz von 1969 bzw. auf die vorangegangenen Entwürfe waren überaus zahlreich und vertraten ein breites Meinungsspektrum. Der Schwerpunkt der kritischen Stellungnahmen lag allerdings in der schwachen Ausgestaltung der personenrechtlichen Beziehung des Vaters zu seinem nichtehelichen Kind, besonders in dem Missverhältnis von stark erweiterten Pflichten zu weithin verweigerten Rechtszuwächsen seitens des Vaters.[878] Aber auch eine weiterhin von alten Vorurteilen geprägte Haltung des Gesetzgebers gegenüber der ledigen Mutter wurde beanstandet.[879] Die im Hinblick auf das Vater- und Mutterbild sowohl des Nichtehelichengesetzes als auch der Literaturkritik aufschlussreichsten Stellungnahmen sollen nachfolgend dokumentiert werden:

aa. Kritik

Bereits 1967 setzte sich Zweigert kritisch mit dem Referentenentwurf des Nichtehelichengesetzes auseinander, dem er das Zeichnen allzu „pauschaler Kontrastbilder" über die tatsächlichen Lebenslagen ehelicher und unehelicher Kinder vorwarf.[880] Dem „Bild des durchweg in harmonischer Familiengemeinschaft aufwachsenden ehelichen Kindes" werde eine pauschalisierende und „im ganzen wenig ersprießliche Milieuschilderung Zille'scher Prägung" gegenübergestellt, was einen differenzierten Blick auf die realen Lebenssituationen nichtehelicher Kinder verstelle und geglückte Formen nichtehelichen Zusammenlebens etwa in

877 BT-Drucksache V/2370, 68.

878 Etwa *Gernhuber*, Lehrbuch des Familienrechts, 3. Auflage, 900 f., 916 ff.; *Simitis*, StAZ 1970, 255 ff.; *Lange*, NJW 1970, 297, 298, 303; *Stöcker*, ZRP 1975, 32, 33 f.; *Hinz*, MünchKomm, vor § 1705, Rn. 7, 9; *Beitzke*, Familienrecht, 15. Auflage, 211. Weitere Nachweise bei *Brötel*, Der Anspruch auf Achtung des Familienlebens, 255 ff.

879 *Simitis*, StAZ 1970, 255, 261 f.

880 *Zweigert*, JuS 1967, 241, 244.

„Onkelehen"[881] gänzlich ignoriere.[882] Bei der Regelung der Rechtsstellung der Mutter weise der Entwurf zudem eine „diskriminierende Tendenz" auf. Insbesondere die Amtsbeistandschaft wirke als „amtliche Kontrolle" und stelle so ein „gesetzgeberisches Misstrauensvotum gegenüber der unehelichen Mutter" dar. Auch bezüglich der schwachen Rechtsstellung des Vaters im Personenrecht sah Zweigert alte Vorurteile am Werk: Das in dem Entwurf zu Tage tretende „allzu pauschale Leitbild vom uninteressierten Vater" berge die Gefahr, dass sich die Väter „nur als Dukatenesel" behandelt sähen.[883]

So enthielt Zweigerts Kritik bereits drei Jahre vor Inkrafttreten des Nichtehelichengesetzes die wesentlichen argumentativen Grundlagen für die kritische Diskussion nach 1970. Zum einen war dies der Vorwurf veralteter Vorstellungen über die reale Lebenssituation von Kindern und Eltern insbesondere in nichtehelichen Lebensgemeinschaften. Daneben wies Zweigert auf eine unrealistisch scharfe Kontrastierung von verheirateten und ledigen Müttern und deren Kindern hin und prangerte das weitere Vorherrschen pauschaler Klischees über die ledige Mutter und insbesondere über den Vater an.

Eine der umfangreichsten Auseinandersetzungen mit den Regelungen des Nichtehelichengesetzes von 1969 und den dahinter stehenden Motiven fand sich in dem führenden Familienrechtslehrbuch von Gernhuber.[884] Dieser wandte sich scharf gegen die einseitige Zuordnung des nichtehelichen Kindes zur Mutter bei gleichzeitiger „Entrechtung des Vaters" in den Bereichen der elterlichen Gewalt bzw. Sorge und Umgang mit dem Kind.[885] Die (mangelhafte) Zuordnung des Kindes zum Vater sei eine „Zuordnung minderen Rechts", die obendrein das nichteheliche Kind „deklassiere", weil vaterlos mache bzw. halte.[886] Gernhuber kritisierte insbesondere die Inkonsequenz, mit der das Gesetz einerseits „auf die Feststellung des biologischen Vaters viel Wert legt" und „mit der bloßen biologischen Abstammung des Kindes vom Vater weitreichende (in der Regel auch bei rechtlicher Wechselseitigkeit tatsächlich doch allein das Kind begünstigende) vermögensrechtliche Folgen verbindet", andererseits aber im Personenrecht abwertend

881 Als „Onkelehe" bezeichnete man nach 1945 das nichteheliche Zusammenleben einer (Kriegs-)Witwe mit einem Mann zwecks Aufrechterhaltung von Versorgungsansprüchen (zumeist Witwenrenten). Gelegentlich auch synonym für „wilde Ehe" gebraucht.

882 *Zweigert*, JuS 1967, 241, 244.

883 *Zweigert*, JuS 1967, 241, 245.

884 *Gernhuber*, Lehrbuch des Familienrechts, 3. Auflage.

885 *Gernhuber*, Lehrbuch des Familienrechts, 3. Auflage, 900.

886 Zu dieser Feststellung vgl. auch *Hinz*, MünchKomm, vor § 1705, Rn. 9 sowie *Simitis*, StAZ 1970, 255, 264.

von einem „Chromosomenpositivismus“ spreche, dem niemand erliegen solle. Den Ausschluss des Vaters von der elterlichen Sorge bezeichnete Gernhuber als „Verfemung väterlicher Sorge“, „frei von Ausnahmen“ und „konsequent durchgeführt mit der Strenge eines unverbrüchlichen Dogmas“.[887]

Besonders störte sich Gernhuber am fehlenden Umgangsrecht des Vaters mit seinem Kind.[888] Eine „totale persönliche Entfremdung des Kindes“ vom Vater sei zwar nicht Ziel, wohl aber mögliche Folge der „höchst fragwürdigen“ Regelung. Von der Möglichkeit des § 1711 Abs. 2 BGB 1970, also der Gewährung des Umgangs durch das Vormundschaftsgericht, habe der Vater, so nahm Gernhuber an, „freilich […] nur selten etwas zu erwarten“. Offenbar befürchtete Gernhuber aufgrund des Vorherrschens unbestimmter Rechtsbegriffe, „die einer Definition kaum zugänglich sind“, sowie „schwer objektivierbarer Tatbestandselemente“, die zudem „deutlich vorgeprägt sind von typisierenden Vorverständnissen“, eine dem Vater nicht günstige Rechtsprechungstendenz.

Den einzelnen Regelungen übergeordnet beanstandete Gernhuber die unkritische Übernahme von „soziologischen, psychologischen und pädagogischen Prämissen“, deren Diskussion man lieber ebendiesen Disziplinen überlassen solle. Er plädierte stattdessen für eine Überprüfung, ob es sich bei diesen Prämissen nicht vielleicht doch eher um stark fixierte Folgen „traditionell verhärteter Daseinsformen“ handele, die das neue Recht keinesfalls konservieren dürfe.[889] Gernhuber wollte damit den Anspruch des Rechts verteidigen, gestaltend in soziale Zustände einzugreifen und so eine gesellschaftliche Leitfunktion wahrnehmen zu können. Jedenfalls sollte das Recht die „alte Gleichung ‚Nichtehelichkeit = Vaterlosigkeit‘ nicht widerstandslos bestätigen“.

Als einer der Ersten im Schrifttum verband Gernhuber den Komplex „nichteheliche Elternschaft/Sorgerecht“ mit der Frage der verfassungsmäßigen Gleichberechtigung der Geschlechter.[890] Zutreffend stellte er fest, das Nichtehelichengesetz sei vom Gesetzgeber „fast ohne Blick auf den Gleichberechtigungsgrundsatz konzipiert“ worden und das Schrifttum zeige sich weiterhin „nicht minder desinteressiert“.[891] Die von Gernhuber angeprangerte mindere Rechtsstellung des Vaters

887 *Gernhuber*, Lehrbuch des Familienrechts, 3. Auflage, 916 f.; *Lange*, NJW 1970, 297, 303.

888 *Gernhuber*, Lehrbuch des Familienrechts, 3. Auflage, 917 f.

889 *Gernhuber*, Lehrbuch des Familienrechts, 3. Auflage, 901.

890 *Gernhuber*, Lehrbuch des Familienrechts, 3. Auflage, 52, 901 f.

891 *Gernhuber*, Lehrbuch des Familienrechts, 3. Auflage, 52. Vgl. dazu *Hinz*, MünchKomm, vor § 1705, Rn. 9; *Lange*, NJW 1970, 298.

sei dementsprechend „Folge der so weit verbreiteten Gleichgültigkeit“ gegenüber dessen Interessen. Er dagegen hielt die „Entrechtung des Vaters“, insbesondere die generelle Versagung jeder Möglichkeit zur Erlangung der elterlichen Sorge auch gegen den Willen der Mutter, im Hinblick auf Art. 3 Abs. 2 GG (hingegen ausdrücklich nicht auf Art. 6 Abs. 2 GG) nicht für verfassungskonform.[892] Speziell am Argument der Begründung zum Nichtehelichengesetz, nur eine kleine Minderheit der Väter würde von einem solchen Recht Gebrauch machen, stieß sich Gernhuber besonders. Wenn tatsächlich eine solche Sachlage bestünde, sollte dies doch eher „den Schritt erleichtern, nicht aber hindern“. Man sei „es auch sonst nicht gewohnt, Grundrechte für Minderheiten zu ignorieren“. Entstanden sei, so resümierte Gernhuber abschließend, ein Nichtehelichenrecht, das „unausgewogen wirkt, widersprüchlich, vergangenheitsbestimmt und nicht zukunftsorientiert“.[893]

Gernhubers Kritik insbesondere an der „Verfemung“ und „Entrechtung“ des Vaters eines nichtehelichen Kindes hat sich insbesondere Hinz angeschlossen.[894] Der „gesetzliche Rigorismus“ beim Ausschluss des Vaters überzeuge angesichts seiner erhöhten Pflichtenstellung nicht mehr und „deklassiere zugleich das Kind“, welches so vaterlos bleibe.[895] Die Neuregelung der rechtlichen Stellung der ledigen Mutter bezeichnete Hinz als in erster Linie „sozialpädagogisches“ Mittel zum Abbau von Diskriminierung und Vorurteilen gegenüber Mutter und Kind.[896]

Sehr kritisch äußerte sich auch Simitis. Er reihte das Nichtehelichengesetz von 1970 zwar positiv in eine Tendenz hin zum „Abbau jeglicher Diskriminierung“ ein, hielt es aber auch für ein „Musterbeispiel schlechter Gesetzestechnik“, welches obendrein „nahezu überall den Stempel des Kompromisses“ trage.[897] Besonderes Augenmerk widmete Simitis den neuen Regelungen zur elterlichen Sorge und stellte dabei „das tiefe Mißtrauen des Gesetzgebers“ sowohl gegenüber der ledigen Mutter als auch besonders gegenüber dem nichtehelichen Vater heraus.[898] Simitis sah den Gesetzgeber weiterhin von Vorurteilen wie der „moralischen Disqualifikation“ und „Unerfahrenheit lediger Mütter“ geleitet. Die Beibehaltung einer

892 *Gernhuber*, Lehrbuch des Familienrechts, 3. Auflage, 902; ebenso *Hinz*, MünchKomm, vor § 1705, Rn. 7; *Lange*, NJW 1970, 297, 298.

893 *Gernhuber*, Lehrbuch des Familienrechts, 3. Auflage, 901.

894 *Hinz*, MünchKomm, 1. Auflage, § 1705 ff.; ebenso *Göppinger* in: Staudinger, Familienrecht, §§ 1666–1772, 12. Auflage, vor §§1705, Rn. 23.

895 *Hinz*, MünchKomm, vor § 1705, Rn. 7, 9; ebenso *Simitis*, StAZ 1970, 255, 264

896 *Hinz*, MünchKomm, § 1705, Rn. 1; ebenso *Göppinger*, FamRZ 1970, 57, 58; *ders.* in: Staudinger, Familienrecht, §§ 1666–1772, 12. Auflage, vor §§1705, Rn. 21.

897 Simitis, StAZ 1970, 255, 256.

898 *Simitis*, StAZ 1970, 255, 261 ff.

Amtspflegschaft beruhe „auf der Vermutung, daß jede ledige Mutter außerstande ist, selbst für die Kindesinteressen zu sorgen".[899] Über den Vergleich der Rechtspositionen der geschiedenen oder verwitweten ehelichen Mutter mit der der ledigen Mutter sah Simitis sogar eine Parallele zur Argumentation der Planck'schen Motive zum BGB von 1900. Die fortgesetzte Privilegierung der ehelichen Mutter zeige die Oberflächlichkeit der Reform sowie das Überdauern der „Vorurteile, die schon das Verhalten der BGB-Verfasser prägten":

> „Die Schwarz-Weiß-Malerei triumphiert einmal mehr, verheiratete Mütter sind selbstverständlich von vornherein gut, ledige dagegen bestenfalls besserungsfähig."[900]

Das Misstrauen des Gesetzgebers gegenüber der lediegn Mutter wurde Simitis zufolge nur noch von dem nicht weniger gezeigten Misstrauen gegenüber dem Vater übertroffen. Diesem räume das Gesetz bei der elterlichen Sorge „keine Chance" ein.[901] Das Gesetz ignoriere und diskriminiere in diesem Bereich die vorhandenen kontakt- und verantwortungsbereiten Väter, unterstelle diesen alle möglichen (verwerflichen) Motive, nur nicht ein tatsächliches Interesse am Kind, und reduziere so das nichteheliche Vater-Kind-Verhältnis lediglich auf die monetären Aspekte des Unterhaltsrechts.[902]

Scharf ging Simitis mit dem dahinter stehenden Vaterbild des Gesetzgebers ins Gericht. Ähnlich wie Gernhuber sah er das vom Gesetzgeber als Regelfall angenommene Desinteresse des unverheirateten Vaters wenn nicht als Fehleinschätzung, so doch als nicht verwunderliche Folge[903] der bisherigen gesetzlichen Regelung und forderte vom Gesetzgeber vielmehr, „die Schranken

---

899 *Simitis*, StAZ 1970, 255, 261.

900 *Simitis*, StAZ 1970, 255, 261.

901 *Simitis*, StAZ 1970, 255, 263.

902 *Simitis*, StAZ 1970, 255, 263. So auch *Zweigert*, JuS 1967, 245, der befürchtet, die nichtehelichen Väter würden wie „Dukatenesel" behandelt.

903 Vgl. zur aufgeworfenen Frage von Ursache und Wirkung treffend *Michl*, Die Personalen Rechtsbeziehungen im nichtehelichen Vater-Kind-Verhältnis, 44 f.: „Ein Gesetzgeber, der ‚den ne Vätern' mit einer schon beinahe brutal anmutenden Offenheit zu erkennen gibt, wie wenig er von ihrer Bereitschaft und Fähigkeit zur (Mit-) Übernahme der elterlichen Sorge für ihre Kinder hält und dementsprechend fast alles tut, um das ne Kind, selbst beim Ausfall der Mutter von seinem Vater und den Vater von seinem Kind fernzuhalten, darf sich nicht über die psychologische Wirkung dieses vernichtenden (Vor- und Pauschal-) Urteils bei vielen ne Vätern wundern. […] Der Gesetzgeber hat im Sinne einer ‚sich selbst erfüllenden Prophezeiung' in nicht unerheblicher Weise selbst die Unterschiede (mit-)geschaffen, mit denen er nun eine rechtliche Differenzierung der Ausgestaltung des elterlichen Sorgerechts für eheliche und

der Vergangenheit zu durchbrechen". Simitis ließ sogar Verständnis für den interesselosen Vater erkennen, wenn er feststellte, dass dieser sich angesichts der rechtlichen Situation „nur als unablässig verfolgter Schuldner" vorkommen müsse und zudem die „überaus deutliche Abwertung des nichtehelichen Kindes" durch das frühere Recht den kontaktsuchenden Vater fast ebenso abwerte:

> „Desinteresse und Kontaktscheu sind dann für die Mehrheit der Betroffenen eine fast zwangsläufige Reaktion."[904]

Mit Gernhuber und Hinz forderte Simitis abschließend, sich bei einer Reform vielmehr an der kontaktbereiten Minderheit der Väter zu orientieren, diese aus ihrer „Quarantäne" zu befreien und ihnen keine weiteren Hindernisse in den Weg zu legen.[905] Schließlich würde die „totale Isolierung des Vaters" das Kind deklassieren.[906]

In der ansonsten sehr ausführlichen Einführung Langes in das neue Nichtehelichenrecht fanden sich nur kurze allgemeine Stellungnahmen zu den reformierten Rechtspositionen der nichtehelichen Eltern. Die Verstärkung der Stellung der Mutter fand Langes volle Zustimmung. Sie sei „durch den Zug zu weiterer Emanzipation und in der gesamten sozialen Entwicklung durchaus begründet",[907] womit sich Lange dem vorherrschenden Argument des Abbaus sozialer Diskriminierung der Mutter anschloss. Im Hinblick auf die Stellung des Vaters stimmte Lange in die bereits dokumentierte Kritik des Schrifttums ein, indem er auf die „fragwürdige" Diskrepanz zwischen den dem Vater vermehrt auferlegten Pflichten und nicht gewährten Rechten hinwies. Auf der Seite der möglichen Vaterrechte gehe der Gesetzgeber inkonsequenterweise vom Leitbild eines Mannes aus, „der von seinem Kind nichts wissen will und dieses nur gefährden könnte".[908] Daher solle, so der Aufruf von Lange, die Rechtsprechung mit den Rechten des Vaters (unter

---

ne Kinder rechtfertigt". Vgl. auch *Fthenakis*, Väter Bd. II, 67, 81, 240; *Kropholler*, AcP 185, 280.

904 *Simitis*, StAZ 1970, 255, 263. Daran anknüpfend sprach Gernhuber später vom deutschen Nichtehelichenrecht als von einem System, „das zur Auflehnung reizt, weil es trennt und dennoch fordert und deshalb dem Vater den Gedanken nahe legen muss, in parasitärer Manier ausgebeutet zu werden"; vgl. *Gernhuber*, Neues Familienrecht, 1977, 129 f.

905 *Simitis*, StAZ 1970, 255, 264.

906 *Simitis*, StAZ 1970, 255, 264; ebenso *Gernhuber*, Lehrbuch des Familienrechts, 3. Auflage, 902 und *Hinz*, MünchKomm, vor § 1705, Rn. 9.

907 *Lange*, NJW 1970, 297, 303.

908 *Lange*, NJW 1970, 297, 303.

Bezug auf die Verkehrsregelung der §§ 1711, 1712 BGB 1970) „nicht zu kleinlich" verfahren. Ebenso wie Gernhuber und Hinz hielt Lange die „weitgehende Ausschaltung" des Vaters im personenrechtlichen Bereich im Verhältnis zur Mutter in Hinblick auf Art. 3 Abs. 1 und 2 GG für verfassungsrechtlich bedenklich.[909]

bb. Zustimmung

Dass dem Gesetzgeber die Stärkung der Rechte der nichtehelichen Mutter mit dem Ziel, ihre gesellschaftliche Stellung zu heben, durchaus gelang, war die Auffassung mehrerer Stimmen im Schrifttum.[910] Das Gesetz habe die ehrliche Konsequenz aus den tatsächlichen Verhältnissen gezogen.[911]

Hinsichtlich der personenrechtlichen Regelungen des Vater-Kind-Verhältnisses könnten die angeführten kritischen Stellungnahmen zu dem Schluss verleiten, ein wesentlicher Regelungsbereich des Nichtehelichengesetzes inklusive des dahinter stehenden Vaterbildes hätten bereits mit ihrem Inkrafttreten nicht mehr den allgemeinen Anschauungen entsprochen. Dies aber ist zumindest in weiten Teilen der Literatur nicht der Fall. So bewertete der einflussreiche Kommentar zum Nichtehelichengesetz von Odersky den völligen Ausschluss des Vaters von der elterlichen Gewalt für „sachgerecht", da dieser „jedenfalls keine dauernden Verbindung" zum Kind habe.[912] Die rechtliche Zurücksetzung des Vaters gegenüber der Mutter sah Odersky aus den gleichen Gründen auch bei der Verkehrsregelung des § 1711 BGB 1970 als gerechtfertigt an. Zwar räumte Odersky ein, dass der „persönliche Verkehr eigentlich eine natürliche Folge der blutmäßigen biologischen Bindung sein sollte", dennoch seien „die Erfahrungen, die die Praxis mit nichtehelichen Vätern machte, [...] oft sehr wenig ermutigend für die Annahme, daß der Verkehr mit dem Kinde [dessen Wohl, M. H.] förderlich" sei.[913] Ansonsten sah Odersky die Rechte des gutwilligen, aus „echter Zuneigung" den Kontakt

909 *Lange*, NJW 1970, 297, 298. Vgl. *Gernhuber*, Lehrbuch des Familienrechts, 3. Auflage, 902; *Hinz*, MünchKomm, vor § 1705, Rn. 7.

910 *Rupp-v. Brünneck*, StAZ 1970, 226 ff.; *Lange*, NJW 1970, 297, 302 f.; *Hinz*, MünchKomm, § 1705, Rn. 1, § 1706, Rn. 1; *Schnitzerling*, Das Recht des nichtehelichen Kindes ab 1.7.1970, § 1706, Rn. 71.

911 *Rupp-v. Brünneck*, StAZ 1970, 226, 233.

912 *Odersky*, Nichtehelichengesetz, 3. Auflage, § § 1705, III. Ähnlich auch *Schnitzerling*, Das Recht des nichtehelichen Kindes ab dem 1.7.1970, § 1705, Rn. 69, der ausführte, zwischen nichtehelichem Vater und Kind bestehe „nicht die natürlichen Einheit wie zwischen Mutter und Kind".

913 *Odersky*, Nichtehelichengesetz, 3. Auflage, § § 1711, II 4.

suchenden Vaters mit der Möglichkeit des § 1711 I 2 BGB 1970, das Vormundschaftsgericht anzurufen, ausreichend gewahrt.

Der Kommentator des Palandt, Lauterbach, enthielt sich jeder wertenden Stellungnahme zur Reform, hielt es aber beispielsweise für „ausgeschlossen“, den nichtehelichen Vater zum Vormund zu bestellen, da die Gefahr bestehe, dass der Vater sich durch Aufnahme des Kindes in seinen Haushalt „in Wirklichkeit der Unterhaltspflicht entziehen“ wolle.[914] Lauterbach erklärte also einen denkbaren negativen Beweggrund zum Regelfall und reihte sich insofern in die Reihen derer ein, die dem kontaktbereiten Vater, wie es Simitis formulierte, „alle möglichen Motive unterstellen, nur nicht ein Interesse am Kind“[915].

Auch bei Lade fand sich eine weitgehende Billigung der personenrechtlichen Stellung des Vaters zum nichtehelichen Kind. Insbesondere bekräftigte er die Annahme des Gesetzgebers, eine Ausweitung der Rechte des Vaters hätte keine steigernden Auswirkungen auf sein (ohnehin schon als gering unterstelltes) Interesse am Kind.[916] Anstelle einer eigenen Stellungnahme zur Begründung der Vater-Kind-Beziehung, wie sie das NEhelG vorsah, verwies Lade wiederholt auf die Schrift von Horstmann, [917] welche davon ausging, dass der nichtverheirate Vater aufgrund der fehlenden Familiengemeinschaft mit dem Kind nicht „Vater“ sein könne und ihm deswegen auch keine weiter gehenden Rechte zu gewähren seien.[918]

Beitzke wiederum stellte zwar ein Missverhältnis zwischen Rechten und Pflichten des Vaters fest, das nicht zur Hebung seines Verantwortungsgefühls geeignet sei, betonte aber die Notwendigkeit einer „Ausschaltung“ (!) des Vaters bei

---

914 *Palandt/Lauterbach*, Bürgerliches Gesetzbuch, 30. Auflage, 1971, § 1705, Anm. 3.

915 So *Simitis*, StAZ 1970, 255, 263.

916 *Soergel/Siebert*, Bürgerliches Gesetzbuch, *Lage*, 10. Auflage, 1971, § 1711, Rn. 2.

917 *Horstmann*, Zum Problem der personenrechtlichen Beziehungen im außerehelichen Eltern-Kind-Verhältnis. Diese von Bosch betreute Dissertation Horstmanns bündelt noch einmal die konservativen Kernthesen am Ende der sechziger Jahre: Neben der unbedingten Zuordnung des nichtehelichen Kindes zur Mutter als Konsequenz ihres „leiblichen und geistigen“ Sonderverhältnisses zum Kind sowie der weiteren Vorenthaltung der generellen elterlichen Gewalt für die ledige Mutter wandte man sich strikt gegen die Übertragung von „Vaterrechten“ an den „Erzeuger“, da dieser mangels Familiengemeinschaft mit Mutter und Kind keine echte Vaterposition einnehmen könne.

918 *Soergel/Siebert*, Bürgerliches Gesetzbuch, *Lage*, 10. Auflage, 1971, § 1705, Rn. 5, § 1711, Rn. 1.

Nichtzusammenleben der Eltern, wie das Nichtehelichengesetz sie richtigerweise vornehme.[919]

Darüber hinaus wurden auch Stimmen laut, denen selbst die schwache rechtliche Stellung des Vaters i. R. d. Verkehrsregelung des § 1711 BGB 1970 und insbesondere ein Eingreifen des Vormundschaftsgerichts zugunsten des Vaters zu weit gingen. So sah Dellian das richterliche Eingreifen zugunsten einer Verkehrsbefugnis des Vaters nur im Falle der Kindeswohlgefährdung als mit dem verfassungsmäßigen Elternrecht der Mutter vereinbar an. Er warnte in diesem Zusammenhang ausdrücklich vor richterlichen „Pauschalwertungen", nach denen der persönliche Verkehr des nichtehelichen Kindes mit seinem Vater grundsätzlich im Interesse des Kindes liege.[920]

d. Fazit zum Nichtehelichengesetz

Die Regelungen des Nichtehelichengesetzes von 1969 samt der zugrunde gelegten Mutter- und Vaterbilder konnten weder den Anspruch erheben, von einem allgemeinen Konsens getragen zu sein, noch konnten sie bereits mit der Verabschiedung als überholt angesehen werden. Vielmehr kann man das NEhelG in zutreffender Weise als einen „letzten Markstein einer Rechtspolitik betrachten, die versuchte, das Familienrecht verfassungsfest zu machen, ohne dem überkommenen Familienverständnis allzu sehr zu schaden".[921] Die dokumentierte Zustimmung zu den personenrechtlichen Regelungen des Nichtehelichengesetzes kann allerdings nicht darüber hinwegtäuschen, dass mit und seit seinem Inkrafttreten 1970 die sozialen Realitäten von nichtehelichen Kindern und insbesondere von deren Müttern und Vätern von einer breiten Riege namhafter Juristen zunehmend anders wahrgenommen wurde als vom Gesetzgeber des Jahres 1969. Die vom Gesetzgeber maßgeblich zugrunde gelegten Fakten und Deutungen gerade zum Bild des Vaters eines nichtehelichen Kindes waren im Falle der Studie von Groth beim Inkrafttreten des Gesetzes bereits ein Jahrzehnt alt und wurden so durch den beschleunigten sozialen Wandel seit dem Ende der sechziger Jahre mit einer sich ebenso wandelnden sozialen Realität konfrontiert. Die vehemente Kritik Gernhubers etwa am Ausschluss des Vaters und insbesondere die drängende Frage nach dessen Vereinbarkeit mit dem Gleichberechtigungsgebot verwiesen zwar bereits auf die gedankliche Richtung und Intensität der zukünftigen familienrechtlichen

919 *Beitzke*, Familienrecht, 15. Auflage, 210 f.
920 Vgl. *Dellian*, JR 1970, 417 ff.
921 So zutreffend *Rauscher*, Familienrecht, 61.

Diskussion. Radikalere Vorschläge, wie sie Neuhaus bereits 1966 mit der Forderung nach Abschaffung der kindschaftsrechtlichen Einteilung in „ehelich“ und „unehelich“ machte,[922] mussten dagegen seinerzeit, wie es Stöcker später ausdrückte, wirken „wie eine unverständliche Botschaft von einem anderen Stern, über die man zur Tagesordnung schritt“.[923] Die Hoffnung Langes auf einen vorläufigen Abschluss eines großen Reformwerks[924] war dementsprechend im Frühjahr 1970 noch weit verfrüht.

Dem Nichtehelichengesetz von 1969 kommt insofern der zweifelhafte „Verdienst“ zu, ein seit Bestehen des BGB tradiertes, vorwiegend negativ konnotiertes und vom Gesetzgeber noch einmal pauschalisiertes Bild[925] des Vaters eines nichtehelichen Kindes ein letztes Mal nahezu vollständig in Gesetzesform gegossen zu haben. Das hier dokumentierte Vaterbild kann so als Ausgangspunkt des langsam einsetzenden Wandels der Anschauungen zu nichtehelicher Eltern- und insbesondere Vaterschaft nach 1970 angesehen werden.

4. Das Sorgerechtsgesetz (SorgeRG) von 1979

Nach einem Jahrzehnt verhältnismäßiger Ruhe um die Rechtsstellung nichtehelicher Kinder sowie ihrer Eltern eröffnete der nächste Reformschritt des Gesetzgebers zum ehelichen Eltern-Kind-Verhältnis auch die Debatte im Nichtehelichenrecht wieder. Das Sorgerechtsgesetz (SorgeRG) von 1979, in Kraft seit dem 1. Januar 1980,[926] brachte neben dem Schließen der Lücke, die das Urteil des BVerfG zum Gleichberechtigungsgesetz von 1957 gelassen hatte, wie schon das Nichtehelichengesetz zunächst eine begriffliche Änderung: Von nun an galt im ehelichen wie nichtehelichen Kindschaftsrecht die Bezeichnung „elterliche Sorge“ statt der bisherigen „elterlichen Gewalt“ als Ausdruck einer verstärkten Achtung des Persönlichkeitsrechts des Kindes sowie eines neuen Erziehungsleitbildes. Schwerpunkte des Reformgesetzes waren vor allem die Neuziehung der Leitlinien

922 *Neuhaus*, FamRZ 1966, 528; ihm zustimmend *Zweigert*, JuS 1967, 243, 244 und *Simitis*, JZ 1969, 279.

923 *Stöcker*, RdJB 1975, 306.

924 Vgl. *Lange*, NJW 1970, 297, 297.

925 *Rauscher*, Familienrecht, 61 etwa erkennt in zutreffender Weise darin „das alte Zerrbild der schutzbedürftig leichtgläubig- und -fertigen Mutter, der man den arglistigen Erzeuger vom Hals halten muss, wenn er sich erdreistet, das Kind sehen zu wollen“.

926 Gesetz zur Neuregelung des Rechts der elterlichen Sorge vom 18.07.1979, BGBl. I, 1061.

des Eltern-Kind-Verhältnisses, eine Neubestimmung des Inhalts des elterlichen Sorgerechts sowie die Ausgestaltung des staatlichen Wächteramts.[927]

Einen in seinem Minimalismus bezeichnenden Rechtszuwachs für den nichtehelichen Vater brachte der neue § 1711 Abs. 3 BGB1980, welcher § 1634 Abs. 3 BGB für entsprechend anwendbar erklärte und so dem nichtehelichen Vater erstmals das Recht einräumte, Auskunft über die persönlichen Verhältnisse des Kindes vom Personensorgeberechtigten, im Regelfall also der Mutter, zu verlangen. Wiederum von der Sorge getrieben, der Vater könnte mit seinem Auskunftsverlangen missbräuchliche Zwecke und Ziele verfolgen, musste dafür ein extra darzulegendes „berechtigtes Interesse" des Vaters nachgewiesen werden und darüber hinaus die Auskunftserteilung „mit dem Wohle des Kindes vereinbar" sein.[928] Als Beispiel für einen Missbrauch des Auskunftsrechts durch den Vater nannte Göppinger ein mögliches Abpassen von Kind und/oder Mutter vor Kindergarten, Schule oder Ausbildungsstätte, um diese „in Schwierigkeiten zu bringen".[929]

Eine weitere Neuerung war die Neufassung der Umgangsregelung des Vaters mit seinem Kind durch das SorgeRG. Zumindest symbolisch bedeutsam war hier die Annäherung an das Umgangsrecht von Scheidungseltern durch das Einfügen der Verweise auf die §§ 1634 Abs. 1 S. 2, 1634 Abs. 2 BGB Zwar blieb es im Grundsatz bei der Regelung des § 1711 Abs. 1, 2 BGB nach der über den Umgang des Vaters mit seinem Kind zunächst einmal nur die Mutter als regelmäßig Personensorgeberechtigte zu entscheiden berechtigt war, allerdings erlegte das SorgeRG beiden Elternteilen jeweils das Gebot auf, alles zu unterlassen, was das Verhältnis des Kindes zu dem anderen Elternteil beeinträchtige oder die Erziehung erschwere. Dieses sogenannte Wohlverhaltensgebot sollte beide Elternteile ermahnen, ihre eigenen Interessen zum Wohle des Kindes zurückzustellen, um durch den Abbau von Spannungen so den im Allgemeinen als wünschenswert erachteten Umgang des Kindes mit dem nichtsorgeberechtigten Elternteil, also de facto mit dem Vater, zu ermöglichen. Die Hinweise in der Literatur, die Wohlverhaltenspflicht gelte auch und gerade für die Situation, dass Vater und Kind keinen Kontakt hätten, mit

927 Vgl. zu den Grundgedanken der Reform etwa *Zenz*, AcP 173, 481 ff.; *Coester-Waltjen*, ZRP 1977, 177 ff.; *Diederichsen*, NJW 1980, 1 ff.; *ders*., FamRZ 1978, 461 ff. m. w. N.

928 Vgl. *Göppinger* in: Staudinger, Familienrecht, §§ 1666–1772, 12. Auflage, § 1711, Rn. 52 ff.

929 *Göppinger* in: Staudinger, Familienrecht, §§ 1666–1772, 12. Auflage, § 1711, Rn. 57.

dem Ziel, die Möglichkeit des späteren Umgangs zu erhalten,[930] zeugen indessen von einer vorsichtig gewandelten Sicht auf den Umgang des nichtverheirateten Vaters mit dem Kind. Überwog bei der Einführung des § 1711 Abs. 1, 2 BGB durch das NEhelG von 1969 noch eindeutig die Sorge um eine mögliche Gefährdung des nichtehelichen Kindes durch seinen Vater, so war man ein Jahrzehnt später offenbar bemüht, die Bedingungen für einen Kontakt zwischen Vater und seinem nichtehelichen Kind in Maßen zu verbessern. Vielmehr richtete man nun die Aufforderung zum Wohlverhalten im Interesse des Kindeswohls in erster Linie an die ledige Mutter. Diese habe gegenüber dem Wohl des Kindes „ihre Interessen und Gefühle zurückzustellen".[931]

Aber auch andere Regelungen des Sorgerechtsgesetzes hatten zumindest mittelbaren Einfluss auf Anschauungen und Auffassungen im Nichtehelichenrecht. So betraf der ausdrückliche gesetzliche Ausschluss eines fortwährenden gemeinsamen Sorgerechts nach Scheidung der Eltern durch § 1671 Abs. 4 S. 1 BGB 1980 in der Fassung des Sorgerechtsgesetzes zwar nur das eheliche bzw. nacheheliche Eltern-Kind-Verhältnis, er ließ aber die Vorstellung einer gesetzlichen Beteiligung des Vaters an der Erziehung seines nichtehelichen Kindes im Rahmen einer gemeinsamen elterlichen Sorge umso abseitiger vom Zeitgeist erscheinen. Es zeigte sich so erneut sehr deutlich, wie weit sich der bundesrepublikanische Gesetzgeber der späten siebziger Jahre von den Reformentwürfen der Weimarer und sogar der nationalsozialistischen Zeit entfernt hatte. Diese, so Schwab, „Engstirnigkeit"[932] des Gesetzgebers wurde indes bereits 1982 vom Bundesverfassungsgericht unter bestimmten Voraussetzungen wegen Verletzung des Elternrechts aus Art. 6 Abs. 1 GG als verfassungswidrig aufgehoben.[933] So war mit der Zulassung eines gemeinsamen Sorgerechts beider getrennt lebender Elternteile nach einer Scheidung als Ausfluss des Elternrechts zumindest der Grundstein für ein Überspringen der Diskussion auf das Nichtehelichenrecht gelegt.[934]

930 *Paland/Diederichsen*, Bürgerliches Gesetzbuch, § 1711, Rn. 2; *Göppinger* in: Staudinger, Familienrecht, §§ 1666–1772, 12. Auflage, § 1711, Rn. 20.

931 *Göppinger* in: Staudinger, Familienrecht, §§ 1666–1772, 12. Auflage, § 1711, Rn. 26.

932 *Schwab*, in: Gerhard, Frauen in der Geschichte des Rechts, 823.

933 BVerfGE 61, 358 = FamRZ 1982, 1179,

934 Bereits vor der Entscheidung des BVerfG in die Diskussion gebracht von *Huvale*, ZBlJR 1980, 560, 564.

5. Der Wandel des Vaterbildes in den 1980er Jahren

a. Gesellschaftliche Voraussetzungen – die nichteheliche Lebensgemeinschaft

Zu Beginn der achtziger Jahre war das Nichtehelichengesetz von 1969 (als bisher einziges Reformprojekt im deutschen Nichtehelichenrecht neben der Einführung der Amtsvormundschaft durch das RJWG von 1922) bereits über ein Jahrzehnt in Kraft. Zuletzt lediglich durch die Neufassung des § 1711 BGB 1980 zur Verkehrsregelung des nichtehelichen Vaters im Rahmen des Sorgerechtsgesetzes von 1979 geringfügig modifiziert, transportierte es soziologische Bilder von ledigen Müttern und Vätern in die Gegenwart der 1980er Jahre, die sich in sehr ungleichem Maße verändert bzw. modernisiert hatten.

Im Falle der ledigen Mutter war das gesellschafts- und rechtspolitische Bedürfnis nach einem Abbau gesellschaftlicher Ressentiments und rechtlicher Diskriminierungen im Ergebnis stärker als die tatsächliche Bereitschaft des Gesetzgebers, aus dem immer noch offensichtlich vorhandenen und häufig pauschalisierenden Misstrauen gegenüber der ledigen Mutter die politisch unpopuläre Konsequenz einer fortgesetzten Versagung der elterlichen Sorge zu ziehen. Die allgemeine Akzeptanz der Reformschritte und das darauf folgende weitgehende Ruhen der Diskussion um die Rechtsposition der Mutter in Verbindung mit der auffälligen Konzentration der Literaturkritik auf die Stellung des Vaters verdeutlichen aber, wie sehr die Aufwertung der ledigen Mutter der gesellschaftlichen Realität und den allgemeinen Auffassungen entsprach.

Für das Bild des Vaters hingegen war, wie dargestellt, eine solche Modernisierung für diesen Zeitpunkt noch nicht nachweisbar. Das vor allem in den §§ 1705, 1711 BGB 1970 zum Ausdruck kommende rechtssoziologische Vaterbild des Nichtehelichengesetzes von 1969 basierte im Wesentlichen auf den Anschauungen der späten 1950er Jahre, welche wiederum bereits in den Motiven zum BGB um 1900 eindeutige Entsprechungen fanden. Die in der Weimarer Periode deutlich sichtbare Tendenz zur Aufwertung auch des Vaters des nichtehelichen Kindes wurde nicht wieder aufgegriffen. Ob und inwiefern dieses negativ konnotierte Bild des Vaters am Ende der 1960er Jahre der sozialen Realität entsprach, muss anderen Disziplinen überlassen bleiben. Die dokumentierte frühe Kritik an diesem Vaterbild insbesondere von Gernhuber[935], Zweigert[936] und

935 *Gernhuber*, Lehrbuch des Familienrechts, 3. Auflage, 900 ff.
936 *Zweigert*, JuS 1967, 241, 244.

Simitis[937] weist aber bereits kurz nach Inkrafttreten des Nichtehelichengesetzes auf einen bereits damals begonnenen Wandel hin. Mit Beginn der 1980er Jahre zwangen die gravierenden sozialen Veränderungen schließlich zu einer Revision dieses Vaterbildes.[938] Verschiedene gesellschaftliche und rechtspolitische Tendenzen rückten den Komplex der elterlichen Sorge für nichteheliche Kinder in das Zentrum der familienrechtlichen Debatte und zwingen so die Fachöffentlichkeit, die ursprünglichen Grundannahmen der §§ 1705, 1711 BGB 1970 an einer neuen sozialen Realität zu messen.

Die bedeutendste und entscheidende dieser sozialen Realitäten war das rasante Ansteigen der nichtehelichen Lebensgemeinschaften, welche bewusst als eigenständige Form des familiären bzw. eheähnlichen Zusammenlebens außerhalb einer rechtlich gefassten Ehe wahrgenommen wurden.[939] Neu war dabei insbesondere der weitgehende Verzicht auf moralische Wertungen in der Terminologie zur „nichtehelichen Lebensgemeinschaft".[940] Ähnlich wie bei der Verdrängung der als diskriminierend empfundenen Bezeichnung der „Unehelichkeit" durch die „Nichtehelichkeit" vermied man in der Literatur zunehmend moralisch konnotierte Begrifflichkeiten wie „Konkubinat" oder „wilde Ehe".[941] Roth-Stielow bspw. befand bereits 1981 schlicht, die nichteheliche Lebensgemeinschaft sei durch Art. 2 Abs. 1 GG gedeckt und werde „in der Allgemeinheit nicht mehr als anstößig empfunden".[942] Vereinzelte Aussagen in Bezug auf nichteheliches Zusammenleben wie die Qualifizierung als „dekadente Zeiterscheinung"[943] oder die Rede

937 *Simitis*, StAZ 1970, 255, 263.

938 Vgl. zu diesem Zeitraum auch *Michl*, Die Personalen Rechtsbeziehungen im nichtehelichen Vater-Kind-Verhältnis, 35 ff.

939 Vgl. nur *de Witt/Huffmann*, Nichteheliche Lebensgemeinschaft, 1. Auflage, 198; *Wingen*, FamRZ 81, 331 ff.; *ders.* Nichteheliche Lebensgemeinschaften, 109; *Ballof*, ZfJ 1991, 191; *Bosch*, FamRZ 80, 852 f.; *Neuhaus*, FamRZ 82, 1 ff.; *Scholz*, Die nichteheliche Lebensgemeinschaft in der Rechtspraxis; *Finger*, JZ 81, 497 ff.; *Roth-Stielow*, in: Soergel/Siebert, Bürgerliches Gesetzbuch,11. Auflage, § 1705, Rn. 4.

940 *Diederichsen*, FamRZ 1988, 889, 894 („rechtsneutrale Lebensgemeinschaften"); *Schwab*, FamRZ 81, 1151 („Ehe ohne Trauschein"); *Neuhaus*, ZfJ 1981, 38 („Ehe in allem außer dem Namen"); *Jayme*, NJW 1979, 2435 („natürliche Familie").

941 *de Witt/Huffmann*, Nichteheliche Lebensgemeinschaft, Rn. 8; *Zenz/Salgo*, Zur Diskriminierung der Frau im Recht der Eltern-Kind-Beziehung, 44.

942 *Roth-Stielow*, in: Soergel/Siebert, Bürgerliches Gesetzbuch, 11. Auflage, § 1705, Rn. 4; Finger, ZfJ 1987, 317 spricht in diesem Zusammenhang von „weit verbreitete[n] oder sogar alltägliche[n] (eben keineswegs abweichende[n]) Formen des Zusammenlebens".

943 So noch *Bosch*, FamRZ 1977, 321.

von einer „neuen Form der Zusammenrudelung“[944] waren zu dieser Zeit bereits Ausnahmen.

Die juristische Debatte reagierte damit auf die stark zunehmende gesellschaftliche Akzeptanz und Verbreitung nichtehelicher Lebensgemeinschaften.[945] Die ersten Grundlagen hierzu wurden bereits in den 1070er Jahren gelegt, etwa mit der Abkehr des BGH von seiner Rechtsprechung zum sogenannten Geliebtentestament. Seit einer Entscheidung des BGH aus dem Jahre 1970 war nunmehr eine Verfügung von Todes wegen nicht schon deshalb sittenwidrig, weil zwischen dem Erblasser und der Bedachten ein außereheliches Liebesverhältnis bestanden hatte.[946] Parallel dazu wurde 1973 im Strafrecht der Kuppeleiparagraph, § 180 StGB a. F., der beim Zusammenwohnen nichtehelicher Paare unter Umständen die Vermieter kriminalisierte, abgeschafft.[947]

Diese offenkundige Akzeptanz nichtehelicher Lebensgemeinschaften in Literatur und Rechtsprechung ist in Bezug auf das Familienrecht umso erstaunlicher, wenn man sich Sorgerechtsentscheidungen aus den 1960er Jahren vor Augen führt. Bis in die zweite Hälfte der 1970er Jahre hinein war es gängige Rechtsprechung, die Erteilung des Sorgerechts an ein Elternteil, welches mit einem Partner in nichtehelicher Lebensgemeinschaft lebte, aufgrund sittlicher Gefährdung des Kindes zu verweigern.[948] Auch das OLG Karlsruhe war 1960 noch der Ansicht, einer ledigen Mutter könne bei Zusammenleben mit einem Partner in nichtehelicher Lebensgemeinschaft nach § 1666 BGB das Sorgerecht entzogen werden.[949]

Für die Lebenswirklichkeit der Bevölkerung dagegen ermittelte eine Befragung des Bundesinstituts für Bevölkerungsforschung von ledigen jungen Frauen sowohl aus ländlichem wie auch aus großstädtischem Umfeld bereits 1978 einen Durchschnittswert von 25 Prozent, die ständig mit einem Partner zusammenlebten.[950]

944 *v. Campenhausen*, VVDStRL 45 (1987), 7/11 u. 149 f.

945 *de Witt/Huffmann*, Nichteheliche Lebensgemeinschaft, Rn. 9 ff.; *Strätz*, FamRZ, 301, 302; *Wingen*, FamRZ 1981, 331, 332; *ders.*, Nichteheliche Lebensgemeinschaften, 109; *Friauf*, NJW 1986, 2595, 2597; *Balloff*, ZfJ 1991, 191; *Zippelius*, DÖV 1986, 805; *Baer*, ZRP 1989, 344; *Zeidler*, Handbuch des Verfassungsrechts, 585.

946 BGH NJW 1970, 1273.

947 Viertes Gesetz zur Reform des Strafrechts (4. StrRG), verkündet am 23. November 1973, BGBl. 1973 I, 1725.

948 KG Berlin, FamRZ 1968, 98; OLG Hamm, FamRZ 1973, 148; OLG Hamm, FamRZ 1976, 284.

949 OLG Karlsruhe, ZBlJugR 1960, 339.

950 *de Witt/Huffmann*, Nichteheliche Lebensgemeinschaft, Rn. 10; *Wingen*, FamRZ 1981, 331, 332.

Diese Entwicklung verstärkte sich weiter. So ergab eine Veröffentlichung des Bundesinstitutes für Bevölkerungsforschung aus dem Jahre 1984, dass sich die Anzahl nichtehelicher Lebensgemeinschaften[951] seit 1972 von 136 500 um das 3,7-Fache auf 515 500 im Jahr 1982 erhöht hatte.[952] Damit lebten 1982 folglich über eine Million Menschen in der Bundesrepublik in einer nichtehelichen Lebensgemeinschaft.

Über die Anzahl der nichtehelichen Lebensgemeinschaften, in denen Kinder lebten bzw. in denen Kinder nichtehelich geboren wurden, war zunächst wenig bekannt. Mangels aussagekräftiger Statistiken war man auf Schätzungen angewiesen, die von eher geringen Zahlen ausgingen.[953] Da aber auch der Anteil nichtehelicher Geburten seit 1966 von 4,5 Prozent bis auf 8,5 Prozent im Jahre 1982 anstieg[954], konnte dennoch schon damals von einer gewissen Korrelation ausgegangen werden. Gestützt wurde diese Beobachtung von Berichten aus der Praxis der Jugendämter, in deren Folge in der Literatur bereits von sogenannten „nichtehelichen Familien“ gesprochen wurde.[955] Dieser für konservative Juristen durchaus provokante Begriff fand sich von nun an häufiger im familienrechtlichen Schrifttum.[956] Man erkannte also, wenn auch die genauen Zahlen unerfasst blieben, doch sehr früh schon die Tendenz hin zu neuartigen Formen des Zusammenlebens sowie die sich daraus zwangsläufig ergebenden gesellschaftlichen und rechtlichen Konsequenzen.[957]

Die oben genannte Umfrage ergab auch, dass die nichteheliche Lebensgemeinschaft keineswegs vorwiegend unter Akademikern verbreitet war, was in der Literatur erstaunt zur Kenntnis genommen wurde.[958] An anderer Stelle wies man dabei noch auf Vermutungen hin, nach denen sich nichteheliche Lebensgemeinschaften

951 Da gesonderte Erhebungen zur nichtehelichen Lebensgemeinschaft nicht vorlagen, basierten die Zahlen hierzu im Rahmen der Haushaltsstatistik auf der Anzahl lediger und nicht verwandter Frauen und Männer, die in einem Haushalt zusammenlebten.

952 Bundesinstitut für Bevölkerungsforschung, Demographische Fakten und Trends in der Bundesrepublik Deutschland, Zeitschrift für Bevölkerungswissenschaft 3/84, 21 ff.

953 *Wingen*, FamRZ 1981, 331, 334; *ders*., Nichteheliche Lebensgemeinschaften, 47 ff.; *Strätz*, FamRZ 1980, 301.

954 *de Witt/Huffmann*, Nichteheliche Lebensgemeinschaft, Rn. 11.

955 *Huvale*, ZBlJR 1980, 560, 564.

956 *Schwenzer*, Vom Status zur Realbeziehung, 1987, 259; *Limbach*, Familie ohne Ehe, 1988.

957 Sehr früh bei *Huvale*, ZBlJR 1980, 560, 562 ff.

958 Etwa bei *Wingen*, FamRZ 1981, 331, 332.

„tendenziell mehr unter Angehörigen gehobener Sozialschichten" fänden.[959] Zum vorher gängigen Klischee bemerkte etwa Huvale, nichteheliche Lebensgemeinschaften seien längst nicht mehr „Vorrecht avantgardistischer Schauspieler oder einzelner, belächelter, aber geduldeter Weltverbesserer". Sie hätten vielmehr „in breiten Kreisen unserer Bevölkerung Eingang gefunden".[960] Diese Einschätzung stützten insbesondere Meinungsumfragen aus den späten 1970er Jahren, aus denen sich zu diesem Zeitpunkt bereits eine sehr breite gesellschaftliche Akzeptanz nichtehelicher Lebensgemeinschaften insbesondere bei jungen Menschen ergab.[961]

Aus allen diesen Äußerungen und Gegebenheiten lassen sich mehrere Schlussfolgerungen ziehen: Seit den 1970er Jahren lebten zunehmend ledige und zumeist junge Frauen und Männer in nichtehelichen Lebensgemeinschaften zusammen, welche durchaus als stabil[962] und insofern als eheähnlich bezeichnet werden konnten. Parallel zur zunehmenden Verbreitung nichtehelicher Lebensgemeinschaften stieg die Zahl nichtehelich geborener Kinder stetig an, was in Einklang mit Beobachtungen der Jugendämter die Vermutung nahelegt, dass ein steigender Anteil dieser Kinder ebenfalls zunehmend in nichtehelichen Familien lebte. Nichteheliche Lebensgemeinschaften mit oder ohne Kinder waren seit Anfang der achtziger Jahre gesellschaftlich in hohem Maße gebilligt und unterlagen nicht mehr einer allgemeinen moralischen Missbilligung wie noch das „Konkubinat" der fünfziger und sechziger Jahre.

Die wichtigste Schlussfolgerung ergibt sich jedoch aus den aufgezeigten Klischeebildern nichtehelicher Lebensgemeinschaften, denen man offenbar noch Anfang der achtziger Jahre anhing: Vermutungen über einen hohen Akademikeranteil bzw. von Angehörigen der „gehobenen Schichten" oder auch die Zuschreibung gesellschaftlicher Avantgarde machen deutlich, dass man nichteheliches Zusammenleben vornehmlich mit einem sozial höheren bzw. fortschrittlichen gesellschaftlichen Umfeld assoziierte. Damit stand das höhere Sozialprestige nichtehelicher Lebensgemeinschaften in krassem Gegensatz zur traditionell negativen Bewertung lediger Mütter und in noch stärkerem Ausmaß zu derjenigen der Väter, wie sie noch im Nichtehelichengesetz von 1969 recht gut dokumentiert war.

959 *Wingen*, FamRZ 1981, 331, 332 mit Hinweis auf eine Meinungsumfrage des Allensbacher Instituts von 1976, nach der die Akzeptanz nichtehelicher Lebensgemeinschaften mit steigendem Bildungsgrad zunahm.

960 *Huvale*, ZBlJR 1980, 560, 562.

961 *Strätz*, FamRZ 1980, 301, 302.

962 *de Witt/Huffmann*, Nichteheliche Lebensgemeinschaft, Rn. 244. Vgl. zu den achtziger Jahren auch *Finger*, ZfJ 1987, 317, 321.

Während die tradierten Charakter- und Sozialbilder nichtehelicher Mutter- und Vaterschaft diese vornehmlich als Unterschichtenphänomen ausgewiesen hatten, galt für das Bild nichtehelicher Lebensgemeinschaften zu dieser Zeit offenbar das Gegenteil. Das gesellschaftliche Stigma und die offene moralische Abwertung scheinen zu Beginn der achtziger Jahre jedenfalls weitgehend überwunden.

b. Auflösung und Wandel alter Stereotype

Fraglich ist hingegen, ob und inwieweit sich die geschilderte positive Sichtweise des relativ neuartigen gesellschaftlichen Phänomens der nichtehelichen Lebensgemeinschaft auf das seit Jahrzehnten tradierte Bild der ledigen Mutter und des Vaters eines nichtehelichen Kindes auswirkte. Eine Unterscheidung von nichtehelichen Lebensgemeinschaften mit oder ohne Kinder ist in der gesellschaftlichen Bewertung dieser Form des Zusammenlebens, wie es sich aus den genannten Umfragen ergibt, nicht nachweisbar. Daher kann auch in diesem Punkt zunächst von einer gewissen Entsprechung ausgegangen werden.

aa. Der „neue" Vater

Unter dem Eindruck dieses sozialen Wandels war eine lebhafte Auseinandersetzung mit den bisherigen Leitbildern nichtehelicher Elternschaft im deutschen Familienrecht entstanden. So wurden im juristischen Schrifttum der achtziger Jahre die Annahmen des Nichtehelichengesetzes zur Situation der Väter für die Vergangenheit zumindest in Frage gestellt und für die soziale Realität der Gegenwart mehrheitlich verworfen.[963] Freimütig stellte dazu Huvale bereits 1980 fest, dass das geltende Nichtehelichenrecht in seinen Grundannahmen ein Jahrzehnt nach Inkrafttreten schlicht veraltet sei:

> „Vergessen wir nicht: das Nichtehelichenrecht basiert auf den Gedankengängen und Ansichten der fünfziger und sechziger Jahre!"[964]

---

963 *Huvale*, ZBlJR 1980, 560, 563; *Finger*, ZfJ 1987, 317 ff.; *Schwenzer*, FamRZ 1985, 1202, 1203; *Zenz/Salgo*, Zur Diskriminierung der Frau im Recht der Eltern-Kind-Beziehung, 42.

964 *Huvale*, ZBlJR 1980, 560, 563. Vgl. hierzu auch die treffende Stellungnahme von *Michl*, Die Personalen Rechtsbeziehungen im nichtehelichen Vater-Kind-Verhältnis, 37: „Ihm [dem Sorgerecht, M. H.] liegt das (heute) einseitige, den Anschauungen der 50er und 60er Jahre verhaftete Bild des NEG vom – meist verheirateten – ne Vater zugrunde, der in der Regel weder in der Lage noch willens ist, sich um sein Kind wie um ein eheliches zu kümmern. Die Eltern leben danach meist nicht zusammen und haben, spätestens seit der Geburt des gemeinsamen (mangels der heute bestehenden

Dieser zutreffenden Feststellung fügte Finger mit Blick auf die Entwicklung des deutschen Nichtehelichenrechts seit 1900 die ebenso zutreffende Vermutung hinzu, dass vieles wohl noch weiter zurückreiche.[965] Gemeint war damit das Bild des Vaters, wie es in den sechziger Jahren etwa von Grasnick und Groth gezeichnet, dann von namhaften katholisch-konservativen Familienrechtlern wie Bosch gerne übernommen worden war und welches so zur gedanklichen Grundlage des Nichtehelichengesetzes von 1969 hatte werden können. Dieses Bild, bereits 1967 aufgrund seiner Pauschalität kritisiert, wurde nun wegen mangelnder Übereinstimmung mit der sozialen Realität der 1980er Jahre engagiert abgelehnt und von einer Vielzahl von Stimmen in der Literatur bekämpft. Bezogen auf diese Grundannahmen des Gesetzgebers zum Ausschluss des Vaters von der elterlichen Sorge und dessen schwache Rechtsstellung bei der Umgangsregelung stellte etwa Schwenzer Mitte der achtziger Jahre fest:

> „Heute sieht die soziale Wirklichkeit – zumindest in Teilen der Gesellschaft – anders aus.“[966]

Auch Zenz und Salgo bemerkten über das dem deutschen Nichtehelichenrecht zugrunde liegende Bild des Vaters eines nichtehelichen Kindes, es basiere auf Vorstellungen, die „jedenfalls heute schlechterdings nicht mehr als realitätsnah anerkannt werden“ könnten.[967]

Der Kern dieses nun als nicht mehr den Realitäten entsprechend angesehenen Vaterbildes bildete die gesetzgeberische Annahme eines Vaters, der, häufig anderweitig in ehelicher Familie lebend, von seinem Kind „nichts wissen will“ und sich für seinen jugendlichen „Fehltritt“ mittels Unterhaltszahlung „aus der Verantwortung ziehen“ will und dies auch regelmäßig tue.[968]

Möglichkeit, Schwangerschaften zu planen, regelmäßig ungewollten) Kindes ein gespanntes Verhältnis. Das ne Kind ist in aller Regel nur das (unerwünschte) ‚Nebenprodukt‘ einer selten mehr als rein sexuellen Beziehung. Eine enge und länger dauernde Beziehung des ne Kindes zu seinem Vater und dessen Familie sind die seltene Ausnahme.“

965 *Finger*, ZfJ 1987, 317, 319.

966 *Schwenzer*, FamRZ 1985, 1202, 1203.

967 *Zenz/Salgo*, Zur Diskriminierung der Frau im Recht der Eltern-Kind-Beziehung, 61

968 *de Witt/Huffmann*, Nichteheliche Lebensgemeinschaft, Rn. 233; *Lange*, NJW 1970, 297, 303; *Simitis*, StAZ 1970, 255, 263; *Becker*, ZBlJugR 1968, 31, 34; *Schwenzer*, Vom Status zur Realbeziehung, 262; *Brötel*, Der Anspruch auf Achtung des Familienlebens, 258, 259; *Ell*, ZfJ 1985, 97, 99.

Der Hinweis Gernhubers[969] auf eine Untersuchung Weblers[970] über 259 Fälle, in denen nichteheliche Kinder allein mit ihren Vätern unter unsicheren rechtlichen Bedingungen lebten, verdeutlichte nur einmal mehr, dass neben den unterhaltsrechtlichen Verpflichtungen dem Vater bisher wenig gesetzgeberische Chancen zur Verfügung standen, die allseits geforderte Verantwortung auch im Sorge- und Umgangsrecht tatsächlich zu zeigen. Noch einmal sei daran erinnert, dass für den Vater neben den in der Praxis irrelevanten Optionen der Ehelicherklärung und der Adoption keine gesetzliche Möglichkeit bestand, die elterliche Sorge zu erlangen. Und einer rechtlich abgesicherten väterlichen Umgangsbefugnis stand neben den „tradierten Aversionen"[971] gegen den Vater eines nichtehelichen Kindes eine gesetzliche Regelung entgegen, welche trotz ausdrücklicher Ergänzung durch das Wohlverhaltensgebot dem Vater weiterhin das gegen ihn gerichtete Misstrauen sehr deutlich machte. Dem entsprach auch die Rechtsstellung, die dem Vater verfassungsrechtlich zugebilligt wurde: Bis 1981 erkannten Rechtsprechung und große Teile der Literatur dem nichtehelichen Vater kein originäres Elternrecht aus Art. 6 Abs. 2 GG zu.[972]

Die gesetzliche Regelung des § 1705 BGB 1970 ging im Jahre 1969 noch von der starren Annahme aus, der unverheiratete Vater werde, wenn er denn wirklich Interesse am Kind habe, die gesetzlichen Möglichkeiten der Adoption, Ehelicherklärung oder, als häufigsten Fall, die Legitimation des Kindes durch Heirat der Mutter nutzen. Wenn er dies nicht tue, so verweigere er die Übernahme von Verantwortung, weshalb ihm auch das Sorgerecht nicht zustehe. So erfüllte ein solcher Vater, der aus den verschiedensten (vielleicht durchaus triftigen) Gründen die Mutter seines Kindes nicht heiratete, unkompliziert das gesetzliche Leitbild des interesselosen Vaters. Diese simple Grundannahme, schon mit Inkrafttreten des NEhelG als ressentimentgeladen kritisiert, und die auf ihr basierende gesetzliche

969 *Gernhuber*, FamRZ 1973, 229, 243.

970 *Webler*, ZBlJugR 1969, 177 ff. *Gernhuber*, FamRZ 1973, 229, 243, kommentierte zur Untersuchung Weblers, bereits die Zahl der vorgefundenen Fälle „solle immerhin zu denken geben". Die Zahl der berichteten Fälle ergab sich aus einer Umfrage Weblers bei 79 Jugendämtern.

971 So *Gernhuber*, FamRZ 1973, 229, 243.

972 *Göppinger* in: Staudinger, Kommentar zum Bürgerlichen Gesetzbuch, 10./11. Auflage, vor § 1666, Rn. 10, 14; *Odersky*, Nichtehelichengesetz, 4. Auflage, § 1705, II 4, III (257); *Peters*, in: Bettermann/Nipperdey/Scheuner, Die Grundrechte IV 1, 375; *Bosch*, Gutachten für den 44. Deutschen Juristentag, 56, 90; für das Elternrecht vor allem *Gernhuber*, Lehrbuch des Familienrechts, 3. Auflage, 45 (m. w. N.) und *Hinz*, MünchKomm, vor § 1705, Rn. 9 (m. w. N.).

Regelung musste nun in der häufiger werdenden Konstellation einer auf Dauer angelegten nichtehelichen Lebensgemeinschaft mit gemeinsamen Kindern – neben ihrem Charakter als sich selbst erfüllender Prophezeiung – erst recht deplatziert und unzweckmäßig wirken.

So wirkte sich der Ausschluss des unverheirateten Vaters vom Sorgerecht naturgemäß in einer nichtehelichen Familie besonders gravierend aus. Zwar hinderte diesen, solange Vater und Mutter harmonierten, niemand an der faktischen Ausübung des Sorgerechts,[973] dennoch ergaben sich schnell Konstellationen, in denen der unverheiratete Vater nicht als vollberechtigter Elternteil auftreten konnte. Einem unverheirateten Vater wurde beispielsweise die Wahrnehmung der Funktion eines Elternsprechers in der Schule seines Kindes mangels Sorgerechtsinhaberschaft genauso verwehrt[974] wie in einem anderen Fall der Anspruch auf Erziehungsurlaub nach dem Bundeserziehungsgeld-Gesetz.[975] Demgegenüber haftete er aber im Fall nichtehelichen Zusammenlebens mit der Mutter gesamtschuldnerisch neben dieser für den Elternbeitrag der Schule des gemeinsamen Kindes[976] – eine rechtlich missliche Situation, in der ein verantwortungsbereiter Vater sich geradezu in die Rolle eines reinen Zahlvaters mit gewollt subalterner Rechtsposition hineingedrängt sehen musste.

Wirklich akut wurde das Problem des Ausschlusses des Vaters von jedweder Sorgerechtsbeteiligung im Falle der Trennung einer nichtehelichen Lebensgemeinschaft. Verweigerte die Mutter als Inhaberin der elterlichen Sorge dem Vater die Beteiligung an der faktischen Ausübung des Sorgerechts, hatte dieser trotz möglicherweise jahrelangen Zusammenlebens und starker gegenseitiger Bindungen zum Kind schlicht keine rechtliche Handhabe, eine Beteiligung durchzusetzen.

Als Folge verband sich so eine bereits ältere, aber wieder neu aufgegriffene allgemeine Kritik an der Pauschalisierung eines einseitig negativen Bildes des unverheirateten Vaters (der „Verfemung väterlicher Sorge“[977]) mit der Erkenntnis einer offenbaren Unzweckmäßigkeit der auf ebendiesem Vaterbild basierenden Sorgerechtsregelung des § 1705 BGB angesichts neuartiger Formen des Zusammenlebens in nichtehelichen Lebensgemeinschaften. Entsprechend forderten

973 Vgl. hierzu kritisch *Michl*, Die Personalen Rechtsbeziehungen im nichtehelichen Vater-Kind-Verhältnis, 57 f.

974 OVG Saarlouis, Urteil v. 28.08.1980, NJW 1981, 479. Dazu *Schwenzer*, FamRZ 1985, 1202; *Knöpfel*, ZRP 90, 238.

975 BVerfG, NJW 1987, 179.

976 OVG Münster, NJW 1997, 1024.

977 So treffend *Gernhuber*, Lehrbuch des Familienrechts, 3. Auflage, 916.

breite Kreise eine Reform des § 1705 BGB im Sinne einer Beteiligung des Vaters an der elterlichen Sorge. Die Mehrzahl der Vorschläge bezog sich dabei auf ein gemeinsames Sorgerecht von zusammenlebenden Eltern.[978] Es wurden aber auch Stimmen laut, die sich, analog zur gemeinsamen Sorge nach der Scheidung, für ein gemeinsames Sorgerecht getrennt lebender nichteheliche Eltern aussprachen.[979] Andere regten an, für den Fall des Ausfalls oder des Versagens der Mutter ein subsidiäres oder auch originäres[980] Sorgerecht des leiblichen Vaters zu schaffen.[981] Die herrschende Grundüberzeugung fasste Schwenzer in einem Debattenbeitrag so zusammen: Es lasse sich

> „ein einheitliches Bild des nichtehelichen Vaters und seiner Beziehung zum Kind heute weniger denn je aufrechterhalten. Das Spektrum der Wirklichkeit reicht vielmehr vom interesselosen „Erzeuger" des Kindes, dessen Vaterschaft erst gerichtlich festgestellt werden muss, bis hin zum liebvollen Vater, der jenseits der Ernährerrolle seine Beziehung zum Kind neu definiert und vielleicht sogar die primäre Bezugsperson im Leben des Kindes ist. Das Recht kann und darf sich diesem sozialen Wandel nicht verschließen."[982]

(1) Väter nichtehelicher Kinder und das BVerfG

Für die Öffentlichkeit sichtbar wurde die sich wandelnde Bereitschaft von unverheirateten Vätern, sowohl tatsächlich als auch rechtlich die elterliche Verantwortung

---

978 *Huvale*, ZBlJR 1980, 560, 565; *Schwenzer*, FamRZ 1985, 1202, 1210; *Zenz/Salgo*, Zur Diskriminierung der Frau im Recht der Eltern-Kind-Beziehung, 71; *Göppinger* in: Staudinger, Familienrecht, §§ 1666–1772, 12. Auflage, vor § 1705 ff., Rn. 54. Dass die Frage einer Sorgerechtsbeteiligung des unverheirateten Vaters auch auf parlamentarischer Ebene erörtert wurde, zeigt die abschlägig beantwortete Anfrage des Bundestagsabgeordneten Gansel (SPD), ob die Bundesregierung eine solche Sorgerechtsbeteiligung im Rahmen einer Reform des § 1705 BGB a. F. erwäge; „recht" – Information des Bundesministers der Justiz 1980, Nr. 6, 69 f.

979 *Huvale*, ZBlJR 1980, 560, 565, *Schwenzer*, FamRZ 1985, 1202, 1210 f.; *Zenz/Salgo*, Zur Diskriminierung der Frau im Recht der Eltern-Kind-Beziehung, 71; mit dem Hinweis auf eine entsprechende Rechtslage in Schweden und Frankreich vgl. *Graue*, in: Landwehr, Die nichteheliche Lebensgemeinschaft, 123, 124.

980 *de Witt/Huffmann*, Nichteheliche Lebensgemeinschaft, 246; *Huvale*, ZBlJR 1980, 560, 566; *Neuhaus*, ZBlJR 1981, 37, 41.

981 *Hinz*, MünchKomm, 2. Auflage 1987, vor § 1705, Rn. 7; *Göppinger*, FamRZ 1970, 57, 65 Fn. 116; *Zenz/Salgo*, Zur Diskriminierung der Frau im Recht der Eltern-Kind-Beziehung, 70; mit Hinweis auf den Entwurf von 1929 *Holzhauer*, FamRZ, 1982, 109, 115; im Ergebnis auch *Frank*, Grenzen der Adoption, 122 f.

982 *Schwenzer*, FamRZ 1985, 1202, 1209.

gegenüber ihren Kindern wahrnehmen zu wollen, durch eine wachsende Anzahl von Gerichtsverfahren zur Anerkennung ihrer Vaterrechte. Da diese Bemühungen zumindest in der Frage der elterlichen Sorge an der eindeutigen gesetzlichen Regelung des § 1705 BGB scheitern mussten, hatte das BVerfG im Jahre 1981 zur Verfassungsmäßigkeit des väterlichen Sorgerechtsausschlusses sowie der Umgangsregelung des § 1711 BGB Stellung zu nehmen:[983] Das BVerfG hatte dabei drei zur gemeinsamen Verhandlung und Entscheidung verbundene Verfassungsbeschwerden von Vätern vorliegen, die in unterschiedlichen Konstellationen zu ihrem nichtehelichen Kind und zur Mutter standen.

Ein Beschwerdeführer war Krankenpfleger und seit Mai 1979 Vater eines nichtehelicher Kindes. Er lebte seit 1974 unverheiratet mit der Mutter, einer Krankenschwester, zusammen in nichtehelicher Lebensgemeinschaft. Er beantragte im Einverständnis mit der Mutter, ihm die elterliche Sorge gemeinsam mit der Mutter zu übertragen, also eine am ehelichen Eltern-Kind-Verhältnis orientierte Regelung zu schaffen. Der Antrag wurde entsprechend § 1705 BGB vom zuständigen Amtsgericht abgelehnt.[984]

Das BVerfG gab der Beschwerde nicht statt und stellte ausdrücklich fest, dass der Muttervorrang der beanstandeten Regelung des § 1705 BGB innerhalb des Gestaltungsspielraumes des Gesetzgebers liege.[985] Eine feste Zuordnung zu einem Elternteil sei zum Wohle des Kindes notwendig und mit Art. 6 Abs. 2 S. 1 i. V. m. Art. 6 Abs. 5 GG vereinbar. In der Frage des gesetzlichen Muttervorrangs folgte das BVerfG dabei dem Gesetzgeber in der Heranziehung „psychologischer Erkenntnisse“, die zwar „nicht unbestritten“, aber auch nicht widerlegt seien.[986] Den Ausschluss auch des mit Mutter und Kind zusammenlebenden Vaters vom Sorgerecht, vom BVerfG als „rechtliches Defizit“ des Vaters bezeichnet, entspreche als Folge des bewussten Nichteingehens einer rechtlichen Bindung durch die Eltern dem rechtlichen Defizit der Elternbeziehung.[987]

Die klare Regelung der Sorgerechtszuteilung an einen Elternteil wurde insofern zum einen anhand rein funktionaler Erwägungen, zum anderen vorrangig unter dem Gesichtspunkt des Kindeswohles beurteilt. Einen Rekurs auf die diversen Negativstereotype des NEhelG hinsichtlich des soziologischen Bildes des

983 BVerfG, Beschluss v. 24.03.1981 – 1BvR 1516/78 und 964, 1337/80, BVerfGE 56, 363 ff = NJW 1981, 1201 ff. = FamRZ 1981, 429 ff. = EuGRZ 1981, 178 ff.

984 BVerfGE 56, 363, 375.

985 BVerfGE 56, 363, 384.

986 BVerfGE 56, 363, 388.

987 BVerfGE 56, 363, 385.

unverheirateten Vaters hat das BVerfG indes nicht vorgenommen. Vielmehr räumte das Gericht interessanterweise erstmals ein, dass ein solches Negativbild des an seinem nichtehelichen Kinde uninteressierten Vaters zwar existierte, es aber angesichts neuer sozialer Realitäten nicht mehr zu halten sei:

> „Allerdings wird das Bild des nichtehelichen Vaters, der die Kindesmutter nicht heiratet, der seine Vaterschaft bestreitet und kein Interesse an der Entwicklung des Kindes zeigt, den sozialen Gegebenheiten nicht mehr voll gerecht."[988]

Angesichts der vorliegenden Konstellation von Vater, Mutter und nichtehelichem Kind, die zusammenleben, zog das BVerfG die Konsequenz:

> „Lebt der Vater mit Kind und Mutter zusammen und sind damit die Voraussetzungen für die Wahrnehmung seiner elterlichen Verantwortung gegeben, kann ihm ein Recht aus Art. 6 II GG nicht abgesprochen werden."[989]

Die gemeinsame Elternverantwortung innerhalb einer nichtehelichen Lebensgemeinschaft war dabei das entscheidende Merkmal, um diese neue Form nichtehelicher Elternschaft von der noch bis Ende der sechziger Jahre vorherrschenden, apodiktischen Aussage „Nichtehelichkeit ist Vaterlosigkeit"[990] zu unterscheiden. Dies stellte auch das BVerfG klar:

> „Ein nichteheliches Kind, das von seinen Eltern betreut wird, die sich für eine freie Partnerschaft entschieden haben, hat Mutter und Vater. Die Bedingungen für seine körperliche und seelische Entwicklung sind während der bestehenden Gemeinschaft seiner Eltern die gleichen wie die eines ehelichen Kindes, das bei seinen Eltern lebt. Der Gesetzgeber braucht bei dieser Gestaltung der Beziehungen der Eltern [...] kein tatsächliches Vaterdefizit des nichtehelichen Kindes auszugleichen [...]."[991]

Ganz nebenbei gaben die Verfassungsrichter eine eigene Bestimmung von nichtehelicher Vaterschaft, die es verdiene, Träger des verfassungsmäßigen Elternrechts aus Art. 6 Abs. 2 GG zu sein. Sie erteilten dabei der rein biologischen Vaterschaft qua Verwandtschaft als Grundlage eine Absage. Entscheidend sei die tatsächliche Übernahme von Elternverantwortung. Ob die geforderte Verantwortungsübernahme des Vaters zwangsläufig im ständigen, eheähnlichen Zusammenleben mit Mutter und Kind, also in nichtehelicher Lebensgemeinschaft, geschehen müsse, ließen

988 BVerfGE 56, 363, 383.

989 BVerfGE 56, 363, 384.

990 Geprägt von *Groth*, Kinder ohne Familie, 159, 161, übernommen von *Bosch*, Gutachten für den 44. Deutschen Juristentag, 91; *Grasnick*, Die elterliche Gewalt des Vaters eines unehelichen Kindes, NJW 1966, 1196, 1197.

991 BVerfGE 56, 363, 385.

die Richter vom Wortlaut her zunächst offen. Aus dem Zusammenhang mit dem obigen Zitat lässt sich aber auf diesen notwendigen Nexus schließen:

> „Soweit ein nichtehelicher Vater an der Entwicklung seines Kindes keinen Anteil nimmt und sich nicht um den Aufbau eines Vater-Kind-Verhältnisses bemüht, kann ihm ein auf Verantwortung gerichtetes Elternrecht aus Art. 6 Abs. 2 GG nicht zukommen. Ob er seine gesetzlichen Unterhaltsverpflichtungen regelmäßig erfüllt, ist insoweit nicht erheblich. Da die verfassungsmäßige Garantie des Elternrechts in engem Zusammenhang mit der verantwortungsvollen Gestaltung des Eltern-Kind-Verhältnisses gesehen werden muß, kommt auch der Tatsache der Verwandtschaft zwischen dem nichtehelichen Kind und seinem Vater in diesen Fällen im Lichte des Art. 6 Abs. 2 GG keine entscheidende Bedeutung zu."[992]

Angesichts der durch das Beispiel des Beschwerdeführers dokumentierten Lebensrealität einer neuen Form nichtehelicher Vaterschaft war die Notwendigkeit einer Revision des traditionellen Negativbildes des Vaters schlechterdings nicht mehr zu leugnen.

Allerdings wurde den Richtern diese Revision durch den Sachverhalt des zu entscheidenden Falles leichter gemacht, als sie im Falle der zwei anderen Beschwerdeführer gewesen wäre. Während sich im Falle des Krankenpflegers die faktische Situation von Vater, Mutter und Kind lediglich durch das Nichteingehen der Ehe von der in einer klassischen ehelichen Familie unterschied, lebten die beiden anderen Beschwerdeführer nicht bzw. nicht mehr mit Mutter und Kind zusammen. In den beiden letztgenannten Fällen war die Mutter nicht bereit, dem Vater den Umgang mit dem Kind zu gestatten.[993] Auch der Antrag beim Vormundschaftsgericht blieb erfolglos, weshalb sich beide Väter durch § 1711 BGB in ihren Grundrechten, insbesondere aus Art. 6 Abs. 2 GG, verletzt sahen.[994] Das BVerfG dagegen erklärte ausdrücklich die Regelung des § 1711 BGB für verfassungsgemäß. Es sei

> „verfassungsrechtlich nicht zu beanstanden, daß der Staat der nichtehelichen Mutter die grundsätzliche Entscheidungsbefugnis darüber zuerkannt hat, ob und in welchem Umfang der nichteheliche Vater Gelegenheit haben soll, mit seinem Kind

---

992 BVerfGE 56, 363, 383.

993 Der eine der Beschwerdeführer hatte seine Vaterschaft anerkannt und lebte zunächst mit Mutter und Kind zusammen, bis diese mit dem eineinhalbjährigen Kind auszog und fortan den Kontakt des Vaters mit seinem Kind unterband; BVerfGE 56, 363, 374. Dem anderen Beschwerdeführer, der nie mit Mutter und Kind zusammenlebte, wurde der Umgang von der Mutter verwehrt, nachdem es ihn zwei Jahre lang gegeben und er zu Spannungen mit dem Ehemann der Mutter geführt hatte; BVerfGE 56, 363, 373.

994 BVerfGE 56, 363, 373, 374.

> zusammenzusein. Die Regelung des § 1711 BGB geht davon aus, daß in den Fällen, in denen die Mutter aus Gründen, die verschiedenster Art sein können, Kontakte des nichtehelichen Vaters zu seinem Kind ablehnt, dies im Interesse des Kindes in der Regel zu akzeptieren sei."[995]

Auch hier ließ das BVerfG wiederum keine irgendwie geartete Bezugnahme auf das negative Vaterbild der 1960er Jahre, unter dem die Regelung des § 1711 BGB entstanden war, erkennen. Andererseits griffen die Richter ihre gewonnene Erkenntnis eines korrigierten Vaterbildes aber auch nicht wieder auf.

Die im Verhältnis zum Vater, der den Kontakt zu seinem nichtehelichen Kind wünscht, übermächtige Stellung der Mutter wurde hingegen ausdrücklich gebilligt. Man ging, nun verfassungsrechtlich abgesegnet, davon aus, dass die Mutter schon „gute Gründe" haben werde, wenn sie dem Vater den Kontakt verweigerte. Dieser gesetzliche Vertrauensvorschuss gegenüber der Mutter verlangte dem Vater eine ausgesprochene Hinnahmementalität ab, setzte doch die aus welchen Beweggründen auch immer erfolgte Umgangsverweigerung der Mutter eine Kette in Gang, an deren Ende praktisch immer die Feststellung der Kindeswohlabträglichkeit des väterlichen Umgangs stehen konnte und zumeist auch stand: Verweigerte die Mutter den Umgang, vermutete der Gesetzgeber schon aufgrund der mutmaßlichen Spannungen zwischen den Eltern, wie sie sich in der Umgangsverweigerung zu offenbaren schienen, automatisch negative Auswirkungen auf das Kindeswohl.[996] Eine Circulus-vitiosus-Situation, zu der Gernhuber resignierend anmerkte, so habe der Vater bei Gericht „freilich nur selten etwas zu erwarten".[997] Dieses unter Umständen destruktive Verhinderungspotential des de facto alleinigen Umgangsbestimmungsrechts der Mutter, nämlich auch den gutwilligen Vater vom Kontakt mit seinem Kind auszuschließen, wird an anderer Stelle[998] vom Gericht durchaus erkannt und so implizit zumindest gebilligt. Die 1979 durch das SorgeRG erfolgte und offenbar als notwendig erkannte Ausdehnung der beiderseitigen Wohlverhaltenspflicht des § 1634 Abs. 1 S. 2 BGB auf die Umgangsregelung im Nichtehelichenrecht (wo sie auch und gerade an die Mutter gerichtet war)[999] hätte den Verfassungsrichtern Anlass sein können, die schwache Position des

---

995 BVerfGE 56, 363, 390 ff. Siehe dazu auch den Beschluss vom 03.11.1981, BVerfGE 58, 377, 393 f. = NJW 1982, 565 = FamRZ 1982, 136, 139 sowie den Beschluss 31.05.1983, BVerfGE 64, 180, 191 f. = FamRZ 1983, 872, 874.

996 BT-Drucksache V/2370, 20.

997 *Gernhuber*, Lehrbuch des Familienrechts, 3. Auflage, 917.

998 BVerfGE 58, 377, 394.

999 *Göppinger* in: Staudinger, Familienrecht, §§ 1666–1772, 12. Auflage, § 1711, Rn. 26.

Vaters zu hinterfragen. Verfassungsrelevanz hätte zumindest insoweit bestanden, als im selben Urteil des BVerfG vom 24. März 1981 dem Vater in nichtehelicher Lebensgemeinschaft das Elternrecht im Prinzip zuerkannt wurde.[1000]

Eine ungerechtfertigte Benachteiligung unverheirateter Väter gegenüber geschiedenen Elternteilen – denen das BVerfG eine fortdauernde gemeinsame Sorgerechtsausübung ein Jahr später zugestehen sollte[1001] – und damit einen Verstoß gegen Art. 3 Abs. 1 GG verneinte das Gericht „angesichts der offenbaren Unterschiede in der Situation geschiedener Eltern und niemals verheirateter Eltern".[1002] Diese „offenbaren Unterschiede" führten in anderem Zusammenhang jedoch nicht zu einer strikten argumentativen Unterscheidung in der Beurteilung beider familiärer Konstellationen: Zur Begründung des für den Vater restriktiven § 1711 BGB billigten die Richter durchaus die Bezugnahme auf die Situation (nach-)ehelicher Eltern und Kinder:

> „Der Gesetzgeber durfte dabei in verfassungsrechtlich unbedenklicher Weise auf Erfahrungen mit Verkehrsregelungen nach Ehescheidungen zurückgreifen."[1003]

Auch hier ließen die Richter wiederum ihre eigene Korrektur des Bildes vom verantwortungsscheuen Vater in der Argumentation außen vor und orientierten sich weiterhin, zwar schlüssig, aber pauschalisierend, eben nicht an dem mit Mutter und Kind zusammenlebenden, verantwortungsvollen Vater.

Die Entscheidung des BVerfG fand eine breite verfassungsrechtliche Kritik.[1004] Bezug nehmend auf das vom Verfassungsgericht vorsichtig[1005] in Frage gestellte Bild des unverheirateten Vaters entzündete sich darüber hinaus eine umfangreiche

---

1000 BVerfGE 56, 363, 384.

1001 BVerfGE 61, 358 = FamRZ 1982, 1179.

1002 BVerfGE 58, 377, 393, mit Verweis auf BVerfGE 31, 194, 212.

1003 BVerfGE 56, 363, 392.

1004 *Zenz/Salgo*, Zur Diskriminierung der Frau im Recht der Eltern-Kind-Beziehung, 64 ff.; *de Witt/Huffmann*, Nichteheliche Lebensgemeinschaft, Rn. 239 ff.; *v. Münch*, Zusammenleben ohne Trauschein, 89; *Kropholler*, AcP 185, 244, 270; *Schwaiger*, EuGRZ 1982, 1 ff.; *Schwenzer*, Vom Status zur Realbeziehung, 266; *dies.* FamRZ 1985, 1202, 1209; *Brötel*, Der Anspruch auf Achtung des Familienlebens, 262, Fn. 59; *Finger*, ZfJ 1987, 317, 324 f.; *Ell*, ZfJ 1985, 97, 100; *Schwab*, Familienrecht, 4. Auflage, Rn. 548. Zustimmend hingegen äußerten sich etwa *Palandt/Diederichsen*, Bürgerliches Gesetzbuch, § 1705 Anm. 1; *Roth-Stielow*, in: Soergel/Siebert, 11. Auflage, § 1705, Rn. 4; *Klein* in: Schmidt-Bleibtreu, Kommentar zum GG, Art. 6, Rn. 8; *Giesen*, JZ 1982, 817, 819.

1005 Vgl. hierzu *Finger*, ZfJ 1987, 317, 322, der kritisch anmerkt, dass das BVerfG seine zutreffende Erkenntnis vom Wandel des Bildes des Vaters „praktisch nicht mehr

rechtspolitische Kritik. Wiederum war es Hinz, der 1987 erneut anmahnte, vom Bild des am Kinde desinteressierten Vaters endlich Abschied zu nehmen: Die Argumente, die zur Regelung des § 1711 BGB i. d. F. des NEhelG geführt haben, erschienen heute „realitätsfern und deshalb überholt [...], tauchen aber dennoch in der Rspr. immer wieder auf".[1006] Man solle stattdessen nach sorge- und umgangsrechtlichen Lösungen suchen, die „die hohe Zahl eheähnlicher Lebensgemeinschaften [...] sowie die zahlreichen Fälle enger Vater-Kind-Beziehungen mit jahrelang praktiziertem Umgang" angemessen berücksichtigen.[1007] Hinz schätzte, dass „eine nicht unerhebliche Zahl von Vätern nichtehelicher Kinder [...] bereit und in der Lage [ist], auch nach einer Trennung der Eltern Elternverantwortung für das gemeinsame Kind zu übernehmen". Diesem Wandel solle die Praxis Rechnung tragen.[1008]

Auch Göppinger warf dem BVerfG vor, die „heutige Situation nichtehelicher Kinder und Väter zu wenig in Erwägung gezogen" zu haben, und konstatiert einen Wandel der „überholten Anschauungen" des NEhelG.[1009] Gleichzeitig aber ordnete Göppinger diesen Wandel des Vaterbildes in einen größeren gesellschaftlich-moralischen Liberalisierungsprozess ein, der parallel zur Entdiskriminierung auch der Mutter bzw. des nichtehelichen Kindes verlaufe:

> „Diese Erscheinung und Entwicklung dürfte aber wesentlich beeinflusst sein von dem Phänomen eines gesellschaftlichen Umbruchs, des Wandels der Anschauungen über das Zusammenleben der Geschlechter, des Aufkommens nichtehelicher oder außerehelicher Gemeinschaften bzw. Lebensgemeinschaften [...] im Hinblick auf die veränderten Wertvorstellungen in der Mehrheit der Bevölkerung und gerade die Liberalisierung der sexuellen Beziehungen."[1010]

Andere Autoren schließlich vermissten eine Auseinandersetzung des Gerichts mit der Frage, ob der Ausschluss des Vaters nicht einen unverhältnismäßigen Eingriff in dessen Grundrechtsposition darstelle,[1011] und diskutieren im Anschluss verschiedene Möglichkeiten, wie der Vater an der elterlichen Sorge sinnvoll zu

---

aufgreife" und so an den für ihre Kinder „präsenten" Vätern „recht achtlos vorbei" gehe bzw. deren Leistungen nicht ausreichend würdige.

1006 *Hinz*, MünchKomm, 2. Auflage, § 1711, Rn. 2.

1007 *Hinz*, MünchKomm, 2. Auflage, § 1711, Rn. 5.

1008 *Hinz*, MünchKomm, 2. Auflage, § 1711, Rn. 9.

1009 *Göppinger*, in: Staudinger, Familienrecht, §§ 1666–1772, 12. Auflage, vor § 1705 ff., Rn. 38.

1010 *Göppinger*, in: Staudinger, Familienrecht, §§ 1666–1772, 12. Auflage, vor § 1705 ff., Rn. 41.

1011 *Scholz*, ZRP 1984, 201, 202.

beteiligen sei.[1012] Eine radikale Variante, die generelle Erteilung einer gemeinsamen elterlichen Sorge von Mutter und Vater bei Geburt des Kindes, wurde als nicht sachgerecht verworfen, „da eine große Zahl der nichtehelichen Väter auch weiterhin keinen persönlichen Kontakt zu den Kindern hat, geschweige denn mit ihnen und deren Mutter zusammenlebt".[1013]

Diese Konstellation wurde auch von anderen Autoren trotz allen sozialen Wandels weiterhin als Normalfall der nichtehelichen Vater-Kind-Beziehung angesehen.[1014] Da man jedoch über die genauen Zahlenverhältnisse in dieser Frage keine Kenntnis hatte, nahm man mehrheitlich das Argument Gernhubers[1015] auf, nach dem man auch einer Minderheit verantwortungsbereiter Väter nicht einfach ihr Recht zur Ausübung der elterlichen Sorge absprechen dürfe.[1016]

(2) Väter nichtehelicher Kinder kämpfen um das Umgangsrecht

In der Regelung des NEhelG zum Umgang eines Vaters mit seinem nichtehelichen Kind hatte sich das beschriebene Vaterbild der 1950er und 1960er Jahre am stärksten ausgewirkt. Die in § 1711 Abs. 1, 2 BGB enthaltenen rechtlichen Hürden sollten trotz anders lautender Beteuerungen des Gesetzgebers[1017] vornehmlich den Vater, der als potentielle Gefahr für das Kindeswohl angesehen wurde, vom Kind fernhalten.[1018] So konnte der Vater nur im Ausnahmefall damit rechnen, ein Besuchsrecht gegen den Willen der Mutter gerichtlich durchzusetzen.[1019]

Die Entwicklung in diesem Bereich verlief zunächst uneinheitlich. Während in den ersten Jahren nach Inkrafttreten der Regelung noch ein vorangegangenes langjähriges Zusammenleben mit Mutter und Kind nötig war, um ein Umgangsrecht

---

1012 *de Witt/Huffmann*, Nichteheliche Lebensgemeinschaft, Rn. 241, 242 ff.

1013 *de Witt/Huffmann*, Nichteheliche Lebensgemeinschaft, Rn. 246.

1014 Vgl. etwa *Schwenzer*, FamRZ 1985, 1202, 1204; ähnlich *Huvale*, ZBlJR 1980, 560, 566; *Zenz/Salgo*, Zur Diskriminierung der Frau im Recht der Eltern-Kind-Beziehung, 68.

1015 *Gernhuber*, Lehrbuch des Familienrechts, 3. Auflage, 902; ebenso *Simitis*, StAZ 1970, 255, 264 und *Hinz*, MünchKomm, 1. Auflage, vor § 1705, Rn. 9.

1016 *Zenz/Salgo*, Zur Diskriminierung der Frau im Recht der Eltern-Kind-Beziehung, 62.

1017 Das Bestreben des NEhelG, das Verantwortungsgefühl des Vaters heben zu wollen, bezeichnete Huvale, ZBlJR 1980, 560, 565, als „Lippenbekenntnis des Gesetzgebers".

1018 Siehe oben Seite 150 f.

1019 *Zenz/Salgo*, Zur Diskriminierung der Frau im Recht der Eltern-Kind-Beziehung, 59.

zugesprochen zu bekommen,[1020] war die Rechtsprechung anderenorts der Ansicht, „daß ein Umgang mit dem Vater grundsätzlich regelmäßig dem Wohl des Kindes dienen wird“, weil ihm dieser Kontakt „eine möglichst normale Entwicklung bietet und sein Selbstverständnis hinsichtlich seiner Person und Herkunft erleichtert“.[1021] Letztlich entscheidend für die Beurteilung der Kindeswohlförderlichkeit eines väterlichen Umgangs durch die Gerichte waren weiche und höchst unsichere Kriterien wie „innere Anteilnahme“ oder „echte Zuneigung“ seitens des Vaters.[1022] Festzustellen ist, dass sich die teilweise ins Skurrile gesteigerten Befürchtungen, wie sie Ende der sechziger Jahre im Vorfeld des NEhelG zu lesen waren, in Literatur und Rechtsprechung nicht mehr fanden. Allenthalben wurde vielmehr auf die veränderte soziale Situation der Väter hingewiesen, deren Chancen auf Umgang nun auch durch die Rechtsprechung zu steigern seien.[1023]

Das Bemühen zahlreicher Väter nichtehelicher Kinder, ein Umgangsrecht zu erhalten, dokumentierten die veröffentlichten Zahlen der anhängigen Verfahren: Im Jahre 1980 versuchten dies „trotz der ohnehin einschränkenden Regelung des § 1711 BGB“, wie Knöpfel erstaunt anmerkt, immerhin 3359 Väter.[1024] In der Praxis dominierte hingegen weiterhin die „Entfremdung“ zwischen Vater und nichtehelichem Kind. Es sei leider „in der Praxis die Regel“, dass sich Vater und Kind bei Spannungen zwischen den Eltern und daraus resultierender Kontaktunterbrechung „im Laufe der Jahre nicht einmal mehr kennen würden“.[1025] Dass die restriktive Regelung und Handhabung des § 1711 BGB trotz des zunehmenden Bemühens vieler Väter, Kontakt zum nichtehelichen Kind herzustellen und Verantwortung zu übernehmen, viele dieser Väter weiterhin in einer Außenseiterrolle zur gesetzlich abgeschirmten Mutter-Kind-Familie hielt, verdeutlicht der kritische Befund Zenz’ und Salgos.[1026] Ihnen zufolge würde Vätern, die sich mit dem Wunsch nach Umgang mit ihrem Kind an das Jugendamt wendeten, in der Praxis aufgrund der

1020 Vgl. LG Köln, MDR 1973, 586 (8 Jahre) bzw. LG Hamburg, FamRZ 1971, 600 (4 Jahre).

1021 LG Paderborn, FamRZ 1984, 1040; AG Leutkirch, NJW 1983, 1066; LG Heilbronn, DA Vormund, 1975, 171.

1022 *Hinz*, MünchKomm, 2. Auflage, § 1711, Rn. 10; *Göppinger*, in: Staudinger, Familienrecht, §§ 1666–1772, 12. Auflage, § 1711, Rn. 27.

1023 *Hinz*, MünchKomm, 2. Auflage, § 1711, Rn. 9; *Beitzke*, Familienrecht, 24. Auflage, 282; *Huvale*, ZBlJR 1980, 560, 566.

1024 *Knöpfel*, FamRZ 1983, 317, 330. Eheliche Eltern dagegen in 20 863 Fällen, vgl. ebd.

1025 AG Leutkirch, NJW 1983, 1066 f.

1026 *Zenz/Salgo*, Zur Diskriminierung der Frau im Recht der Eltern-Kind-Beziehung, 59.

rechtlichen Aussichtslosigkeit einer gerichtlichen Durchsetzung ihres Wunsches ausdrücklich von ihrem Vorhaben abgeraten.

(3) Vaterforschung und „neue Väter“

Daneben war in der familienrechtlichen Diskussion eine weitere interessante Wendung hinzugekommen: In den sechziger Jahren hatten einige Autoren den Ausschluss des Vaters von der elterlichen Sorge und dem Umgang mit dem Kind regelmäßig mit den „neuesten Erkenntnissen“ der Psychologie und Pädagogik begründet. Zuletzt hatte auch das BVerfG die Erkenntnisse von nicht näher benannten „Psychologen und Pädagogen“ mit zur Verteidigung des Muttervorrangs bei der Sorgerechtsverteilung herangezogen.[1027] Gleichwohl blieb diese Orientierung des Rechts an letztlich höchst unsicheren Erkenntnissen[1028] fremder wissenschaftlicher Disziplinen unter Familienrechtlern umstritten.[1029]

Die Problematik dieser Anlehnung des Rechts an wissenschaftliche Disziplinen, welche eben nicht in der Lage sind, allzeit gültige und gleichsam naturgesetzliche Erkenntnisse zu liefern, sollte sich deshalb bald zeigen. So geriet in den achtziger Jahren das alte Bild des Vaters eines nichtehelichen Kindes bezeichnenderweise von ebendieser wissenschaftlichen Seite unter Beschuss: Die noch junge wissenschaftliche Disziplin der Vaterforschung thematisierte seit den 1960er Jahren unter zunehmender öffentlicher Aufmerksamkeit u. a. die Auswirkungen der Vaterabwesenheit auf die Entwicklung des Kindes, das Wesen der Vater-Kind-Beziehung sowie die Rolle des Vaters im familiären Kontext. Bereits 1963 stellte sich der deutsche Psychoanalytiker Alexander Mitscherlich[1030] in seiner Analyse *Auf dem Weg zur vaterlosen Gesellschaft. Ideen zur Sozialpsychologie* die Frage, wohin Gesellschaften und ihre Individuen sozialpsychologisch tendieren, denen die patriarchalisch strukturierten Familie, verkörpert durch den Vater und dessen real greifbare Autorität, abhanden gekommen ist.[1031] Obwohl Mitscherlichs im Ergebnis pessimistische Betrachtung breite Aufmerksamkeit erlangte, war ein Einfluss

1027 BVerfGE 56, 363, 388.

1028 Vgl. etwa die Darstellung der Fachdiskussion bei *Knöpfel*, FamRZ 1983, 317, 318 f. Auch das BVerfG sprach in diesem Zusammenhang von „nicht unbestrittenen“ Annahmen; BVerfGE 56 363, 388.

1029 Vgl. etwa *Gernhuber*, Lehrbuch des Familienrechts, 3. Auflage, 901; *Zenz/Salgo*, Zur Diskriminierung der Frau im Recht der Eltern-Kind-Beziehung, 66.

1030 20.09.1908–26.06.1982.

1031 *Mitscherlich*, Auf dem Weg zur vaterlosen Gesellschaft. Ideen zur Sozialpsychologie (erstmals 1963).

auf die familienrechtliche Debatte zunächst nicht erkennbar. Dies änderte sich erst Mitte der achtziger Jahre durch die Forschungen deutscher Pädagogen und Psychologen. Eine besondere Rolle in der juristischen Debatte um die Rechtsstellung des Vaters eines nichtehelichen Kindes spielten dabei die erstmals 1985 erschienenen Veröffentlichungen von Fthenakis.[1032]

bb. Beibehaltung des „natürlichen" Muttervorrangs beim Sorgerecht und die Kritik am „Mutter-Mythos"

Dass ein gesetzlich-formaler Muttervorrang im deutschen Nichtehelichenrecht bestand, war angesichts der strengen Sorgerechtsregelung des § 1705 BGB offensichtlich. Die feste Zuordnung des Kindes zu einem Elternteil – de lege und nicht nur de facto[1033] zur Mutter – entsprach lange Zeit auch der realen sozialen Situation von Mutter und nichtehelichem Kind. Bei unbekanntem oder unsicherem bzw. einem dem gesetzlichen „Leitbild" entsprechend am Kinde desinteressierten Vater war diese klare Regelung notwendig und so auch selten Gegenstand von fundierter Kritik. Als problematisch dagegen wurde zunehmend die allzu starre Festlegung auf die Mutter des nichtehelichen Kindes und insbesondere deren Begründung in Gesetzgebung und Rechtsprechung angesehen. Der Gesetzgeber des Jahres 1969 sprach noch völlig selbstverständlich davon, dass nach „Erkenntnissen der Psychologie und Pädagogik" Mutter und Kind „körperlich und seelisch einander zugeordnet" seien.[1034] Er knüpfte damit an eine traditionelle Argumentation an, die das Familienrecht des BGB, insbesondere im Bereich der elterlichen Sorge bzw. elterlichen Gewalt, seit dessen frühen Vorarbeiten im ausgehenden 19. Jahrhundert begleitete: Das besondere Beziehungsverhältnis zwischen Mutter, ob ehelich oder nichtehelich, und Kind sei durch biologisch unabänderliche, also „natürliche" und dadurch nicht weiter hinterfragbare Gegebenheiten vorbestimmt. In der zweiten Hälfte des 20. Jahrhunderts flankierte man diese „Natürlichkeiten"[1035] im Mutter-Kind-Verhältnis zunehmend mit wissenschaftlichen Thesen aus der Entwicklungspsychologie, die mit dem „natürlichen" Rollenbild korrespondierten und so wenig Widerspruch fanden.

Auch in diesem Bereich setzte in den achtziger Jahren ein Wandel ein. Bereits 1981 nahm das BVerfG vorübergehend etwas Abstand von der Selbstverständlichkeit des

1032 *Fthenakis*, Väter: Band I, Zur Psychologie der Vater-Kind-Beziehung; Band II, Zur Vater-Kind-Beziehung in verschiedenen Familienstrukturen.

1033 *Coester*, NJW 1981, 961, 962.

1034 BT-Drucksache V/2370, 63

1035 So *Schwenzer*, Vom Status zur Realbeziehung, 267.

„natürlichen" Muttervorrangs, indem es die zugrunde gelegten wissenschaftlichen Annahmen zur Mutter-Kind-Bindung als zumindest „umstritten" bezeichnete.[1036] Vorher schon hatten die Richter erklärt, dass Sorgerechtsregelungen im Hinblick auf Art. 3 Abs. 2 GG nicht von vornherein von einem Primat der Mutter ausgehen dürften.[1037] Entsprechend dem Verfassungsgebot der Gleichberechtigung der Geschlechter musste man sich so an (vordergründig) geschlechtsneutrale Anknüpfungspunkte für die Sorgerechtszuständigkeit des § 1705 BGB halten. Hier brachte man wiederum den Kindeswohlgesichtspunkt, in concreto die „Bindung des Kindes" an die verschiedenen Elternteile, ins Spiel, an welchem sich die gesetzliche Sorgerechtsverteilung zu orientieren habe. Die Beantwortung dieser Frage durch das BVerfG glich allerdings einem argumentativen Zirkelschluss und wies im Kern immer noch das alte Argumentationsmuster auf: Das Gericht stellte erneut auf die biologisch-psychologische Einzigartigkeit der Mutter-Kind-Beziehung ab:

> „Insoweit konnte berücksichtigt werden, dass die natürliche Verbindung des ungeborenen Lebens mit dem der Mutter eine besonders geartete Beziehung ist, für die es in anderen Lebenssachverhalten keine Parallele gibt."[1038]

Das BVerfG stellte diesem Argument noch ein zweites hinzu, an dem sich nebenbei ein weiterer Aspekt des starken Wandels des Sozialbildes gerade der Mutter eines nichtehelichen Kindes ablesen lässt:

> „Hinzu kommt, dass einer Frau, die sich aufgrund der heute bestehenden Möglichkeiten, eine Schwangerschaft zu planen, bewusst für eine nichteheliche Mutterschaft entscheidet, der Vorrang bei der gesetzgeberischen Entscheidung über die Zuteilung des Sorgerechts für das nichteheliche Kind einzuräumen ist."[1039]

Das Bemerkenswerte an einer solchen Überlegung war die darin zum Ausdruck kommende radikale Umkehrung des alten Pauschalurteils von der moralischen Unzuverlässigkeit der Mutter, ihrer kindeswohlgefährdenden Unerfahrenheit und der Einordnung ihrer nichtehelichen Schwangerschaft als sittlichen „Fehltritt" hin zu einem wiederum ebenso pauschalen und erstaunlich großzügigen Vertrauensvorschuss an eine vermeintlich bewusst nichtehelich gebärende Mutter. Die richterliche Annahme, eine bewusste, das Kind annehmende Entscheidung der Schwangeren für eine nichteheliche Geburt lasse eine verantwortungsvolle „gute

---

1036 BVerfGE 56, 363, 388.

1037 BVerfG, Beschluss vom 05.11.1980 – 1 BvR 349/80 -, NJW 1981, 217, 219.

1038 BVerfGE 56, 363, 390.

1039 BVerfGE 56, 363, 390. Vgl. dazu auch *Zenz/Salgo*, Zur Diskriminierung der Frau im Recht der Eltern-Kind-Beziehung, 67 f.

Mutter" erwarten, mochte für den konkret beschrieben Fall stimmig gewesen sein; offenbar aber sahen die Richter diesen Typus der ledigen Mutter nunmehr als vorherrschende soziale Erscheinungsform nichtehelicher Mutterschaft an. In dieser von einer gewissen Sozialromantik nicht freien Auszeichnung der nichtehelich gebärenden Mutter schwingt so die Tendenz zu einer – die gängige Herabsetzung früherer Zeiten umkehrenden – nun überbetonten Antidiskriminierung mit, die andere Autoren schon für die siebziger Jahre feststellten.[1040]

Dennoch: Wirklich ernsthaft ausdiskutiert wurde diese Frage auch in der juristischen Fachöffentlichkeit nicht. Auf konservativer Seite stützte man die These von der in der Natur begründeten stärkeren Bindung der Mutter zum Kind als unbedingtes apodiktisches Axiom zur Festschreibung der geltenden Sorgerechtsverteilung. In besonders zugespitzter Form fand sich die These von den exklusiven, engeren Banden zwischen Mutter und Kind (im immer mitschwingenden Gegensatz zum Vater-Kind-Verhältnis) und die daraus resultierende Forderung nach einem rigiden Alleinsorgerecht bei Autoren[1041], denen offenbar auch an der Reanimierung des langsam verblassenden Negativbildes des Vaters gelegen war: Man betonte die klassische Formel, nach der zwischen Mutter und Kleinkind naturgemäß engere Bande bestünden als zwischen Vater und Kind.[1042] Das darauf begründete Alleinsorgerecht der Mutter sollte darüber hinaus diese Bindung noch so verstärken, dass ein mögliches Zerbrechen der Vater-Mutter-Verbindung oder selbst väterliche „Kindesentführungen" ihr „nichts anhaben" könnten,[1043] das Kind also auf den Vater auch gut verzichten könne. Das Weiterbestehen des alten Vaterressentiments zeigt insbesondere die Unterstellung Sturms, unverheiratete Väter, die an einem fortdauernden Sorgerecht auch nach einer Trennung von der Mutter interessiert sind, würden dadurch „die Mütter am Konkubinat festhalten, sie ins Konkubinat zwingen" wollen. Eine Rechtsordnung, die Vätern ein eigenes Sorgerecht neben der Mutter zubillige, würde nach Sturm „dieser Art von Verknechtung der Frau" Vorschub leisten.[1044]

Diese Unterstellung nebst ihrer Wortwahl, zu Recht als „Anklänge an eine überwunden geglaubte Epoche" bezeichnet,[1045] knüpfte noch einmal nahtlos an die dokumentierten Bilder vom ehe- und verantwortungsscheuen Mann sowie der

1040 *Buske*, Fräulein Mutter und ihr Bastard, 356 ff.
1041 *Sturm*, FamRZ 1982, 1150 ff.
1042 *Sturm*, FamRZ 1982, 1157
1043 *Sturm*, FamRZ 1982, 1150, 1157.
1044 *Sturm*, FamRZ 1982, 1150, 1157.
1045 *Brötel*, Der Anspruch auf Achtung des Familienlebens, 268.

schutzbedürftigen Frau und Mutter, die ihr Heil und Schutz nur in der Ehe mit einem Mann zu finden vermag, an. Sturm reanimierte auch einen weiteren Aspekt des traditionellen Vaterbildes: die latente Unterstellung, der Vater, der sich um das Sorgerecht für sein Kind bemüht, verfolge damit in Wahrheit egoistische Zielsetzungen abseits eines emotional- oder verantwortungsbestimmten Motivs im Hinblick aus sein Kind. Befürchtete der Gesetzgeber früher noch, der Vater würde sich um das Sorgerecht nur bemühen, um im Wege der Naturalversorgung die Unterhaltszahlungen zu sparen,[1046] unterstellte man den Vätern nun, eine Sorgerechtsbeteiligung nur anzustreben, um die Mutter an sich zu binden.

Das Apodiktische, mit dem Autoren wie Sturm den Muttervorrang propagierten, konnte aber nicht darüber hinwegtäuschen, dass diese Auffassung längst nicht mehr herrschend war. Auf der im Schrifttum überwiegenden Seite lehnte eine Reihe von Autoren diese argumentativ auf einem proklamierten engeren Beziehungsverhältnis der Mutter zum Kind aufbauende „natürliche" Vorrangstellung der Mutter im Personensorgerecht entschieden ab. Der dogmatische Charakter eines naturbedingten Muttervorranges wurde als pauschalisierender „Mutter-Mythos"[1047] angegriffen. Ell kommentierte etwa ironisierend:

> „Jede Frau, die ein Kind geboren hat, ist per se eine gute „Mutter". […] Diese per se gute „Mutter" ist für das Kind wichtiger als der Vater, auch wenn dieser tatsächlich ein guter „Vater" ist."[1048]

Dieser „Mutter-Mythos" wurde als unzulässig geschlechtsdeterministisch kritisiert, insofern er „jegliche psychologischen Erkenntnisse [missachte, M. H.], nach denen die Eltern-Kind-Beziehung nicht vom Geschlecht eines Elternteils, sondern in erster Linie von deren Qualität" abhänge.[1049] Der in der Debatte höchst einflussreiche Fthenakis rückte die Argumente zur Unterfütterung eines in der Natur begründeten Muttervorranges in die Nähe des Ideologischen, indem er hierzu kritisch anmerkte:

> „Hier fundamentale Unterschiede zwischen Müttern und Vätern zu postulieren, kommt noch am ehesten der Pflege einer Ideologie nahe."[1050]

1046 Vgl. für die Reformdiskussion der Weimarer Republik etwa *Fallmann*, Verhandlungen des 32. Deutschen Juristentages, 172 sowie für die Bundesrepublik Ende der sechziger Jahre BT-Drucksache V/2370, 63.

1047 *Ell*, ZfJ 1985, 97, 99; *Coester*, NJW 1981, 961, 962; *Brötel*, NJW 1991, 3119, 3122.

1048 *Ell*, ZfJ 1985, 97, 99.

1049 *Brötel*, Der Anspruch auf Achtung des Familienlebens, 268.

1050 *Fthenakis*, FamRZ 1985, 662, 667, Fn. 69.

Speziell dem BVerfG warfen Zenz und Salgo vor, durch die Bezugnahme auf „umstrittene (genauer: unzulässig verallgemeinerte) psychologische und pädagogische Erkenntnisse“ bei der Begründung des Muttervorranges in bedenkliche Nähe einer „überwundenen Hypostasierung biologischer und gesellschaftlicher Fakten zu normativen Kriterien“ zu geraten.[1051] Sie fügten dieser gängigen Kritik aber noch eine weitere, bisher noch nicht gehörte hinzu: Die im Sorgerechtsdiskurs stattfindende „geschlechterspezifische Diskriminierung“ zunächst des Vaters könne durch eine allzu starre Rollenzuschreibung nicht nur zur Benachteiligung des Vaters führen, sondern umgekehrt auch – eben durch diese feste Rollenzuschreibung – auf die Frau und Mutter in Form einer alleinigen Verantwortungslast negativ zurückschlagen.[1052]

Andere Autoren nahmen eine vermittelnde Positionen ein und attestiertem dem BVerfG, die „faktisch vorherrschende Mutterzuweisung auf eine rationale, rechtsverträgliche Basis“ gestellt zu haben.[1053] Coester sah hingegen sowohl im „Mutter-Mythos“ als auch beim Kindeswohlbegriff eine „mystische Aura“ am Werk und lehnte deswegen eine Herleitung des Primats der Mutter bei der Sorgerechtszuweisung anhand von „rechtlich nicht anerkennungsfähigen“ Kriterien wie „Natur“, „Biologie oder Verhaltensbiologie“, „Religion“ oder „Erfahrung“ energisch ab. Vielmehr solle man anerkennen, dass, „solange die Rollenverteilung in Familie und Beruf überwiegend traditionellen Mustern folgt“, es beim Regelfall der Mutterzuweisung bliebe. Der Vorrang der Mutter bei der Sorgerechtszuweisung sei schlicht ein „faktischer Vorsprung aufgrund verschiedener Lebensgestaltung“.[1054] Er ergänzte spöttisch, ein vom Vater „uneinholbarer, existenzieller Muttervorsprung“ gehöre zu „den schönen Dingen, an die man glauben mag oder auch nicht“, er tauge „aber sicherlich nicht als Grundlage rationaler Gesetzgebung“.[1055]

Die kontroverse Debatte veranschaulicht die Dynamik der Entwicklung. Die 1980er Jahre wurden so das für die künftige Entwicklung und Neuausrichtung des deutschen Familienrechts entscheidende Jahrzehnt: Der gesellschaftliche Wandel und die daraufhin anschwellenden Diskussionen bereiteten den Boden für die herrschende Meinung in Literatur und Praxis der frühen 1990er Jahre, die sowohl die ausschließliche Zuweisung der elterlichen Sorge an die ledige Mutter

---

1051 *Zenz/Salgo*, Zur Diskriminierung der Frau im Recht der Eltern-Kind-Beziehung, 66.
1052 *Zenz/Salgo*, Zur Diskriminierung der Frau im Recht der Eltern-Kind-Beziehung, 67.
1053 *Coester*, NJW 1981, 961, 962.
1054 *Coester*, NJW 1981, 961, 962.
1055 *Coester*, JZ 1992, 809, 813.

des § 1705 BGB und den damit verbundenen Ausschluss des Vaters von der elterlichen Sorge als auch die biologisch determinierten Argumentationsmuster immer stärker ablehnte.[1056]

6. Die Reformen der 1990er Jahre im Kindschaftsrecht und die Wiedervereinigung Deutschland

Während sich die Entwicklung in den 1980er Jahren auf gesellschaftliche Veränderungen und Umwertungen beschränkte, zogen in den 1990er Jahren auch das BVerfG und die Legislative nach. Um einerseits den erfolgten Wandel im Zusammenleben der Menschen auch rechtlich nachzuvollziehen und andererseits schon länger gehegte Reformvorhaben zu verwirklichen sowie zur Vereinheitlichung des nunmehr gesamtdeutschen Familienrechts verabschiedete der Gesetzgeber in den 1990er Jahren eine ganze Reihe von Reformgesetzen. An zentraler Stelle stand das Kindschaftsrechtsreformgesetz (KindRG) von 1997[1057], flankiert vom Beistandschaftsgesetz[1058] von 1997 sowie vom Erbrechtsgleichstellungsgesetz[1059] von 1997 und dem Kindesunterhaltsgesetz[1060] von 1998.

Das lang gehegte Ziel einer endgültigen Verwirklichung eines auch dem Geist des Grundgesetzes entsprechenden deutschen Familienrechts im Allgemeinen wurde hierdurch überwiegend ebenso verwirklicht wie die Vorgabe eines einheitlichen Kindschaftsrechts durch eine weitestgehende Gleichstellung

---

1056 *Strätz*, in: Soergel/Siebert, § 1705, Rn. 5; *ders*., in: Staudinger, Familienrecht, Anhang zu § 1297 ff., Rn. 119; *Schwenzer*, FamRZ 1992, 124 f.; *Kroppholler*, AcP 185 (1985), 271 ff.; *Coester*, FamRZ 1995, 1245; *Böhm*, ZRP 1992, 335; *Dickmeis*, DAVorm 1991, 705 ff.; *Schlüter*, FuR 1994, 344; *Göppinger* in: Staudinger, vor §§ 1705 ff., Rn. 23 ff.; *Hinz*, in: MünchKomm, vor § 1705, Rn 27; *Gernhuber/Coester-Waltjen*, Lehrbuch des Familienrechts, 4. Auflage, 654 ff, 926 ff.; *Dethloff*, NJW 1992, 2201.

1057 Gesetz zur Reform des Kindschaftsrechts vom 16.12.1997, BGBl. 1997 I, 2942, in Kraft getreten am 01.07.1998.

1058 Gesetz zur Abschaffung der gesetzlichen Amtspflegschaft und zur Neuordnung des Rechts der Beistandschaft vom 04.12.1997, BGBl. 1997 I, 2846, in Kraft getreten am 01.07.1998.

1059 Gesetz zu erbrechtlichen Gleichstellung nichtehelicher Kinder vom 16.12.1997, BGBl. 1997 I, 2968, in Kraft getreten am 01.04.1998.

1060 Gesetz zur Vereinheitlichung des Unterhaltsrechts minderjähriger Kinder vom 06.04.1998, BGBl. 1998 I, 666, in Kraft getreten am 01.07.1998.

ehelicher und nichtehelicher Kinder im Besonderen.[1061] Daneben führte der politisch wie gesellschaftlich gewollte Abbau von als diskriminierend empfundenen Vorschriften, der als ein zentrales Motiv auch beim Abbau der die elterliche Sorge der ledigen Mutter einschränkenden Vorschriften wirkte, nun zur Ersetzung der Bestimmungen über die Entmündigung und die Vormundschaft über Volljährige durch das Betreuungsgesetz vom 12. September 1990.[1062]

a. Die Reform des Jugendhilferechts von 1991

Den Anfang der gesetzgeberischen Modernisierungswelle der 1990er Jahre machte aber zunächst die Reform des Jugendwohlfahrtsgesetzes, deren Vorgeschichte bis in die siebziger Jahre zurückreicht.[1063] Am 1. Januar 1991 – in den neuen Bundesländern bereits mit dem Beitrittstermin am 3. Oktober 1990 – trat in (West-) Deutschland das Kinder- und Jugendhilfegesetz (KJHG)[1064] in Kraft und löste damit das 1953 als Jugendwohlfahrtsgesetz (JWG) novellierte RJWG von 1922 ab. Das Gesetz trug dem auch im Jugendhilferecht erfolgten Wandel der Anschauungen Rechnung und enthielt im Wesentlichen eine dem liberalen Zeitgeist folgende Abkehr von der bisherigen Kontroll- und Eingriffsorientierung des JWG hin zu einer rein sozialpädagogischen Ausrichtung. So entfielen etwa die bisherige gerichtlich angeordnete Erziehungsbeistandschaft sowie die Fürsorgeerziehung. Zentrale Norm war nunmehr § 27 KJHG, der den Personensorgeberechtigten, also meist den Eltern, einen Rechtsanspruch auf geeignete und notwendige Hilfen zur Erziehung verschaffte. Im Gegensatz zum alten JWG, das als Leistungsempfänger direkt den Minderjährigen vorsah, machte das KJHG jetzt die Eltern zum alleinigen Wahrer der Kindesinteressen. Der hierin zum Ausdruck kommende Paradigmenwechsel bestand darin, denjenigen, denen man in den Vorläufergesetzen noch stark misstraute, später dagegen immer mehr vertraute, nämlich den nichtverheirateten Eltern, nunmehr die volle Freiheit über die Inanspruchnahme staatlicher Hilfen zu geben. Jugendhilfe sollte ab jetzt nur noch „Unterstützungstätigkeit zur Selbstverwirklichung nach eigenen Vorstellungen“[1065] sein. Die Grenze dieser

1061 *Rauscher*, Familienrecht, 2008, 62.
1062 Gesetz zur Reform des Rechts der Vormundschaft und Pflegschaft für Volljährige vom 12.09.1990, BGBl. 1990 I, 2002, in Kraft getreten am 01.01.1992.
1063 Vgl. zur Entstehungsgeschichte *Münder*, Kinder- und Jugendhilferecht, 22 ff., 25.
1064 Gesetz zur Neuordnung des Kinder- und Jugendhilferechts v. 26.06.1990, BGBl. 1990 I 1163, in Kraft getreten am 01.01.1991.
1065 So *Münder*, Kinder- und Jugendhilferecht, 26.

Freiheit fand sich erst in der Ultima Ratio eines ganzen oder teilweisen Sorgerechtsentzugs gem. § 1666 BGB.

b. Das BGB und die ostdeutschen Mütter und Väter

Mit der Wiedervereinigung am 3. Oktober 1990 trat auf dem Gebiet der früheren DDR gemäß dem Einigungsvertrag grundsätzlich das geltende Recht der BRD in Kraft. So auch das BGB. Für Teile des Familienrechts des BGB galt jedoch eine Ausnahme: So ist in Art. 234 § 11 des Einführungsgesetzes zum BGB (EGBGB) die Ausnahme geregelt worden, dass ostdeutsche ledige Mütter, die nach dem schon Jahrzehnte bestehenden DDR-Recht regelmäßig das Erziehungsrecht (äquivalent zur elterliche Sorge) innehatten, diese Rechtsposition auch nach dem Beitritt behalten durften. Da nach DDR-Recht das Erziehungsrecht der ledigen Mutter nicht wie in Westdeutschland durch eine Amtspflegschaft des Jugendamtes eingeschränkt war, hatten somit ostdeutsche Mütter nach dem Beitritt bereits die uneingeschränkte elterliche Sorge, welche den westdeutschen Müttern noch versagt war. Der Gesetzgeber führte dazu wenig ergiebig aus, „es erscheine nicht angängig, die Mütter der nichtehelichen Kinder aus der DDR mit dem In-Kraft-Treten des BGB durch eine Amtspflegschaft in ihrem bislang uneingeschränkten Erziehungsrecht zu beschränken“.[1066] Andere Stimmen äußerten sich dahingehend, dass die ostdeutschen Mütter dieser Rechtsfürsorge aufgrund ihrer in der DDR erworbenen Selbstständigkeit nicht mehr bedurft hätten.[1067] Ein bestehendes Erziehungsrecht eines ostdeutschen Vaters hingegen, der nach DDR-Recht subsidiär zur Mutter das Erziehungsrecht für sein Kind erhalten hatte, wurde gemäß Art. 234 § 11 EGBGB nicht in ein väterliches Sorgerecht, sondern in eine Vormundschaft übergeleitet. Der Gesetzgeber wies diesbezüglich lapidar auf die neue, nunmehr gesamtdeutsche Rechtslage hin, nach der ein unverheirateter Vater eben nicht Inhaber der elterliche Sorge sein konnte.[1068]

Ausgehend von dieser Rechtsspaltung ist in der amtlichen Begründung des Einigungsvertrages ausdrücklich auf die Reformbedürftigkeit des Nichtehelichenrechts hingewiesen worden, wobei man insbesondere das Rechtsinstitut der Amtspflegschaft in Frage stellte.[1069] Dazu mag auch die Tatsache beigetragen haben, dass der Anteil nichtehelicher Geburten im Gebiet der ehemaligen DDR – bei einer

1066 BT-Drucksache 11/7817, 36.
1067 *Grandtke*, in: Coester, Das nichteheliche Kind und seine Eltern, 15.
1068 BT-Drucksache 11/7817, 45.
1069 BT-Drucksache 11/7817, 36.

allgemein höheren Geburtenrate pro Frau – mehr als dreimal so hoch war wie in Westdeutschland.[1070] Die Konfrontation des BRD-Gesetzgebers mit diesem Umstand dürfte die Reformbereitschaft weiter verstärkt haben.

Im Hinblick auf die Rechtsstellung der ledigen Mutter kann durch das Bestehenlassen der Regelung des DDR-Rechts insofern von einer – auch begrifflichen – Vorwegnahme künftigen gesamtdeutschen Rechts gesprochen werden. Dennoch wurde der gespaltene Rechtszustand noch acht Jahre lang beibehalten.

c. Stärkung der Rechtsposition des Vaters durch das BVerfG

Was das BVerfG in seinen Entscheidungen aus den 1980er Jahren[1071] bereits andeutete, schlug sich in den 1990er Jahren in konkreten verfassungsrichterlichen Entscheidungen zugunsten der Rechtsposition des Vaters nieder. Der weiter wachsende Anteil nichtehelicher Geburten, die steigende Anzahl nichtehelicher Lebensgemeinschaften sowie infolgedessen von unverheirateten Vätern, die eine Beteiligung an der elterlichen Sorge für ihre Kinder auch gerichtlich anstrebten, erzwangen eine verfassungsrechtliche Grundentscheidung zur Frage der Vaterrechte. Grundlegend hierfür war das endgültig klarstellende Urteil des BVerfG vom 7. März 1995 zur Grundrechtsträgerschaft des Vaters, indem es ausführte, dass der Vater eines nichtehelichen Kindes generell Träger des verfassungsrechtlich geschützten Elternrechts aus Art. 6 Abs. 2 GG sei.[1072] Danach seien in den Schutzbereich der Norm auch die Väter nichtehelicher Kinder jedenfalls dann einbezogen, wenn sie nach den einschlägigen gesetzlichen Vorschriften als Väter feststehen, unabhängig davon, ob sie mit der Mutter des Kindes zusammenleben und ob sie eine enge oder keine tatsächliche Beziehung zu dem Kind haben. [1073]Anlass war die als Verstoß gegen Art. 6 Abs. 2 S. 1 GG gewertete bisherige rechtliche Situation, nach der für die Adoption eines nichtehelichen Kindes durch seine Mutter oder deren Ehemann weder die Einwilligung des Vaters noch eine anderweitige Berücksichtigung seiner Belange vorgesehen war.[1074] Gernhuber – als einer der schärfsten Kritiker der minderen Rechtsposition des Vaters – hatte diese Situation bereits früh als ein „für das deutsche Recht charakteristisches

1070 Der Anteil nichtehelicher Geburten lag im Jahre 1990 bei allgemein steigender Tendenz in Westdeutschland bei 10,5 %, in dem Gebiet der ehemaligen DDR dagegen bei 35 % aller Lebendgeborenen; vgl. BT-Drucksache 13/4899, 37.

1071 BVerfGE 56, 363, 383.

1072 BVerfGE 92, 158 = FamRZ 1995, 789, 792 = NJW 1995, 2155 ff.

1073 BVerfGE 92, 158, 177, 178.

1074 §§ 1747 Abs. 2 BGB a. F.

Bild geminderter personenrechtlicher Bedeutung der nichtehelichen Vaterschaft und kaum differenzierten Vorranges der Mutter“ sowie als verfassungsrechtlich zweifelhaft angeprangert.[1075] Huber sprach in diesem Zusammenhang kritisch von der „Ohnmacht des Vaters“.[1076] Zuvor bereits hatte das BVerfG mit Beschluss vom 7. Mai 1991[1077] entschieden, es verstoße gegen Art. 6 Abs. 2 GG, dass nicht miteinander verheiratete Eltern, die mit ihrem gemeinsamen Kind zusammenlebten, kein gemeinsames Sorgerecht erlangen könnten. Damit hatte es dem Gesetzgeber den Auftrag zur Schaffung einer verfassungsgemäßen Lösung erteilt.

Das BVerfG brachte mit diesen Entscheidungen das verfassungsmäßige Elternrecht, die sozialen Realitäten im Zusammenleben der Menschen sowie das gewandelte Sozialbild des Vaters eines nichtehelichen Kindes wieder weitestgehend in Einklang und bereitete so den Reformgesetzen von 1998 den verfassungsrechtlichen Boden.

d. Stärkung der Rechtsposition des Vaters durch den EGMR

Die rechtliche Stellung, die dem Vater eines nichtehelichen Kindes im deutschen Kindschaftsrecht und in der deutschen Rechtsprechung zukam, geriet seit Anfang der 1980er Jahre in immer deutlicheren Gegensatz zu den Anforderungen der – als völkerrechtlicher Vertrag auch von Deutschland ratifizierten – EMRK (Konvention zum Schutz der Menschenrechte und Grundfreiheiten vom 4. November 1950) sowie zu deren Interpretation durch den Europäischen Gerichtshof für Menschenrechte (EGMR). Besondere Bedeutung für die Situation der Väter nichtehelicher Kinder hatte Art. 8 EMRK[1078], nach dem jede Person das Recht auf Achtung ihres Privat- und Familienlebens hat, in Verbindung mit dem Diskriminierungsverbot

---

1075 *Gernhuber*, Lehrbuch des Familienrechts, 3. Auflage, 983.

1076 *Huber*, in: MünchKomm, 4. Auflage, § 1626a, Rn 40; gleicher Wortlaut in der 5. Auflage, § 1626a, Rn. 40.

1077 BVerfGE 84, 168.

1078 Art. 8 EMRK
„(1) Jede Person hat das Recht auf Achtung ihres Privat- und Familienlebens, ihrer Wohnung und ihrer Korrespondenz.
(2) Eine Behörde darf in die Ausübung dieses Rechts nur eingreifen, soweit der Eingriff gesetzlich vorgesehen und in einer demokratischen Gesellschaft notwendig ist für die nationale oder öffentliche Sicherheit, für das wirtschaftliche Wohl des Landes, zur Aufrechterhaltung der Ordnung, zur Verhütung von Straftaten, zum Schutz der Gesundheit oder der Moral oder zum Schutz der Rechte und Freiheiten anderer.“

des Art. 14 EMRK[1079] erlangt. Spätestens mit dem Marckx-Urteil[1080] setzte die Diskussion über das Spannungsverhältnis zwischen dem völligen Vaterausschluss des deutschen Sorgerechts und dem genannten Artikel der Europäischen Menschenrechtskonvention ein.[1081] Der EGMR hatte in einem seiner Leitsätze zum Marckx-Urteil festgestellt, dass Art. 8 EMRK zwischen einer „ehelichen" und einer „nichtehelichen" Familie keinen Unterschied mache und die „Achtung des Familienlebens" für den Vertragsstaat auch die positive Verpflichtung mit einschließe, bei der Normierung familienrechtlicher Verhältnisse so zu verfahren, dass den Betroffenen die Führung eines normalen Familienlebens ermöglicht wird.[1082]

In den folgenden Jahren entwickelte der EGMR eine weitaus stärker an der biologischen Verbindung zwischen Eltern und Kind orientierte Rechtsprechung, als dies parallel im deutschen Recht der Fall war. Dies stärkte die Rechtsposition nichtehelicher Eltern-Kind-Beziehungen und schlug sich seither angesichts der bis 1998 gültigen deutschen Rechtslage in einer auffälligen Häufung von durch den EGMR festgestellten Verstößen deutscher Familiengerichte gegen Art. 8 EMRK nieder.[1083]

Die Bedeutung, die der EGMR der biologischen Verbundenheit auch und so gerade des Vaters zumaß, machte eine Entscheidung gegen Irland aus dem Jahre 1994 deutlich.[1084] Der Begriff der „Familie" im Sinne von Art. 8 EMRK beschränke sich nicht bloß auf eheliche Beziehungen, sondern erfasse auch andere faktische Familienbande außerhalb der Ehe. Ein Kind, das aus einer unehelichen Beziehung hervorgeht, gehöre zur Familie in diesem Sinne. Das gelte selbst dann, wenn zum Zeitpunkt der Geburt die Eltern nicht mehr zusammenlebten oder ihre Beziehung beendet sei. Die im Hinblick auf den zugrunde gelegten Sachverhalt

1079 Art. 14 EMRK
„Der Genuss der in dieser Konvention anerkannten Rechte und Freiheiten ist ohne Diskriminierung insbesondere wegen des Geschlechts, der Rasse, der Hautfarbe, der Sprache, der Religion, der politischen oder sonstigen Anschauung, der nationalen oder sozialen Herkunft, der Zugehörigkeit zu einer nationalen Minderheit, des Vermögens, der Geburt oder eines sonstigen Status zu gewährleisten."

1080 Marckx v. Belgien, Urteil vom 13.06.1979, Ser.A, Vil.31 = EuGRZ 1979, 454 ff.

1081 *Jayme*, NJW 1979, 2425, 2428; *Strätz*, FamRZ 1980, 434, 437; *Schwaiger*, EuGRZ 1982, 1 ff.; *Zenz/Salgo*, Zur Diskriminierung der Frau im Recht der Eltern-Kind-Beziehung, 73; *Sturm*, FamRZ 1982, 1150 ff.; *Kroppholler*, AcP 185 (1985), 244, 249, 271. Vgl. hierzu auch ausführlich *Brötel*, Der Anspruch auf Achtung des Familienlebens, 273 ff.

1082 NJW 1979, 2449.

1083 Vgl. dazu *Büte*, FuR 2006, 170 ff.; *Lenz*, FPR 2004, 303; *ders.*, FF 2001, 190 ff.

1084 EGMR, Urteil vom 26.05.1994, NJW 1995, 2153 = EuGRZ 1995, 113.

gerügte rechtliche Möglichkeit, ein nichteheliches Kind heimlich ohne Kenntnis oder Zustimmung des Vaters zur Adoption freizugeben, könne eine Beeinträchtigung des Rechts des Vaters aus Art. 8 EMRK (Achtung des Familienlebens) darstellen.[1085] Eine ähnliche Konstellation sollte 1995 zur Entscheidung des BVerfG führen, eine entsprechende Regelung im deutschen Recht als unvereinbar mit dem Elternrecht des Vaters zu erklären.[1086]

Wie dringend die Reformierung des deutschen Kindschaftsrechts hinsichtlich der Rechtsposition des Vaters war, zeigte die Verurteilung der Bundesrepublik Deutschland durch den EGMR vom 13. Juli 2000 wegen einer auf dem § 1711 BGB a. F., der zum Verkündungstermin nicht mehr in Kraft war, beruhenden, den Umgang eines Vaters mit seinem Kind ablehnenden Entscheidung, die von den europäischen Richtern als ein Verstoß gegen die Art. 8 und 6 Abs. I (Grundsatz des *fair trial*) EMRK gewertet wurde.[1087]

Ein besonders drastisches Beispiel für den Gegensatz zwischen der entscheidend auf die biologische Vater-Kind-Beziehung abstellenden und damit die Väterrechte stärkenden Rechtsprechung des EGMR und dem hartnäckig überdauernden Ressentiment gegen den unverheirateten Vater innerhalb der deutschen Praxis ist die Entscheidung Görgülü.[1088] Dieser Umgangs- und Sorgerechtsfall hat seit seiner erstmaligen Beschäftigung der Justiz im Dezember 1999 „wohl mehr öffentliches Aufsehen erregt und das BVerfG häufiger beschäftigt [...] als jeder andere Umgangsrechtsstreit".[1089] Der mit der Mutter nicht verheiratete und nicht zusammenlebende Vater türkischer Abstammung war Vater eines 1999 geborenen und von der Mutter ohne Angabe der Person des Vaters sofort zur Adoption freigegebenen Kindes. Kurz nach der Geburt lebte das Kind bei Pflegeeltern. Nach Vaterschaftsanerkennung, gerichtlicher Vaterschaftsfeststellung auf Antrag des Vaters und Einräumung des Umgangs wurde dem Vater im März 2001 auch das Sorgerecht für seinen Sohn erteilt. Die Vaterschaftsklage war notwendig geworden, da der Amtsvormund als gesetzlicher Vertreter des Kindes seine Zustimmungserklärung verweigert hatte. Die Sorgerechtsübertragung auf den Vater wurde im Juni 2001 vom

1085 Nach den Leitsätzen der NJW-Redaktion zum Urteil vom 26.05.1994, NJW 1995, 2153.

1086 BVerfGE 92, 158 = FamRZ 1995, 789, 792 = NJW 1995, 2155 ff.

1087 Elsholz gegen Bundesrepublik Deutschland, Urteil vom 13.07.2000, DAVorm 2000, 629. Zu dieser Entscheidung *Kodjoe*, DAVorm 2000, 641 und *Koeppel*, DAVorm 2000, 639.

1088 EGMR (III. Sektion), Urteil vom 26. 2. 2004 – 74969/01 (Görgülü/Deutschland), NJW 2004, 3397 ff.

1089 So *Rauscher*, Familienrecht, 962, Fn. 9.

OLG Naumburg ebenso wieder aufgehoben wie sein Umgangsrecht. Der EGMR gab der Beschwerde Görgülüs gegen die Entscheidung des OLG Naumburg und die Zurückweisung einer von ihm eingelegten Verfassungsbeschwerde durch das BVerfG vom 26.02.2004 statt und stellte eine Verletzung von Art. 8 EMRK durch die Verweigerung des Sorge- und Umgangsrechts fest. Zwischenzeitlich war sowohl eine Beschwerde des Vaters beim BVerfG wegen verweigerten Umgangs als auch eine vom OLG Naumburg stattgegebene Beschwerde gegen die Ersetzung seiner Zustimmung zur Adoption des Kindes durch die Pflegeeltern anhängig. In einem außergewöhnlichen Zug durch die gesamte deutsche und europäische Gerichtsbarkeit erreichte der Vater durch das Urteil des AG Wittenberg vom 28. August 2008[1090] schließlich das alleinige Sorgerecht für sein Kind.

Der EGMR[1091] stärkte mit seiner Entscheidung maßgeblich die Position des biologischen Vaters, indem es den Vertragsstaaten aufgab, nicht nur bestehende Bande zwischen biologischem Vater und Kind zu schützen, sondern auch und gerade bisher nicht bestehende Beziehungen zu fördern. Demgegenüber hätten die mit der Entscheidung über das Sorge- und Umgangsrecht des betreffenden Vaters befassten deutschen Gerichte zu sehr auf die sozial-familiären Beziehung des Kindes zur Pflegefamilie abgestellt und dabei die biologisch begründete Vater-Kind-Beziehung in unbegründeter Weise zerschnitten, das Kind gleichsam „von seinen Wurzeln abzuschneiden".[1092]

Das Verdikt eines Verstoßes gegen die Menschenrechte im Falle Görgülü dürfte die Wahrnehmung der Interessen der biologischen Väter sowohl in der Öffentlichkeit als auch in der juristischen und behördlichen Praxis gestärkt haben, werfen die Einzelheiten des Falles doch ein bezeichnendes Licht auf die Ausübung vormundschaftsgerichtlicher und behördlicher Befugnisse: Die Verweigerung der amtsvormundschaftlichen Zustimmung bei der Vaterschaftsanerkennung des biologischen Vaters, die Ersetzung der Zustimmung des biologischen Vaters zur Adoption sowie das Räsonieren von Gerichten über eine vorgeblich „einseitig ideologisch überhöhte Präferenz"[1093] des EGMR für Rechtspositionen des biologischen Vaters oder auch über eine „besondere Problematik des Umgangs eines gemischtnationalen Kindes mit seinem Vater"[1094] weisen auf das Fortbestehen eines nicht nur unterschwelligen Vaterressentiments hin.

1090 AG Wittenberg, Beschluss vom 11.02.2008, 4 F 621/07 SO, NJW-RR 2008, 1100.
1091 Zum Gesamtkomplex Väterrechte vor dem EGMR, *Brückner*, FPR 2005, 200 ff.
1092 EGMR, NJW 2004, 3397.
1093 OLG Naumburg, Beschluss vom 09.07.2004, 14 UF 60/04.
1094 OLG Naumburg, Beschluss vom 09.07.2004, 14 UF 60/04.

e. Das Kindschaftsrechtsreformgesetz (KindRG) von 1997

Das Gesetz zur Reform des Kindschaftsrechts vom 16. Dezember 1997[1095] bildete das Kernstück der Familienrechtsreform der neunziger Jahre. Es folgte der Reformtrias Kindeswohl, Elternrechte und Gleichstellung. So nennt die amtliche Begründung als Schwerpunkte der Reform[1096]

- die Verbesserung der Rechte des Kindes und die bestmögliche Förderung des Kindeswohls,
- vorbehaltlich der Vereinbarkeit mit dem Kindeswohl die Stärkung der Rechtsposition der Eltern und deren Schutz vor unnötigen staatlichen Eingriffen,
- den weitestmöglichen Abbau der in Teilbereichen noch bestehenden rechtlichen Unterschiede zwischen ehelichen und nichtehelichen Kindern.

aa. Das neue Recht

(1) Elterliche Sorge

Die anvisierte Gleichstellung ehelicher und nichtehelicher Kinder in einem nunmehr weitestgehend einheitlichen Kindschaftsrecht schlug sich vor allem im Recht der elterlichen Sorge (§§ 1626 ff. BGB) nieder. Das bisher gültige Zuordnungsprinzip ehelich/nichtehelich wurde abgeschafft, der Begriff „nichtehelich“ tauchte fortan im Gesetzestext nicht mehr auf. Dort wo es nach Einschätzung des Gesetzgebers die besondere soziale Situation der nichtehelichen Kinder weiterhin verlange, Sonderregelungen für das nichteheliche Kind, seine Mutter oder seinen Vater erforderte, behalf man sich mit der schon im Recht der ehemaligen DDR gebrauchten Wendung „Kinder, deren Eltern nicht miteinander verheiratet sind“. Wie bereits beim vom Gesetzgeber angeordneten Wechsel vom Begriff „unehelich“ zu „nichtehelich“ fand auch diese Neuformulierung, die vom Bemühen geleitet war, eine etwaige sprachliche Diskriminierung zu vermeiden, deutliche Kritik.[1097]

Das Gesetz schaffte erstmals die vom BVerfG eingeforderte[1098] Möglichkeit einer gemeinsamen elterlichen Sorge nicht miteinander verheirateter Eltern (§ 1626a

1095 Gesetz zur Reform des Kindschaftsrechts vom 16.12.1997, BGBl. 1997 I 2942, in Kraft getreten am 01.07.1998.

1096 Amtliche Begründung des Regierungsentwurfs, BT-Drucksache 13/4899, 1, 29.

1097 *Schumann*, FamRZ 2000, 389; *Niepmann*, MDR 1998, 565 Fn. 2; *Greßmann*, Neues Kindschaftsrecht, Rn. 139; *Wieser*, NJW 1998, 2023; *Diederichsen*, NJW 1998, 1977, 1980 Fn. 41, 1982 f., 1990 f. Siehe aber auch später *Coester*, FamRZ 2004, 87, 88, und über die „Begrifflichkeit vergangener Jahrhunderte“ in FamRZ 2003, 1447.

1098 BVerfGE 84, 168.

BGB). Diese können sie nun durch Abgabe einer gemeinsamen Sorgeerklärung erlangen (§ 1626a Abs. 1 Nr. 1 BGB). Hierfür ist es auch nicht notwendig, dass die Eltern zusammenleben.[1099] Wenn keine übereinstimmenden Sorgeerklärungen der Eltern vorliegen, bleibt es gem. § 1626a Abs. 2 BGB bei dem bisherigen Alleinsorgerecht der Mutter. Dieses ist nach der Abschaffung der Amtspflegschaft durch das gleichzeitig zum KindRG in Kraft getretene BeistandschaftsG nicht mehr eingeschränkt.

Der Vater kann eine Beteiligung am Sorgerecht im Rahmen der gemeinsamen Sorge nur mit Zustimmung der Mutter erlangen. Ein gemeinsames Sorgerecht gegen den Willen der Mutter ist ausgeschlossen, ihre Zustimmung kann nicht durch das Familiengericht ersetzt werden. Gegen oder ohne den Willen der Mutter kann der Vater die elterliche Sorge nur erlangen, wenn das Sorgerecht der Mutter wegen Kindeswohlgefährdung entzogen wird (§§ 1666, 1680 Abs. 3 BGB), die Mutter stirbt (§ 1680 Abs. 2 BGB), verhindert ist oder ihr Sorgerecht ruht (§ 1678 Abs. 2 BGB). Wenn die Eltern getrennt leben, ohne vorher eine gemeinsame Sorge begründet zu haben, ist ein Übergang der Alleinsorge von der Mutter auf den Vater ebenfalls nur mit Zustimmung der Mutter und unter einem zusätzlichen Vorbehalt der Kindeswohldienlichkeit möglich (§ 1672 Abs. 1 BGB). Auch in dieser Konstellation kann, etwa im Falle eines offensichtlich besser zur Ausübung der elterlichen Sorge geeigneten Vaters, die Zustimmung der Mutter zum Sorgerechtübergang nicht ersetzt werden.[1100] Eine anderweitige gerichtliche Möglichkeit, dem Vater auf seinen Antrag hin und unter Kindeswohlaspekten das Sorgerecht einzuräumen, existiert nach dem KindRG ebenso wenig.

(2) Umgangsrecht

Das Umgangsrecht wurde durch das KindRG vollständig vereinheitlicht. Es differenziert fortan weder nach dem vormaligen Bestehen einer Ehe noch nach gesonderten Vater-Kind- bzw. Mutter-Kind-Verhältnissen. Der neue § 1684 BGB stellte insofern klar, dass es sich beim Umgangsrecht primär um ein subjektives Recht des Kindes auf Umgang mit beiden Elternteilen handelt. Im Gegenzug sind Mutter und Vater zum Umgang mit dem Kind „verpflichtet und berechtigt" (§ 1684 Abs. 1 HS. 2 BGB). Das neue Umgangsrecht folgt nunmehr offiziell dem Grundsatz, dass zum Wohl des Kindes in der Regel der gleichberechtigte Umgang sowohl mit der Mutter als auch – im Gegensatz zum bisherigen Rechtszustand – mit dem Vater gehört (§ 1626 Abs. 3 BGB). Die Regelung des § 1711 Abs. 1 S. 1 BGB a. F., nach

1099 BT-Drucksache 13/4899, 58.
1100 BT-Drucksache 13/4899, 100; AG Pankow, FamRZ 00, 1241.

dem das „Ob“ und „Wie“ des väterlichen Umgangs in erster Linie vom Willen oder Unwillen der Mutter abhing, ist entfallen. Gegebenenfalls entscheidet das Familiengericht über den Umfang und die Ausübung des Umgangsrechts (§ 1684 Abs. 3 BGB). Eine zeitweise Einschränkung oder ein Ausschluss des Umgangsrechts ist nur vom Familiengericht zu erlassen, wenn dies zum Wohl des Kindes erforderlich sein sollte (§ 1684 Abs. 4 S. 1 BGB). Eine Einschränkung für längere Zeit oder ein dauerhafter Ausschluss ist nur zu veranlassen, wenn andernfalls das Wohl des Kindes gefährdet wäre (§ 1684 Abs. 4 S. 2 BGB). Auf die Vollstreckung des Umgangsrechts sowohl durch Zwangsgeld als auch mittels Gewalt (§ 33 FGG) hat der Gesetzgeber aus grundsätzlichen Erwägungen[1101] nicht verzichtet.[1102] Zwingend schaltet man aber ein gerichtliches Vermittlungsverfahren vor.

(3) Weitere Änderungen

Im Abstammungsrecht sollten die Rechte der Mutter dadurch gestärkt werden, dass für die Vaterschaftsanerkennung nunmehr die Zustimmung der Mutter verlangt wird (§ 1595 Abs. 1 BGB). Dass es dabei zunächst um die Interessen der Mutter ging, wurde schon dadurch deutlich, dass die Entscheidung ihr aus eigenem Recht zusteht und eine gerichtliche Ersetzung nicht vorgesehen ist.[1103] Damit wurde ihr theoretisch die Möglichkeit eröffnet, durch Verweigerung der Zustimmung die Entstehung einer väterlichen Rechtsposition, welche sie später etwa im Rahmen des Umgangsrechts in ihrer mütterlichen Rechtsposition einschränken könnte, zu verhindern. Die Rechte des Vaters hingegen wurden im Adoptionsrecht gestärkt. Die Adoption eines nichtehelichen Kindes wird nun grundsätzlich an die Einwilligung beider Elternteile, also auch an die des Vaters, gebunden (§ 1747 Abs. 1 BGB).[1104] Diese allerdings kann nach § 1748 BGB vom Vormundschaftsgericht ersetzt werden.

1101 Vgl. BT-Drucksache 13/4899, 69.

1102 Sowohl die zu den Beratungen des KindRG hinzugezogene Arbeitsgruppe „Nichtehelichenrecht“ als auch der Deutsche Juristentag haben im Vorfeld der Reform vorgeschlagen, die Vollstreckbarkeit von Umgangsentscheidungen völlig abzuschaffen, damit durch die Vollstreckung das Verhältnis zwischen Kind und betreuendem Elternteil nicht belastet und so das Kindeswohl beeinträchtigt werde; vgl. dazu BT-Drucksache 13/4899, 69.

1103 BT-Drucksache 13/4899, 54.

1104 Man kam damit einer Forderung des BVerfG (Entscheidung vom 08.03.1995) nach, welches die bisherige Praxis, nach der weder die Einwilligung des Vaters noch eine Abwägung mit seinen Interessen vorgesehen war, für unvereinbar mit Art. 6 Abs. 2 S. 1 GG erklärt hatte

bb. Die wissenschaftliche Basis der Reform – soziodemografische Ausgangsdaten

In einem weitaus größeren Ausmaß als die vorangegangenen Reformen des deutschen Nichtehelichenrechts basierte die Kindschaftsrechtsreform von 1998 auf umfassenden soziodemografischen Vorarbeiten. Anders als bei der Reform 1970, die im Wesentlichen überholte Mutter- und Vaterbilder aus den 1950er Jahren in Gesetzesform goss, bediente sich das Bundesministerium der Justiz verschiedener eingeholter Gutachten, der Ergebnisse vergebener Forschungsaufträge sowie der Beratung durch eine 1991 einberufene interdisziplinäre Arbeitsgruppe „Nichtehelichenrecht".[1105] So konnte erstmals ein annähernd realistisches Bild der ledigen Mutter und des Vaters eines nichtehelichen Kindes gezeichnet werden, das weitgehend auf Zahlen und Fakten und weniger auf tradierten Auffassungen beruhte.

(1) Die reinen Zahlen

Der Reformgesetzgeber hatte zunächst den stetig steigenden Anteil nichtehelicher Geburten sowohl in den alten wie auch in den neuen Bundesländern zu beachten. Von 9,6 Prozent im Jahre 1986 erhöhte sich der Anteil in Westdeutschland stetig auf 12,4 Prozent im Jahre 1994. In Ostdeutschland stieg der Anteil im selben Zeitraum von 34,4 Prozent auf 41,4 Prozent.[1106] Parallel dazu erhöhte sich auch für Westdeutschland die Zahl nichtehelicher Lebensgemeinschaften mit minderjährigen Kindern von 160 000 im Jahre 1991 auf 220 000 im Jahre 1994. Bei einer Gesamtzahl von 1 282 000 lebten dort 1994 in 17,2 Prozent aller nichtehelichen Lebensgemeinschaften minderjährige Kinder.[1107] In Ostdeutschland lebten zur gleichen Zeit bei einer Gesamtzahl von 377 000 nichtehelichen Lebensgemeinschaften sogar in mehr als der Hälfte aller Fälle (50,1 Prozent) minderjährige Kinder. Für Gesamtdeutschland schätzte das Statistische Bundesamt im Jahre 1994 die Zahl von 585 000 Kindern, die in nichtehelichen Lebensgemeinschaften lebten.[1108]

Allein schon diese Zahlen und vor allem ihre steigende Tendenz machten eine grundlegende Reform des nichtehelichen Kindschaftsrechts nötig. Insbesondere der steigende Anteil von nichtehelichen Lebensgemeinschaften, in denen Kinder lebten oder aus denen sie hervorgingen, verdeutlichten die Notwendigkeit, die

---

1105 Vgl. *Mühlens/Kirchmeier/Greßmann*, Das neue Kindschaftsrecht, 32 f.
1106 BT-Drucksache 13/4899, 37.
1107 BT-Drucksache 13/4899, 38.
1108 Eigene Berechnung aus den in BT-Drucksache 13/4899, 38 genannten Zahlen.

durch das Zusammenleben entstandenen familiären Bindungen der Beteiligten untereinander im Interesse des Kindeswohls rechtlich abzusichern. Selbst wenn man die Aufforderung des BVerfG (Beschluss vom 07.05.1999) außer Acht gelassen hätte, wäre im Zuge dieser neuen Entwicklung die subalterne Rolle des Vaters nicht mehr zu ignorieren gewesen: Die Zahlen und die darin zum Ausdruck kommende verstärkte Präsenz des Vaters im Verhältnis zu Kind und Mutter zwangen zu einer endgültigen Neubewertung des tradierten Bildes des Vaters eines nichtehelichen Kindes. Wenn auch nach wie vor die Mehrzahl aller nichtehelichen Kinder allein mit ihren Müttern und ggf. weiteren Kindern lebte (Westdeutschland: 56 Prozent; Ostdeutschland: 44 Prozent), so wohnten dennoch immerhin 18 Prozent der nichtehelichen Kinder in Westdeutschland sowie 31 Prozent in Ostdeutschland mit ihrem leiblichen Vater in einem Haushalt zusammen.[1109]

(2) Die Mütter nichtehelicher Kinder in den 1990er Jahren

Aus den verschiedenen Studien zur Lage der Mütter nichtehelicher Kinder aus dem Vorfeld der Kindschaftsrechtsreform ergab sich bei aller Unterschiedlichkeit der Ergebnisse, dass Nichtehelichkeit kein Spezifikum einer bestimmten Bevölkerungsschicht war. Zwar war der Großteil der ledigen Mütter anhand ihrer beruflichen Ausbildungssituation in einfachen Verhältnissen sowie der unteren Mittelschicht zu finden, dennoch spreizte sich das Spektrum breit in alle Bevölkerungsschichten.[1110] So besaßen etwa 45 Prozent der Mütter eine abgeschlossen Lehre.[1111] Eine kleine Gruppe von immerhin 5 Prozent bis 15 Prozent der Mütter hatte einen Hochschulabschluss.[1112] Keinen beruflichen Abschluss hatten zwischen 20 Prozent und 37 Prozent der Mütter.[1113] Zumindest diese Daten zur sozialen Herkunft lediger Mütter standen daher nicht unbedingt im Einklang mit der noch in den sechziger Jahren ausdrücklich oder implizit vorgenommenen sozialen Verortung in der Unterschicht. Und auch eine bereits Anfang der achtziger Jahre geäußerte und für den Wandel des Sozialbildes nichtehelicher Elternschaft

1109 BT-Drucksache 13/4899, 38.

1110 *Vaskovics*, Lebenslage nichtehelicher Kinder, 24; *Neubauer*, Alleinerziehende Mütter und Väter, 31 f.

1111 *Vaskovics*, Lebenslage nichtehelicher Kinder, 24; *Neubauer*, Alleinerziehende Mütter und Väter, 136.

1112 *Vaskovics*, Lebenslage nichtehelicher Kinder, 24; *Neubauer*, Alleinerziehende Mütter und Väter, 136.

1113 *Vaskovics*, Lebenslage nichtehelicher Kinder, 24; *Neubauer*, Alleinerziehende Mütter und Väter, 136; *Napp-Peters*, Ein-Elternteil-Familien – Soziale Randgruppen oder ein neues familiales Selbstverständnis?, 62.

bedeutsame Vorstellung fand eine wissenschaftliche Stütze: Untersuchungen ergaben, dass nichteheliche Lebensgemeinschaften zwischen unverheirateten Eltern tendenziell häufiger unter Akademikern vorkamen.[1114]

Die Untersuchungen zeichneten eine prekäre wirtschaftliche Situation der ledigen Mutter. Die Angaben zur Erwerbslosigkeit lediger Mütter lagen zwischen 40 und 44 Prozent.[1115] Bei denjenigen Müttern mit Kindern unter drei Jahren waren ca. zwei Drittel nicht erwerbstätig.[1116] Den Zusammenhang zwischen Erwerbslosigkeit und den Belastungen der alleinerziehenden Mutterschaft verdeutlichte die Tatsache, dass die Erwerbslosigkeit signifikant abnahm, wenn die Kinder in das Kindergarten- und Schulalter kamen.[1117] Die wirtschaftliche Situation von Haushalten, in denen die Mutter samt Kind mit dem Vater zusammenlebte, war nach bezogenen Sozialleistungen sowie verfügbarem Haushaltseinkommen deutlich weniger angespannt.[1118]

Das durchschnittliche Alter der ledigen Mutter lag Mitte der neunziger Jahre bei 26 Jahren.[1119] 1970 lag es noch bei lediglich 20 Jahren.[1120] Zwischen 20 Prozent und 25 Prozent waren bereits älter 30 Jahre.[1121]Lediglich ein Anteil von knapp unter 10 Prozent war jünger als 20 Jahre.[1122]

(3) Die Väter nichtehelicher Kinder in den 1990er Jahren

Die Situation des Vaters wurde nur im Verhältnis zu Mutter und seinem nichtehelichen Kind wahrgenommen. Der Umfang der der Reform ausweislich der amtlichen Begründung zugrunde gelegten Daten zur Rolle und Situation des Vaters waren weiterhin dürftig. Vereinzelt beließ man es bei einer Einordnung als „Belastungsfaktor“ für die Situation der nichtehelichen Mutter, welcher aber zu vernachlässigen sei, da zumeist ohnehin kein Kontakt bestehe.[1123]

1114 *Vaskovics*, Lebenslage nichtehelicher Kinder, 112; *Neubauer*, Alleinerziehende Mütter und Väter, 136.
1115 *Vaskovics*, Lebenslage nichtehelicher Kinder, 17; *Neubauer*, Alleinerziehende Mütter und Väter, 137.
1116 *Vaskovics*, Lebenslage nichtehelicher Kinder, 17.
1117 *Vaskovics*, Lebenslage nichtehelicher Kinder, 24; *Neubauer*, Alleinerziehende Mütter und Väter, 137.
1118 *Vaskovics*, Lebenslage nichtehelicher Kinder, 42 ff.
1119 *Vaskovics*, Lebenslage nichtehelicher Kinder, 23.
1120 *Schwarz*, ZfFamF 1989, 28, 33.
1121 *Vaskovics*, Lebenslage nichtehelicher Kinder, 24.
1122 *Vaskovics*, Lebenslage nichtehelicher Kinder, 25.
1123 So geschehen bei *Will*, Macht und Gleichheit, 35 f., 38 f.

Ein Viertel der nichtehelichen Kinder wuchs zusammen mit seinem Vater und der Mutter in nichtehelicher Lebensgemeinschaft auf, wobei die diesbezüglichen Zahlen in Ostdeutschland höher waren als in Westdeutschland.[1124] Die große Mehrheit der Väter erkannte freiwillig die Vaterschaft an; der Anteil lag in Westdeutschland bei 88 Prozent, in Ostdeutschland bei 84 Prozent.[1125] In etwa der Hälfte der Fälle geschah das aus eigener Initiative, in den übrigen Fällen musste zunächst das Jugendamt Maßnahmen ergreifen.[1126] Das Ausmaß der Freiwilligkeit und Bereitschaft zur Vaterschaftsanerkennung korrelierte wiederum mit der Beziehungssituation zwischen den nichtehelichen Eltern.[1127] Ebenso stark hing die Bereitschaft der Mütter, den Vater an der Sorge für sein Kind zu beteiligen, von der Frage ab, ob beide in einer nichtehelichen Lebensgemeinschaft zusammenlebten. Erwartungsgemäß war der größte Teil der alleinerziehenden Mütter nicht bereit, die Sorge mit dem leiblichen Vater zu teilen. Dagegen drängten Mütter in nichtehelicher Lebensgemeinschaft mit dem Vater „verstärkt auf eine gemeinsame Sorge".[1128]

Einen Gradmesser für die Verantwortungsübernahme der Väter für ihre Kinder stellte auch deren Bereitschaft dar, ihrer Unterhaltsverpflichtung nachzukommen. Hier zeigte sich erneut die Spaltung der Mütter in Alleinerziehende und solche in nichtehelicher Partnerschaft mit dem Vater. Während in einer Lebensgemeinschaft neben gemeinsamer Verantwortungsübernahme auch das Einkommen des Vaters unmittelbar zur Verfügung stand, zahlte zwischen einem Viertel und der Hälfte aller Väter gar keinen oder nur unregelmäßig Unterhalt.[1129]

(4) Fazit

Die in den Erhebungen zu Tage getretene Situation der ledigen Mütter entsprach nicht (mehr) dem zwar schon lange heftig kritisierten, aber dennoch in den Reformen des bisherigen Nichtehelichenrechts durchgehend nachweisbaren Leitbild der jungen und hilflosen Mutter. Die Mehrheit der Mütter war demnach Mitte zwanzig, hatte eine abgeschlossene Berufsausbildung und stand vor der Geburt bereits im Berufsleben, woraus auch eine gewisse wirtschaftliche wie persönliche Eigenständigkeit gefolgert werden kann. Dies galt insbesondere für den nicht

1124 BT-Drucksache 13/4899, 50.
1125 BT-Drucksache 13/4899, 50.
1126 *Vaskovics*, Lebenslage nichtehelicher Kinder, A 42, Tabelle 53 e, 94.
1127 *Vaskovics*, Lebenslage nichtehelicher Kinder, 25.
1128 BT-Drucksache 13/4899, 50.
1129 *Will*, Macht und Gleichheit, 43.

unerheblichen Anteil ostdeutscher Mütter, wenn man auch hier das umfangreiche Angebot staatlicher Kinderbetreuung in der DDR nicht außer Acht lassen kann. Wenn auch die wirtschaftliche Situation für einen Großteil der alleinerziehenden Mütter schwierig war, so bestand doch in der Bundesrepublik der neunziger Jahre mit ihrem umfangreichen Sozialsystem nicht mehr der existentielle Druck auf die Mutter und ihr Kind, der noch in der ersten Hälfte des 20. Jahrhunderts für deren Situation kennzeichnend gewesen war und der in Kombination mit zeittypischen moralisch-sittlichen Anschauungen ihr Bild prägte.

Diese moralisch-sittliche Komponente des Bildes der ledigen Mutter ist mit wenigen Ausnahmen bereits seit Ende der 1960er Jahre aus der juristischen Öffentlichkeit verschwunden. Die in Auftrag gegebenen Untersuchungen und die Reformdiskussion konzentrierten sich an den Stellen, an denen überhaupt noch sichtbar ein bestimmtes Sozialbild der ledigen Mutter zugrunde gelegt wurde, auf die Haushaltssituation und die unmittelbare wirtschaftliche Lebenssituation der Mütter und Kinder. Und genau hier hatte sich mit dem Aufkommen der nichtehelichen Lebensgemeinschaften der für das Bild der Mütter und Väter bedeutendste Wandel vollzogen. So war die wichtigste Erkenntnis, die der Gesetzgeber aus den Erhebungen zur Situation nichtehelicher Kinder zog, eine neue Uneinheitlichkeit der Lebensbedingungen im partnerschaftlichen Bereich, welcher aber für das Kindschaftsrecht der entscheidende ist: Der „klassischen" ledigen Mutter, die mit ihrem Kind allein in prekären Verhältnissen lebt, jetzt als „Alleinerziehende" bezeichnet, stand nun die Mutter gegenüber, die mit nichtehelichem Kind und biologischem Vater zusammenlebt oder zusammengelebt hat. Diese Konstellation einer „nichtehelichen Familie" bildete von nun an einen ganz neuen Typus nichtehelicher Elternschaft, der zumindest das überkommene Bild der Mutter als das deutsche Kindschaftsrecht bestimmendes Leitbild überdeckte und damit weitgehend zum Verschwinden brachte. Ähnlich verhielt es sich beim alten Leitbild des verantwortungsscheuen Vaters. Obwohl nach den veröffentlichten Daten der mit seinem Kind nicht oder nur in geringem Umfang in persönlichem Kontakt stehende Vater nach wie vor die Mehrheit stellte, trat er als Projektionsfläche für das tradierte Negativbild in den Hintergrund. Es wurde zumindest in der Öffentlichkeit[1130] und im juristischen Schrifttum von dem um seine Beteiligung am Sorgerecht kämpfenden Vater verdrängt.

1130 Vgl. etwa die Kontroverse um die Titelreportage des Spiegels, Die vaterlose Gesellschaft, Heft 47/1997, vom 17.11.1997 sowie die gleichlautende Buchveröffentlichung von *Matussek*, Die vaterlose Gesellschaft.

f. Begründung und Tendenzen des neuen Kindschaftsrechts

Zentraler Reformschritt des KindRG war die Regelung zur gemeinsamen elterlichen Sorge nichtehelicher Eltern. Trotz eines Rechtszuwachses des Vaters, der es ihm erstmals in der neueren deutschen Familienrechtsgeschichte erlaubte, die elterliche Sorge für sein Kind zu erlangen, war die neue Stellung der ledigen Mutter im Sorgerecht nach wie vor äußerst stark. Ohne Zustimmung der Mutter konnte der Vater keine Sorgerechtsbeteiligung erreichen. Diese Grundpositionierung hatte der Gesetzgeber sehr bewusst getroffen:

> „Wenn sie [die Mutter, M. H.] es nicht will, wird der Vater grundsätzlich nicht an der elterlichen Sorge für das Kind beteiligt; die Sorge hat dann die Mutter allein."[1131]

Gerechtfertigt wurde dies damit, dass eine „erzwungene Gemeinsamkeit" in Form eines obligatorischen gemeinsamen Sorgerechts in einer Vielzahl von Fällen dazu führen würde, dass die Eltern ihre Streitigkeiten auf dem Rücken des Kindes austragen und damit sein Wohl beeinträchtigen würden.[1132] Ein gemeinsames Sorgerecht sollte es ausschließlich nach dem gewählten Konsensprinzip der übereinstimmenden Sorgeerklärungen gem. § 1626a BGB geben. Allen anderen denkbaren Sorgerechtsregelungen unter Einschluss des Vaters erteilte der Gesetzgeber eine klare Absage.[1133] Entsprechend überwog in der im Hinblick auf die Reform geführten Diskussion im Schrifttum die Kritik insbesondere an den Regelungen des § 1626a BGB.[1134]

1131 BT-Drucksache 13/4899, 59.

1132 BT-Drucksache 13/4899, 59.

1133 BT-Drucksache 13/4899, 59 f.

1134 *Coester*, FamRZ 1995, 1245, 1247 f.; DTFG in FamRZ 1997, 337, 340; *Willutzki*, Rpfleger 1997, 336, 337; *Dickmeis*, ZfJ 1998, 41, 48; *Diederichsen*, NJW 1998, 1977, 1983; *Lipp*, FamRZ 1998, 65, 70; *Rauscher*, FamRZ 1998, 329, 335 Fn. 74; *Coester*, DEuFamR, 1999, 3, 7; *Grziwotz*, FamRZ 1999, 413, 420; *Huber*, in: MünchKomm, § 1626a Rn. 39 ff.; *Diederichsen*, in: Palandt, Bürgerliches Gesetzbuch, 60. Auflage, § 1626a Rn. 11; *Finger*, ZfJ 2000, 183 ff.; *ders.*, FamRZ 2000, 1204, 1206; *Schumann*, FamRZ 2000, 389, 394; *Luthin*, FamRZ 2001, 911, 912; *Motzer*, FamRZ 2001, 1035, 1038; *Niemeyer*, FuR 2001, 491, 492; *Veit*, in: Bamberger/Roth, § 1626a Rn. 17; *Lüderitz/Dethloff*, Familienrecht, 28. Auflage 2007, 332 f.; *Coester-Waltjen*, Familienrecht, 6. Auflage 2010, 724 f. Zustimmend dagegen *Sturm*, StAZ 1998, 305, 307; *Büdenbender*, AcP 1997, 197, 214; *Zimmermann*, DNotZ 1998, 404, 416; *Ewers*, FamRZ 2000, 787; *Oelkers*, FuR 2002, 106, 107.

aa. Die natürliche Bindung und der Muttervorrang

Wenn der vom Gesetzgeber geforderte sorgerechtliche Konsens zwischen den nicht miteinander verheirateten Eltern nicht im Wege der gemeinsamen Sorgeerklärung dokumentiert wurde, blieb es bei dem traditionell strikten Muttervorrang des deutschen Nichtehelichenrechts: Die Mutter erhielt das alleinige Sorgerecht. Dieser durch das KindRG fortgeführte Muttervorrang wurde zunächst 2001 vom BGH[1135], im Jahre 2003 dann auch vom BVerfG[1136] als durch sachliche Gründe gerechtfertigt und für verfassungsrechtlich unbedenklich erklärt. Dieser Muttervorrang bestand zunächst bereits in der unterschiedslos beibehaltenen, grundsätzlichen und unbedingten Zuordnung des nichtehelichen Kindes zu seiner Mutter. Wie gehabt ruhte die primäre Zuordnung zur Mutter zunächst auf von praktischer Notwendigkeit bestimmten, nachvollziehbaren Erwägungen. So galt nach wie vor die Regel des *mater semper certa est*, wonach die Mutter des Kindes, anders als im Falle des Vaters,[1137] nicht erst festgestellt werden muss, sondern schon mit der Geburt feststeht (§ 1591 BGB), was wiederum eine sofortige Zuordnung des nichtehelichen Kindes ohne ein weiteres, möglicherweise langwieriges Verfahren erlaubt. Daneben waren auch das „praktische Bedürfnis, notfalls kurz nach der Geburt als gesetzlicher Vertreter handeln zu können (z. B. Erteilung der Einwilligung in eine notwendige medizinische Behandlung)“ sowie allgemein das Erfordernis der Rechtssicherheit für Kind und Mutter ausschlaggebend gewesen.[1138]

Neben dieser an sich bereits ausreichenden sachlichen Begründung des BGH für den Vorrang der Mutter bei der Alleinsorge des § 1626a Abs. 2 BGB begaben sich allerdings sowohl die Richter des BGH wie auch die des BVerfG einmal mehr auf die Ebene einer Argumentation, die sich an der Vorstellung von einer exklusiven, in der Natur des Mutter-Kind-Verhältnisses liegenden Verbundenheit von Mutter und Kind orientierte: So wiederholten BGH und BVerfG zur Frage der Verfassungsmäßigkeit des § 1626a BGB die tradierte Auffassung einer naturgemäß stärkeren psychosozialen Bindung des Kindes an die Mutter – eine Wendung, die seit dem Inkrafttreten des BGB (und schon davor) die Auseinandersetzungen

1135 BGH, Beschluss vom 04.04.2001, XII ZB 3/00, NJW 2001, 2472 ff.

1136 BVerfG, 1 BvL 20/99 vom 29.01.2003, NJW 2003, 955 ff. Nochmals bestätigt durch BVerfG, 1 BvR 1248/99 vom 23.04.2003, FamRZ 2003, 1447. Hierzu äußerst kritisch *Coester*, FamRZ 2004, 87.

1137 Die Zuordnung zum nichtehelichen Vater erfolgt weiter durch Anerkennung der Vaterschaft durch den Vater selbst (§ 1592 Nr. 2 BGB) oder durch gerichtliche Feststellung (§ 1592 Nr. 3 BGB).

1138 So der BGH NJW 2001, 2472, 2473.

um die Rechtsstellung der verheirateten wie ledigen Mutter im BGB begleitete. So führte der BGH zur Wahl der Mutter (und nicht des Vaters) als des allein sorgeberechtigten Elternteils eines neugeborenen Kindes aus, diese sei legitim und aus tatsächlichen Gründen des Kindeswohls gerechtfertigt,

> „zumal die Mutter naturgegeben mit der Geburt die Hauptverantwortung für das Wohl des Kindes trägt."[1139]

Darüber hinaus vermittelten sowohl die Schwangerschaft als auch die Geburt

> „eine enge Beziehung, die eine Zuordnung des Kindes zur Mutter aus Kindeswohlgründen und im Hinblick auf die Rechtssicherheit sachlich rechtfertigen [...]."[1140]

Das BVerfG stützte den BGH ebenfalls auf dieser Ebene. Zwischen Mutter und Kind entwickele

> „sich schon während der Schwangerschaft neben der biologischen Verbundenheit eine Beziehung, die sich nach der Geburt fortsetzt."[1141]

Auf diese Weise die Exklusivität der Mutter-Kind-Beziehung betonend, stellte das BVerfG auch den Unterschied zur Bedeutung des Vaters fest:

> „Auch wenn dem Vater für die Entwicklung des Kindes eine erhebliche Bedeutung zukommt, muss er doch nach der Geburt des Kindes – sofern er dies will – eine Beziehung zum Kind erst aufbauen, die zwischen Mutter und Kind von vornherein schon besteht. Während diese sich bereits im Verlaufe der Schwangerschaft damit auseinander setzen muss, dass sie demnächst für das geborene Kind Verantwortung trägt, und regelmäßig ihre Bereitschaft dazu durch die Schwangerschaft zum Ausdruck gebracht hat, steht die Entscheidung des Vaters, wie er sich zu seinem Kind verhalten will, in vielen Fällen bei dessen Geburt noch nicht fest."[1142]

Dem BVerfG schwebte bei dieser Unterscheidung der mütterlichen von der väterlichen Beziehung zum Kind offenbar die Vorstellung einer mütterlich-originären Elternschaft vor, die als gegensätzlich zu einer väterlich-voluntativen steht. Die gedanklichen Parallelen zur Auffassung Fichtes von der naturbedingt originären Mutterliebe im Gegensatz zur über die Mutter vermittelten väterlichen Liebe bzw. durch staatliches Recht angeordneten väterlichen Fürsorgepflicht sind hier augenfällig.

1139 BGH NJW 2001, 2472, 2474.
1140 BGH NJW 2001, 2472, 2474.
1141 BVerfG, NJW 2003, 955, 957.
1142 BVerfG, NJW 2003, 955, 957.

bb. Der mütterliche Vertrauensvorschuss – Mutterinteresse gleich Kindeswohl?

Für den Vater, der das Sorgerecht für sein nichteheliches Kind zu erhalten wünscht, war dies zunächst nur durch Beteiligung an einem gemeinsamen Sorgerecht mit der Mutter möglich. Hierzu mussten beide entsprechende Sorgeerklärungen abgeben. Die Mutter konnte hierzu nicht gezwungen werden. Insbesondere war die Mutter bei der Entscheidung, ob sie eine Sorgeerklärung abgibt und so die gemeinsame Sorge ermöglicht, dem Kindeswohl nicht verpflichtet. Das KindRG sah weder eine gerichtliche Ersetzungsbefugnis der Sorgeerklärung vor, noch rechtfertigte eine Verweigerung einen Eingriff nach § 1666 BGB. Die starke Stellung der Mutter in der Frage der Alleinsorge setzte sich damit auch bei der Ausgestaltung der gemeinsamen Sorge fort: Auch dort konnte der Vater nichts ohne oder gar gegen ihren Willen erreichen. Dies bedeutete für die Mutter, dass sie das Sorgerecht so oder so innehatte, gegebenenfalls konnte sie es mit dem Vater teilen.

Mit dieser Regelung stellte der Gesetzgeber die Beteiligung des Vaters an der elterlichen Sorge letztlich zur freien Disposition der Mutter.[1143] Diese mutterzentrierte Regelung gründete auf der Annahme des Gesetzgebers, dass die mangelnde Bereitschaft der Eltern, sich rechtlich über eine gemeinsame Sorgetragung zu verständigen, den Rückschluss auf solche Konflikte zwischen den Eltern nahelegt, die sich bei einer Begründung gemeinsamer Sorge gegen den Willen eines Elternteils auch in der Ausübung des Sorgerechts niederschlagen würden und so schließlich für das Kind nachteilig wären.[1144]

Diese Regelung beruht auf einem aufgrund der Absolutheit der Regelung notwendigerweise idealtypischen Bild der ledigen Mutter. Diesem Bild entsprechend, würde die Mutter in der Frage einer Einbeziehung des Vaters ausschließlich nach Kindeswohlgesichtspunkten entscheiden, nicht etwa auch mit dem Ziel der Durchsetzung eigener Interessen oder zur Begründung einer sorgerechtlichen Machtposition. Aus dieser Grundannahme folgert man, dass eine Verweigerung der gemeinsamen Sorge mit dem Vater seitens der Mutter ebenfalls nur aus Kindeswohlgründen denkbar sei. So gingen der Gesetzgeber und die Richter des BVerfG davon aus, dass die Mutter, wenn die Voraussetzungen einer gemeinsamen Sorge gegeben wären, nur ausnahmsweise und nur aus gewichtigen Gründen die gemeinsame Sorgeerklärung verweigern würde:

1143 AG Korbach, FamRZ 629 ff.
1144 BT-Drucksache 13/8511, 66.

„Der Gesetzgeber durfte davon ausgehen, dass eine Mutter, gerade wenn sie mit dem Vater und dem Kind zusammenlebt, sich nur ausnahmsweise und nur dann dem Wunsch des Vaters nach einer gemeinsamen Sorge verweigert, wenn sie dafür schwerwiegende Gründe hat, die von der Wahrung des Kindeswohls getragen werden, dass sie also die Möglichkeit der Verweigerung einer Sorgeerklärung nicht etwa als Machtposition gegenüber dem Vater missbraucht.“[1145]

Diese Prognose des Gesetzgebers, die sich das BVerfG hier zu eigen machte[1146], erteilte der ledigen Mutter einen auffälligen Vertrauensvorschuss, der nur unter Hinzuziehung der anderen Aspekte des gängigen Mutterbildes des höchsten deutschen Gerichts erklärbar ist. Grundtendenz dieses Mutterbildes ist eine Synonymsetzung von Kindeswohl mit dem Willen bzw. den Interessen der Mutter. In engem Zusammenhang damit steht wiederum das Dogma von der besonderen natürlichen Verbindung zwischen Mutter und Kind. Diese Vorstellung einer natürlichen Symbiose vermengt Kindeswohl und Mutterinteresse und führte so dazu, dass der Mutter in stärkerem Maße als etwa dem Vater ein Handeln zum Wohle und im Interesse des Kindes zugestanden wurde. Dieses Denkschema fand sich an anderer Stelle auch beim Gesetzgeber, der als argumentative Grundlage für seine Betonung mütterlicher Rechte und Interessen ebenfalls eine Interessenidentität von Mutter und Kind annahm: Im Falle einer kindeswohlrelevanten Beeinträchtigung der Erziehungsfähigkeit der Mutter wurde eine mögliche Übertragung auf den Vater abgelehnt, weil dadurch „Probleme der Mutter, die ihre Erziehungsfähigkeit vorübergehend beeinträchtigen könnten […] eine neue, für die Mutter gefährliche Dimension erhalten“ würden. Dies würde „letztlich auch das Verhältnis zwischen Mutter und Kind belasten und dem Kind deshalb zum Nachteil gereichen“. [1147]

In dieses gedankliche Gefüge passte auch die wenig überzeugende Kausalkette des BVerfG, nach der die Mutter ihre Bereitschaft (die man offenbar mit der entsprechenden Fähigkeit gleichsetzte), Verantwortung für ihr Kind zu übernehmen, bereits durch die bloße Schwangerschaft zum Ausdruck bringe. Denn die Mutter habe sich bereits im Verlaufe der Schwangerschaft damit auseinandersetzen müssen, dass sie demnächst für das geborene Kind Verantwortung trägt,

---

1145 BVerfG, NJW 2003, 955, 958.

1146 *Coester*, FamRZ 2007, 1137, bezeichnet diese Prognose treffend als „ins Blaue hinein“ aufgestellt. Für in der Regel zutreffend betrachtet sie indessen *Weiß*, Die Sorgeerklärungen gemäß § 1626a I Nr. 1 BGB, 2008, 199 f.

1147 BT-Drucksache 13/4899, 59 f.

„und regelmäßig ihre Bereitschaft dazu durch die Schwangerschaft zum Ausdruck gebracht […].“[1148]

Dass „die“ ledige Mutter dies tatsächlich getan hat, konnte allenfalls das hier vorliegende idealisierte[1149] Mutterbild voraussetzen, als Grundlage für den gesetzlich wie höchstrichterlich gewährten Vertrauensvorschuss gegenüber der Mutter und ihren daraus resultierenden Vorrang vor dem Vater taugte es hingegen nicht.[1150] Dass dieses Argument offensichtlich einen Umkehrschluss aus dem Umstand eines erwogenen, aber nicht erfolgten Schwangerschaftsabbruchs zog, machte es als Beleg für die Verantwortungsbereitschaft eher noch befremdlicher.

Die eben beschriebene Haltung, Mutterwillen und Kindeswohl aneinander zu knüpfen, findet einen direkten Vorläufer in der alten Regelung des § 1711 BGB i. d. F. d. NEhelG 1969 zur Umgangsregelung des Vaters. Dort bereits verknüpfte der Gesetzgeber die Einschätzung, ob der Kontakt zum Vater dem Kindeswohl förderlich ist, explizit mit der Bereitschaft der Mutter, diesen Kontakt überhaupt zuzulassen. Die schlichte Formel lautete damals:

„Ein Umgang des Vaters mit dem Kinde wird in vielen Fällen von der Mutter nicht gewünscht und entspricht dann in der Regel auch nicht dem Wohle des Kindes.“[1151]

Die Entsprechung zu dieser mutterzentrierten Logik bildet die gesetzgeberische und richterliche Annahme, die Verweigerung der gemeinsamen Sorge durch die Mutter sei der sichtbare Ausdruck einer mangelnden Konsensfähigkeit der Eltern[1152] oder werde andere „schwerwiegende Gründe“ haben.[1153]

Dies kann, muss aber nicht durchgängig so sein. Charakteristisch war vielmehr, dass man erneut die Entscheidung einzig und allein vom autonomen Entschluss der Mutter abhängig machte. Man überließ damit der Mutter, die die gemeinsame Sorge ablehnte, wiederum die ebenso endgültige wie folgenreiche Beurteilung über das tatsächliche Vorliegen der Konsensfähigkeit, an welches man die Möglichkeit einer gemeinsamen Sorge knüpfte.[1154] Außerhalb der Frage nach der Konsensfähigkeit erhielt die Mutter auch die Definitionsmacht darüber, ob der

1148 BVerfG, NJW 2003, 955, 957. Hierzu kritisch *Fink*, Die Verwirklichung des Kindeswohls im Sorgerecht für nichtverheiratete Eltern, 136 zu einem vom Gesetzgeber angenommenen „mütterlichen Vorsprung“.

1149 *Spangenberg/Spangenberg*, ZfJ 2003, 332, 333.

1150 So schon *Coester*, JZ 1992, 809, 813.

1151 BT-Drucksache V/2370, 20.

1152 BGH, FuR 2001, 357, 360 f., 363.

1153 Kritisch dazu *Jonas*, JAmt 2003, 332, 333.

1154 So zutreffend *Schumann*, FuR 2002, 59, 62. Vgl. auch *Fink*, 136.

Vater ein „guter Vater“ ist, dem man das Sorgerecht zugestehen kann, oder ein „schlechter Vater“, dem man es besser vorenthalten sollte.[1155]

Andere denkbare Motive zur Verweigerung der Sorgeerklärung wurden ausgeblendet.[1156] So etwa nicht nur die eigentlich menschlich naheliegende Erwägung, dass ein solches „Verweigerungsmonopol“[1157] der ledigen Mutter ihrer eigenen Konsensbereitschaft nicht eben förderlich sein dürfte.[1158] Ebenfalls nicht einbezogen oder schlicht ignoriert wurde die offenkundige Gefahr eines Machtmissbrauchs der Mutter.[1159] Die Instrumentalisierung der Entscheidungskompetenz über die Sorgerechtsbeteiligung des Vaters (oder in einem späteren Stadium die rechtlich sichere Alleinsorge) als Machtmittel wollte man weder beim Gesetzgeber noch bei den Gerichten sehen. Es blieb vereinzelten Stimmen im Schrifttum vorbehalten, auf den offenkundigen Zwiespalt lediger Mütter zwischen einem am

1155 Kritisch *Schumann*, in: Behrends/Schumann, Gesetzgebung, Menschenbild und Sozialmodell im Familien- und Sozialrecht, 169, 198 f., 208 f. Vgl. auch *Willutzki*, ZKJ 2007, 18, 26.

1156 *Müller*, ZfJ 2004, 7, 11 hält dies „für äußerst problematisch“ und gibt zu bedenken, „dass in streitigen Sorgerechts- und Umgangsverfahren nicht nur vereinzelt der berechtigte Eindruck entstehen kann, dass das Handeln und Wollen der Mütter von sachfremden, nicht am Kindeswohl orientierten Erwägungen geleitet ist“. Ähnlich auch *Spangenberg/Spangenberg*, ZfJ 2003, 332, 333: „Wer in den Jahren 1982–1998 mit Müttern über die Frage der gemeinschaftlichen Sorge verhandelt hat, sieht Mütter realistischer. [...] Nicht selten hatten Mütter Angst, durch eine gemeinsame Sorge ihr Kind zu verlieren. Da waren Mütter, die Kontrolle über ihre Kinder brauchen, Mütter, die pauschal behaupten, man könne mit dem Vater nicht sachlich reden [...].“ Ebenso *Finger*, FuR 2003, 341: „Immerhin liegt die Vermutung nicht ganz fern, dass sich manche Mütter – eher oder vorwiegend – aus Gemeinheit, Haß, Häme, verletzter Eitelkeit oder sonst sachfremd und nicht aus Sorge um das Kind weigern, den Vater durch Sorgeerklärung pers. Erziehungsbefugnisse einzuräumen“. Vgl. auch AG Groß-Gerau, FamRZ 1998, 500.

1157 *Rauscher*, Familienrecht, 847.

1158 So weist *Coester*, FamRZ 2007, 1137, 1142 auf das „strategische Verhalten von Mütter“ hin, die eine „drohende“ Sorgerechtsbeteiligung des Vaters vermeiden wollten.

1159 So warnte etwa *Lipp*, FamRZ 1998, 65, 70 ebenso vor einem „Willkürverhalten der Mutter“ wie *Rauscher*, FamRZ 1998, 329, 335 Fn. 74 vor einer „nicht überprüfbaren Willkür der Mutter“. Vgl. auch *Coester*, DEuFamR 1999, 3, 9 sowie *Huber*, in: MünchKomm, 4. Auflage, § 1626a, Rn 40, der von einer „Ohnmacht der Väter“ sprach. Ähnlich auch *Finger*, FamRZ 2000, 1204, der konstatiert: „Mütter sind aber (nach wie vor) zu Zugeständnissen wohl wenig bereit, und gegen ihren Widerstand kann sich der Vater mit eigenen Vorstellungen nicht durchsetzen“; vgl. *Fink*, 133.

Kindeswohl orientierten und einem an anderweitigen persönlichen Interessen ausgerichteten Verhalten hinzuweisen.[1160]

Das BVerfG hingegen ließ mit dieser – Mutterinteresse und Kindeswohl verknüpfenden – Sichtweise sowie seiner Nichtthematisierung der daraus folgenden Probleme das Kindeswohl und den Willen der ledigen Mutter – der wiederum bei realistischer Betrachtung nicht von einem zutiefst eigennützigen Interesse am Kind zu trennen ist[1161] – bewusst ineinander übergehen. Spätestens nachdem der Gesetzgeber mit dem KindRG durch den § 1697a BGB explizit das „Kindeswohl" (und nicht ein wie auch immer geartetes Interesse der Mutter) zur obersten Entscheidungsmaxime[1162] jeglichen staatlichen Handelns im Bereich des Kindschaftsrechts gemacht hatte, ist diese mangelnde Trennschärfe bedenklich und nährt damit den Vorwurf einer tendenziösen Mutterbevorzugung.

Allerdings ließ das BverfG am Ende seiner Entscheidung leichte „Selbstzweifel"[1163] an der dauerhaften Gültigkeit der vorgenommenen Überlegungen erkennen. So erteilte man dem Gesetzgeber einen Prüfauftrag dahingehend, ob die getroffenen Annahmen über die Motivation der Mutter bei der Entscheidung über die gemeinsame Sorge tatsächlich zutreffen. Träfen die Annahmen des Gesetzgebers nämlich nicht zu, sollte sich insbesondere herausstellen, dass es auch bei einem Zusammenleben der Eltern mit dem Kind in größerer Zahl aus Gründen, die nicht vom Kindeswohl getragen werden, nicht zu einer gemeinsamen Sorgetragung nach § 1626 a Abs. 1 Nr. 1 BGB kommt, würde sich § 1626 a Abs. 1 Nr. 1 BGB als unvereinbar mit Art. 6 Abs. 2 GG erweisen. Dann wäre die gesetzliche Typisierung nicht mehr gerechtfertigt, und es verstieße gegen das Elternrecht des Vaters eines nichtehelichen Kindes aus Art. 6 Abs. 2 GG, wenn er trotz Zusammenlebens mit der Mutter seines Kindes und trotz gemeinsamer tatsächlicher Sorge für das Kind vom Sorgerecht ausgeschlossen würde, obwohl die Kooperationsfähigkeit und -bereitschaft beider Eltern durch die tatsächliche gemeinsame Sorge für das

1160 So neben *Rauscher*, Familienrecht, 847, *Coester*, FamRZ 2007, 1137, 1142 und *Schumann*, FuR 2002, 59, 67 auch *Richter*, FPR 2004, 484, 485, 487.

1161 *Schumann*, FuR 2002, 59, 67. Auch *Coester*, FamRZ 2007, 1137, 1138 sieht „Kindes- und Eigeninteressen untrennbar miteinander verquickt", wenn Mütter Auseinandersetzungen mit dem Vater fürchten und deshalb das Alleinentscheidungsrecht lieber nicht aufgeben wollten. Er stellt die Frage: „Wie viele Väter haben gemeinsames Sorgerecht angestrebt, sind aber an der Ablehnung der Mutter gescheitert?"Vgl. *ders*., DEuFamR 1999, 3, 9. Kritisch auch *Diederichsen*, NJW 1998, 1977, 1983; *Grziwotz*, FamRZ 1999, 423, 420; *Dickmeis*, ZfJ 1998, 41, 48.

1162 *Palandt/Diederichsen*, Bürgerliches Gesetzbuch, vor § 1626, Rn. 2.

1163 So *Coester*, NJW 2010, 482.

Kind erwiesen wäre und deshalb für die Verweigerungshaltung der Mutter nicht ausschlaggebend sein könnte.[1164] Zwar gebe es bislang keine Anhaltspunkte dafür, die Richtigkeit der Annahmen des Gesetzgebers ernsthaft in Zweifel zu ziehen, dennoch sei der Gesetzgeber verpflichtet, dies nach einer gewissen Zeit zu überprüfen und gegebenenfalls gesetzlich zu korrigieren.[1165]

cc. Vaterrechte nur auf Umwegen

Die elterliche Sorge hat nach wie vor die Rechtsnatur eines dem Interesse des Kindes dienenden gesetzlichen Schutzverhältnisses, ausgestaltet als pflichtgebundenes absolutes Recht.[1166] Zwar hat die Umkehrung der Reihenfolge im Wortlaut des § 1626 BGB hin zur Voranstellung der „Pflicht" vor das „Recht" durch das KindRG diesen Pflichtcharakter der elterlichen Sorge noch einmal ausdrücklich betont, dennoch zeigt sich die öffentliche Wahrnehmung und Bedeutung des „Sorgerechts" auch und gerade als „Recht" nicht zuletzt in der Vehemenz, mit der um es gestritten wird. So ist es nicht verwunderlich, wenn in der familienrechtlichen Diskussion seit jeher die Rechtsposition der Mutter auch mit einer als wünschenswert kommunizierten Vermehrung ihrer eigenen Befugnisse sowie auch in Zusammenhang mit ihren mütterlichen Interessen definiert und erörtert wurde. Die Artikulation von speziell mutterrechtlichen Forderungen, ob mit oder ohne Kindeswohlbezug, zieht sich seit seinem Inkrafttreten durch das Familienrecht des BGB: Bei den Beratungen des BGB im Reichstag begründeten die Sozialdemokraten ihre Forderung, der damaligen Mutter eines unehelichen Kindes die elterlicher Gewalt einzuräumen, mit mutterbezogenen Gleichberechtigungs- und Gerechtigkeitserwägungen.[1167] Später diente der Rechtszuwachs der ledigen Mutter offiziell[1168] auch dem sozialpädagogischen Abbau von Diskriminierungen der Mutter, wobei aber auch hier immer wieder eine Verquickung von Mutterinteressen und Kindeswohl stattfand[1169]. Einen Höhepunkt fand diese Tendenz in der Begründung des Regierungsentwurfs zum KindRG, der eine kindeswohlorientierte Übertragung des Sorgerechts auf den Vater ausschließlich aus Gründen des Erhalts

---

1164 BVerfG, 1 BvL 20/99 vom 29.01.2003, Rn. 69.

1165 BVerfG, 1 BvL 20/99 vom 29.01.2003, Rn. 70.

1166 *Palandt/Diederichsen*, Bürgerliches Gesetzbuch, § 1626 Rn. 3.

1167 Antrag *Frohme/Stadthagen*, in: Jakobs/Schubert, Die Beratung des BGB, FamR II, 645, 648.

1168 Vgl. etwa BT-Drucksache V/2370, 62.

1169 Für die Weimarer Zeit etwa bei *Bäumer*, Die Frau, 36. Jg. (1928/29), 336: „Der Kern des Unehelichenproblems liegt in der sozialen Ächtung sowohl der Mutter wie des Kindes".

einer starken mütterlichen Rechtsposition ablehnte.[1170] Diese Haltung war wiederum Ausdruck des familienrechtlichen Mutterbildes, das, wenn es nicht bereits eine Interessengleichheit von Mutter und Kind annahm, so doch zumindest die Interessen des Kindes durch die Rechts- und Kompetenzmehrung der Mutter gefördert sah. Nicht zu verkennen war allerdings die seit dem KindRG zunehmende Kritik an dieser Konzentration auf die Rechte der Mutter.[1171]

Anders sieht es seit jeher mit den Vaterrechten aus: Sofern diese – wie in der Reformdiskussion der Weimarer Republik und deren schließlich im Entwurf von 1940 eingemündeten Fortsetzung in der Zeit des Nationalsozialismus – überhaupt einmal als solche formuliert wurden, begriff man sie regelmäßig als Kontrapunkt *gegen* sowie als Angriff auf die Rechte der Mutter oder der Amtsvormundschaft und bekämpfte sie entsprechend. Eine originär väterliche sorgerechtliche Rechtsposition des Vaters zum nichtehelichen Kind, wie sie dem verheirateten Vater – wenn auch in anderer Form – sowohl rechtlich als auch familiensoziologisch aus seiner Vaterstellung heraus zukam, war lange Zeit nicht mehrheitsfähig. Die Vorstellung einer freiwilligen Verantwortungsübernahme des ledigen Vaters aus einer persönlichen Annahme der Elternverantwortung heraus legte etwa Bosch noch in den 1960er Jahren lediglich als väterliche Mimikry zur Erreichung eigener egoistischer Ziele aus und warnte explizit vor der Zubilligung von „Vaterrechten“.[1172] Dementsprechend erschöpfte sich auch das nichteheliche Vater-Kind-Verhältnis des Nichtehelichengesetzes von 1969 in einer rein monetären und kompensatorischen Verantwortung des Vaters gegenüber dem Kind, ohne dazu korrespondierende Rechte anzuerkennen:

> „Die Rechtsstellung des Vaters wird von der Verantwortung für das Kind geprägt. Die uneheliche Geburt bringt für das Kind erhebliche Nachteile mit sich, an denen das Kind unschuldig ist. Dem Vater muß es obliegen, diese Nachteile auszugleichen.

1170 BT- Drucksache 13/4899, 59 f.

1171 Vgl. insbesondere *Schumann*, FamRZ 2000, 389, 394: „Bei der Reform wurde verkannt, dass es nicht Aufgabe des Gesetzgebers ist, die Interessen der Mutter am Kind gegenüber dem Vater zu stärken, sondern zwischen den widerstreitenden Interessen beider Elternteile den Ausgleich zu treffen, der dem Wohle des Kindes am besten entspricht.“ Ähnlich auch *Gaul*, FamRZ 1997, 1441, 1450: „Bei allem Verständnis für eine ‚Stärkung der Rechte der Mutter‘, der sich das KindRG verschrieben hat, darf diese nicht derart auf Kosten der Rechte und Interessen des Kindes gehen.“ Ebd., 1466: „Das Kindeswohl, das eigentlich im Mittelpunkt der Reform des Kindschaftsrechts stehen sollte, tritt gegenüber den Rechten der Mutter deutlich zurück.“ Kritisch auch *Kohler*, ZfJ 1999, 128, 129 ff.

1172 *Bosch*, Gutachten für den 44. Deutschen Juristentag, 91.

> Rechte, die dem Kinde zu diesem Zwecke verliehen werden, kann nicht auch der Vater in Anspruch nehmen. Bei dem Vater müssen deshalb seine Pflichten im Vordergrund stehen."[1173]

Aber auch noch nach der erstmaligen Einräumung eines Sorgerechts für den Vater im Rahmen der Kindschaftsrechtsreform 1997 sahen Familienrechtler bei einer Herleitung „vaterrechtlicher Positionen" aus dem Gedanken der Gleichberechtigung heraus einen „egoistischen Einschlag" väterlicherseits und sorgten sich darum, dass „die Durchführung der Gleichberechtigung auf die Interessen der Frauen negativ zurückschlagen" könne.[1174] Während also die Mutter bzw. die Frau in eigenen Rechten gestärkt und dies gleichzeitig als dem Kindeswohl zuträglich angesehen wurde, konnte sich der Vater bei Geltendmachung eigener Rechtszuwächse selten auf das Kindeswohl stützen und sah sich vielmehr dem Vorwurf egoistischer Interessenwahrnehmung ausgesetzt. Denn auch dort, wo der Aspekt der einseitig auf die Rechte der Mutter ausgerichteten Tendenz der Reform des nichtehelichen Kindschaftsrechts ausdrückliche Kritik fand, bezog sich diese auf eine mangelnde Orientierung am Kindeswohl und nicht auf ein Defizit von Rechten des Vaters.[1175] Allenfalls bei Stellungnahmen wie der von Diederichsen,[1176] der in Zusammenhang mit dem KindRG von einer „eklatanten Zurücksetzung von Vätern" sprach, wurde die Legitimität einer originären väterlichen Rechtsposition angedeutet. Ansonsten blieb auch der Begriff der „Vaterrechte" in sprachlicher Hinsicht selten.[1177]

dd. Kindschaftsrecht und Frauenförderung?

Dass die Familienrechtsreform der neunziger Jahre auch ein Teil der Geschlechterdebatte war, zeigen Äußerungen wie etwa von Rauscher, der der Ansicht war, die „dem KindRG innewohnende Frauenbevorzugung" sei „weniger von einem neuen Verfassungsverständnis als von unspezifischem Zeitgeist getragen". Es zögen sich „noch Reste der alten irrationalen Mutterbegünstigung" durch das neue Recht.[1178]

1173 BT-Drucksache V/2370, 20.

1174 *Schwab*, in: Gerhard, Frauen in der Geschichte des Rechts, 824 f.

1175 *Schumann*, FamRZ 2000, 389, 394; *Gaul*, FamRZ 1997, 1441, 1450; *Kohler*, ZfJ 1999, 128, 129 ff.

1176 *Diederichsen*, NJW 1998, 1977, 1983.

1177 Als einige der wenigen verwandten *Eckebrecht*, FPR 2005, 205 ff. und *Brückner*, FPR 2005, 200 ff. ausdrücklich den Begriff „Vaterrechte".

1178 Beide Zitate bei *Rauscher*, Familienrecht, 2. Auflage, 66.

Die auch in der Rechtsprechung des BVerfG stattfindende Verquickung von vorgeblichem Kindesinteresse mit den Interessen der Mutter wurde als generelle Tendenz des neueren deutschen Familienrechts wahrgenommen. Rauscher sieht eine „Grundtendenz der Kindschaftsrechtsreform" darin, „Rechte der Mutter auch als Rechte der Frau zu begreifen und deshalb ohne eine gesonderte, am Kindeswohl orientierte Begründung zu fördern". Solche „Förderung" habe im Kindschaftsrecht keinen Platz, das „Selbstbestimmungsrecht und Selbstverwirklichungsrecht der Frau" überwögen nicht das Kindesinteresse und das Kindeswohl.[1179] Gerade im Bereich der Vaterschaftsfeststellung ergäben sich aus der wachsenden Emanzipation der Frau ein Konflikt zwischen egoistischer weiblicher Interessenwahrnehmung durch Verheimlichung des Vaters und dem Interesse des Kindes an der Feststellung der Vaterschaft.[1180] Aus den genannten Gründen schließlich wäre es „gänzlich verfehlt, Frauenförderung im Kindschaftsrecht zu betreiben".[1181] Die hier getroffene Regelung bezeichnet auch v. Sachsen Gessaphe als „Entscheidung zu Gunsten der Frauenemanzipation", die zu Spannungen mit dem Recht des Kindes auf Kenntnis seiner Abstammung führe.[1182]

Auch Diederichsen sah den Gesetzgeber der Kindschaftsrechtsreform und hier speziell beim neuen Beistandschaftsrecht vor der schwierigen Aufgabe, neben nationalen und sozialen auch „feministische Regelungsprobleme" bewältigen zu müssen.[1183] Ausfluss dieses Anspruches sei etwa die Abschaffung der für Mütter „lästigen Zwangspflegschaft" durch das neue Recht gewesen. Anderen „frauenemanzipatorischen Ansprüchen" genüge es dagegen, dass die Beistandschaft nicht mehr nur an Mütter, sondern nunmehr generell und formal geschlechtsneutral an den allein sorgeberechtigten Elternteil gerichtet ist.[1184]

Die genannten Stimmen in der rechtswissenschaftlichen Literatur stießen keine große Debatte zum Verhältnis des Familienrechts zu feministischen Tendenzen an, zeigten aber wiederum, wie eng der Prozess der Kindschaftsrechtsreform und

1179 *Rauscher*, in: Staudinger, Familienrecht, Oktober 2005, vor §§ 1712 ff., Rn. 16; so im Wesentlichen auch *v. Sachsen Gessaphe*, in: MünchKomm, 4. Auflage, vor § 1712, Rn. 8.

1180 *Rauscher*, in: Staudinger, Familienrecht, Oktober 2005, vor §§ 1712 ff., Rn. 16; *v. Sachsen Gessaphe*, in: MünchKomm, 4. Auflage, vor § 1712, Rn. 8.

1181 *Rauscher*, Familienrecht, 2. Auflage, 952.

1182 *v. Sachsen Gessaphe*, in: MünchKomm, 4. Auflage, vor § 1712, Rn. 8; vgl. auch *Richter*, FamRZ 1994, 5, 8 ff.; Roth, in: Westermann/*Erman*, Handkommentar, § 1712, Rn. 3.

1183 *Diederichsen*, NJW 1998, 1977, 1978.

1184 *Diederichsen*, NJW 1998, 1977, 1978.

generell die Diskussionen über ein zeitgemäßes Familienrecht mit anderen gesellschaftlichen Entwicklungen in Verbindung stand. Wurde die Reform des Nichtehelichenrechts der siebziger Jahre noch als Bestandteil eines seit den fünfziger Jahren andauernden „Demokratisierungsprozesses" gedeutet,[1185] folgten nach dem Leitthema der 1980er Jahre – der weitgehenden Liberalisierung der Formen des Zusammenlebens von Mann und Frau – nun die Nachschwingungen von Geschlechterdebatte und Feminismus.

7. Der Umbruch 2010 – Abkehr vom Muttermythos

a. Das Urteil des EGMR vom 3. Dezember 2009

Nachdem das Urteil des BVerfG vom 29. Januar 2003 die klare Rechtslage zum Sorgerecht unverheirateter Eltern bestätigt hatte, blieb den Vätern nur noch der Weg zum EGMR. Der Fall, der letztlich zur Verurteilung Deutschlands führte, hatte zuvor den deutschen Instanzenzug erfolglos durchlaufen und war vom BVerfG durch Kammerbeschluss vom 15. Dezember 2003 ohne Begründung nicht zur Entscheidung angenommen worden.

aa. Sachverhalt und Entscheidung

Nachdem die Rechtsprechung des EGMR insbesondere in Hinblick auf Art. 8 EMRK den deutschen Gesetzgeber seit den 1980er Jahren zunehmend unter Druck setzte, urteilte der Gerichtshof am 3. Dezember 2009 erstmals über die Vereinbarkeit einer zentralen Norm des deutschen Nichtehelichenrechts mit der EMRK. Es endete mit einem Urteil, das die Diskriminierung des Vaters eines nichtehelichen Kindes beim Sorgerecht durch den § 1626a BGB feststellte.[1186]

Zu beurteilen hatten die Richter die Beschwerde eines Vaters, der nach der Geburt seiner Tochter bereits drei Jahre mit Mutter und Kind zusammengelebt hatte. Nach der Trennung der Eltern lebte das Kind weitere zweieinhalb Jahre beim Vater und wurde von ihm betreut. Eine gemeinsame Sorgeerklärung hatten die Eltern nicht abgegeben. Danach kam das Kind dauerhaft zur Mutter; über die Vermittlung des Jugendamtes vereinbarten die Eltern eine großzügige Umgangsregelung, die dem Vater eine insgesamt viermonatige Kontakt- und Betreuungszeit im Jahr einräumte. Auf den Wunsch des Vaters auf Beteiligung am Sorgerecht allerdings

1185 *Buske*, Fräulein Mutter und ihr Bastard, 348.

1186 EGMR, Urteil vom 03.12.2009 – 22028/04: Zaunegger./. Deutschland, NJW 2010, 501 ff.

reagierte die Mutter trotz einer guten und kooperativen Beziehung ablehnend, indem sie die Abgabe einer gemeinsamen Sorgeerklärung verweigerte. Der Vater beantragte daraufhin die gerichtliche Ersetzung der mütterlichen Sorgeerklärung. Gemäß der seinerzeit geltenden Rechtslage durchlief der Vater den folgenden Instanzenzug erfolglos, woraufhin er am 15. Juni 2004 Beschwerde beim EGMR einlegte.

Der EGMR erklärte die auf dem § 1626a BGB basierende deutsche Rechtslage für konventionswidrig. Er sah eine Diskriminierung bei der Gewährleistung von Konventionsrechten und stützte dies auf eine Verletzung von Art. 14 i. V. m. Art. 8 EMRK. Der allgemeine Ausschluss einer gerichtlichen Überprüfung der ursprünglichen Übertragung der Sorge allein auf die Mutter sei auch im Hinblick auf das als legitim anerkannte Ziel des Schutzes des Kindeswohls nicht mehr verhältnismäßig.[1187] Der deutsche Gesetzgeber könne nicht ohne weiteres annehmen, dass eine Mutter, wenn sie sich der gemeinsamen Sorge verweigere, dafür schwerwiegende Gründe habe, die von der Wahrung des Kindeswohls getragen würden, und dass die gemeinsame Sorge gegen den Willen der Mutter prima facie dem Kindeswohl widerspreche.

Die Zielrichtung des § 1626a BGB, den gesetzlichen Vertreter des nichtehelichen Kindes bei der Geburt klar festzulegen und diesbezügliche Streitigkeiten im Interesse des Kindeswohls zu vermeiden, hielt der EGMR zunächst für grundsätzlich legitim.[1188] Auch die sich daraus begründende primäre Zuweisung zur Mutter beanstandete der Gerichtshof ebenso wenig wie die gesetzgeberische Annahme, es gebe gute Gründe, einen nicht mit der Mutter verheirateten Vater im Einzelfall von der elterlichen Sorge auszuschließen.[1189] Dass solche Gründe die Beziehung von Vätern zu ihren nichtehelichen Kindern allgemein kennzeichneten, sei jedoch nicht erwiesen und vorliegend gerade nicht der Fall.

Insbesondere wandte sich der Gerichtshof gegen das Zugrundelegen eines idealisierten Mutterbildes durch den deutschen Gesetzgeber wie durch die höchsten deutschen Gerichte. Die Annahme des deutschen Gesetzgebers und des BverfG, eine ledige Mutter werde nur aus am Kindeswohl orientierten Gründen und nicht willkürlich das gemeinsame Sorgerecht verweigern, wurde vom Gerichtshof als nicht überzeugend verworfen. Diese Annahme überzeuge auch dann nicht, wenn die Eltern wie im zu entscheidenden Fall harmonierten und ein enger Vater-Kind-Kontakt bestehe. Der zugrunde liegende Sachverhalt widersprach hier

1187 EGMR, Leitsätze, NJW 2010, 501.
1188 EGMR, NJW 2010, 501, 503.
1189 EGMR, NJW 2010, 501, 503.

offensichtlich der gesetzgeberischen Annahme. Der EGMR bezog sich dabei explizit auf den vom BverfG in seinem Urteil vom 29. Januar 2003 erteilten Prüfauftrag an den Gesetzgeber, zu ergründen, ob die getroffenen Annahmen der Wirklichkeit entsprächen. Obgleich die hierzu getroffenen Maßnahmen noch keine Ergebnisse gebracht hatten, nahm der EGMR als Ergebnis vorweg, dass die Entscheidungen der Mütter nicht notwendig von Erwägungen des Kindeswohls getragen sein müssten.[1190]

Angesichts der Tatsache, dass das deutsche Recht für unverheiratete Väter, die bereits einmal Inhaber der elterlichen Sorge waren bzw. als geschiedene eheliche Väter ohnehin Inhaber derselben sind, eine gerichtliche Überprüfung der Sorgerechtssituation vorsieht, rechtfertigten die vom Gesetzgeber angeführten Gründe nicht ausreichend die durch die fehlende Rechtsschutzmöglichkeit gegebene Ungleichbehandlung des Vaters im Falle der Verweigerung der gemeinsamen Sorge. Die Diskriminierung der Väter sei deshalb sachlich nicht gerechtfertigt und daher unverhältnismäßig.[1191]

bb. Bedeutung und Reaktionen

Das Urteil der europäischen Richter war keine juristische Sensation und hat auch „keine festgefügte Bastion des deutschen Rechts gestürzt", wie Coester treffend bemerkte.[1192] Dass der deutsche Gesetzgeber bei der Normierung der gemeinsamen Sorge in § 1626a BGB in verfassungsmäßiger Weise auch anders hätte entscheiden können, hat bereits das BverfG in seinem Urteil von 2003 ausgeführt. Er hat es aber u. a. aufgrund seiner in einem idealisierten Mutterbild wurzelnden Annahmen zur ausschließlich kindeswohlorientierten Motivlage lediger Mütter bei der Frage der Begründung der gemeinsamen Sorge eben nicht getan. Zwar teilte das BVerfG dieses Mutterbild im Ergebnis, knüpfte die Verfassungsmäßigkeit der Regelung jedoch an eine Übereinstimmung seiner Prämissen mit der Realität. Dass dies der Fall sei, verneinte nun der EGMR. Die erste Bedeutung des EGMR-Urteils lag deshalb insbesondere darin, der Entscheidung das das deutsche Sorgerecht bestimmende idealisierte Mutterbild bewusst nicht zugrunde zu legen und es damit in gewissem Maße zu einem deutschen Spezifikum zu erklären.

1190 EGMR, NJW 2010, 501, 504.
1191 EGMR, NJW 2010, 501, 504.
1192 *Coester*, NJW 2010, 482.

Die zweite Bedeutung des Urteils lag in der Begründung der völkerrechtlichen Verpflichtung Deutschlands aus Art. 46 Abs. 1 EMRK zur Gesetzesänderung[1193] sowie in der daraus resultierenden Signalwirkung auf den Gesetzgeber, der insofern erheblich unter Zugzwang geriet,[1194] und schließlich auch auf das BverfG.

b. Der Beschluss des BVerfG vom 21. Juli 2010

aa. Vorgeschichte – Die Ergebnisse des Prüfauftrages

Nachdem das BverfG im Urteil von 2003 dem Gesetzgeber den Auftrag erteilt hatte, zu überprüfen, ob die dem § 1626a BGB zugrunde liegenden Annahmen der Wirklichkeit entsprächen, wurden die Rufe nach einer entsprechenden Rechtstatsachenforschung und greifbaren Ergebnissen immer lauter. Neben wiederholten parlamentarischen Anfragen insbesondere aus den Reihen von Bündnis 90/Die Grünen[1195] hatte auch der EGMR auf die Vorlage von Ergebnissen gedrängt.[1196]

In der Folge führte das Bundesjustizministerium eine Reihe von Maßnahmen durch, um dem Auftrag nachzukommen. Zunächst wurden seit 2004 jährlich alle rechtswirksam abgegebenen gemeinsamen Sorgeerklärungen statistisch erfasst. Setzte man die Gesamtzahl der im betreffenden Jahr abgegebenen Sorgeerklärungen zu der Anzahl der im gleichen Zeitraum geborenen nichtehelichen Kinder ins Verhältnis, ergab sich eine Steigerung von 44,3 Prozent im Jahre 2004 auf 50,7 Prozent im Jahre 2008.[1197] Umgekehrt legte die Studie damit auch offen, dass nach wie vor etwa die Hälfte aller unverheirateten Eltern keine gemeinsame Sorge begründeten.

Entscheidend für das Verfahren waren aber die Ergebnisse einer 2006 durchgeführten Umfrage des Bundesjustizministeriums unter 440 Jugendämtern[1198] und 109

1193 Vgl. hierzu *Frowein/Peukert*, Europäische Menschenrechtskonvention, Art. 46 Rn. 7. Zu den gesetzgeberischen Optionen Löhnig, FamRZ 2010, 338, 339 ff.

1194 Treffend *Coester*, FamRZ 2007, 1137, 1145.

1195 Anfrage vom 27.06.2007, BT-Drucksache 16/5852 – Antwort der Bundesregierung vom 13.07.2007, BT-Drucksache 16/6078; Anfrage vom 25.07.2008, BT-Drucksache 16/10047; Anfrage vom 28.05.2008, BT-Drucksache 16/9361; Beschlussempfehlung und Bericht des Rechtsausschusses vom 17.06.2009, BT-Drucksache 16/13446.

1196 EGMR, NJW 2010, 501, 504.

1197 Zahlen nach BverfG, Beschluss vom 21.07.2010 – 1 BvR 420/09 –, NJW 2010, 3008, 3010.

1198 Von denen 263 Jugendämter teilgenommen hatten.

Rechtsanwälten[1199]. Wichtigster Punkt war die Frage an die Teilnehmer, welche Motive nach ihrer Erfahrung für Mütter ausschlaggebend waren, wenn sie die gemeinsame Sorge ablehnten.[1200] Die Ergebnisse dieser Umfrage standen in Teilen konträr zu den Annahmen, die der Gesetzgeber im Jahre 1997 zur Grundlage des KindRG gemacht hatte.[1201] Die häufigsten Antworten zur Frage nach den Motiven der Mutter waren „Die Mutter möchte die Alleinsorge behalten, um allein entscheiden zu können" und „Die Mutter möchte nichts mehr mit dem Vater zu tun haben und lehnt daher jeden Kontakt auch in Angelegenheiten des Kindes ab".[1202] Die Bundesregierung deutete dabei diese Motive als „emotionale Befindlichkeiten der Mutter", als „Sicherheitsbedürfnis" oder als Reaktion auf „verletzte Gefühle". Dem stand der Umfrage zufolge aber gleichzeitig eine hohe Anzahl an als kindeswohlorientiert gedeuteter Motive gegenüber. Die Bundesregierung sprach bei der Auswertung der Studie selber von „sehr vielschichtigen" Gründen für die Ablehnung der gemeinsamen Sorge durch die Mütter und wies mehrfach auf die geringe Belastbarkeit und Aussagekraft der gesammelten Erkenntnisse hin.[1203] Dennoch würden die Ergebnisse der Befragung darauf hindeuten, dass „die Entscheidung gegen die gemeinsame Sorge häufig auch emotional gesteuert ist und dabei u. a. Verlustängste, Besitzansprüche oder Kontrollbedürfnisse oder auch der Einfluss dritter Personen eine Rolle spielen können".[1204] Diese Motive hätten so „gewisse Zweifel daran geweckt, ob die Prämissen, die der Gesetzgeber der Kindschaftsrechtsreform von 1998 dem Regelungskonzept des § 1626a BGB zugrunde gelegt hat, vollständig der Wirklichkeit entsprechen".[1205] Im Ergebnis lieferte die Umfrage nur den letzten Beweis für die tatsächliche Existenz menschlich vorhersehbarer[1206] Verhaltensweisen.

Im Anschluss an die Auswertung der Umfrage hatte das Bundesjustizministerium im September 2008 ein wissenschaftliches Forschungsvorhaben

---

1199 Ausführlich zu Methodik, Repräsentativität und Ergebnis der Untersuchung *Fink*, Die Verwirklichung des Kindeswohls im Sorgerecht für nichtverheiratete Eltern, 136 ff.

1200 BT-Drucksache 16/10047, 9, 12.

1201 BT-Drucksache 16/10047, 12 ff.

1202 BT-Drucksache 16/10047, 12.

1203 BT-Drucksache 16/10047, 13, 14.

1204 BT-Drucksache 16/10047, 13.

1205 BT-Drucksache 16/10047, 14; so auch *Fink*, Die Verwirklichung des Kindeswohls im Sorgerecht für nichtverheiratete Eltern, 147.

1206 Vorhergesehen etwa von *Rauscher*, Familienrecht, 847; *Coester*, FamRZ 2007, 1137, 1142; *ders.*, NJW 2010, 482, 484; *Schumann*, FuR 2002, 59, 67; *Richter*, FPR 2004, 484, 485, 487.

ausgeschrieben,[1207] dessen Ergebnisse in Teilen in den Beschluss des BVerfG vom 21. Juli 2010 mit eingeflossen sind und insofern den Befund der Umfrage zu stützen scheinen.[1208]

bb. Sachverhalt

Die Verfassungsrichter hatten über den Fall eines Vaters eines 1998 nichtehelich geborenen Sohnes zu entscheiden. Die Eltern lebten nur kurze Zeit zusammen und trennten sich noch vor der Geburt des Kindes. Seitdem lebte das Kind bei der Mutter. Der Vater hatte das Kind anerkannt und gab Anfang 2001 eine Sorgeerklärung ab. Zwar vereinbarten die Eltern eine Umgangsregelung, an die sich beide auch hielten, dennoch verweigerte die Mutter die Abgabe einer entsprechenden Sorgeerklärung. Nachdem der Vater von einem beabsichtigten Umzug von Mutter und Kind erfahren hatte, beantragte er beim Familiengericht die teilweise Entziehung des Sorgerechts der Mutter und die Übertragung des Aufenthaltsbestimmungsrechts auf sich selbst. Daneben stellte er hilfsweise den Antrag auf Übertragung des alleinigen Sorgerechts oder auf gerichtliche Ersetzung der Zustimmung der Mutter zum gemeinsamen Sorgerecht.

cc. Entscheidung und Bedeutung

Nach erfolglosem Instanzenzug und auf die Verfassungsbeschwerde des Vaters hin beschloss schließlich das BverfG am 21. Juli 2010, dass es das Elternrecht des Vaters eines nichtehelichen Kindes aus Art. 6 Abs. 2 GG verletze, wenn er ohne Zustimmung der Mutter generell von der Sorgetragung für sein Kind ausgeschlossen sei und nicht gerichtlich überprüfen lassen könne, ob es aus Gründen des Kindeswohls angezeigt sei, ihm zusammen mit der Mutter die Sorge für sein Kind einzuräumen oder ihm anstelle der Mutter die Alleinsorge für das Kind zu übertragen. Dabei beanstandeten die Richter nicht die grundsätzliche sorgerechtliche Zuordnung des nichtehelichen Kindes zur Mutter. Auch eine automatisch mit der Anerkennung der Vaterschaft eintretende gemeinsame Sorge nichtverheirateter Eltern hielt das Gericht verfassungsrechtlich nicht für geboten. Nach wie vor hielten die Richter es nicht für die Regel, dass das nichteheliche Kind einen Vater habe, der bereit sei, Verantwortung für sein Kind zu tragen.[1209] So bleibe

1207 Bundesamt für Justiz, Vergabe eines Forschungsvorhabens zum Thema „Gemeinsames Sorgerecht nicht miteinander verheirateter Eltern“ vom 08.09.2008, Bundesanzeiger Nr. 143 vom 19.09.2008, 3415 f.

1208 BverfG, NJW 2010, 3008.

1209 BverfG, NJW 2010, 3008, 3009 f.

„die Mutter […] die einzige sichere Bezugsperson, die das Kind bei seiner Geburt vorfindet".[1210]

Zentraler Ansatzpunkt für die Kehrtwende bei der Frage, ob die entscheidende Stellung der Mutter das Elternrecht des Vaters unverhältnismäßig stark einschränke, war vielmehr die Erkenntnis, dass sich das zentrale Argument des Gesetzgebers bei der Fassung des § 1626a Abs. 2 BGB als nicht mit der Wirklichkeit vereinbar herausgestellt hatte. Angesichts der bereits zitierten Ergebnisse der Erhebungen des Bundesjustizministeriums konstatierte das BverfG unmissverständlich:

> „Die dem geltenden Recht zugrunde liegende Annahme des Gesetzgebers, dass die Zustimmungsverweigerung von Müttern in aller Regel auf einem sich nachteilig auf das Kind auswirkenden elterlichen Konflikt basiert und von Gründen getragen ist, die nicht Eigeninteressen der Mutter verfolgen, sondern der Wahrung des Kindeswohls dienen, hat sich nicht bestätigt."[1211]

Vor diesem Hintergrund zogen es die Verfassungsrichter nunmehr in Zweifel, ob der generelle Ausschluss des Vaters bei einer Verweigerung der Mutter, das alleinige Sorgerecht aufzugeben, im Interesse des Kindeswohls tatsächlich erforderlich sei. Die Distanzierung von dem idealisierten Mutterbild der vorangegangenen Entscheidung von 2003 begann in der Wortwahl und in der gedanklichen Tendenz der Formulierungen. Betonte das BVerfG in seiner Entscheidung von 2003 beim Zustimmungserfordernis der Mutter ausschließlich den aus seiner Perspektive kindeswohlsichernden Aspekt der mütterlichen Alleinentscheidungskompetenz,[1212] so sahen die Richter im Jahre 2010 in dieser Kompetenz ganz klar auch einen ihr zukommenden Machtfaktor, den das Gesetz in verfassungsrechtlich unzulässiger Weise allein auf ihrem Willen ruhen lasse[1213]. Offen sprach man aus, dass der Gesetzgeber durch die bisherige Rechtslage das Elternrecht des Vaters generell und ohne ausreichenden Grund hinter das der Mutter zurückgesetzt habe.[1214] Die mangelnde Willensübereinstimmung der nichtehelichen Eltern bei der Frage der Begründung der gemeinsamen Sorge reichte dem BVerfG nicht mehr aus, um

---

1210 BverfG, NJW 2010, 3008, 3010.

1211 BverfG, NJW 2010, 3008, 3009.

1212 BVerfG, NJW 2010, 3008, 3014.

1213 BverfG, NJW 2010, 3008, 3012. Bereits früher verwandten Stimmen im Schrifttum eine ähnliche Begrifflichkeit, vgl. etwa *Müller*, ZFJ 2004, 7, 8 mit „dominante Stellung der Mutter" oder „absolutes Vetorecht". *Spangenberg*, ZfJ 2003, 332, 333 sprach von einem Sorgerecht des nichtehelichen Vaters „durch mütterlichen Akt", Weiß, Die Sorgeerklärungen gemäß § 1626a I Nr. 1 BGB, 192 und auch Lipp, FamRZ 1998, 65, 70 vom „Vetorecht".

1214 BverfG, NJW 2010, 3008, 3012.

auf eine sich negativ auf das Kindeswohl auswirkende elterliche Unfähigkeit zur Kooperation zu schließen. Es sei fortan kein Grund mehr ersichtlich, weshalb der Gesetzgeber nicht auch bei der Begründung einer gemeinsamen elterlichen Sorge vorrangig darauf abstellen solle, ob diese trotz darüber bestehender Meinungsverschiedenheiten zwischen den Eltern im konkreten Einzelfall dem Kindeswohl entspreche.[1215]

Den hier als fehlend bezeichneten Grund umschrieb das vorangegangene Urteil noch als eine der Mutter zukommende Einschätzungsprärogative über die Kindeswohlzuträglichkeit des väterlichen Sorgerechts. Den darin innewohnenden Vertrauensvorschuss gewährten die Verfassungsrichter der Mutter nun nicht mehr. Die Richter konstatierten unter Bezugnahme auf die inzwischen vorliegenden empirischen Erkenntnisse, dass Mütter eben nicht in aller Regel ausschließlich am Kindeswohl orientiert über die Beteiligung des Vaters am Sorgerecht entscheiden würden. Eher seien persönliche Wünsche der Mutter maßgeblich, etwa der nach Beibehaltung einer alleinigen Entscheidungskompetenz der sorgeberechtigten Mutter in Fragen des Kindes. Man wolle sich nicht mit dem Vater verständigen müssen oder auch nichts mit dem Vater zu tun haben.[1216] Insofern sei davon auszugehen, dass in einer nicht unbeträchtlichen Zahl der Fälle Mütter allein deshalb die Zustimmung zur gemeinsamen Sorge verweigerten, weil sie ihr angestammtes Sorgerecht nicht mit dem Vater ihres Kindes teilen wollten. Im Ergebnis hänge daher der Zugang zur Sorgetragung von Vätern nichtehelicher Kinder in einer nicht zu vernachlässigenden Zahl der Fälle vom dominierenden Willen der Mutter ab und bleibe verschlossen, wenn sie hierzu nicht bereit ist.[1217] Dass in diesen Fällen keinerlei gerichtliche Überprüfung der mütterlichen Machtposition möglich sei, beeinträchtige das Elternrecht des Vaters in unverhältnismäßiger Weise.

dd. Konsequenzen für den Gesetzgeber

Nach der Entscheidung des EGMR sowie erst recht nach der des deutschen BVerfG ist der Gesetzgeber gezwungen, das Recht der elterlichen Sorge nicht miteinander verheirateter Eltern neu zu fassen.[1218] Das BVerfG verwarf zwar die Anordnung

1215 BverfG, NJW 2010, 3008, 3012 f.

1216 BverfG, NJW 2010, 3008, 3013.

1217 BverfG, NJW 2010, 3008, 3013.

1218 Hierzu bereits *Coester*, FamRZ 2007, 1137, 1145: „Jetzt ist es allmählich höchste Zeit, den Geburtsfehler des KindRG 1998 zu reparieren. Es wäre dem Ansehen des deutschen Gesetzgebers förderlich, wenn er dazu nicht auf eine Anordnung aus Karlsruhe oder Straßburg warten würde".

des nach § 95 Abs. 3 S. 1 u. 2 BVerfGG angeordneten gesetzlichen Regelfalles, die für verfassungswidrig erklärten §§ 1626a Abs. 1 Nr. 1, 1672 Abs. 1 BGB für nichtig zu erklären, erklärte sie aber für unanwendbar. Stattdessen ordnete das Gericht im Fall des § 1626a Abs. 1 Nr. 1 BGB vorläufig bis zu einer an dem getroffenen Beschluss orientierten gesetzlichen Neuregelung an, dass das Familiengericht den Eltern auf Antrag eines Elternteils die elterliche Sorge oder einen Teil derselben gemeinsam überträgt, soweit zu erwarten ist, dass dies dem Kindeswohl entspricht.[1219] Für den Fall des § 1672 Abs. 1 BGB wurde entsprechend angeordnet, dass das Familiengericht dem Vater auf Antrag eines Elternteils die elterliche Sorge oder einen Teil derselben überträgt, soweit eine gemeinsame elterliche Sorge nicht in Betracht kommt und zu erwarten ist, dass dies dem Kindeswohl am besten entspricht.[1220]

Auf die Anordnung einer Frist zur Neuregelung verzichtete das BVerfG wegen der getroffenen Übergangsregelungen sowie aufgrund von Zusagen der Bundesregierung während des Verfahrens, dass eine Neuregelung in Vorbereitung sei. Bei der konkreten Ausgestaltung einer künftigen, sich an den Vorgaben des BVerfG orientierenden Neuregelung hat das Gericht dem Gesetzgeber eine gewisse Freiheit eingeräumt, indem es ausdrücklich feststellte, dass es das Elternrecht aus Art. 6 Abs. 2 GG nicht gebiete, Vätern nichtehelicher Kinder generell kraft Gesetzes das gemeinsame Sorgerecht zuzuerkennen.[1221]

1219 BverfG, NJW 2010, 3008, 3015.
1220 BverfG, NJW 2010, 3008, 3015.
1221 BverfG, NJW 2010, 3008, 3010.

Dritter Teil – Schlussbetrachtung: Das Mutter- und Vaterbild im deutschen Familienrecht am Beginn des 21. Jahrhunderts

A. Das Ende des Vaterbildes im ehelichen Familienrecht

Das altbürgerlich-konservative Familienleitbild in Gestalt des patriarchalischen Familienrechts, das dem BGB von 1900 zugrunde liegt, existiert nicht mehr. Mit ihm ist nicht nur die Rolle des Vaters als patriarchalischer Ordnungsfaktor aus dem BGB verschwunden, sondern eine rechtliche Rollenzuschreibung an den Vater überhaupt. Die Entscheidung des BVerfG zum väterlichen Letztentscheidungsrecht sowie zur Vertretung des Kindes von 1959 markierte den Anfang vom Ende einer originär väterlichen Rolle des Vaters im deutschen Familienrecht. Der Regelungsgehalt des § 1328 i. d. F. d. GleichberG stellte die gesetzliche Festschreibung der traditionellen Vaterrolle in Form der innerfamiliären Ordnungsfunktion dar. Er verband dabei die letztlich in archaischer Vergangenheit wurzelnde Vorstellung einer patriarchalen Familienstruktur mit dem bürgerlichen Ideal von der Familie als einer autonomen Einheit, die wiederum durch eine gesetzlich gesicherte väterliche Autorität geordnet und zusammengehalten werden sollte. Die Vertretungsmacht des Vaters, gesetzlich niedergelegt in § 1329 Abs. 1 i. d. F. d. GleichberG, war die Entsprechung dieser Rolle im außerhäuslichen Bereich. Dieses Vaterkonzept war in seiner familienrechtlichen Ausprägung letztlich von den Beratungen des BGB am Ende des 19. Jahrhunderts über den Versuch seiner Pervertierung als innerfamiliäres Führerprinzip im Nationalsozialismus bis zu seiner kurzzeitigen Revitalisierung in den fünfziger Jahren des 20. Jahrhunderts dauerhaft präsent. Auch zum Zeitpunkt seiner Abschaffung war es, wie dargestellt, keineswegs zu einer randständigen gesellschaftlichen Haltung geworden. Unter den klaren Vorgaben des Grundgesetzes zur Gleichberechtigung allerdings war dieses Vaterkonzept zumindest verfassungsrechtlich nicht mehr zu halten und wurde deshalb notwendigerweise vom BVerfG aus dem BGB gestrichen.

Damit war ein jahrtausendealtes gesetzliches Leitbild endgültig aus dem deutschen Recht entfernt. Mit der Modernisierung der „Aufgabenverteilung in der Ehe“ durch die Neufassung des § 1357 BGB im Rahmen des 1. EheRG, also mit der Streichung der Vaterzuständigkeit für den Familienunterhalt bzw. der Zuweisung der Haushaltsführung an die Ehefrau während der Ehe, führte man dann die vollständige Entkernung des familienrechtlichen Vaterbildes zu Ende.

Mit der Aufhebung der gesetzlichen Rollenzuschreibungen erklärte das höchste deutsche Gericht allerdings nicht nur einen Rechtssatz für verfassungsrechtlich nicht länger haltbar, sondern diskreditierte gleichzeitig ein ganzes Konzept: Indem es die betreffenden Rechtssätze an der allgemeinen Wertordnung der Verfassung in Form von „Würde des Menschen", „persönlicher Freiheit" und „Gleichheit" maß und letztlich verwarf,[1222] fällte es ein Unwerturteil über die überkommene Vorstellung von der Rolle des Vaters in der Familie, die das deutsche Familienrecht nach dem Willen des BVerfG nicht mehr länger absichern könne und solle.

Mit dieser an Verfassungsrecht wie auch und gerade an Verfassungswerten orientierten Absage an das bisherige Vaterbild im Familienrecht, insbesondere an das Konzept autoritärer (als zweifelhaftes Synonym für „väterliche") Entscheidungsfindung, reihte sich das BVerfG ein in eine gesellschaftliche Entwicklung, die als Demokratisierungs- und damit nach damaliger Auffassung auch als Fortschrittsprozess begriffen wurde. Wesentliche Aspekte des bisherigen Vaterbildes wurden als ideologischer Gegensatz zu den Prinzipien und Werten der Demokratie gesehen und entsprechend geächtet. Das bisherige Familienrecht, nunmehr rückblickend verstanden als „rechtliche Normierung von Macht und Herrschaft im Verhältnis der Geschlechter" oder als „hierarchisches Verhältnis von Befehl und Gehorsam"[1223], musste bei solcher Begrifflichkeit und in diesem historischen Zusammenhang – dem Übergang von einer Diktatur zur Demokratie – als abzulehnender Teil eines insgesamt zu überwindenden Sozial- und Wertesystems erscheinen.

Eine neue Vaterrolle hat das neuere deutsche Familienrecht seither weder definiert noch vage umschrieben. Da das Familienrecht mit seinen gesetzlichen Leitbildern in der Regel soziokulturellen Entwicklungen eher folgt als diese anstößt, ist dies aber von ihm auch nicht zu erwarten. Vielmehr ist die Neuausbildung eines normativ verbindlichen, einheitlichen Vaterbildes, welches das Familienrecht zum gesetzlichen Leitbild erheben könnte, abzuwarten.

Hierbei hat die zunehmende Miteinbeziehung des Vaters in den personalen Teil der Eltern-Kind-Beziehung – verfassungsgerichtlich erstmals erzwungen durch die Entscheidung des BVerfG[1224] zum bisherigen Verbot der gemeinsamen elterlichen Sorge nach Scheidung – zwar einen Prozess in Gang gesetzt, an dessen Ende möglicherweise ein neues, eindeutiges Vaterbild mit dazugehörigem Rollentypus stehen wird; dennoch hat zuletzt die Diskussion um die Einführung sogenannter Vätermonate im Rahmen des Elterngeldes für Väter[1225] nebst der dazugehörigen,

1222 BVerfG, NJW 1959, 1483, 1485.

1223 Beide Zitate bei *van Rahden*, Demokratie und väterliche Autorität, 163 f., 165.

1224 Urteil des BVerfG vom 03.11.1982, BVerfGE 61, 358 ff.

1225 Gesetz zum Elterngeld und zur Elternzeit vom 05.12.2006, BGBl.2006 I, 2748.

allzu aufdringlichen Propagierung neuer Rollenverständnisse gezeigt, dass von Eindeutigkeit noch längst keine Rede sein kann. Die zunehmende Heterogenität der Gesellschaft und die Verschiedenheit individueller Lebensentwürfe lassen dies für die Zukunft auch nicht zwingend erwarten. Entscheidend bei dieser Entwicklung wird aber sein, ob sich eine möglicherweise einsetzende Rollenfindung anhand einer originär männlichen Geschlechtsrolle vollziehen wird oder ob sie aus einem geschlechtsneutralen, allgemeingültigen Ideal „guter" Elternschaft erwachsen wird.

Die bisherige Entwicklung des Begriffs der „neuen Väter", deutet dabei eher auf eine zunehmende „Feminisierung der Vaterrolle"[1226] hin. Wann immer in der neueren Literatur die Rede auf die „neuen Väter" kommt, umschreibt dieser Begriff ein Verständnis von „neuer" Väterlichkeit im Sinne von Handeln im Bereich der persönlichen Kinderbetreuung und -erziehung, innerfamiliärem Engagement sowie einer Betonung fürsorglicher und emotionaler Kompetenz.[1227] Der Soziologe Stein spricht in diesem Zusammenhang vom „Wandel der Väterlichkeit" als „Wandel von der traditionellen autoritären, repressiven und marginalen Rolle des Vaters hin zu einer freundschaftlichen, liebevollen und zentralen Rolle in der Familie"[1228]. Der „neue Vater" zeichnet sich somit in erster Linie durch seine möglichst umfassende Adaption traditionell „mütterlicher" Eigenschaften aus. Die „neue" Vaterrolle entspricht insofern der weitestgehend unverändert gebliebenen Mutterrolle.[1229]

Die Entwicklung im deutschen Familienrecht stimmt mit dieser Tendenz überein: Mit dem ausdrücklichen gesetzlichen Ausschluss eines fortwährenden gemeinsamen Sorgerechts nach Scheidung der Eltern durch § 1671 Abs. 4 S. 1 BGB i. d. F. des Sorgerechtsgesetzes von 1979 war der Vater völlig von der Ausübung einer rechtlich verfassten Sorgerechtsstellung ausgeschlossen. Dies stellte

---

1226 *Lenzen*, Vaterschaft, 246.

1227 *Wolde*, Väter im Aufbruch; *Matzner*, Vaterschaft aus der Sicht von Vätern; *Werneck*, Übergang zur Vaterschaft: Auf der Suche nach den „neuen Vätern"; *Limbach*, ZSE 1988, 298, 305 ff.; *Fthenakis*, Engagierte Vaterschaft; *Fthenakis/Minsel*, Die Rolle des Vaters in der Familie; *Stein*, Zeitschrift für Familienforschung, 2000, 49 ff.; *Lenzen*, Vaterschaft, 1991.

1228 *Stein*, Zeitschrift für Familienforschung, 2000, 49, 63.

1229 Dem widerspricht *Balloff*, FPR 2005, 210, 213: „Nach der Geburt des Kindes wird gerade der emanzipierte Vater nicht dasselbe tun wie die Mutter, da die Rolle des Mannes und Vaters mit der der Frau und Mutter nicht identisch ist. Dieser Vater ist keine verweiblichte ‚Mappi', sondern eigenständiges, handelndes männliches und väterliches Subjekt [...]."

die Konsequenz eines klassisch auf die innerfamiliäre Autoritäts-, Leitungs- und Ordnungsfunktion reduzierten Vaterbildes dar, welches genau dann den Vater überflüssig werden ließ, wenn die Familie als Bezugsrahmen dieser Vaterfunktionen infolge einer Scheidung nicht mehr existierte. Auch dies stellte sich als Folge des Umstands dar, dass das BGB die Rolle und Funktion des Vaters bis zu diesem Zeitpunkt nur auf die des verheirateten Vaters beschränkt hatte. Diese Marginalisierung der Vaterrolle trat nun nach dem Wegfall des ehelichen Familienrahmens offen zutage.

Diese Gesetzeslage bedeutete für das Vaterbild im Familienrecht, dass es dem geschiedenen Vater schlicht überhaupt keine Funktion im nachehelichen Eltern-Kind-Verhältnis mehr zumaß. Die Marginalisierung der Vaterrolle war vollkommen. Durch die daraufhin vom BVerfG geschaffene Möglichkeit der gemeinsamen Sorge der getrennten Eltern war dem Vater zwar mangels ehelicher Familie die Ausübung seiner an die Familie gekoppelten traditionellen Vaterrolle weiterhin verwehrt, es war ihm aber so nunmehr immerhin möglich, auch nach Auflösung der Ehe mit der Mutter weiter als Elternteil wahrgenommen zu werden. Die rollenreduzierte Teil-Elternschaft des geschiedenen Vaters und erst recht die äußerst vage Perspektive auf die potentielle Alleinsorge musste den Vater zum Rollenwechsel zwingen, wenn er seine marginalisierte Stellung überwinden wollte. Ein Scheidungsratgeber für Männer von 1984 gab unmissverständlich die Richtung der zukünftigen Entwicklung vor:

> „Die wichtigste Pflegeperson für das Kleinkind ist in der Regel in unserem Kulturkreis die Mutter. Doch kann unter Umständen auch der Vater zur wichtigsten Pflegeperson werden, wenn er das mütterliche Pflegeverhalten übernimmt und die meiste Zeit anwesend und verfügbar ist.“[1230]

Dieser an den Vater gerichteten Forderung konnte realistischerweise kaum ein geschiedener Vater nachkommen. Den zugrunde liegenden Gedanken jedoch nahmen sich die Väter, denen am Sorgerecht für ihre Kinder gelegen war – die „Neuen Väter“ –, notgedrungen als neues Leitbild. Der Erziehungswissenschaftler Lenzen etwa sieht in der Übernahme mütterlicher Verhaltensweisen, plakativ als „neue Väterlichkeit“ kommuniziert, nicht zu Unrecht einen gewissen Aktivismus als Reaktion auf „Vereinseitigungen im Scheidungsrecht“.[1231] Diese Entwicklung erscheint individualpsychologisch nachvollziehbar. Ob sich daraus ein sozialer

1230 *de Witt*, Scheidungsrecht für Männer, 31, Fn. 3.
1231 *Lenzen*, Vaterschaft, 239 ff.

Typus herausbildet und ob dieser als Leitbild Eingang in das deutsche Familienrecht findet, bleibt abzuwarten.[1232]

Die jedoch grundsätzlich gegebene Bedeutung des Vaters für das Kind hat das BGB in § 1684 Abs. 1 BGB, in § 1626 Abs. 3 BGB und auch in § 1626a Abs. 1 BGB ausdrücklich anerkannt. Zum Kindeswohl gehört gesetzlich anerkannt die Erziehung durch und der Kontakt zu beiden Elternteilen. Dies stellt die vom Gesetzgeber unausgesprochene Konsequenz dar aus einer nach wie vor existenten und familienprägenden Geschlechteridentität, wie sie das BVerfG 1959 als „in der Person des Vaters und der Mutter" liegende, „durch das Geschlecht bedingt[e] […] verschiedene Färbung"[1233] in der jeweiligen Wahrnehmung von Elternverantwortung beschrieb. Die Vorstellung, dass der Vater als genuin männlich-väterliches Elternteil neben der Mutter eine eigenständige Bedeutung für das Kind hat, also diesem nicht bloß als eine „zweite Mutter" zur Verfügung steht, ist im deutschen Familienrecht insofern weiter vorhanden. Einen originären Rollentypus indes weist ihm zumindest das deutsche Familienrecht aber nicht mehr zu.

1232 Äußerst zweifelhaft erscheint dies zumindest im Hinblick auf demographisch aufstrebende, dabei aber traditionell-patriarchalische muslimische Einwanderermilieus. Dass diese Haltungen allerdings den gesamtgesellschaftlichen Liberalisierungsprozess auch und gerade in der Familienrechtsdebatte beeinflussen werden, ist vorerst noch unwahrscheinlich.

1233 BVerfG, NJW 1959, 1483, 1484.

B. Beständigkeit des Mutterbildes

Während die Entwicklung der Vaterstellung im deutschen Familienrecht einhergeht mit ihrem kontinuierlichen Bedeutungsverlust bis hin zu einem völligen Verblassen eines eigenständigen Vaterbildes, weist das Mutterbild keine derart lineare Entwicklung auf. Eine solch konstante Fortentwicklung ist nur bei dem ersten Teilaspekt des familienrechtlichen Mutterbildes – der Frage der Gleichberechtigung der Mutter im Verhältnis zum Vater – festzustellen. So korrespondierte der Verlust der dominierenden Rolle des Vaters in der ehelichen Familie mit dem Rechtszuwachs der verheirateten Mutter im Verhältnis zum Vater wie zu den Kindern. Abgesehen von jeweils kurzen Phasen der Restauration der väterlichen Vorherrschaft geriet die Zurücksetzung der verheirateten Mutter gegenüber dem Vater bereits kurz nach Inkrafttreten des BGB angesichts der bürgerlichen Frauenbewegung sowie des liberalen juristischen Diskurses der Weimarer Republik in die rechtspolitische Defensive. Dennoch sollte es bis zur völligen Durchsetzung des Gleichheitsgrundsatzes aus Art. 3 Abs. 2 GG im Jahre 1959 noch der Klarstellung durch das BVerfG bedürfen. Auch das Leitbild der Hausfrauenehe fiel erst 1977 durch Inkrafttreten des 1. EheRG. Beide Schritte des Gesetzgebers stellten für die Mutter in erster Linie einen Zuwachs an individuellen Rechten dar. Für den verheirateten Vater hingegen beseitigten sie die rechtlichen Stützen des ihn betreffenden Rollenbildes in Form der Ordnungs- und Ernährerfunktion. Seitdem steht in der Ehe die Mutter familienrechtlich gleichberechtigt neben dem Vater, ohne dass sich der Kern ihrer Mutterrolle ebenfalls verändert hätte.

Dieser Kern als der andere, ungleich bedeutendere Aspekt des Mutterbildes im deutschen Familienrecht ist in seinen Grundgedanken erhalten geblieben: die bereits in den Motiven zum BGB zum Ausdruck kommende Auffassung von der in der Natur der mütterlichen Nähebeziehung zum Kind liegenden, exklusiven Sonderbefähigung der Mutter zur Personensorge im Rahmen der elterlichen Sorge. Diese Vorstellung, die auch und gerade im Nichtehelichenrecht nachzuweisen ist, wurde durch die Inszenierung eines völkischen Mutterkultes im Nationalsozialismus in ihrer Breitenwirkung noch bestärkt. Auch die verbreitete Vaterabwesenheit nach dem Zweiten Weltkrieg nebst ihren psychologischen Folgen für die Familien dürfte die generelle Bedeutung, die der Mutter im Hinblick auf die Kinder zugemessen wurde, weiter verstärkt haben.

Den Höhepunkt in der Propagierung einer besonderen psychologisch-sozialen Nähebeziehung der Mutter zum Kind stellt die familienrechtliche Rezeption entsprechender psychologischer Theorien, insbesondere der sogenannten Bindungstheorie, dar. Deren Forderung nach einer strikten Privilegierung der Beziehung des Kindes zu einer angenommenen Hauptbezugsperson – gemeint war dabei grundsätzlich die Mutter – trieb den Vorrang der Mutter in der Eltern-Kind-Beziehung auf die Spitze. Im Verbund mit der familienrechtlichen Rechtsentwicklung, die den Begriff des Kindeswohls als vielfältig anwendbare Universalmaxime immer mehr in den Vordergrund stellte, wurde die These von der Mutter-Kind-Symbiose gleichsam unangreifbar. In der Folge wirkte sich die Vorstellung von der Mutter als Hauptbezugsperson nicht nur als Stabilisierung des Muttervorrangs etwa im Scheidungsfolgenrecht aus, sondern degradierte auch den Vater zur bloßen familiären Nebenfigur. Sein unter Umständen völliger Ausschluss als sorgeberechtigter Elternteil infolge des Verbots gemeinsamer Sorge nach Scheidung durch das SorgeRG von 1980 verdeutlicht die überragende Rolle der – in aller Regel als Hauptbezugsperson angesehenen – Mutter in den Augen des Gesetzgebers.

Im Verhältnis des Vaterbildes zum Mutterbild im deutschen Familienrecht wird auch der entscheidende Unterschied deutlich: Die Rolle des Vaters wurde fortlaufend normativ durch eine gesetzliche wie gesellschaftliche Rollenzuschreibung festgelegt. Im Familienrecht waren dies seine besonderen Ordnungs- und Alimentationszuständigkeiten. Diese waren grundsätzlich an das Bestehen der Ehe mit der Mutter gebunden, während eine davon unabhängige originäre Vaterrolle weitgehend nicht zuerkannt wurde. Der Mutter dagegen schrieb man ihre exklusive Nähebeziehung zum Kind aufgrund angenommener anthropologischer Konstanten zu. Ihre besondere Rolle als Mutter wurde vom Gesetzgeber mithin als dauerhaft und gerade nicht an den Bestand der Ehe gebunden angesehen. Dieser Umstand wurde erst bei Beendigung der Ehe wirklich offenbar und führte so letztlich zur Marginalisierung der genuin väterlichen Rolle vor allem des geschiedenen Vaters bei gleichzeitiger Beständigkeit des Mutterbildes.

C. Brüche und Kontinuitäten im Bild der Mütter und Väter nichtehelicher Kinder

Sowohl das Bild des Vaters als auch der Mutter eines nichtehelichen Kindes war seit dem Inkrafttreten des BGB grundlegenden Veränderungen unterworfen. Bei beiden ist in Teilaspekten eine lineare Weiterentwicklung zu erkennen, während der jeweilige Kern Kontinuität aufweist.

I. Abklingen des moralischen Ressentiments gegenüber der ledigen Mutter

So ist der noch bei der Konzeption des Nichtehelichenrechts um 1900 vorherrschende sittlich-moralische Aspekt lediger Mutterschaft vollständig aus der Rechtssphäre verschwunden. Gründete das Nichtehelichenrecht des BGB von 1900 noch implizit auf der sittlichen Verwerflichkeit außerehelicher Zeugung und der moralischen wie anderweitigen Unzuverlässigkeit der Mütter, so begann bereits während der Weimarer Republik ein gezielter rechts- wie sozialpolitischer Aufwertungsprozess, der von der bevölkerungs- und rassenpolitischen Motivation im Nationalsozialismus überging in eine umfassende gesellschaftliche Liberalisierung in der Bundesrepublik. Der dort weiter forcierte Abbau von rechtlicher wie gesellschaftlicher Diskriminierung der Nichtehelichkeit fand seinen Höhe- und Schlusspunkt in der weitgehenden moralisch-sittlichen Etablierung nichtehelicher Lebensgemeinschaften in den achtziger Jahren. Eine Zurücksetzung lediger Mütter ist seitdem im Familienrecht nicht mehr nachweisbar. Vielmehr trifft mit der Überbetonung mütterlicher Sorgezuständigkeit das Gegenteil früherer Ressentiments zu.

II. Weiterbestehen einer Schwächeposition der ledigen Mutter im Mutterbild

Der Kern des Mutterbildes indes, das lange vorherrschende Leitbild der jungen und weitgehend hilflosen Mutter, weist deutliche Kontinuitäten auf. So hatte das BVerfG im Jahre 2001 über den Umfang gerichtlicher Kontrolle von Eheverträgen zu entscheiden. Im zugrunde liegenden Fall lebte ein Paar nichtehelich zusammen, bis die Frau schwanger wurde und den Mann zur Eheschließung drängte. Da der Mann eine Heirat mit Blick auf eventuelle spätere Unterhaltsverpflichtungen ablehnte, wurde ein Ehevertrag ausgearbeitet, der im Wesentlichen einen gegenseitigen Unterhaltsverzicht sowie die weitgehende Freistellung des Mannes von Kindesunterhaltsverpflichtungen vorsah. Nachdem das Paar diesen Ehevertrag geschlossen hatte, erfolgte die Heirat. Während das OLG Stuttgart den Vertrag für im Rahmen der Privatautonomie zulässig hielt, sah das BVerfG darin einen Verstoß u. a. gegen den verfassungsrechtlichen Anspruch der Mutter auf Schutz und Fürsorge aus Art. 6 Abs. 2 GG. Eine gerichtliche Kontrolle habe im Falle von vorehelich geschlossenen Eheverträgen wie dem vorliegenden dort zu erfolgen, „wo der Vertrag nicht Ausdruck und Ergebnis gleichberechtigter Lebenspartnerschaft ist, sondern eine auf ungleichen Verhandlungspositionen basierende einseitige Dominanz eines Ehepartners widerspiegelt“.[1234] Ebenso müsse die Rechtsprechung der „Schwangeren Schutz vor Druck und Bedrängung aus ihrem sozialen Umfeld oder seitens des Kindesvaters“ bieten.[1235]

Obgleich im Ergebnis nicht zu beanstanden, zeigte die Begründung der Entscheidung klare Kontinuitäten im Hinblick auf eine nach wie vor angenommene besondere Schutzwürdigkeit der Mutter gerade auch im Verhältnis zum Vater auf. Die Verfassungsrichter knüpften dabei in ihrer Begründung noch einmal mit aller Deutlichkeit an verschiedene Aspekte des Mutter- und Vaterbildes an, deren Tendenz zuletzt in den Stellungnahmen zum NEhelG von 1970 nachzuweisen war:

> „Eine Situation von Unterlegenheit ist regelmäßig anzunehmen, wenn eine nicht verheiratete schwangere Frau sich vor die Alternative gestellt sieht, in Zukunft entweder allein für das erwartete Kind Verantwortung und Sorge zu tragen oder durch Eheschließung den Kindesvater in die Verantwortung einzubinden, wenn auch um den Preis eines mit ihm zu schließenden, sie aber stark belastenden Ehevertrages. Ihre Verhandlungsposition wird hier geschwächt sein durch die tatsächliche Lage, in der sie sich befindet, durch ihre Rechtsstellung als ledige Mutter und insbesondere durch das Bemühen um die Sicherung der eigenen Existenz und der des erwarteten Kindes.
>
> Schwangerschaft bedeutet für jede Frau einen existenziellen Umbruch in ihrem Leben. Die Schwangere durchläuft einen Entwicklungsprozess, der sie körperlich Veränderungen erfahren lässt und für ihre eigene Gesundheit sowie die des Kindes Risiken in sich birgt. Unweigerlich kommt auf sie mit dem Kind eine Umstellung ihrer Lebensführung und Lebensplanung zu. Neue Aufgaben, Pflichten und Verantwortlichkeiten entstehen. Dies geht gerade bei unverheirateten Müttern häufig

1234 BVerfG, FamRZ 2001, 343, 346.
1235 BVerfG, FamRZ 2001, 343, 346.

einher mit dem Scheitern der Beziehung zum Vater des Kindes […]. **Darüber hinaus bestehen auch heute noch gesellschaftliche und soziale Zwänge, auf Grund derer sich eine werdende Mutter – nicht zuletzt auch gegenüber dem Kind – für ihre Nichtheirat unter Rechtfertigungsdruck fühlen kann.** Für den Zeitpunkt des Abschlusses des hier strittigen Ehevertrages sprechen wissenschaftliche Untersuchungen sogar noch **vom Stigma der ledig bleibenden Mutter und ihrer deutlich höheren psychischen Belastung** gegenüber verheirateten Müttern, mit der auch das Phänomen der höheren Sterblichkeit nichtehelicher Säuglinge erklärt wird […].

Hinzu kommt für die nicht verheiratete Schwangere die Gewissheit, die alleinige Verantwortung und Sorge für das Kind tragen zu müssen. Auch nach inzwischen geltendem Recht bleibt sie allein für das Kind verantwortlich, wenn der Vater zur gemeinsamen Sorge nicht bereit ist.

[…] Besonders gravierend ist in der Regel die ökonomische Perspektive für Mütter nichtehelicher Kinder. Nach der Geburt des Kindes sinkt ihr Einkommen wegen der alleinigen Verantwortung für das Kind meist auf weniger als die Hälfte ihres vorherigen Einkommens. Dies führt dazu, dass etwa ein Drittel von ihnen für sich und ihre Kinder nur eine finanzielle Absicherung hat, die unter oder auf Sozialhilfeniveau liegt, während lediglich 15 % der ehelichen Kinder in ebenso beengten Verhältnissen leben […]. Zusätzlich belastet wird diese Situation durch eine deutlich schlechtere Zahlungsmoral von Vätern gegenüber nichtehelichen Kindern. […] Die besondere und schwierige Situation nicht verheirateter Schwangerer, die nicht vergleichbar ist mit der verheirateter Schwangerer oder der nicht verheirateter Frauen ohne Kinder, wirkt sich auch auf die Gegebenheiten bei Abschluss eines Ehevertrages aus, der die Voraussetzung für eine Eheschließung bilden soll. Gerade wegen ihrer Sorge auch um die Zukunft des Kindes und unter dem Druck der bevorstehenden Geburt befindet sich die Schwangere typischerweise in einer dem Vertragspartner gegenüber weit unterlegenen Position.“[1236]

Die Ausführungen des BVerfG beschreiben hier zunächst ein Mutterbild, nach dem letztlich allein die Mutter eines nichtehelichen Kindes die Verantwortung für das Kind trägt. Der behauptete Umstand, dass sie so lange allein verantwortlich sei, wie der Vater nicht zur Sorge bereit wäre, wurde an anderer Stelle in anderer Konstellation noch ausdrücklich verfassungsrechtlich gutgeheißen.[1237] Wiederum betonten die Richter die prekäre wirtschaftliche Lage lediger Mütter, gleichzeitig nimmt man eine grundsätzliche Unvereinbarkeit von unverheirateter Mutterschaft und Erwerbstätigkeit als selbstverständlich an. Als Ausweg legten die Richter entweder die Absicherung der ledigen Mutter in der Ehe nahe oder forderten den Schutz der Mutter durch eine ihrer besonderen Schutzbedürftigkeit Rechnung

1236 BVerfG, FamRZ 2001, 343, 346.
1237 BVerfG, 1 BvL 20/99 vom 29.01.2003.

tragende mutterfreundliche Rechtsprechung. Mit einer erstaunlichen Selbstverständlichkeit revitalisierten die Verfassungsrichter in diesem Zuge auch das alte Vaterbild, nach dem den nichtverheirateten Vater zunächst einmal nichts mit dem Kind verbinde und nach dem eine Verantwortung des Vaters neben der Mutter erst in der Ehe zu erwarten sei. Diese Koppelung väterlicher Verantwortung an die Ehe und alleiniger Verantwortung der Mutter außerhalb der Ehe ist insofern auch am Beginn des 21. Jahrhunderts noch Teil der jeweiligen Rollenstereotype.

III. Späte Abkehr vom Muttermythos

Mit der Entscheidung des BVerfG vom 21.07.2010 wurde eine späte Abkehr vom Muttermythos im deutschen Familienrecht auch in der Rechtsprechung des BVerfG vollzogen. Dieser Wandel setzte verhältnismäßig plötzlich ein und wurde augenfällig von der Entscheidung des EGMR ausgelöst. Bis zu dieser Entscheidung finden sich Belege für ein Fortbestehen von Vorstellungen, nach denen Mutterinteressen sich mit dem Kindeswohl decken und die die Mutter als alleinige Sachwalterin sowohl der Interessen des Kindes als auch von dessen Verhältnis zum Vater sehen. So wurde in einem der führenden und verbreitetsten deutschen Familienrechtslehrbücher bis zur obigen Entscheidung der Verfassungsrichter die ledige Mutter vor einer Beteiligung des Vaters an der elterlichen Sorge geradezu gewarnt:

> „Die nichteheliche Mutter, die sich auf das gemeinsame Sorgerecht einlässt, geht ein nicht geringes Risiko ein. Beim Elternstreit hat sie die bei weitem schlechteren Karten, als wenn sie bei der Alleinsorge bliebe. Der Elternstreit kann sogar darin enden, dass bei Trennung dem Vater das Sorgerecht eingeräumt wird (§ 1671) und die Mutter dann nicht nur den Barunterhalt für das Kind, sonder auch dem Kindesvater den Betreuungsunterhalt schuldet (§ 1615l V). Deshalb ist vor einem derartigen Schritt fachliche Beratung dringend nötig.“[1238]

In dramatischer Wortwahl warnte wiederum Schwab bereits 1998 Mütter nichtehelicher Kinder vor einem gemeinsamen Sorgerecht als „Weg ohne Wiederkehr“.[1239] Einen Hinweis auf die Rezeption solcher Warnungen der Literatur in der

1238 *Schwab*, Familienrecht, 14. Auflage, Rn. 536. Diese Stelle fand sich bis zur 17. Auflage (2009), bevor sie in der 18. Auflage (2010) nach dem Urteil des EGMR vom 03.12.2009 offenbar keine Grundlage mehr hatte.

1239 *Schwab*, DNotZ 1998, 437, 452 f.

Beratungspraxis der Jugendämter gab die Wiedergabe entsprechender Einzelfälle im Schrifttum.[1240]

Implizit stellte diese Argumentation die Beteiligung des Vaters am Sorgerecht – sein Elternrecht ignorierend – allein ins Belieben der Mutter. Völlig mutterzentriert sollte sie weiterhin allein ihre eigennützigen Interessen am Kind sowie ihre wirtschaftlichen Interessen im Blick haben. Kindeswohlgesichtspunkte wurden bei dieser Betrachtungsweise entweder nicht erwogen oder – entsprechend einem weiteren Aspekt des familienrechtlichen Mutterbildes – als deckungsgleich mit den Interessen der Mutter betrachtet. Ebenso wenig fand sich der Gedanke an Rücksichtnahme gegenüber einem legitimen Interesse des Vaters an einer Beteiligung am Sorgerecht.

Letztlich erinnerte diese einseitige Orientierung an den Mutterinteressen an die natur- bzw. vernunftrechtlichen Erwägungen im Vorfeld des BGB sowie an die in Teilen auf einer angeblichen „Natur der Sache" basierende Argumentation Plancks zur Rechtsstellung der ledigen Mutter.[1241] Dementsprechend warnte Coester nicht nur vor „Abschreckungs-Szenarios" bei der Beratung von Müttern über die Teilung des Sorgerechts, sondern ausdrücklich auch vor dem Bestärken unreflektierter „Mein-Kind-gehört-mir-Standpunkte" bei diesen.[1242]

In Extremfällen eines Auseinanderfallens von Kindeswohl und Mutterinteresse wurde das Sorgerecht in seiner bisherigen Form an seine Grenzen geführt – so in einem Einzelfall, den das AG Potsdam im Jahre 2005 zu entscheiden hatte: Dort verweigerte eine Mutter die Zustimmung zur Übertragung der elterlichen Sorge auf den Vater. Dabei lebte das gemeinsame Kind seit mehreren Jahren schon beim Vater und wurde von diesem erzogen und versorgt. Zwischen den Eltern bestanden massive Kommunikationsprobleme, welche das Familiengericht im Wesentlichen auf das Verhalten der Mutter zurückführte. In einem parallel anhängigen

1240 Etwa bei *Coester*, FamRZ 2007, 1137, 1138, bei Hammer, FamRZ 2010, 623, 624 oder bei Scherpe, FamRZ 2010, 103, 108, 109. In der Tendenz zustimmend *Schumann*, FF 2007, 227, Fn. 59.

1241 Die latente Überzeugung von einer alleinigen Verfügungsmacht der Mutter über ihr Kind findet sich in ihrer ausgeprägtesten Form allerdings nicht im Familien-, sondern im Strafrecht. Bei der Entscheidung der Frau über einen straflosen Schwangerschaftsabbruch i. S. d. § 218a StGB kommt es allein auf ihren Willen an; vgl. *Fischer*, Strafgesetzbuch, § 218a, Rn. 12. Legitime Interessen des Vaters spielen in dieser Frage weder straf- noch zivilrechtlich eine Rolle. Zur zivilrechtlichen Problematik allein *von Kaler*, Die Rechtsstellung des Vaters zu seinem ungeborenen Kind unter Geltung einer Fristenregelung.

1242 *Coester*, DEuFamR 1999, 3, 9; *ders.*, NJW 2010, 482, 484.

Unterhaltsverfahren hatte die Mutter Unterhaltsansprüche für die in ihrem Haushalt lebende Schwester des Kindes gegenüber dem Kindesvater geltend gemacht. Dem Einwand des Kindesvaters, seit der Übersiedlung des Kindes in seinen Haushalt würden sich die Unterhaltspflichten der Kindeseltern aufheben, da die beiden etwa gleich alten Kinder jeweils im Haushalt des anderen Elternteils lebten, begegnete die Kindesmutter mit dem Einwand, ein Unterhaltsanspruch des betroffenen Kindes sei ihr gegenüber nie geltend gemacht worden und könne auch nicht geltend gemacht werden, da der Kindesvater nicht die elterliche Sorge innehabe. Das Familiengericht war offenbar nicht gewillt, eine solche Konsequenz aus der defizitären Rechtslage hinzunehmen, und entzog der Mutter daraufhin das Sorgerecht wegen Gefährdung des Kindeswohls nach § 1666 BGB. Eine derartige Ausnutzung einer formalen Rechtsposition sei weit entfernt von einem Handeln zum Wohle des Kindes. Es dränge sich vielmehr der Eindruck auf, dass die Mutter beabsichtige, dem Kindesvater durch Ausnutzung ihrer formalen Rechtsposition finanziellen Schaden zuzufügen.[1243]

Die starke mütterliche Position musste in Fällen wie diesen durch eine nicht unproblematische generalklauselartige Auslegung des § 1666 BGB korrigiert werden.[1244] Als Ergebnis dieser Entwicklung bestand bis zur Entscheidung des BVerfG vom 21. Juli 2010 weiterhin ein evidentes Ungleichgewicht zwischen den Rechten nicht mitaeinander verheirateter Mütter und Väter.

Das BVerfG korrigierte dieses Ungleichgewicht und rückte in seiner Begründung von dem in der Vergangenheit auch bei ihm vorherrschenden Mutterbild ab. Mit der Verwerfung der Prämissen des KindRG im Hinblick auf die Motive von ledigen Müttern bei einer Verweigerung der gemeinsamen Sorge nahm es Abschied von der idealisierenden Vorstellung, das Handeln der Mütter in dieser Frage sei ausschließlich kindeswohlorientiert. Die empirische Bestätigung des hohen Anteils kindeswohlfremder, vielmehr an persönlichen Interessen und Befindlichkeiten ausgerichteter Erwägungen bei den Müttern zwang zu diesem Schritt. Daneben machte die Entscheidung des EGMR deutlich, dass das bislang gepflegte Mutterbild primär ein deutsches Spezifikum darstellte und die darauf basierende Rechtsprechung nicht mehr überzeugend zu begründen war. Mit der Entscheidung des BVerfG und der Setzung einer Übergangsregel begrenzten die Richter die vorherige absolute Definitionsmacht der Mutter über die Befähigung

1243 AG Potsdam, Beschluss vom 29.06.2005 – 45 F 190/03; FamRZ 2006, 500.

1244 Dazu *Schumann*, in: Behrends/Schumann, Gesetzgebung, Menschenbild und Sozialmodell im Familien- und Sozialrecht, 169, 199 f.

des Vaters zur gemeinsamen Sorge, indem sie eine familiengerichtliche Überprüfung ermöglichten.

Es bleibt abzuwarten, wie und mit welcher Argumentation der zur Reform aufgerufene Gesetzgeber die Vorgaben der Verfassungsrichter umsetzen wird. Ein Prüfstein für die Fortexistenz des tradierten Mutterbildes wird die primäre sorgerechtliche Zuordnung des Kindes sein, stellt sich doch hier die Frage, warum die Sorgeeignung des bereits festgestellten Vaters erst durch einen Rechtsakt zu begründen ist, die der Mutter hingegen grundsätzlich nicht. Dies gilt insbesondere für den Fall, in dem die bisher vom Gesetzgeber angeführten Gründe für die primäre Mutterzuordnung – Rechtssicherheit und Praktikabilität – aus tatsächlichen Gründen nicht mehr greifen und mit dem Vater vielleicht ein besserer Elternteil zur Verfügung steht. Des Weiteren drängt sich die Frage auf, warum es beim Vater nach wie vor von seiner Bereitschaft zur Übernahme der sorgerechtlichen Verantwortung abhängt, ob er auch der dem Sorgerecht immanenten Sorge*pflicht* unterliegt, die Mutter aber kraft Gesetztes in jedem Fall verpflichtet ist.

Am Ende ist festzustellen, dass, solange die zugestandene wie die auferlegte Hauptverantwortlichkeit sowie die Annahme einer Hauptqualifikation der Mutter im Hinblick auf das Kind integraler Teil des Mutterbildes im deutschen Familienrecht ist, Elternrolle und Elternrecht des Vaters rechtlich und faktisch nicht gleichrangig sein werden.

IV. Rehabilitierung des nichtverheirateten Vaters

Die jeweiligen Rechte der nicht miteinander verheirateten Elternteile haben seit Inkrafttreten des BGB zwar kontinuierlich zugenommen. Parallel verliefen diese Rechtsentwicklungen dennoch nicht. Bestrebungen zur Aufwertung der Rechtsstellung der ledigen Mutter begannen recht bald nach Inkrafttreten des BGB, sie setzten sich in der Bundesrepublik in Gestalt kontinuierlicher Rechtszuwächse fort und verliefen in der Gesamtschau im Gleichklang mit einem bemühten Abbau von Diskriminierungen und zunehmender gesellschaftlicher Liberalität. Die Verbesserung der Rechtsstellung des Vaters in Bezug auf sein nichteheliches Kind nahm ihren Anfang auf einer deutlich schlechteren Grundlage. Bei der Konzeption des BGB wirkten noch die Auffassungen Fichtes vom fehlenden Band des Vaters, zumal des nichtverheirateten, zu seinem Kind sowie quasideliktische Anschauungen in Bezug auf die Pflichten des Vaters nach. Hinzu kamen sittlich-moralische Ressentiments gegenüber einem Vater, der oftmals als egoistisch-rücksichtsloser Verführer unschuldiger junger Mädchen dargestellt wurde.

Nach Inkrafttreten des BGB und der darin enthaltenen Ignorierung des personenrechtlichen Vater-Kind-Verhältnisses schlug eine Aufwertung des Vaters fehl, da die Reformbestrebungen in der Weimarer Republik als auch die Weiterverfolgung der begonnen Reformen in der nationalsozialistischen Zeit scheiterten. Das gesetzgeberische Ressentiment gegenüber dem Vater sowie das Hauptaugenmerk des Gesetzgebers, das auf eine Verbesserung der Mutterstellung gerichtet war, führten lediglich zu marginalen rechtlichen Veränderungen. Selbst das NEhelG von 1970, dem zufolge der Vater nun auch als mit seinem nichtehelichen Kind im Rechtssinne verwandt galt, stellte keine wirkliche rechtliche Vaterstellung her. Erst mit dem Abschmelzen des Vaterressentiments infolge der Zunahme nichtehelicher Lebensgemeinschaften im Laufe der 1980er Jahre wurde das Fundament für den vorläufigen Endpunkt der Entwicklung gelegt: Erst seit dem 1. Juli 1998, fast 100 Jahre nach dem Inkrafttreten des BGB, gestand der deutsche Gesetzgeber dem Vater die Teilhabe an der elterlichen Sorge zu.

In der Folge kam es zu einer weitgehenden Akzeptanz des Elternrechts des Vaters eines nichtehelichen Kindes. Der Kontakt zwischen Vater und Kind wurde grundsätzlich als kindeswohlförderlich angesehen. Anschaulich abzulesen ist dieser Wandel am Gegenstand eines BVerfG-Urteils vom 1. April 2008.[1245] Während noch das Nichtehelichengesetz von 1970 mit Einräumung einer für den Vater äußerst restriktiven Umgangsregelung eher versuchte, einen Großteil der Väter von ihren Kindern fernzuhalten, beschäftigte sich das BVerfG im Jahre 2008 mit der Frage eines gegebenenfalls zwangsweise durchzusetzenden Umgangs eines umgangsverweigernden Vaters mit seinem nichtehelichen Kind.[1246] Gegenstand der Verfassungsbeschwerde war ein Beschluss des Brandenburgischen Oberlandesgerichts, in welchem dem umgangsunwilligen Vater im Falle der weiteren Verweigerung des Umgangs ein Zwangsgeld in Höhe von 25 000 € angedroht wurde. Auch wenn die Verfassungsrichter die Zwangsmittelandrohung im Ergebnis für verfassungswidrig erklärten, so ist doch die aus dieser Entwicklung abzulesende Umkehrung der Beurteilung des väterlichen Umgangs augenfällig.

Dennoch blieb der Vater bei der Übernahme sorgerechtlicher Verantwortung vom Willen der Mutter abhängig. Die Einschätzungsprärogative, die der Gesetzgeber der Mutter über die Frage eingeräumt hatte, ob und in welchem Umfang der Vater seiner Elternverantwortung nachkommen kann, veranschaulichte seine mindere Rechtsposition gegenüber der Mutter und führte ihm den gesetzgeberischen Vorzug der Mutter klar vor Augen. Wenn die Mutter dem Vater aus kindeswohlfernen

1245 BVerfG, Urteil vom 01.04.2008, 1 BvR 1620/04.

1246 BVerfG, NJW 2008, 1287 ff.

Gründen das Sorgerecht verweigerte, konnte eine Situation entstehen, bei der der Vater in Umkehrung der ihm bei Erlass des BGB zugeschriebenen quasideliktischen Täterrolle nun zum Opfer einer mütterlichen Machtposition am Kind wurde.

Die Entscheidung des BVerfG vom 21. Juli 2010 hat die Möglichkeit geschaffen, eine solche Situation zu korrigieren. Das künftige Bild des Vaters eines nichtehelichen Kindes wird aber entscheidend davon abhängen, inwieweit er vom Gesetzgeber gegenüber der Mutter nicht nur gleich berechtigt, sondern auch gleich verpflichtet wird.

D. Reformstand

Um den Vorgaben des BVerfG (und des EGMR) zur Schaffung eines sowohl verfassungs- als auch zeitgemäßen Sorgerechts nachzukommen, beschloss das CDU/FDP geführte Bundeskabinett am 04.07.2012 den „Entwurf eines Gesetzes zur Reform der elterlichen Sorge nicht miteinander verheirateter Eltern“.[1247] Die Bundesregierung rückte in der dazu ergangenen Pressemitteilung[1248] vom 04.07.2012 zunächst das im Entwurf enthaltene „neue gesellschaftlicher Leitbild der elterlichen Sorge“ in den Vordergrund angesichts einer Verdoppelung des Anteils nicht ehelich geborener Kinder seit 1995. Der Entwurf soll laut Pressemitteilung explizit die Rechte unverheirateter Väter durch einen vereinfachten Zugang zur gemeinsamen Sorge auch ohne Einwilligung der Mutter stärken, Gleichberechtigung beider Elternteile herstellen und allgemein der gesellschaftlichen Entwicklung Rechnung tragen.

Nach dem vorliegenden Regierungsentwurf[1249] möchte die Reform „in Umsetzung des neuen Leitbildes, dass möglichst eine gemeinsamen Sorgetragung erfolgen soll“ dort eine gemeinsame elterliche Sorge erreichen, wo es dem Kindeswohl nicht widerspricht.[1250] Als eines der zentralen Ziele der Reform nennt es die Bundesregierung, dem Vater den Zugang zur gemeinsamen Sorge auch ohne Zustimmung der Mutter zu eröffnen.[1251]

Nach wie vor entsteht auch nach dem Entwurf die gemeinsame Sorge beider Elternteile durch Abgabe einer übereinstimmenden Sorgeerklärung oder durch Heirat der Eltern, § 1626a Abs. 1 Nr. 1, 2 d.E. Als dritte Möglichkeit sieht § 1626a Abs. 1 Nr.3 d.E. nun auch eine Übertragung der gemeinsamen Sorge durch das Familiengericht vor. Beide Elternteile können nach § 1626a Abs. 3

1247 BT-Drucksache 17/11048 vom 17.10.2012.

1248 Pressemitteilung der Bundesregierung vom 04.07.2012, http://www.bmj.de/SharedDocs/Pressemitteilungen/DE/2012/20120704_Elterliche_Sorge.html?nn=1468940; Zugriff vom 11.11.2012.

1249 BT-Drucksache 17/11048.

1250 BT-Drucksache 17/11048, 14.

1251 Pressemitteilung der Bundesregierung vom 04.07.2012, http://www.bmj.de/SharedDocs/Pressemitteilungen/DE/2012/20120704_Elterliche_Sorge.html?nn=1468940; Zugriff vom 11.11.2012.

d.E. das Familiengericht anrufen; dem Vater steht es frei zunächst einseitig eine Sorgeerklärung beim Jugendamt abzugeben oder direkt das Gericht anzurufen. Dem neuen Leitbild des Entwurfs entsprechend prüft das Gericht lediglich, ob die beantragte gemeinsame Sorge dem Kindeswohl nicht widerspricht (negative Kindeswohlprüfung). Trägt das nichtbeantragende Elternteil keine kindeswohlrelevanten Gründe vor oder schweigt ganz und sind auch sonst keine solche Gründe ersichtlich, besteht nach dem Entwurf eine gesetzliche Vermutung dafür, dass die gemeinsame Sorge dem Kindeswohl nicht widerspricht, § 1626a Abs. 2 S. 2 d.E. Im Übrigen weist § 1626a Abs. 3 d.E. weiter der Mutter die elterliche Sorge zu.

Nach der offenen Fassung des Entwurfs kann damit sowohl der Vater seine Beteiligung am Sorgerecht erreichen als auch die Mutter eine Einbindung des Vaters in die Sorgeverantwortung durchsetzen.

Ein weiterer Gesetzentwurf der CDU/FDP geführten Bundesregierung betrifft das Umgangsrecht leiblicher Väter, die keine rechtliche Vaterstellung haben. Mit dem am 17.10.2012 beschlossenen „Entwurf eines Gesetzes zur Stärkung der Rechte des leiblichen, nicht rechtlichen Vaters“[1252] möchte die Bundesregierung die Rechte leiblicher Väter, die bei nachhaltigem Interesse den Umgang mit ihren Kindern wünschen, stärken.[1253] Für ein Umgangsrecht des leiblichen Vaters soll der Zugang erleichtert werden, indem es entscheidend nur noch darauf ankommt, dass der leibliche Vater „nachhaltiges Interesse“ an seinem Kind gezeigt hat und dass der Umgang dem Wohl des Kindes dient, § 1686a Abs. Nr. 1 d.E. Auch ein Auskunftsanspruch des Vaters über die persönlichen Verhältnisse des Kindes soll dem leiblichen Vater bei „berechtigtem Interesse“ zustehen, wenn dies dem Kindeswohl nicht widerspricht, § 1686a Abs. 1 Nr. 2 d.E.

1252 BR-Drucksache 666/12.

1253 Pressemitteilung der Bundesregierung vom 17.10.2012, http://www.bmj.de/SharedDocs/Pressemitteilungen/DE/2012/20121017_Umgangsrecht.html?nn=1468684; Zugriff vom 24.11.2012.

Literaturverzeichnis

Adam, Heinz-Jürgen	Die Personensorge des elterlichen Gewalthabers, Gießen 1938.
Anschütz, Gerhard	Die Verfassung des Deutschen Reiches vom 11. August 1919, 3. Auflage, Berlin 1930; 14. Auflage, Berlin 1933.
Andres, Stefan	Die Liebesschaukel, München 1951.
Baer, Ingrid	Neue Lösungen im Kindschaftsrecht, ZRP 1989, 344 ff.
Bamberger, Georg / Roth, Herbert	Kommentar zum Bürgerlichen Gesetzbuch, 1. Auflage, München 2003.
Balloff, Rainer	Die Bedeutung des Vaters für die Entwicklung des Kindes, FuR 2005, 210 ff.
	Lebensgemeinschaften nicht verheirateter Eltern mit Kindern – Bestandsaufnahme, Perspektiven und Grenzen aus juristischer und psychologischer Sicht, ZfJ 1991, 190 ff.
Baumert, Gerhard / Hünniger, Edith	Deutsche Familien nach dem Kriege, Darmstadt 1954.
Bäumer, Gertrud	Der Unehelichenschutz und die legitime Familie, Die Frau, 36. Jahrgang, 1928/29, 336 ff.
Baumgarten, Steffen	Die Entstehung des Unehelichenrechts im Bürgerlichen Gesetzbuch, Köln 2007.

Bebel, August	Die Frau und der Sozialismus, 14. Auflage, Stuttgart 1892.
Bechert, Rudolf	Der Gesetzentwurf über die Rechtsstellung der unehelichen Kinder und seine Beurteilung, DR 1935, 97 ff.
Becker, Peter Emil	Zur Geschichte der Rassenhygiene, Wege ins Dritte Reich, Bd. 1, Stuttgart 1988.
Becker, Walter	Uneheliche Väter im neuen Recht, ZBl-JugR 1968, 31 ff.
Beitzke, Günther	Familienrecht, – 15. Auflage, München 1970. – 24. Auflage, München 1985.
Beitzke, Günther / Hübner, Konrad	Die Gleichberechtigung von Mann und Frau, Tübingen 1950.
Bereswill/Scheiwe/Wolde (Hrsg.)	Vaterschaft im Wandel – Multidisziplinäre Analysen und Perspektiven aus geschlechtertheoretischer Sicht, 2006 Weinheim.
Berneike, Christiane	Die Frauenfrage ist Rechtsfrage, Die Juristinnen der deutschen Frauenbewegung und das Bürgerliche Gesetzbuch, Diss. Freie Universität Berlin 1994, Baden-Baden 1995.
Bettermann, Karl August / Nipperdey, Hans Carl / Scheuner, Ulrich (Hrsg.)	Handbuch der Theorie und Praxis der Grundrechte. Bd. IV/1: Grundrechte und institutionelle Garantien. 2. Auflage, Berlin 1972.
Böhm, Reglindis	Gedanken zu einer Neuregelung des Kindschaftsrechts, ZRP 1992, 334 ff.

Bommert, Liselotte — Gemeinschaftliche und persönliche Angelegenheiten der Ehegatten, Diss. Heidelberg 1938, Limburg – Lahn 1938.

Borell, Adolf — Die soziologische Gliederung des Reichsparlaments als Spiegelung der politischen und ökonomischen Konstellationen, Diss. Gießen 1933.

Bosch, Friedrich Wilhelm — Familienrechtsreform, Zwei Vorträge, Siegburg 1952.

FamRZ 1955, 13 ff.

Gleichberechtigung im Bereich der elterlichen Gewalt, SJZ 1950, 626 ff.

FamRZ 1977, 318.

„Ehen ohne Trauschein“ – Erlaß eines „Konkubinatsgesetzes“?, FamRZ 1980, 852.

Entwicklungslinien des Familienrechts in den Jahren 1947 bis 1987, NJW 1987, 2617 ff.

Bovensiepen — Bessere Rechtsstellung der unehelichen Kinder, DJZ 1919, 722, 726.

Bowlby, John — Mutterliebe und kindliche Entwicklung, München 1972.

Bindung. Eine Analyse der Mutter-Kind-Beziehung, München 1975.

Brandis, Ernst — Der Gesetzentwurf über das Unehelichenrecht und seine Probleme, Berlin 1929.

Brinz, Alois von	Lehrbuch der Pandekten, Band 3,2,2: (Die Familienrechte und die Vormundschaften), Erlangen 1889.
Brötel, Achim	Der Anspruch auf Achtung des Familienlebens: Rechtsgrund und Grenzen staatlicher Einwirkungsmöglichkeiten in familiäre Rechtspositionen nach der Europäischen Konvention zum Schutze der Menschenrechte und Grundfreiheiten; dargestellt an ausgewählten Beispielen des deutschen Familienrechts, Baden-Baden 1991.
	Das alleinige Sorgerecht der Mutter für ihr nichteheliches Kind – ein grundrechtswidriges Dogma?, NJW 1991, 3119 ff.
Brückner, Christoph	Väterrechte vor dem Europäischen Gerichtshof für Menschenrechte, FPR 2005, 200 ff.
Büdenbender, Ulrich	Elterliche Entscheidungsautonomie für die elterliche Sorge nach geltendem Recht und nach dem Entwurf eines Kindschaftsrechtsreformgesetz, AcP 1997, 197 ff.
Bulling, Carl	Die deutsche Frau und das Bürgerliche Gesetzbuch, 2. Auflage, Berlin 1896.
	Rechte der unehelichen Kinder nach dem Entwurf eines bürgerlichen Gesetzbuches für das Deutsche Reich, Berlin 1895.
Bundesinstitut für Bevölkerungsforschung beim Statistischen Bundesamt	Demographische Fakten und Trends in der Bundesrepublik Deutschland, Zeitschrift für Bevölkerungswissenschaft 3/84, 21 ff.

Bundesministerium der Justiz — „Recht“ – Eine Information des Bundesministeriums der Justiz 1980, Nr. 6, Bonn 1980.

Burchardi, G. C. — Das gemeinrechtliche Erziehungsrecht, AcP 8, 161, 190.

Buske, Sybille — Fräulein Mutter und ihr Bastard, Eine Geschichte der Unehelichkeit in Deutschland 1900–1970, Göttingen 2004.

Büte — Entwicklung der Rechtsprechung von 2002 bis 2005, FuR 2006, 170.

Campenhausen, Axel Freiherr v. — Veröffentlichungen der Vereinigung der Deutschen Staatsrechtslehrer, Band 45, Berichte und Diskussionen auf der Tagung der Vereinigung der Deutschen Staatsrechtslehrer 1986, Berlin 1987.

Coester, Michael — Das nichteheliche Kind und seine Eltern, rechtliche und sozialwissenschaftliche Aspekte, Neuwied 1991.

Sorgerechtsentscheidungen und Sorgerecht, NJW 1981, 961 ff.

Reform des Kindschaftsrechts, JZ 1992, 809 ff.

Elternrecht des nichtehelichen Vaters und Adoption – Zur Entscheidung des Bundesverfassungsgerichts vom 7.3.1995, FamRZ 1995, 1245 ff.

Das Kindeswohl als Rechtsbegriff in: Sechster Deutscher Familiengerichtstag, Bielefeld 1986.

Anmerkung zu BVerfG, Beschluss vom 23.04.2003, FamRZ 2004, 87 f.

	Nichteheliche Elternschaft und Sorgerecht, FamRZ 2007, 1137 ff.
	Sorgerechtliche Impulse aus Straßburg, NJW 2010, 482 ff.
Coester-Waltjen, Dagmar	Die Rollen der Geschlechter im deutschen Familienrecht seit 1900, StAZ, Nr.2, 1992, 34 ff.
	Von der elterlichen Gewalt zur elterlichen Sorge, ZRP 1977, 177 ff.
	Familienrecht, 6. Auflage, München 2010.
Cohn, Charlotte	Gleichberechtigung der Geschlechter im künftigen Elternrecht, Hamburg 1932.
Conrad, Hermann	Deutsche Rechtsgeschichte (DRG), Band I, Frühzeit und Mittelalter, 2. Auflage, Karlsruhe 1962; Band II, Neuzeit bis 1806, 1966; Neudruck jeweils 1982.
Conze, Werner	Sozialgeschichte der Familie in der Neuzeit, Stuttgart 1976.
Crome, Carl	System des Deutschen Bürgerlichen Rechts, Vierter Band, Familienrecht, Tübingen 1908.
Dellian, Ed	Zur „Verkehrsregelung“ nach § 1711 n. F. BGB, JR 1970, 417 ff.
Dernburg, Heinrich	Familienrecht und Erbrecht des Privatrechts Preußens und des Reichs, 3. Auflage, Halle a. d. Saale 1884.
	Das Vormundschaftsrecht der preußischen Monarchie, nach der Vormundschaftsordnung vom 5. Juli 1875, 3. Auflage, Berlin 1886.

Dethloff, Nina	Reform des Kindschaftsrechts, NJW 1992, 2201.
Deutscher Caritasverband	Neugestaltung des Unehelichenrechts, Denkschrift des Deutschen Caritasverbandes, Freiburg i. Br. 1935.
Deutsche Instituts für Vormundschaftswesen	Materialien zur Arbeitstagung in Coburg, Heidelberg 1961.
de Witt, Siegfried	Scheidungsrecht für Männer, 4. Auflage, Freiburg i. Br. 1984.
de Witt, Siegfried / Huffmann, Johann-Friedrich	Die nichteheliche Lebensgemeinschaft, 1. Auflage, München 1983. – 2. Auflage, München 1986.
Dickmeis, Franz	Familienrecht im Wandel, DAVorm 1991, 705 ff.
	Strukturen des deutschen Kindschaftsrechts im Kontext zur europäischen Rechtsentwicklung, ZfJ 1998, 41 ff.
Diederichsen, Uwe	Die Neuregelung des Rechts der elterlichen Sorge, NJW 1980, 1 ff.
	Rechtsprobleme der nichtehelichen Lebensgemeinschaft, FamRZ 1988, 889 ff.
	Die Reform des Kindschafts- und Beistandschaftsrechts, NJW 1998, 1977 ff.
	Zur Reform des Elter-Kind-Verhältnisses, FamRZ 1978, 461 ff.
Dölle, Hans	Die Gleichberechtigung von Mann und Frau im Familienrecht, JZ 1953, 353 ff.
Dormann, Hans	Die elterliche Gewalt der Mutter, Leipzig 1914.

Dörner, Heinrich | Industrialisierung und Familienrecht, Die Auswirkungen des sozialen Wandels dargestellt an den Familienmodellen des ALR, BGB und des französischen Code civil, Berlin 1974.

Dornes, Martin | Die Seele des Kindes. Entstehung und Entwicklung, Frankfurt am Main 2006.

Dronke, Ernst | „Inwieweit bedürfen die familienrechtlichen Vorschriften des Bürgerlichen Gesetzbuches mit Rücksicht auf den die Gleichberechtigung der Geschlechter aussprechenden Art. 119, Abs. 1, Satz der RVerf. einer Änderung?“ In: Verhandlungen des 36. Deutschen Juristentages, Bd. 1 (Gutachten), Berlin und Leipzig 1932, 592 ff.

Dunker, Arne | Gleichheit und Ungleichheit in der Ehe. Persönliche Stellung von Frau und Mann im Recht der ehelichen Lebensgemeinschaft 1700–1914, Köln 2003.

Eben-Servaes, Ilse | Das Kind in der Ehe, DR 1935, 91 ff.

Die Frau und Mutter im nationalsozialistischen Familienrecht, DR 1938, 90 ff.

Eck, Clara | Die elterliche Gewalt im B.G.B. Ihr Inhalt und ihre Zuständigkeit, Archiv für bürgerliches Recht, Band 41, Berlin 1915.

Eckebrecht, Marc | Neuere Gesetze zur Stärkung der Vaterrechte, FPR 2005, 205 ff.

Eckert-Schirmer, Jutta | Gemeinsames Sorgerecht nach Scheidung. Leitbild oder soziale Realität?, FuR 1996, 205 ff.

Eisenhardt, Ulrich — Deutsche Rechtsgeschichte, 4. Auflage, München 2004.

Ell, — Benachteiligungen der nichtehelichen Kinder, ZfJ 1985, 97 ff.

Endemann, F. — Lehrbuch des Bürgerlichen Rechts, Zweiter Band, Zweite Abteilung: Familienrecht, Berlin 1908.

Engelmann, Theodor — J. von Staudinger's Kommentar zum Bürgerlichen Gesetzbuch und dem Einführungsgesetze, IV. Band, Familienrecht, 2. Auflage, München 1905.

Erle, Manfred — Die Ehe im Naturrecht des 17. Jahrhunderts, Göttingen 1952.

Erler, Adalbert / Kaufmann, Ekkehard — Handwörterbuchs zur deutschen Rechtsgeschichte (HRG), Band 3, Berlin 1984.

Ewers, Franz-Georg — Kindeswohl und Verfassung?, FamRZ 2000, 787 ff.

Fest, Joachim — Hitler, Eine Biographie, Hamburg 2007.

Fichte, Johann Gottlieb — Medicus, Fritz (Hrsg.), Ausgewählte Werke in sechs Bänden, Zweiter Band, Grundlage des Naturrechts, Darmstadt 1962.

Finger, Peter — ZfJ 1987, 317 ff.

Gemeinsame elterliche Sorge für nichteheliche Kinder, FuR 2003, 341 f.

§§ 1626a ff., 1672 BGB – verfassungswidrig?, FamRZ 2000, 1204,

Die elterliche Sorge des nichtehelichen Vaters – verfassungswidrige Reform, ZfJ 2000, 183 ff.

Fink, Sandra — Die Verwirklichung des Kindeswohls im Sorgerecht für nichtverheiratete Eltern, Frankfurt a. M. 2004.

Fischer, Paul — Die Novellierung des Familienrechts unter besonderer Berücksichtigung der Rechtsstellung der Ehefrau und Mutter in der Zeit von 1945 bis 1983, Diss. Tübingen 1989.

Fischer, Thomas — Strafgesetzbuch und Nebengesetze, 55. Auflage, München 2008.

Förster, Franz — Preußisches Privatrecht, Band IV, 6. Auflage, Berlin 1892.

Frank, Hans — Nationalsozialistisches Handbuch für Recht und Gesetzgebung, München 1935.

Frank, Rainer — Grenzen der Adoption, eine rechtsvergleichende Untersuchung zur Schutzbedürftigkeit faktischer Eltern-Kind-Verhältnisse, Frankfurt a. M. 1978.

100 Jahre BGB – Familienrecht zwischen Rechtspolitik, Verfassung und Dogmatik, AcP 2000, 401 ff.

Franzius, Christine — Bonner Grundgesetz und Familienrecht. Die Diskussion um die Gleichberechtigung von Mann und Frau in der westdeutschen Zivilrechtslehre der Nachkriegszeit (1945–1957), Frankfurt a. M. 2005.

Freisler, Roland — Vom alten zum neuen Ehescheidungsrecht, Kritik – Vorschlag – Begründung, Berlin 1937.

Frensdorff, Ferdinand	Gottlieb Planck, deutscher Jurist und Politiker, Berlin 1914.
Friauf	Verfassungsgarantie und sozialer Wandel – das Beispiel von Ehe und Familie, NJW 1986, 2595 ff.
Frowein, Jochen/ Peukert, Wolfgang	Europäische Menschenrechtskonvention, 3. Auflage, Berlin 2009.
Fthenakis, Wassilios	Väter, Band I, Zur Psychologie der Vater-Kind-Beziehung; Band II, Zur Vater-Kind-Beziehung in verschiedenen Familienstrukturen, jeweils Müchen 1985.
	Engagierte Vaterschaft. Die Sanfte Revolution in der Familie, Opladen 1999.
	Zum Stellenwert der Bindungen des Kindes als sorgerechtsrelevantes Kriterium gem. § 1671 BGB, FamRZ 1985, 662 ff.
Ders. / Minsel, Beate	Die Rolle des Vaters in der Familie, Stuttgart 2002.
Gaul, Hans Friedhelm	Die Neuregelung des Abstammungsrechts durch das Kindschaftsreformgesetz, FamRZ 1997, 1441 ff.
Geiger, Theodor	Das uneheliche Kind und seine Mutter im Recht des neuen Staates, Ein Versuch auf der Basis kritischer Rechtsvergleichung, München, Berlin und Leipzig 1920.
Gerhard, Ute	Frauen in der Geschichte des Rechts, München 1997.

Gernhuber, Joachim — Lehrbuch des Familienrechts, 3. Auflage, München 1980.

Neues Familienrecht, Eine Abhandlung zum Stil des jüngeren Familienrechts, Tübingen 1977.

Ders./ Coester-Waltjen, Dagmar — Lehrbuch des Familienrechts, 4. Auflage, München 1994.

Gfrörer — Das Recht der Familie im Dritten Reich, DR 1934, 151 ff.

Gierke, Otto von — Der Entwurf eines bürgerlichen Gesetzbuches und das deutsche Recht, Leipzig 1889.

Die soziale Aufgabe des Privatrechts, Vortrag, gehalten am 5. April 1889 in der juristischen Gesellschaft zu Wien, Berlin 1889.

Giesen, Dieter — Ehe und Familie in der Ordnung des Grundgesetzes, JZ 1982, 817 ff.

Glaser / Kranz — Reform des deutschen Ehe- und Elternrechts, Recht und Wirtschaft, 9. Jahrgang 1920, 148 ff.

Göppniger, Horst / Bökelmann, Erhard — Das Recht des unehelichen Kindes, Berlin 1967.

Göppniger, Horst — Elterliche Gewalt über nichteheliche Kinder, FamRZ 1970, 57 ff.

Grasnick, Maria — Zur Reform des Unehelichenrechts, Hückeswagen 1968.

Der Verkehr des Vaters mit seinem unehelichen Kinde, NJW 1966, 1298 ff.

Die elterliche Gewalt des Vaters eines unehelichen Kindes, NJW 1966, 1196 ff.

Greßmann, Michael — Neues Kindschaftsrecht, Bielefeld 1998.

Grimme, Mark-Alexander — Die Entwicklung der Emanzipation der Frau in der Familienrechtsgeschichte bis zum Gleichberechtigungsgesetz 1957: unter besonderer Berücksichtigung der Entstehungsgeschichte des Bürgerlichen Gesetzbuches, Frankfurt a. M. 2003.

Groth, Sepp — Kinder ohne Familie. Das Schicksal des unehelichen Kindes in unserer Gesellschaft, München 1961.

Grotius, Hugo — De jure belli ac pacis. Libri tres. Drei Bücher vom Recht des Krieges und des Friedens, Paris 1625, Tübingen 1950.

Grziwotz, Herbert — Rechtsprechung zur nichtehelichen Lebensgemeinschaft, FamRZ 1999, 413 ff.

Gütt, Arthur / Linden, Herbert / Maßfeller, Franz — Blutschutz- und Ehegesundheitsgesetz, München 1936.

Habscheid, Walther J. — Festschrift für Friedrich Wilhelm Bosch zum 65. Geburtstag, Bielefeld 1976.

Haff, Karl — Institutionen des deutschen Privatrechts, Band II, Familienrecht, Stuttgart 1934.

Institutionen des deutschen Privatrechts, Band II, Familienrecht, 2. umgearbeitete Auflage, Stuttgart 1947.

Hamann, Brigitte — Hitlers Wien, Lehrjahre eines Diktators, 7. Auflage, München 2004.

Hammer, Stephan — Anmerkung zu EGMR, Urteil vom 03.12.2009 – 22028/04: Zaunegger./. Deutschland, FamRZ 2010, 623 ff.

Has, Franziska — Das Verhältnis der unehelichen Eltern zu ihrem Kinde. Ein soziologischer Beitrag zur Reform des Unehelichenrechts, Berlin 1962.

Hattenhauer, Hans — Allgemeines Landrecht für die Preußischen Staaten von 1794, Einführung, 2. Auflage, Neuwied 1994.

Hinz, Manfred — Münchener Kommentar zum Bürgerlichen Gesetzbuch, Band 5, Familienrecht,
– 1. Auflage, München 1978,
– 2. Auflage, München 1987.

Hitler, Adolf — Mein Kampf, 613–617. Auflage, München 1941.

Hobbes, Thomas — Vom Menschen – Vom Bürger, übersetzt und Herausgegeben von Günter Gawlick, Hamburg 1994.

Hoecherl, Hans — Die elterliche Gewalt nach Scheidung der Ehe der Eltern, Diss. Erlangen 1936.

Holzhauer, Heinz — Verwandtschaftliche Elternstellung, verfassungsmäßiges Elternrecht und elterliche Sorge, FamRZ 1982, 109 ff.

Horkheimer, Max — Autorität und Familie in der Gegenwart, Gesammelte Schriften, Band 5, Frankfurt a.M. 1985.

Horstmann, Martin	Zum Problem der personenrechtlichen Beziehungen im außerehelichen Eltern-Kind-Verhältnis, Diss. Bochum 1967, Bielefeld 1967.
Hubbard, William H.	Familiengeschichte, Materialien zur deutschen Familie seit dem Ende des 18. Jahrhunderts, München 1983.
Huber, Peter	Münchener Kommentar zum Bürgerlichen Gesetzbuch, Band 8, Familienrecht II, 4. und 5. Auflage, München 2008.
Humphrey, Michael	Das Sorgerecht des nichtehelichen Vaters in rechtsvergleichender Kritik", in „Familie, Partnerschaft, Recht", 2003, S. 378–385.
Huvale, Victor	Wünschenswerte Korrekturen im Nichtehelichenrecht, Zentralblatt für Jugendrecht und Jugendwohlfahrt (ZBlJR) 1980, 560 ff.
Jansen, Ludwig / Knöpfel, Gottfried	Das neue Unehelichengesetz, Frankfurt a. M., Berlin 1967.
Jastrow, Hermann	Das Recht der Frau nach dem Bürgerlichen Gesetzbuch. Dargestellt für die Frauen, Berlin 1897.
Jayme, Erik	Europäische Menschenrechtskonvention und deutsches Nichtehelichenrecht, NJW 1979, 2425 ff.
Jonas, Antonio Gimbernat	Typisierung contra Einzelfallgerechtigkeit – Anmerkungen zum Urteil des BVerfG vom 29.01.2003, JAmt 2003, 332 ff.

Kaler, Matthias von | Die Rechtsstellung des Vaters zu seinem ungeborenen Kind unter Geltung einer Fristeregelung, Frankfurt a. M. 1996.

Kaser, Max | Römisches Privatrecht, ein Studienbuch, 17. Auflage, München 2003.

Das Römische Privatrecht. Zweiter Abschnitt. Die nachklassischen Entwicklungen, 2. Auflage, München 1975.

Kipp, Theodor / Wolff, Martin | Lehrbuch des Bürgerlichen Rechts, Zweiter Band, zweite Abteilung: Das Familienrecht, 1. und 2. Auflage, Marburg 1912.

Kipp, Theodor | Familienrecht, DJZ 1931, 271 ff.

Kipp, Theodor | Zur Reform des Rechts der unehelichen Kinder, in: Festgabe für Rudolf Stammler, Berlin und Leipzig 1926.

Klinksiek, Dorothee | Die Frau im NS-Staat, Stuttgart 1982.

Klumker, Christian Jasper | Der Unehelichenschutz im Deutschen Reich. Ein Beitrag zur Geschichte der Berufsvormundschaft und zur Neuregelung des Unehelichenrechts, Archiv für Sozialwissenschaften, Band 55, 1926, 156–194.

Zur Neuordnung des Unehelichenrechts, JW 1925, 310 ff.

Klußmann, Rudolf W. | Der verfassungsgemäße Ausschluss des gemeinsamen Sorgerechts geschiedener Eltern, FamRZ 1982, 118 ff.

Das Kind im Rechtsstreit der Erwachsenen. Wegweiser für Eltern und Jugendämter, Richter und Psychologen, München 1981.

Knöpfel, Gottfried — Faktische Elternschaft, Bedeutung und Grenzen, FamRZ 1983, 317.

Erfordeliche Änderngen im Nichtehelichenrecht, ZRP 1990, 234 ff.

Koch, Christian Friedrich — Lehrbuch des preußischen gemeinen Privatrechts, 2. Band, 3. Auflage, Berlin 1858.

Kodjoe, Ursula — Auswirkungen des Vater-Kind-Kontaktverlustes: der „immaterielle Schaden" aus psychologischer Sicht, Anmerkungen zur Elsholz – Entscheidung des Europäischen Gerichtshofs für Menschenrechte, DAVorm 2000, 641 ff.

Koeppel, Peter — Zur Bedeutung der „Elsholz-Entscheidung" für die Fortentwicklung des deutschen Kindschaftsrechts. Anmerkungen zum Minderheitsvotum aus Sicht des Verfahrensbevollmächtigten, DAVorm 2000, 639 ff.

Kohler — Verhandlungen des Neunzehnten Deutschen Juristentages, Berlin und Leipzig 1888.

Kohler, Josef — Lehrbuch des Bürgerlichen Rechts, Dritter Band, Familienrecht, Berlin 1915.

Kohler, Mathias — Kindschaftsrechtsreform im Blickwinkel der Kinder – Die Bedeutung des neuen Kindschaftsrechts für die Kinder – Konsequenzen für die Arbeit der Jugendhilfe, ZfJ 1999, 128 ff.

Köhler, Andreas	Die Sorgerechtsregelung bei Ehescheidungen seit 1945. Scheidungsstrafe und verordnete Gemeinsamkeit, Frankfurt am Main 2006.
König, Cosima	Die Frau im Recht des Nationalsozialismus. Eine Analyse ihrer familien-, erb- und arbeitsrechtlichen Stellung, Frankfurt am Main 1988.
König, René	Materialien zur Soziologie der Familie, Bern 1946.
Körner, Franz	Die elterliche Gewalt im Zeichen de Gleichberechtigung der Frau, München 1959.
Koselleck, Reinhart	Preußen zwischen Reform und Revolution. Allgemeines Landrecht, Verwaltung und soziale Bewegung von 1791 bis 1848, Stuttgart 1967.
Kroeschell, Karl	Deutsche Rechtsgeschichte, Band 3, Seit 1650, Köln 2005.
Kropholler, Jan	Kritische Bestandsaufnahme im Nichtehelichenrecht, AcP 185 (1985), 244 ff.
	Gleichberechtigung durch Richterrecht. Erfahrungen im Familienrecht, Bielefeld 1975.
Kroppenberg, Inge / Löhnig, Martin	Fragmentierte Familien. Brechungen einer sozialen Form in der Moderne, Bielefeld 2010, S. 89 ff.
Krüger, Hildegard	Die Rechtsstellung des unehelichen Kindes nach dem Grundgesetz, Berlin 1960.
Krüger, Hildegard / Breetzke, Ernst / Nowack, Kuno	Gleichberechtigungsgesetz, Kommentar, München 1958.

Kuhlenbeck, Ludwig	Von den Pandekten zum Bürgerlichen Gesetzbuch, Eine dogmatische Einführung in das Studium des Bürgerlichen Rechts, Dritter Teil, Berlin 1901.
Kuhn, Annette / Rüsen, Jörn	Frauen in der Geschichte II, Fachwissenschaftliche und fachdidaktische Beiträge zur Sozialgeschichte der Frauen vom frühen Mittelalter bis zur Gegenwart, Düsseldorf 1982.
Landwehr, Götz	Die nichteheliche Lebensgemeinschaft, Göttingen 1978.
Lange, Hermann	Das neue Nichtehelichenrecht, NJW 1970, 297 ff.
	Kontinuität und Diskontinuität in der Entwicklung des Familienrechts in: Gernhuber (Hrsg.), Tradition und Fortschritt im Recht. Festschrift der Tübinger Juristenfakultät, Tübingen 1977, 355 ff.
Lehmann, Heinrich	Familienrecht, Berlin 1926.
Lehmann, Jens	Die Ehefrau und ihr Vermögen. Reformforderungen der bürgerlichen Frauenbewegung zum zu Ehegüterrecht um 1900, Köln 2006.
Leineweber, Anke	Die rechtliche Beziehung des nichtehelichen Kindes zu seinem Erzeuger in der Geschichte des Privatrechts, Königstein 1978.
Lemke, Michael	Nichtehelichen-Umgangsgesetz, FuR 1990, 45.
Lempp, Reinhart	Das Wohl des Kindes in §§ 1666 und 1671, NJW 1963, 1659 ff.

	Die Rechtsstellung des Kindes aus geschiedener Ehe aus kinder- und jugendpsychiatrischer Sicht, NJW 1972, 315 ff.
	Gerichtliche Kinder- und Jugendpsychiatrie, Bern 1983.
Lenz, Christofer	Die Vorgaben der EMRK zum Umgangsrecht und ihre Konkretisierung in der neueren Rechtsprechung des Gerichtshofs, FF 2001, 190 ff.
	Umgangsrecht auf internationaler Ebene, insbesondere vor dem EGMR, FPR 2004, 303 ff.
Lenzen, Dieter	Vaterschaft. Vom Patriarchat zur Alimentation, Reinbek 1991.
Limbach, Jutta	Väter im Wandel des Rechts, Zeitschrift für Sozialisationsforschung und Erziehungssoziologie, 8. Jahrgang, Heft 4 1988, 298 ff.
	Familie ohne Ehe, Frankfurt a. M. 1988.
	Gemeinsame Sorge geschiedener Eltern, Heidelberg 1988.
Lipp, Martin	Das elterliche Sorgerecht für das nichteheliche Kind nach dem Kindschaftsrechtsreformgesetz, FamRZ 1998, 65 ff.
Löhning, Martin	Konsequenzen aus der Entscheidung des Europäischen Gerichtshofs für Menschenrechte zum Sorgerecht des nicht mit der Kindesmutter verheirateten Vaters, FamRZ 2010, 338 ff.

Lück, Margret	Die Frau im Männerstaat. Die gesellschaftliche Stellung der Frau im Nationalsozialismus, Frankfurt a. M. 1979.
Lüderitz, Alexander	Familienrecht, 27. Auflage, München 1999.
Ders. / Dethloff, Nina	Familienrecht, 28. Auflage, München 2007.
Luthin, Horst	Gemeinsames Sorgerecht nach der Scheidung, Bielefeld 1987.
	Richterliche Vorurteile gegen gemeinsames Sorgerecht?, FamRZ 1996, 1190 ff.
	Anmerkungen zu BGH Beschl. Vom 04.04.2001 – XII ZB 3/00, FamRZ 2001, 911 ff.
Maßfeller, Franz	Überlegungen zur Reform der Rechtsstellung des nichtehelichen Kindes, in: Juristen – Jahrbuch, Bd. 3, 1962/63, 149–170.
	Das neue Familienrecht, Gesetzentwurf über die Gleichberechtigung von Mann und Frau, Frankfurt und Berlin 1952.
Matzner, Michael	Vaterschaft aus der Sicht von Vätern, Wiesbaden 2004.
Matzner – Vogel, Nicol	Zwischen Produktion und Reproduktion, Die Diskussion über Mutterschaft und Mutterschutz im späten Kaiserreich und in der Weimarer Republik (1905–1929), Frankfurt a. M. 2006.
Martini, Karl Anton von	Der Lehrbegriff des Natur-, Staats- und Völkerrechts, Aus dem Lateinischen, Neudruck der Ausgabe Wien 1783–84.

Mayer, Anna — Die Rechtsstellung der Ehefrau und der ehelichen Mutter, Flugschriften der Deutschen Volkspartei III-9, 1921.

Meder, Stephan — Rechtsgeschichte. Eine Einführung, 3. Auflage, Stuttgart 2008.

Meder, Stephan / Duncker, Arne / Czelk, Andrea — Frauenrecht und Rechtsgeschichte. Die Rechtskämpfe der deutschen Frauenbewegung, Köln 2006.

Menger, Anton — Das bürgerliche Recht und die besitzlosen Volksklassen. Eine Kritik des Entwurfs des bürgerlichen Gesetzbuches für das Deutsche Reich, 1. Auflage, Tübingen 1890.

Mestwerdt, Reinhard — Das Sozialbild der Ehe im Spiegel von Gesetzgebung und Rechtsprechung der letzten 150 Jahre, Diss. Göttingen 1961.

Michl, Manfred — Die personalen Rechtsbeziehungen im nichtehelichen Vater-Kind-Verhältnis, Regensburg 1992.

Mitscherlich, Alexander — Auf dem Weg zur vaterlosen Gesellschaft. Ideen zur Sozialpsychologie, 10. Auflage, München 1973.

Mitteis, Heinrich — Die Anpassung des Familienrechts an das Bonner Grundgesetz, SJZ 50, 241.

Familienrecht, 3. Auflage, Berlin 1931.

Mößmer, Ferdinand — Neugestaltung des deutschen Ehescheidungsrechts, Vorschlag, Schriften der Akademie für deutsche Recht, Berlin 1935.

Motzer, Stefan	Die neueste Entwicklung von Gesetzgebung und Rechtsprechung auf dem Gebiet von Sorgerecht und Umgangsrecht, FamRZ 2001, 1034 ff.
Mugdan, Benno	Die gesamten Materialien zum Bürgerlichen Gesetzbuch für das Deutsche Reich, Aalen 1979.
Mühlens, Elisabeth / Kirchmeier, Karl-Heinz / Greßmann, Michael	Das neue Kindschaftsrecht, Erläuternde Darstellung des neuen Rechts anhand der Materialien, 1. Auflage, Köln 1998.
Munk, Marie	Vorschläge zur Umgestaltung des Rechts der Ehescheidung und der elterlichen Gewalt nebst Gesetzentwurf, Berlin1923.
Munk, Marie	Die elterliche Gewalt und ihre Reform, JW 1925, 309 f.
Müller, Hans	Elterliche Gewalt und Vormundschaft, Schriften der Akademie für Deutsches Recht, Stuttgart und Berlin 1938.
Münder, Johannis	Kinder- und Jugendhilferecht, 6. Auflage, Neuwied 2007.
Nagórski, Sigmund	Das Rechtsverhältnis des unehelichen Kindes zu seinem Vater nach deutschem und französischem Recht in geschichtlicher und rechtsvergleichender Darstellung, Diss. Zürich 1908.
Napp-Peters, Anneke	Ein-Elternteil-Familien, Soziale Randgruppen oder ein neues familiales Selbstverständnis? Weinheim, München 1985.

Neubauer, Erika | Alleinerziehende Mütter und Väter, eine Analyse der Gesamtsituation, 2. Auflage, Stuttgart 1989.

Neuhaus, Paul Heinrich | Das Ende des deutschen Unehelichenrechts, FamRZ 1966, 528 ff.

Die Kinder der neuen „Familien", ZBlJR 1981, 37ff.

„Finis familiae?", FamRZ 1982, 1 ff.

Niemeyer, Gisela | Entspricht das Vetorecht der nichtehelichen Mutter den verfassungsrechtlichen Vorgaben bei der gesetzlichen Gestaltung des Sorgerechts des nichtehelichen Vaters?, FuR 2001, 491 ff.

Niepmann, Birgit | Aktuelle Entwicklungen im Familienrecht, MDR 1998, 1256.

Nipperdey, Hans Carl | Die Grundrechte und Grundpflichten der Reichsverfassung, Kommentar zum zweiten Teil der Reichsverfassung, Zweiter Band: Artikel 118–142, Berlin 1930.

Nipperdey, Thomas | Deutsche Geschichte 1800–1866, Bürgerwelt und starker Staat, München 1998.

Nipperdey, Thomas | Deutsche Geschichte 1866–1918, Band I, Arbeitswelt und Bürgergeist, München 1998.

Nipperdey, Thomas | Deutsche Geschichte 1866–1918, Band II, Machtstaat vor der Demokratie, München 1998.

Nörr, Knut Wolfgang	Zwischen den Mühlsteinen, Eine Privatrechtsgeschichte der Weimarer Republik, Tübingen 1988.
Odersky, Felix	Nichtehelichengesetz, 3. Auflage, Bielefeld 1973.
Oekinghaus, Emma	Die gesellschaftliche und rechtliche Stellung der deutschen Frau, Jena 1925.
Oelkers, Harald	Die Entwicklung des Sorgerechts bis Ende 2001, FuR 2002, 106 ff.
Palandt, Otto	Bürgerliches Gesetzbuch, – 2. Auflage, München und Berlin 1939. – 39. Auflage, München 1980.
Parr, Katharina	Das Kindeswohl in 100 Jahren BGB, Würzburg 2005.
Paulick, Heinz	Das Eltern-Kind-Verhältnis gemäß den Bestimmungen des Gleichberechtigungsgesetzes vom 18. Juni 1957, FamRZ 1958, 1 ff.
Peschel – Gutzeit, Lore Maria	Die geschichtliche Entwicklung der Vaterstellung im deutschen Recht seit 1900, FPR 2005, 167 ff.
Petzina, Dietmar / Abelshauser, Werner / Faust, Anselm	Sozialgeschichtliches Arbeitsbuch, Band III, Materialien zur Statistik des Deutschen Reiches 1914–1945, München 1978.
Planck, Gottlieb	Vorentwürfe der Redaktoren zum BGB, Familienrecht, Teil Zwei: Beendigung der Ehe, Recht der Abkömmlinge, Vormundschaftsrecht, 1875 bis 1888.

Motive zu dem Entwurfe eines Bürgerlichen Gesetzbuches für das Deutsche Reich, Band. 4, Berlin 1888.

Bürgerliches Gesetzbuch nebst Einführungsgesetz, Erste und zweite Auflage, Berlin 1901.

Planck, Gottlieb, Die rechtliche Stellung der Frau nach dem bürgerlichen Gesetzbuche, Vortrag zum Besten des Göttinger Frauenvereins, 2. Auflage, Göttingen 1899.

Zur Kritik des Entwurfes eines bürgerlichen Gesetzbuches für das deutsche Reich, AcP 75, 327 ff.

Pfaff, Leopold / Kohler, Josef — Verhandlungen des Neunzehnten Deutschen Juristentages, Berlin und Leipzig 1888.

Proelß, Sera / Raschke, Marie — Die Frau im neuen bürgerlichen Gesetzbuch, Eine Beleuchtung und Gegenüberstellung der Paragraphen des Entwurfs eines bürgerlichen Gesetzbuches für das Deutsche Reich (2. Lesung) nebst Vorschlägen zur Änderung derselben im Interesse der Frauen, Berlin 1895.

Proetzsch, Ernst — Die elterliche Gewalt der Mutter nach dem Bürgerlichen Gesetzbuche für das Deutsche Reich, Diss. Jena 1909, Leipzig 1909.

Pufendorf, Samuel Freiherr von, — Acht Bücher vom Natur- und Völkerrecht, Frankfurt 1711, Teil II, Nachdruck Hildesheim Zürich New York 2001.

Radbruch, Gustav — Rechtsphilosophie, 5. Auflage, Stuttgart 1956.

Rahden, Till van — Demokratie und väterliche Autorität. Das Karlsruher „Stichentscheid“-Urteil von 1959 in der politischen Kultur der frühen Bundesrepublik in: Jarausch/ Kleßmann (Hrsg.), Zeithistorische Forschungen, 2. Jahrgang, 2005 Heft 2.

Ramm, Thilo — Eherecht und Nationalsozialismus in: Klassenjustiz und Pluralismus, Festschrift für Ernst Fraenkel, Hamburg 1973.

Familienrecht. Verfassung, Geschichte, Reform. Ausgewählte Aufsätze, Tübingen 1996.

Rauscher, Thomas — Familienrecht, 2. Auflage, Heidelberg 2008.

Das Umgangsrecht im Kindschaftsrechtsreformgesetz, FamRZ 1998, 329 ff.

Rebstein Metzger, Emmy — „Inwieweit bedürfen die familienrechtlichen Vorschriften des Bürgerlichen Gesetzbuches mit Rücksicht auf den die Gleichberechtigung der Geschlechter aussprechenden Art. 119, Abs. 1, Satz der RVerf. einer Änderung?“ In: Verhandlungen des 36. Deutschen Juristentages, Bd. 1 (Gutachten), Berlin und Leipzig 1932, 540 ff.

Reeken, Michael — Der Paradigmenwechsel bei der elterlichen Sorge, DAVorm 1996, 671 ff.

Richter, Gerhard — Soll die gesetzliche Amtspflegschaft abgeschafft werden?, FamRZ 1994, 5 ff.

Richter, Thomas — Die Alleinsorge der Mutter nach § 1626a II BGB und das Kindeswohl, FPR 2004, 484 ff.

Rothe, Georg — Die elterliche Gewalt der Mutter nach dem Bürgerlichen Gesetzbuch, Diss. Erlangen 1905, Berlin 1905.

Rotteck, Carl von / Welcker, Carl — Staats-Lexikon oder Encyklopädie der Staatswissenschaften, Sechster Band, Altona und Leipzig 1838.

Rupp- v. Brünneck, Wiltraut — Zur Einführung in das neue Recht der nichtehelichen Kinder, StAZ 1970, 226 ff.

Rüthers, Bernd — Die unbegrenzte Auslegung – Zum Wandel der Privatrechtsordnung im Nationalsozialismus, 6. Auflage, Tübingen 2005.

Salinger — Die Mutter nach dem Bürgerlichen Gesetzbuche, Centralblatt für freiwillige Gerichtsbarkeit und Notariat, II. Jahrgang, 99 ff.

Scanzoni, Gustav von — Das großdeutsche Ehegesetz vom 6. Juli 1938, Kommentar, 3. Auflage, Berlin 1943.

Scheiwe, Kirsten / Wersig, Maria (Hrsg.) — Einer zahlt und eine betreut? Kindesunterhaltsrecht im Wandel, Baden-Baden 2010.

Schelsky, Helmut — Wandlungen der deutschen Familie in der Gegenwart, 5. Auflage, Stuttgart 1967.

Scherpe, Jens M. — Anmerkung EGMR, Urteil vom 03.12.2009 – 22028/04: Zaunegger./. Deutschland, FamRZ 2010, 103 ff.

Scherpe, Jens M. / Yassari, Nadjama — Die Rechtsstellung nichtehelicher Lebensgemeinschaften, Tübingen 2005.

Scheuner, Ulrich — Die verfassungsrechtlichen Grundlagen der Familienrechtsreform in: Dombois/ Schumann (Hrsg.), Familienrechtsreform, Witten 1955.

Schlegel, Dietrich — Bundesstatistik Sondererhebung 1994–1995. Gemeinsame elterliche Sorge nach der Ehescheidung, Rechtstatsachenstudie, Braunschweig 1998.

Schlüter, Reinhild — Das Vormundschaftsrecht in den Kodifikationen den Aufklärungszeit, Bonn Diss. 1961.

Schlüter, Wilfried — Elterliches Sorgerecht im Wandel verschiedener geistesgeschichtlicher Strömungen und Verfassungsepochen, Münster 1985.

Schlüter, Wilfried — Elterliches Sorge- und Umgangsrecht bei nichtehelicher Lebensgemeinschaft, FuR 1994, 341 ff.

Schmidt, Arthur — Die Stellung der unehelichen Kinder und der Gesetzentwurf vom 22. Mai 1925, AcP 1927, 210 ff.

Schmidt – Bleibtreu, Bruno — Kommentar zum Grundgesetz für die Bundesrepublik Deutschland, 6. Auflage, Neuwied 1983.

Schnitzerling, Manfred — Das Recht des nichtehelichen Kindes ab dem 1.7.1970, Neuwied 1970.

Scholz, Rainer — Die nichteheliche Lebensgemeinschaft in der Rechtspraxis, Bonn 1982.

Benachteiligung des Mannes im Ehe- und Familienrecht, ZRP 1984, 201 ff.

Schottlaender, Felix — Zwang und Freiheit. Ein Versuch über die Entstehung des Terrors in Deutschland, Stuttgart 1946.

Schroeder, Klaus-Peter — Gottlieb Planck (1825–1910) – „Ziehvater“ des BGB, JuS 2000, 1046 ff.

Schröder, Richard / Künßberg, Eberhard von — Lehrbuch der deutschen Rechtsgeschichte, 7. Auflage, Berlin 1932.

Schubert, Werner — Die Vorlagen der Redaktoren für die erste Kommission zur Ausarbeitung des Entwurfs eines Bürgerlichen Gesetzbuches, Band 4 Teil 2, Familienrecht, Berlin 1983.

Die Projekte der Weimarer Republik zur Reform des Nichtehelichen-, des Adoptions- und des Ehescheidungsrechts, Paderborn, München, Wien, Zürich, 1986.

Das Familien- und Erbrecht unter dem Nationalsozialismus, Ausgewählte Quellen zu den wichtigsten Gesetzen und Projekten aus den Ministerialakten, Paderborn 1993.

Akademie für Deutsches Recht 1933–1945, Protokolle der Ausschüsse, Band III, 2, Familienrechtsausschuss, Unterausschuss für eheliches Güterrecht, Berlin 1996.

Der Entwurf eines Nichtehelichengesetzes vom Juli 1940 und seine Ablehnung durch Hitler, FamRZ 1984, 1 ff.

Die Reform des Nichtehelichenrechts (1961–1969), Entstehung und Quellen des Gesetzes über die Rechtsstellung der nichtehelichen Kinder vom 19.8.1969, Paderborn, München, Wien, Zürich 2003.

Schuchard, Margret / Speck, Agnes (Hrsg.) — Mutterbilder – Ansichtssache, Heidelberg 1997.

Schumacher, Silvia — Das Rechtsverhältnis zwischen Eltern und Kindern in der Privatrechtsgeschichte, Frankfurt am Main 1999.

Schumann, Eva — Die nichteheliche Familie, Reformvorschläge für das Familienrecht mit einer Darstellung der geschichtlichen Entwicklung und unter Berücksichtigung des Völker- und Verfassungsrechts, München 1998.

Erfüllt das neue Kindschaftsrecht die verfassungsrechtlichen Anforderungen an die Ausgestaltung des nichtehelichen Vater-Kind-Verhältnisses? FamRZ 2000, 389 ff.

Sorgerecht nicht miteinander verheirateter Eltern, FuR 2002, 59 ff.

Zur Gleichbehandlung ehelicher und nichtehelicher Eltern-Kind-Verhältnisse, FF 2007, 227 ff.

Kindeswohl zwischen elterlicher und staatlicher Verantwortung, in: Schumann, Eva / Behrends, Okko (Hrsg.), Gesetzgebung, Menschenbild und Sozialmodell im Familien- und Sozialrecht, Abhandlungen der Akademie der Wissenschaften zu Göttingen, Neue Folge, Band 3, 2008, 169 ff.

Schwab, Dieter | Familienrecht, 14. und 17. Auflage, München 2006 – 2009.

Eheschließungsrecht und nichteheliche Lebensgemeinschaft- eine rechtsgeschichtliche Skizze, FamRZ 1981, 1151 ff.

Kindschaftsrecht und notarielle Vertragsgestaltung, DNotZ 1998, 437 ff.

Geschichtliches Recht und moderne Zeiten, Heidelberg 1995.

Schwaiger, Henning | Zum Elternpflichtrecht des nichtehelichen Vaters in der Bundesrepublik Deutschland, EuGRZ 1982, 1ff.

Schwarz, Karl | In welche Familien wachsen unsere Kinder auf? ZfFamF 1989, 27 ff.

Schwarzer, Kurt | Probleme zur Reform des Unehelichenrechts, Diss. Breslau 1931, Gleiwitz 1931.

Schwenzer, Ingeborg | Vom Status zur Realbeziehung. Familienrecht im Wandel, Baden-Baden 1987.

„...Vater sein dagegen sehr!“ – Kritische Anmerkungen zur elterlichen Sorge für nichteheliche Kinder-, FamRZ 1985, 1202 ff.

Die Rechtsstellung des nichtehelichen Kindes, FamRZ 1992, 124 ff.

Siebert, Wolfgang | Elterliche Gewalt und Gleichberechtigung, NJW 1955, 1 ff.

Sieder, Reinhard | Sozialgeschichte der Familie, Frankfurt am Main 1987.

Simitis, Spiros	Zur „Aktualisierung" des Art. 6 Abs. 5 GG, JZ 1969, 277 ff.
	Personen- und personenstandsrechtliche Grundfragen des neuen Nichtehelichenrechts, StAZ 1970, 255 ff.
Simon, Dieter	Zäsuren im Rechtsdenken, in: Broszat, Martin (Hrsg.) Zäsuren nach 1945, Essays zur Periodisierung der deutschen Nachkriegsgeschichte, München 1990.
Soergel, Hans Theodor	Bürgerliches Gesetzbuch nebst Einführungsgesetz, III. Band, Familien- und Erbrecht, 7. Auflage, Stuttgart-Leipzig-Berlin 1939.
Soerger, Hans Thedor / Siebert, Wolfgang	Bürgerliches Gesetzbuch, Band V, Familienrecht, 10. Auflage, Stuttgart 1971.
Spangenberg, Brigitte / Spangenberg, Ernst	Den nichtehelichen Müttern das letzte Wort – Anmerkung zur Entscheidung des Bundesverfassungsgericht vom 29.1.2003, ZfJ 2003, 332.
Spann, Othmar	Untersuchungen über die uneheliche Bevölkerung in Frankfurt am Main, Dresden 1905.
Spitz, René A.	Vom Säugling zum Kleinkind. Naturgeschichte der Mutter-Kind-Beziehungen im ersten Lebensjahr, Stuttgart 1967.
Staudinger, Julius von	J. von Staudingers Kommentar zum Bürgerlichen Gesetzbuch und dem Einführungsgesetze, IV. Band Familienrecht, – 2. Auflage, München 1905. – 10./11. Auflage, – § 1666–1772, 12. Auflage, Berlin 1992.

	Vorträge aus dem Gebiete des Bürgerlichen Gesetzbuchs für Verwaltungsbeamte, München 1900.
Stein, Rolf	Familiensoziologische Skizzen über die „Vaterlose Gesellschaft“, Zeitschrift für Familienforschung, Heft 1/2000, 49 ff.
Stobbe, Otto	Handbuch des deutschen Privatrechts, Band 4, Familienrecht , 2. Auflage, Berlin 1884.
Stöcker, Hans A.	Abschaffung der Nichtehelichkeit – notwendige Revision einer Reform, RdJB 1975, 306 ff.
Stolleis, Michael (Hrsg.)	Juristen. Ein biographisches Lexikon, München 1995.
Stölzel, Adolf	Das Recht der väterlichen Gewalt in Preußen, Justiz-Ministerial-Blatt für die preußische Gesetzgebung und Rechtspflege, 36. Jahrgang 1874.
Strätz, Hans-Wolfgang	Rechtsfragen des Konkubinats im Überblick, FamRZ 1980, 301 ff, 434 ff.
Sturm, Fritz	Das Straßburger Marckx – Urteil zum Recht des nichtehelichen Kindes und seine Folgen, FamRZ 1982, 1150 ff.
	Die gesetzliche Vertretung Minderjähriger nach dem neuen Kindschaftsrechtsreformgesetz, StAZ 1998, 305.
Suess, Gerhard J. / Scheuerer-Englisch, Herrmann / Grossmann, Klaus	Das geteilte Kind. Anmerkungen zum gemeinsamen Sorgerecht aus Sicht der Bindungstheorie und –forschung, FPR 1999, 148 ff.

Thomasius, Christian	Institutionie jurisprudentiae divinae, Neudruck der 7. Auflage, Halle 1730, Aalen 1963.
Triebel, Heinz	Die wirtschaftliche Stellung der deutschen Ehefrau in Vergangenheit Gegenwart und Zukunft, Diss. Halle 1936, Halle (Saale) 1936.
Vaskovics, Laszlo A. / Buba, Hanspeter / Rost, Harald / Rupp, Marina	Lebenslage nichtehelicher Kinder. Rechtstatsächliche Untersuchung zu Lebenslagen und Entwicklungsverläufen nichtehelicher Kinder, Forschungsbericht im Auftrag des Bundesministeriums der Justiz, Forschungsbericht der Sozialwissenschaftlichen Forschungsstelle der Otto-Friedrich-Universität Bamberg 1994.
Vaupel, Heike	Die Familienrechtsreform in den fünfziger Jahren im Zeichen widerstreitender Weltanschauungen, Baden-Baden 1999.
Vinken, Barbara	Die deutsche Mutter, Der lange Schatten eines Mythos, Frankfurt am Main 2007.
Wacke, Andreas	„Elterliche Sorge“ im Wandel der Jahrtausende“ – Zu Sorgerecht der geschiedenen Mutter nach römischen Recht -, FamRZ 1980, 205 ff.
Wagner, Günter	Die Reformbestrebungen zur Neugestaltung des Nichtehelichenrechts – Eine analytische Dokumentation, Diss. Gießen 1971.

Walter, Elfriede — Uneheliche Kinder in der Vaterfamilie, Flugschriften des Archivs Deutscher Berufsvormünder, Heft 11, Frankfurt am Main 1929.

Weber, Marianne — Ehefrau und Mutter in der Rechtsentwicklung, Eine Einführung, Tübingen 1907.

„Inwieweit bedürfen die familienrechtlichen Vorschriften des Bürgerlichen Gesetzbuches mit Rücksicht auf den die Gleichberechtigung der Geschlechter aussprechenden Art. 119, Abs. 1, Satz der RVerf. einer Änderung?“ In: Verhandlungen des 36. Deutschen Juristentages, Bd. II (Stenographischer Bericht), Berlin und Leipzig 1932.

. — Die Ideale der Geschlechtsgemeinschaft, Berlin 1930.

Weber-Will, Susanne — Die rechtliche Stellung der Frau im Privatrecht des Allgemeinen Preußischen Landrechts von 1794, Frankfurt am Main 1983.

Webler, Heinrich — Familie und Erziehung im Recht, DR 1935, 89 ff.

Uneheliche Kinder in der Obhut ihrer Väter-Ergebnisse einer Umfrage, ZBlJugR 1969, 177 ff.

Wehler, Hans-Ulrich — Deutsche Gesellschaftsgeschichte, Band I, Vom Feudalismus des Alten Reiches bis zur defensiven Modernisierung der Reformära 1700–1815, 3. Auflage, München 1996.

Weiß, Friderike	Die Sorgeerklärungen gemäß § 1626a I Nr. 1 BGB, Frankfurt a. M. 2008.
Wendrich, Jörn	Die Entwicklung der familienrechtlichen Entscheidungsbefugnisse der Ehefrau vom BGB bis zum Gleichberechtigungsgesetz vom 18.06.1957, Frankfurt a. M. 2002.
Werneck, Harald	Übergang zur Vaterschaft: Auf der Suche nach den „neuen Vätern“, Wien/ New York 1998.
Wesel, Uwe	Geschichte der Rechts, Von den Frühformen bis zur Gegenwart, 3. Auflage, München 2006.
Westermann, Harm Peter / Erman, Walter	Handkommentar zum Bürgerlichen Gesetzbuch. Erman, 11. Auflage, Münster 2004.
Wieacker, Franz	Privatrechtsgeschichte der Neuzeit, 2. unveränderter Nachdruck der 2. Auflage von 1967, Göttingen 1996.
Wieser, Eberhard	Zur Feststellung der nichtehelichen Vaterschaft nach neuem Recht, NJW 1998, 2023.
Wingen, Max	Der soziologische Tatbestand der nichtehelichen Lebensgemeinschaften, FamRZ 1981, 331 ff.
	Nichteheliche Lebensgemeinschaften, Zürich 1984.
	Nichteheliche Lebensgemeinschaften. Formen, Motive, Folgen, Zürich 1984.

Will, Annegret — Macht und Gleichheit, Die Reform des nichtehelichen Kindschaftsrechts aus der Perspektive der nichtehelichen Mutter, Frankfurt a. M. 1997.

Willms, Angelika — Grundzüge der Entwicklung der Frauenarbeit von 1880–1980, in: Müller, Walter / Willms, Angelika / Handl, Johann, Strukturwandel der Frauenarbeit 1889–1980, Frankfurt a. M. 1983.

Willutzki, Siegfried — Die Novellierung des deutschen Kindschaftsrechts, Rpfleger 1997, 336.

Die Ersetzung der elterlichen Einwilligung in die Adoption, ZKJ 2007, 18 ff.

Wolde, Anja — Väter im Aufbruch? Deutungsmuster von Väterlichkeit und Männlichkeit im Kontext von Väterinitiativen, Wiesbaden 2007.

Wolff, Christian von — Grundsätze des Natur- und Völckerrechts, Nachdruck der Ausgabe Halle 1754, Hildesheim 1980.

Wolff, Franz — Die Rechtsstellung der unehelichen Kinder im BGB und ihre Reform, Berlin 1918.

Zeidler, Wolfgang — Handbuch des Verfassungsrechts, Berlin 1983.

Zenz, Gisela / Salgo, Ludwig — Zur Diskriminierung der Frau im Recht der Eltern-Kind-Beziehung, Stuttgart 1983.

Zenz, Gisela — Zur Reform der elterlichen Gewalt, AcP 173, 481 ff.

Ziegler, Albert — Das natürliche Entscheidungsrecht des Mannes in Ehe und Familie. Ein Beitrag zur Frage der Gleichberechtigung von Mann und Frau, Heidelberg 1958.

Zimmermann, Stefan — Das neue Kindschaftsrecht, DNotZ 1998, 404 ff.

Zippelius, Reinhold — Verfassugsgarantie und sozialer Wandel –Das Beispiel von Ehe und Familie, DÖV 1986, 805.

Zweigert, Konrad — Zur Reform des Unehelichenrechts, JuS 1967, 241 ff.

www.ingramcontent.com/pod-product-compliance
Ingram Content Group UK Ltd.
Pitfield, Milton Keynes, MK11 3LW, UK
UKHW021917290926
8980IPUK00015B/1314

9 783631 652558